青岛市人民政协理论研究文集

第二辑

青岛市人民政协理论研究会　编

中国海洋大学出版社

·青岛·

图书在版编目（CIP）数据

青岛市人民政协理论研究文集.第二辑／青岛市人民政协理论研究会编.—青岛：中国海洋大学出版社，2022.8

ISBN 978-7-5670-3236-1

Ⅰ.①青… Ⅱ.①青… Ⅲ.①中国人民政治协商会议—理论研究—文集 Ⅳ.① D627-53

中国版本图书馆 CIP 数据核字（2022）第 147150 号

QINGDAO SHI RENMIN ZHENGXIE LILUN YANJIU WENJI·DI-ER JI

青岛市人民政协理论研究文集·第二辑

出版发行	中国海洋大学出版社
社　　址	青岛市香港东路23号　　邮政编码　266071
网　　址	http://pub.ouc.edu.cn
订购电话	0532-82032573（传真）
出 版 人	杨立敏
责任编辑	付绍瑜
印　　制	青岛国彩印刷股份有限公司
版　　次	2022年8月第1版
印　　次	2022年8月第1次印刷
成品尺寸	185 mm × 260 mm
印　　张	21.75
字　　数	476千
印　　数	1-1000
定　　价	80.00元

发现印装质量问题，请致电0532-58700166，由印刷厂负责调换。

本书编委会

主　　任　　汲斌昌

副 主 任　　卞建平　于　萍

委　　员　　（按姓氏笔画排序）

王纪刚　刘卫国　刘青林

陈月敏　徐万珉　谭龙生

主　　编　　谭龙生

副 主 编　　韩世刚　王夕源　孙为武

参编人员　　宋善成　李　轲　李恒争　于海涛

王　伟　马池磊　赵　鑫　张欲晓

任　雁　战美伊　秦瑞平　郑　斌

习近平总书记关于加强和改进人民政协工作的重要思想，深刻阐明了人民政协的地位作用、目标任务、职责使命、实践要求，科学回答了一系列方向性、全局性、战略性重大问题，是指引新时代人民政协工作的强大思想武器，是做好人民政协工作的行动指南。

青岛市政协党组高度重视人民政协理论研究工作，为深入学习贯彻习近平总书记关于加强和改进人民政协工作的重要思想，深刻领会其丰富的思想内涵和精神实质，青岛市政协党组依托青岛市政协理论研究会，分别于2020年11月和2021年9月组织召开了"发挥人民政协专门协商机构作用"和"坚持党的领导，更好发挥人民政协作用"全市性的理论研讨会，共组织撰写论文100余篇，计60余万字。

为了进一步促进对习近平总书记关于加强和改进人民政协工作重要思想的深入学习，结合青岛市政协的工作实际，全面践行"容、融、通"工作理念，在谱写新时代社会主义现代化国际大都市新篇章中，扛起新使命，展现新作为，凝聚新动能，规范、有序、高效地做好新时代政协工作，青岛市政协理论研究会将近两年来我市社科界和政协系统形成的最新研究成果编辑成册，以《青岛市人民政协理论研究文集》的形式公开出版。文集涵盖习近平总书记关于加强和改进人民政协工作的重要思想研究、协商民主理论研究、政协工作研究、界别工作研究、统战党派工作研究以及政协委员服务经济社会中心工作研究等，作者都是我市从事政协理论研究的专家、学者及长期从事统战、政协和党派工作的人员。本书是我市政协理论研究工作者服务经济社会发展的重要理论成果，希望对推动深入学习、研究习近平总书记关于加强和改进人民政协工作的重要思想，促进我市经济社会和政协工作的高质量发展起到重要作用。

青岛市人民政协理论研究会

2022年8月26日

Contents | 目 录

下 卷

上　巻

简论人民政协作为专门协商机构的历史演进、制度内涵及实践要求

崔韦浩

进入新时代，习近平总书记提出："人民政协是具有中国特色的制度安排，是社会主义协商民主的重要渠道和专门协商机构。"人民政协是专门协商机构这一论断，是对人民政协的新定位，是人民政协在新时代发挥作用的着力点。人民政协作为专门协商机构，有深刻的内在意蕴和生成逻辑。新时代，必须进一步加强人民政协专门协商机构的地位和作用，促进人民政协更好地发展和在中华民族伟大复兴进程中发挥作用。

一、人民政协作为专门协商机构的历史演进

对于人民政协在我国政治体系中的定位，不同历史时期有不同的看法和表述，从人民政协是"各党派的协商机关"，到人民政协是"民主协商机构"，再到现在人民政协是"专门协商机构"和"重要协商渠道"，经历了长期的认识变化过程。

新中国成立时，人民政协代行人大的职能作用，完成了协商建国的重要任务。当时的人民政协是一个过渡性机构。第一届全国政协选举产生了政协第一届全国委员会，形成了后来政协的基础。周恩来同志在全国政协一届一次会议上说，"人民政协是党派性的，是党派的联合组织"，突出体现了人民政协的党派性。而在当时，党派的主要任务是协商国是。1954年，人民政协不再代行人大职能后，毛泽东同志在《关于政协的性质和任务的谈话提纲》中指出："政协不仅是人民团体，而且是各党派的协商机关，是党派性的机关。"新中国成立初期，人民政协是党派性机构，是党派的协商机关。人民政协除了短暂代行人大职能外，主要为各党派进行协商提供平台，即各党派的专门协商机关。

改革开放后，为适应新形势的需要，人民政协在恢复工作后也调整了自身工作。这时人民政协的工作不再局限于各党派协商，而是扩大到社会各界，人民政协成为社会各界进行协商的重要机构。因此，人民政协成为"发扬人民民主、联系各方面人民群众的一个重要组织"，是"民主协商国家大事的一种很好的组织形式"。这时的人民政协经过

发展，不仅仅容纳原来各党派的人士，也容纳了许多在改革开放中产生的新生阶层，成为老一辈和新生群体共商国家大事的组织，是全国各族人民共商国是的机构，即民主协商机构。这一时期，"人民政协作为民主协商机构和统一战线组织，继续在国家政治生活中发挥重要作用"。

新世纪以来，我国多党合作和协商民主都获得了长足的发展。作为多党合作的重要组织、协商民主的重要渠道，人民政协获得了更大的发展。特别是以人民政协多年的协商实践为基础，社会主义协商民主获得了广泛、多层、制度化的发展，人民政协也有了更加广阔的舞台。新时代，习近平总书记提出人民政协是专门协商机构的重要论断。从我国政治体系和协商民主发展的现状来说，这是把人民政协放在我国民主政治体系中来看，突出体现了人民政协在社会主义协商民主中的重要作用，对人民政协的定位和职能履行提出了更明确的要求，也使社会主义协商民主有了更加明确的载体。

二、人民政协作为专门协商机构的理论基础

"人民政协是中国共产党把马克思列宁主义统一战线理论、政党理论、民主政治理论同中国实际相结合的伟大成果，是中国共产党领导各民主党派、无党派人士、人民团体和各族各界人士在政治制度上进行的伟大创造。"按照马克思主义理论，由于革命发展的不同阶段、革命敌人的强大以及无产阶级自身的情况不同，无产阶级及其政党必须同其他阶级联合起来，在不同的阶段完成不同的革命任务。在我国近代，无产阶级政党——中国共产党不仅要领导无产阶级完成社会主义革命，还要先领导全国人民完成资产阶级革命，即中国革命要分为新民主主义革命和社会主义革命两个阶段。这就要求中国共产党必须团结一切可以团结的力量，推翻三座大山，完成民族独立解放、建立民主和平新中国的任务，领导中国人民实现中华民族的伟大复兴。在此过程中，中国共产党必须与其他政党、阶级合作，建立统一战线。统一战线是建立在各方面平等协商的基础上的，其主要合作方式就是协商。人民政协就是中国共产党为了与其他政党、民主人士进行协商而诞生的机构。由此可见，人民政协是中国共产党在革命过程中，把马克思主义基本原理运用于中国实际而形成的，是为了发扬民主、实现政党合作以建立广泛的统一战线、扩大革命力量而产生的协商机构。"人民政协在协商中促进广泛团结、推进多党合作、实践人民民主，既秉承历史传统，又反映时代特征，充分体现了我国社会主义民主有事多商量、遇事多商量、做事多商量的特点和优势。"

自中国共产党建立统一战线以来，协商一直是中国共产党与其他群体合作的重要方式。抗日民族统一战线时期建立的"三三制"就是协商民主的最早实践形式。新中国的政治体系具有鲜明的中国特色，它继承了协商的基因，而且以一个专门协商机构——人民政协——把这种基因延续下来。人民政协虽然不是权力机关，但它专事协商，是我国政治序列中的重要组织机构，承担着协商的重要职能，被称为"四大班子"之一。同时，人民政协也实现了人民意愿的有效表达，确保了人民当家作主制度的落实。因此，人民

政协作为专门协商机构有重要的理论逻辑依据。

三、人民政协作为专门协商机构的制度内涵

人民政协作为专门协商机构具有自身的深刻含义。"专门"是指人民政协从事工作的专业性，包含3个层面的含义。第一，专事。人民政协是专事协商的机构，通过协商履行其监督职能。第二，专业。人民政协专事协商，整个协商过程都体现出专业性。政协委员通常都是协商事务方面的行业精英，具有较强的专业功底，协商中还有一批精通政协事务的专职机关队伍为其服务。协商主题通常是由年度协商计划确定好的，具有专题性，经过专门调查研究后进行协商，其最终协商的成果也是专事专办，或者以专报的形式报送给领导和决策机关，作为最终决策的参考。第三，专规。对于人民政协中的协商，宏观层面上，中共中央出台了《中共中央关于加强人民政协工作的意见》《中共中央关于加强社会主义协商民主建设的意见》等指导性文件；微观层面上，全国政协制定了《全国政协关于进一步提高协商议政质量的意见（试行）》《中国人民政治协商会议全国委员会双周协商座谈会工作规则》《政协全国委员会专题协商会工作办法》等诸多具体运行机制，这些规定使其协商具有非常强的规范性。从协商议题的选取、协商时间的选定、协商形式的选择到协商过程的基本程序、协商结果的运用、协商成果落实的反馈等都有相应的文件规定，确保了人民政协协商的规范性和科学性，也深刻体现了人民政协作为专门协商机构的特点与定位。

人民政协中的"协商"是指在中国共产党领导下，参加人民政协的各党派团体、各族各界人士履行政治协商、民主监督、参政议政职能，围绕改革发展稳定重大问题和涉及群众切身利益的实际问题，在决策之前和决策实施之中广泛协商、凝聚共识的重要民主形式。人民政协的政治协商、民主监督、参政议政都运用协商的方式进行，甚至考察、调研中也有协商。协商是人民政协的主要行为方式，而且是社会主义协商民主的重要组成部分和重要渠道，也是实现人民民主和国家治理的重要方式。协商在人民政协中处于中心位置，成为人民政协的核心事务，人民政协也因此有了专题协商、提案协商、对口协商、界别协商等诸多协商形式。由此可见人民政协的专事协商性。

"机构"就是组织。人民政协是为协商提供坚实平台的专设组织体系，具有高度组织性。与我国其他政治体系不同，这个组织体系上下一体而又各自相对独立，专门服务于协商，为政治协商提供平台。纵向上，人民政协有全国、省、市、县完整的四级组织体系；横向上，它有全体大会、常委会、主席会、专委会、界别会等多种形式，而且由专门的服务机关保障有效运行。更为重要的是，作为一个"机构"，人民政协是资政建言机构，不是决策机构；是凝心聚力机构，不是权力机关；是协商机构，不是协商主体。这种既置身其中又超脱之外的地位，减少了外部干扰，具有较强的专门协商保障性。因此，通过这样的专门设计，人民政协作为专门协商机构在组织上和政治体系上有了专门的保障，确保了其专门协商机构的地位和作用。

四、人民政协作为专门协商机构的实践要求

习近平总书记说："70年来，在中国共产党领导下，人民政协坚持团结和民主两大主题，服务党和国家中心任务，在建立新中国和社会主义革命、建设、改革各个历史时期发挥了十分重要的作用。"人民政协在新中国建立和社会主义革命、建设、改革中都发挥了重要作用，这个重要作用就是全国各界人士对国家大事进行协商，以做出科学、民主的决策。新中国的建立是协商建国的结果，第一届政协代行人大职能，通过了《共同纲领》，选举了中央人民政府委员会，并为新中国的恢复发展做出了重大贡献。人大成立后，人民政协为调解内部关系、促进社会主义建设做出了重要贡献。改革开放后，人民政协充分发挥自身政治协商功能，聚集各方人士，调动一切积极因素，努力化消极因素为积极因素，团结一切可以团结的力量，为实现社会主义现代化而不断凝心聚力，人民政协也被载入宪法，其作用和功能进一步体现。21世纪以来，人民政协的性质、职能得到进一步明确，其理论基础、政策依据、制度保障也逐渐完善，人民政协的协商作用进一步发挥。党的十八大以来，人民政协紧紧围绕团结和民主两大主题，充分发挥自身作为协商民主重要渠道的作用，为中华民族的伟大复兴贡献力量。

人民政协70年的发展历史表明："人民政协植根于中国历史文化，产生于近代以后中国人民革命的伟大斗争，发展于中国特色社会主义光辉实践，具有鲜明中国特色，是实现国家富强、民族振兴、人民幸福的重要力量。"在民主政治中，人民政协是社会主义协商民主的重要实现形式和专门协商机构；在政党政治体系中，人民政协是我国新型政党制度的重要运行形式和专门协商机构；在国家治理体系中，人民政协是中国共产党实现政治领导的重要方式以及与党外人士协商理政的专门协商机构。人民政协专门协商机构的地位作用是在其发展过程中形成的。更为重要的是，人民政协发挥作用的重要方式就是协商，它是为协商而存在的唯一机构，无论是参政议政、政治协商还是民主监督，人民政协职能作用的发挥都是通过协商来实现的。

参考文献

［1］习近平.决胜全面建成小康社会夺取新时代中国特色社会主义伟大胜利——在中国共产党第十九次全国代表大会上的报告［M］.北京：人民出版社，2017：38.

［2］在全国政协十三届二次会议上汪洋作的政协常委会工作报告［N］.人民日报，2019-03-04（02）.

［3］政协全国委员会研究室.老一代革命家论人民政协［M］.北京：中央文献出版社，1997：186.

［4］中共中央文献研究室.毛泽东文集：第六卷［M］.北京：人民出版社，1996：384-385.

［5］中央文献编辑委员会.邓小平文选：第二卷［M］.北京：人民出版社，1994：187.

［6］叶剑英.叶剑英选集［M］.北京：人民出版社，1996：471.

［7］江泽民.江泽民文选：第二卷［M］.北京：人民出版社，2006：410.

（作者单位：青岛理工大学）

关于提高新时代专门协商机构工作质量研究

青岛市李沧区政协

习近平总书记在中央政协工作会议上指出，人民政协要发挥好专门协商机构作用。全国政协主席汪洋强调，专门协商机构是对政协的性质定位，也是对政协的工作定位。发挥好新时代人民政协的职能作用，必须牢牢准确把握"专门协商机构"这一重大论断，在"专"出特色、"专"出质量、"专"出水平上下功夫、见实效、出实绩，切实担负起新时代人民政协的新使命。

一、发挥好专门协商机构作用，要注重"专"出特色

人民政协是中国共产党把马克思列宁主义统一战线理论、政党理论、民主政治理论同中国实际相结合的伟大成果，是中国共产党领导各民主党派、无党派人士、人民团体和各族各界人士在政治制度上进行的伟大创造，具有独特、独有、独到的优势和特色。

一是坚持把党的领导贯穿到政协全部工作之中。中国共产党的领导是包括各民主党派、各团体、各民族、各阶层、各界人士在内的全体中国人民的共同选择，是成立政协时的初心所在，是人民政协事业发展进步的根本保证。人民政协要发挥好专门协商机构的作用，必须确保党始终总揽全局、协调各方。李沧区政协自觉接受区委对政协工作的领导，坚持重大事项向区委请示报告制度，政协年度工作安排和协商工作计划报区委同意后实施，做到一切重要工作在区委的领导下开展，一切重要活动围绕区委中心任务进行。区委高度重视和关心支持政协工作，届内召开区委政协工作会议，区委常委会会议定期听取政协工作汇报，研究解决政协工作中的重大问题。区委主要领导多次参加政协协商会议活动，要求全区各职能部门大力支持政协参政议政，为政协开展工作创造有利条件。

二是坚持把加强思想政治引领、广泛凝聚共识作为中心环节。习近平总书记指出，人心是最大的政治，共识是奋进的动力。做好新时代人民政协工作，必须坚持发扬民主和增进团结相互贯通、建言资政和凝聚共识双向发力，主动做好强信心、聚民心、筑同

心的工作，使人民政协真正成为坚持和加强党对各项工作领导的重要阵地、用党的创新理论团结教育引导各族各界代表人士的重要平台、在共同思想政治基础上化解矛盾和凝聚共识的重要渠道。要注重引导委员加强与党政部门的互动交流，在协商建言的过程中提高对政策的共识度，使协商议政的过程成为引领思想、凝聚共识的过程。要发挥政协委员在界别群众中的代表作用，围绕群众思想认识困惑点、利益关系交织点和社会矛盾易发点，协助党委和政府做好宣传政策、解疑释惑、理顺情绪、化解矛盾的工作。2020年以来，李沧区政协以"我爱青岛、我有不满、我要说话"活动开展为契机，举办第10个政协委员联系群众界别活动周，发动广大政协委员深入社会各界群众，察民情、听民意、解民忧，及时传递群众呼声、助推工作落实，汇聚爱青岛、爱李沧的强大合力。

三是坚持人民政协为人民。习近平总书记强调，人民政协要把不断满足人民对美好生活的需要、促进民生改善作为重要着力点，倾听群众呼声，反映群众愿望，抓住民生领域实际问题做好工作，协助党和政府增进人民福祉。作为市县政协，具有开门就是基层、出门就是群众的先天优势，必须首先树牢为国履职、为民尽责的情怀，切实维护好最广大人民群众的根本利益。在协商议题方面，要充分考虑基层实际和群众呼声，更多地关注和选择涉及群众切身利益、增进人民群众获得感、幸福感的民生问题。李沧区政协每年安排3～4个小切口、受关注、能落实的民生热点问题开展协商活动，如学前教育、食品安全、河流生态保护，使协商更贴合群众生活、更接地气暖民心。在协商方式方面，要主动"下沉"，让委员们更多地参与基层协商，拉近人民政协与群众的距离，真正把人民政协的制度优势转化为社会治理的强大效能。这方面，李沧区政协依托各街道政协委员联络室，打造贴近基层社区群众的"有事来商量"品牌，在60多个社区建立政协委员活动工作室，通过"界别+街道活动组"条块结合的方式，调动界别委员、街道活动组委员资源力量形成合力，围绕街道社区的要事、民生改善的实事、社会治理的难事，让委员、群众、部门坐板凳、拉家常、解难题，实现政协协商与基层协商的有效衔接。《人民政协报》在头版做了专题报道。

二、发挥好专门协商机构作用，要注重"专"出质量

全国政协主席汪洋指出，提高工作质量是新时代党和国家事业发展的重要要求，也是加强和改进人民政协工作的迫切需要。市县政协的主要工作是协商，主要工作方式是搭台，工作主旨是双向发力。发挥好专门协商机构作用，需要把质量导向鲜明树立起来，在协商选题上要准、调查研究上要深、协商议政上要透、成果转化上要实，推动政协工作从注重"做了什么""做了多少"向"做出了什么效果"转变。

一是协商选题要准。选题是政协开展各项工作、用好话语权的前提和起始环节，选题准确是政协协商民主具有较高质量、达到预期目的、收到良好效果的重要保障。一方面，要紧扣党政工作的重点、群众生产生活的难点、社会治理的焦点，务实灵活地组织开展各类协商活动；另一方面，要充分发挥政协的组织优势和人才优势，选择更适合政

协搭台的议题进行协商。在这个层面，李沧区政协坚持把围绕中心、服务大局作为协商履职的总原则，每年通过党政领导交题、政协委员征题、专委会和政府职能部门共同拟题的方式，制订年度调研计划，提交主席会议审议通过，保证政协协商与全区发展大局同向。换届以来，李沧区政协先后围绕新旧动能转换、社会治理创新、城市垃圾分类、学前教育均衡发展、社会救助体系建设等重点工作，确定调研课题16项、协商议题18项、视察主题13项。按照区委主要领导要求，2019年又增加了推动李村商圈转型升级、提升"双招双引"等重点调研课题2项，切实有效地增强建言的"靶向性"和资政的"含金量"。

二是调查研究要深。调查研究是政协履行职能的基本功、政协工作的"压舱石"，只有善于调查研究，充分发挥政协人才智力优势，在调研的深度广度上下功夫，才能掌握真实情况、了解具体问题、提出务实管用对策建议，才能真正具有参与协商的发言权。首先，要下沉一线，敢于触碰矛盾、摸出实情。其次，要融入群众，善于问政于民、问需于民、问计于民，多听取群众的意见、多汲取群众的智慧、多反映群众的诉求，真正扑下身子和群众一起去寻找破解之招、攻坚之法。再次，要加强交流，主动走出去，到先进地区调研学习优秀经验做法，开阔眼界、拓展思路，取回真经、助推发展。李沧区政协把"不调研不协商、调研不透不协商，不调研不发言、调研不透不发言"确立为协商原则，制定《关于加强和改进调查研究工作的实施办法》，推进调研履职的制度化、规范化、程序化。在调研方式上，邀请与课题密切相关、有专业特长的委员、专家成立专题调研组，打破委员的界别限制，全程参与调研。在委员作用发挥上，引导委员发挥主观能动性，采用体验式调研、小分队调研、自主调研等灵活多样的形式，着力提升调研实效，力求所提意见建议更加精准。

三是协商议政要透。首先，要把民主集中制的优势运用好，发扬"团结—批评—团结"的优良传统，广开言路，集思广益，做到相互尊重、平等协商而不强加于人，遵循规则、有序协商而不各说各话，体谅包容、真诚协商而不偏激偏执，形成既畅所欲言、各抒己见，又理性有度、合法依章的良好协商氛围。其次，要创新形式、丰富载体，搭建形式多样、特色鲜明、实效明显的协商平台。在这方面，李沧区政协探索形成了以专题议政性常委会议为龙头，以季度协商座谈会议为重点，以专题协商、提案办理协商等为常态的全方位、多层次、立体化协商议政新格局。再次，要注意建立知情明政机制，通过举办区情通报会、专题报告会，调研走访单位等方式，为委员精准建言献策创造条件，达到协商前释疑解惑、沟通思想、增进共识的目的。

四是成果转化要实。协商成果的转化落实是协商活动的"最后一公里"，事关协商活动的成效，应建立协商成果转化落实反馈机制，努力改变"报告止于批示""建议止于会场"的状况。要完善成果报送机制，每次协商会议活动后，第一时间把协商成果通过专报的形式报送区委、区政府，并转发各参会单位作为决策参考，放大协商活动效应、增强委员履职责任感。要建立健全联合督查制度，对于区委、区政府主要领导做出的批示，列入督查系统，承办部门进行闭环办理。对于委员提出好的意见建议，通过制定政协督办单的形式，发送至相关单位部门，要求向委员面复办理，接受委员的满意度评价。要建立协商反馈机制，各专委会主动加强与党政部门的联系，保持定期沟通，及时了解并向各党派、团体、界别、政协委员反馈协商意见建议的落实情况。要建立跟踪问效机制，对群众关心关注的重点协商课题，坚持聚焦聚集、久久为功，持续跟踪监督问效。比如，李沧区政协将学前教育、食品安全、中医药发展、河道整治等工作列为监督性议题，每年组织委员开展全过程监督，每个议题每年从不同角度、选取不同内容进行接力建言，取得了很好的效果，一些意见建议被政府部门采纳和落实，真正做到"监"到"点子上"，"督"在"关键处"。

三、发挥好专门协商机构作用，要注重"专"出水平

提高专门协商水平，必须深刻理解习近平总书记提出"懂政协、会协商、善议政"的深刻含义，突出发挥好人民政协"人才荟萃、智力密集"的人才库、智囊团的优势和作用。政协委员为各党派团体和各界代表人士，由各方面郑重协商产生，代表各界群众参与国是、履行职责，是政协履职的主体。要引导广大政协委员深入学习贯彻中国共产党的基本理论、基本路线、基本方略，自觉遵守宪法法律和政协章程，切实做到懂政协、会协商、善议政，守纪律、讲规矩、重品行。要不断提高委员们的思想水平和认识能力，广泛学习各方面知识，全面增强政治把握能力、调查研究能力、联系群众能力、合作共事能力。要发挥专委会的基础作用，高水平做好"搭台"工作，服务好全体会议、专题议政性常委会议、季度协商会议等重点协商议政活动，更加灵活地开展界别协商、对口协商、提案办理协商等，让委员们在政协这个平台上"当主角""唱好戏"。要发挥机关的服务保障作用，政协机关干部要树牢"四个一线"意识，进一步转变理念、转换方式、改进作风，加强对委员的联系服务，为委员营造良好的履职条件和环境。李沧区政协以"双岗双责创品牌"为抓手，以提高委员履职质量为重点，组织广大政协委员发挥特长、优势和影响，在本职岗位上尽职尽责、建功立业，在委员岗位上议政建言、发挥作用，在服务社会、服务群众中体现价值、做优品牌。先后评选表彰优秀委员57名、优秀委员品牌19个，录制31篇在市电视台和区有线台播出的委员风采。有2名委员获评市劳动模范，4名委员获评区劳动模范，86名在新冠肺炎疫情防控工作中表现突出的政协委员受到通报表扬，极大激发了委员履职的积极性和主动性，充分展现了新时代政协委员的责任担当和风采风貌。

新时代市县政协发挥专门协商机构作用研究

刘洪乐

　　人民政协作为专门协商机构，因民主而生、因协商而立、因协商民主而兴。习近平总书记在中央政协工作会议暨庆祝中国人民政治协商会议成立70周年大会上专门指出，当前和今后一个时期，人民政协尤其要抓好三方面工作。这三方面工作中首要一条就是要"发挥人民政协专门协商机构作用"。市县政协处在协商民主建设第一线，必须聚焦主责主业，不断加强和改进协商工作。

一、新时代市县政协协商工作仍面临的几个问题

（一）市县政协"两个薄弱"的问题

　　习近平总书记指出，"市县政协基础工作薄弱、人员力量薄弱"。这"两个薄弱"是影响市县政协履职能力，特别是协商能力水平的关键问题。如从机关干部队伍组成来看，多数市县政协机关编制偏少，且有的市县政协干部队伍年龄老化，缺少青年干部。从组织构架看，《政协章程》第五十条明确规定，省、自治区、直辖市设中国人民政治协商会议的省、自治区、直辖市委员会；自治州、设区的市、县、自治县、不设区的市和市辖区，凡有条件的地方，均可设立中国人民政治协商会议各该地方的地方委员会。因此，在各乡镇不能设置政协地方委员会，在实际工作中，多以政协委员联络室等形式的组织机构，组织驻乡镇的委员开展履职工作。同时，市县政协委员是最基层的政协委员，没有乡镇一级的政协委员；而相较之下，各个乡镇都设有专门的人大工作机构，且有乡镇一级的人大代表。

（二）工作机构设置与协商职能的适应性问题

　　习近平总书记强调，人民政协要充分发挥作为协商民主重要渠道的作用，围绕经济社会发展重大问题和涉及群众切身利益的实际问题广泛协商。当前市县政协按照专委会、界别构架来讲，能够较好地发挥大团结大联合的统战职能。对于不是少数民族聚集

地区、不临近港澳台的市县来讲，党委和政府所抓的重点就是工商企业发展、项目引进、乡村振兴、民生改善和社会治理等领域，因此按照"党政所需"和"群众所盼"的要求，这些政协事关经济发展、民生领域等方面的调研、视察和协商工作量相对大一些，而涉及民族宗教、港澳台侨工作的专委会的调研、视察和协商任务都相对少一些。

（三）协商专业性和包容性关系的问题

作为专门的协商机构，政协组织协商的最大价值在于寻求共识，因此政协协商是一种重要的民主形式，必须体现最大的政治包容性，而不是展现最高的学术性。政协委员所提意见和建议的专业水准也会直接影响协商的质量和成效。如果委员所提意见和建议较为专业，就可以保证协商达到一定的深度，形成有独到见解的协商成果，更具实践意义，可操作性也更强，易于引起党政部门的重视，并得到转化落实。

（四）政协委员的协商能力参差不齐的问题

各界别在推荐政协委员时，虽然重视政治素质和代表性，但是往往忽视政协委员的协商能力。尽管政协委员是社会各界精英和代表人士，可是委员们协商能力有高有低。例如，有的委员文字表达能力不强，不擅长写协商发言材料；有的委员在协商发言时过度紧张，影响发言效果。

（五）协商方式创新的问题

协商方式影响协商结果，协商方式越灵活、越多样，越便于提升协商质量。新时代加强和改进市县政协协商工作，不能仅依靠传统的协商方式，还需要不断丰富协商形式，创新协商方式。

（六）协商成果转化落实的问题

协商成果能否被党政部门重视并转化落实，是衡量协商成效的一个重要标准，直接影响着协商工作质量。如果协商的结果没有体现到政策中去，不仅耗费了人力、物力和时间，而且影响委员积极性。特别是有关部门如果不能及时对一些未采纳的协商意见和建议做出解释和说明，就容易导致委员产生"提了也白提"的想法，容易使协商工作流于形式。

二、新时代加强和改进市县政协协商工作的思考与创新实践

（一）着力解决好"两个薄弱"的问题

政协基础工作主要靠人来做，要想解决好"政协基础工作薄弱、人员力量薄弱"的问题，关键是要解决好"人"的问题。一是应切实发挥好委员在政协工作中的主体作用。政协工作的核心在委员，实力在委员，潜力在委员，活力也在委员，只有充分调动起委员参与协商工作的积极性，才能更好地改进和加强协商工作。例如，青岛市即墨区政协有335名政协委员，这些委员都是来自社会各界的精英，有较强的个人影响力、综合能力

和社会资源。因此，该区政协通过建立议政调研专项小组承担协商工作的模式，将熟悉相关专业、综合素质高、议政能力强的委员组织起来，让委员全程参与协商课题的拟定、协商调研、协商发言的准备、协商成果的整理和协商成果办理情况的监督，使委员真正成为协商的主体，有效解决了"谁来组织"和"谁来协商"的问题，避免了协商工作中的"两个薄弱"问题。二是发挥好政协机关老同志多的优势。市县政协的老同志大多经历过多个部门、多个岗位的锻炼，具有丰富的工作经验，对基层一线情况了解得多，在参与协商工作时看问题相对深入、分析问题更为透彻。因此，政协组织应利用好这一优势，提升协商工作质量。同时，还应充分发挥老同志的传、帮、带作用，加快对年轻干部的培养。

（二）探索建立与协商职能相适应专门组织

针对工作机构设置与协商职能不完全适应的问题，市县政协可以根据协商课题需要，设立议政调研专项小组、专项课题组、协商小分队等临时性的专门组织来解决。如为进一步提升协商议政的专业性和针对性，可以成立城建环保、财政经济、教科文卫、农业农村、社会法制等议政调研专项小组，由各议政调研专项小组承担相关领域的课题的协商工作。同时，在围绕协商课题开展调研时，负责此课题的议政调研专项小组可以结合各政协委员界别组、镇街政协委员联络室的界别特点、区域实际，先将协商课题分解成不同的调研子课题，再由各组、室组织委员同步开展调研活动，并将调研情况直接纳入专项小组的调研成果，依托更多委员的力量提高调研的广度和深度。这一方式在青岛市即墨区政协的实践中，已取得很好的成效，不仅使委员在协商中有了更大自主权，极大地调动了委员参与协商的积极性，而且解决了专委会和专委会工作室的设置与所需协商课题不完全适应的问题，有效提升了协商质量。

（三）协调好协商专业性和包容性的关系

政协协商的包容性应当体现在三个方面：一是应当允许各个党派团体和全体政协委员等代表各界人民的方面和个人参与协商，倾听各界别、各方面的声音；二是应当创造宽松、和谐的协商氛围，坚持"不打棍子、不扣帽子、不抓辫子"，鼓励参与协商的各方敢讲话、讲真话，确保知无不言、言无不尽；三是从不同的意见中寻求一致，最大限度地凝聚共识，画出同心圆。在协商中确保包容性与提高专业性是相辅相成的，在方式方法上也有相近之处。确保协商的包容性，可以保障协商过程中更加全面地倾听各方真实声音，确保分析问题、研究问题更加客观、全面，从而提升协商的专业性。而提升协商的专业性，也有利于使协商达成共识，更具包容性。

（四）提升政协委员的协商能力

习近平总书记曾对政协委员提出了"懂政协、会协商、善议政，守纪律、讲规矩、重品行"的要求，其中"懂政协、会协商、善议政"多是针对提升委员协商能力的要求。提升协商能力，一是要加强学习。除了学习关于协商的基本知识，掌握协商的基本方式方法外，也需要参与协商的人员深入学习与协商课题相关的政策、法规、文件及专业知识，了解其他地区的先进经验。如有的市县政协通过到先进地区考察学习，开阔了眼界，掌握了实例，使协商建议更加丰富完善，且有实例佐证，可以有效提升协商质量。二是应做好调研。调研是政协工作的压舱石，也是做好协商工作的基础。在协商工作中，只有始终坚持"不协商不发言"的理念，才能确保说得准、说得对，从而确保协商质量。市县的政协委员大都来自基层一线，在调研方面具有天然优势。2019年以来，青岛市即墨区政协启动了政协委员进社区"亮承诺·惠民众·展风采"活动。通过活动，全体委员有组织地深入城市和农村社区，在帮助群众解决实际困难的同时，更加直接地了解真实情况，掌握第一手资料，为开展基层治理方面的协商收集了大量素材。

（五）创新协商方式

要提升协商成效，对不同的协商内容应选择不同的协商形式，避免千篇一律和形式化。市县政协应结合自身能力水平和工作实际来创新和丰富协商方式。其中，网络协商具有参与面广、不受时间和空间限制、互动程度高等优势，是当前各级政协积极探索的一种协商模式。从市县政协的工作实际来看，网络协商需要专业的技术人员支持和专门的软硬件设备支撑，对人力、物力要求较高。笔者认为，市县政协可以结合自身实际通过三种形式探索开展网络协商。一是利用已有的系统或APP应用技术升级开展网络协商，如2019年，青岛市即墨区政协借助原有的"即墨智慧政协"系统，通过系统升级，设置了网络协商板块，开启了网络协商时代。二是在没有专门的系统或APP应用可用的情况下，借助微信、钉钉、小鱼易连等即时交流软件，在一定范围内开展网络协商。三是利用电子邮箱留言、网络板块留言等方式，在低投入的情况下，实现一定的网络协商功能。这些方式可以允许委员采取网络留言的方式，用一段话甚至一句话来参与网络协商。这样有效降低了协商的门槛，确保每名委员不受时间、空间限制充分发表意见，有效激发委员协商的积极性。

同时，可以将多媒体课件引入协商会议，让发言委员在准备好的发言提纲基础上，利用调研中拍摄的图片、短视频等影像资料，制作成图文并茂的多媒体课件。这样有三点好处：一是可以把发言提纲和照片结合起来，做到图文并茂，将一些语言文字难以表达、描述清楚的事情精准地表达出来，传递更多信息；二是由于会议协商发言时间有限，一些说不透彻、说不明白的问题，可以让参与协商的其他人员对照多媒体课件和发言提纲进一步研读；三是反映问题和介绍先进地区经验时，通过影像资料展示，可以让参与协商的人员对实际情况的认识更加直接准确。

（六）推动协商成果转化落实

精准落实、解决问题是人民政协开展协商的根本目标和追求。要实现这一目标，首先要提出高质量的意见和建议，形成高质量的协商成果，确保建言建在需要时、议政议到点子上。如青岛市即墨区政协在每次协商议政之前，都由议政调研专项小组组织有关领域的委员对协商意见和建议集体研究讨论，以确保协商建议更具可操作性；每次协商议政之后，都由相关工作室将协商议政的成果进行归类整理，形成综合材料呈报区委；以区政协协商建议的形式转送区政府研究办理，从而确保每次协商都能形成高质量的协商成果。其次，应建立协商成果转化办理和反馈机制。通过强化协商成果运用和反馈，促进协商计划如期落实见效，让参与协商各方有更多的成就感与参与感，避免协商成果"石沉大海"。如青岛市即墨区政协争取区委和区政府支持联合制定了《政协建议和提案及社情民意的办理办法》，建立起区委办和区政府办分解督办、职能部门分头办理并定时书面反馈、区政府常务会议专题研究、区委常委会会议年终听取情况汇报的办理落实机制。这一机制保障了每一份协商成果都得到区委和区政府领导的批示和有关部门的办理反馈。

（作者单位：青岛市即墨区政协）

简论数字化时代人民政协的功能性定位与服务效能提升

潘妍妍　　付鑫鑫

习近平总书记指出:"人民政协是国家治理体系的重要组成部分。"适应推进国家治理体系和治理能力现代化要求,要准确把握人民政协在国家治理体系中的地位和作用。在实现国家治理体系现代化中,人民政协在国家、社会、组织机构本身三个维度的角色同时存在,但又分别在政治、经济、文化、社会领域发挥着不同的功能。人民政协必须以党的建设为引领,抓住机遇、加快创新在数字化时代的协商议政模式与路径,加强政协自身建设,提高服务效能。

一、人民政协在国家治理体系现代化中有清晰的角色定位

党的十八届三中全会将"完善和发展中国特色社会主义制度,推进国家治理体系和治理能力现代化"作为全面深化改革的总目标。国家治理体系现代化是实现全面现代化社会的核心顶层设计,社会治理是实现国家治理达到理想状态即善治的重要途径,而人民政协作为我国政治决策中的重要参政机构,在社会治理中发挥着不可替代的功能,在实现国家治理体系现代化中扮演着独特而重要的角色。

（一）国家层面:人民政协是国家治理、科学决策的"天然智库"

第一,组织构成优势。人民政协共有4级组织,涵盖8个民主党派、无党派人士、人民团体。人民政协具有深厚的社会基础,能够最大限度地维护和实现全国各族各界各方面的群众的利益。第二,专题协商优势。人民政协制度可以根据不同的协商议题开展专题协商,在学术上有造诣的专家学者、社会上有威望的行业精英、意见代表等充分讨论国家的大政方针和地方的重要举措以及各领域所出现的新情况、新问题,提出有针对性的意见和建议,并直接将所得到的社会政治信息、决策参考信息以及政策选择方案传达到国家权力机关中枢。

（二）社会层面：人民政协是联系群众、团结各界的桥梁和纽带

人民政协是国家治理体系中的"联络员"，因为其每一个界别都是人民政协特有的组织形式，都代表着相应的信息渠道，每一位政协委员都是政协组织的一个基本"细胞"，代表一个重要的信息源。第一，以人民为本的价值取向。中国特色社会主义制度下的社会治理的价值取向是以人民为本，只有符合人民的意愿和需求的治理目标才具有统合行动的功能。第二，以共识为动力的工作导向。人民政协要充分发挥统一战线组织功能，最大限度地凝聚各民主党派、各阶层、各方面的智慧和力量，最大限度地发挥全社会全民族的积极性、主动性、创造性，最广泛地凝聚起实现中华民族伟大复兴中国梦的磅礴力量。

（三）机构层面：人民政协是协商民主的重要平台和专门组织

协商民主可以归于国家柔性权力范畴。第一，人民政协是健全和完善社会主义协商民主制度的组织抓手和有效载体。人民政协的发展目标是通过协商民主的形式和内容，达到国家实现"善治"的理想状态，即实现公共利益最大化的治理过程，其本质特征就是通过政府、合法协商机构与人民对社会公共事务的协同治理，使国家与社会处于动态稳定中。第二，人民政协为构建中国新型政党制度提供协同组织保障与制度平台。人民政协在国家、社会的动态演进中成为专门协商机构，充分外化了人民政协的制度优势，进一步深化了多党合作关系，加强了中国共产党领导下的中国新型政党制度建设。

二、人民政协在国家治理能力现代化中有明确的功能定位

国家治理体系和治理能力是一个国家综合制度体系和制度执行能力的集中体现，两者相辅相成、辩证统一。国家治理体系现代化是提升国家治理能力的前提，国家治理能力现代化是充分发挥国家治理体系效能的行动与结果。

（一）政治功能：精准建言资政，协助科学施政

建言资政的过程既是发扬民主、实现人民当家作主的过程，也是科学决策、民主决策的过程，更是统一思想、凝聚共识的过程。在实践中，人民政协依托不同的协商主体，形成不同的协商民主形式，坚持问题导向，针对社会复杂问题秉持正确见解，保持决策的前瞻性、预见性，提出具有可操作性的高质量建议。

（二）经济功能：服务现代化经济体系构建，助推高质量发展

坚持人民政协这一重要的政治形式和组织形式，充分发挥人民政协在服务现代化经济体系构建，助推经济社会高质量发展方面的优势，是在坚持中国共产党领导下，坚定走中国特色社会主义发展道路，实现中华民族伟大复兴的过程中，符合中国实际的有效制度选择和政治模式。着眼热点问题，紧扣推动经济高质量发展，是人民政协履行职能的应有之义。

（三）文化功能：传承"和合"文化，坚定文化自信

习近平总书记指出，协商民主"源自中华民族长期形成的天下为公、兼容并蓄、求同存异等优秀政治文化"。"和"文化是人民政协事业能够不断发展的内在精神动力，其贯穿于人民政协制度产生和发展的始终，具有一定的内生性。在"和而不同"的辩证统一中，"和"代表团结，"不同"代表民主，完美贴合了人民政协团结和民主两大主题，人民政协汲取优秀精华为自己所用的同时，也进行创造性转化与发展，积极推动"和合"文化贯穿到社会主义和谐社会建设过程中，创造"人和"环境，坚定文化自信，凝聚中国力量。

（四）社会功能：促进社会整合，改善治理结构

社会整合主要是指通过对社会各部分之间的冲突进行沟通与引导，使整个社会成为一个运行有序的统一体。人民政协是社会整合体系的参与者、推动者，具体体现在政党整合、社会整合、参政整合三个方面，为社会各方面人士参与政治和社会生活提供了极具代表性和包容性的政治场所，丰富了社会公众表达意见的渠道。

三、人民政协在数字化时代的服务效能提升路径

总结当前体制机制中存在的诸多短板，我们需明确党对政协工作的核心领导作用；同时充分利用互联网，丰富协商议政的思维理念；通过"智慧政协"的建设，以"智能+"思维开创协商议政新机制，拓宽群众参与，突破协商困境，提高服务效能，让民主发挥更大作用。

（一）以党的建设为引领，加强政协自身建设

人民政协始终扮演着专门协商机构这一重要角色，其最本质特征是坚持中国共产党的集中统一领导，其根本要求是旗帜鲜明讲政治。第一，充分发挥党对人民政协的领导核心作用。强化人民政协履职与处事合力，切实加强思想政治引领、最大限度凝聚共识的根本政治保证是坚持党的领导，这是人民政协必须秉承的根本政治原则。第二，以党建为引领凝聚广大政协委员。历史和现实的发展实践已经充分证明，人民政协是党实现科学执政、长期执政的重要战略政治组织资源，要以务实举措做好各项工作，以过硬作风严抓政协党建，用党建工作引领、带动广大政协委员。

（二）合理利用数字化技术，突破协商民主困境

我国国家治理体系和治理能力现代化离不开现代互联网信息化技术的支撑，也离不开互联网社会的治理现代化。习近平总书记指出："要深刻认识互联网在国家管理和社会治理中的作用……要强化互联网思维，利用互联网扁平化、交互式、快捷性优势，推进政府决策科学化、社会治理精准化、公共服务高效化，用信息化手段更好感知社会态势、畅通沟通渠道、辅助决策施政。"随着数字化社会的深入推进，数字协商、智慧议政将会成为政协开展工作的新常态。人民政协要抓住机遇、创新发展，加快数字化社会下的协商议政，突破困境，提高服务效能。

（三）着眼协商主体，确保协商平等性

国家治理现代化需要不断推进人民群众参与各项社会事务，推动全面发展，确保协商的平等性就要拓展协商议政的公众参与。而数字化时代协商议政有两个明显的优势：第一，突破了时间与空间双重维度的"枷锁"。在数字化社会中，我们可充分发挥大数据资源的优势，从地域空间上拓展参与协商的公众范围，尽可能多地收集社会不同利益群体和阶层的利益诉求。第二，网络具有一定的隐匿性。可打破传统协商活动的话语权和身份限制，公众可以根据自己的真实需要参加协商讨论，最大限度地表达自己的利益诉求。但隐匿性也具有一定的缺点，海量的大数据信息可能会造成决策的失误，这同时也要求协商主体增强协商意识，提高协商能力。

（四）明确协商内容，增强议题针对性

在哈贝马斯看来，协商是一种求得相互理解、共同合作的行为，他要求主体间通过语言在自由平等、公开的环境下进行交流。在目前多元价值冲突的社会下，更需要协商主体之间进行平等的交流与合作，这不仅需要参与协商主体间的平等，更需要协商议题的专注和协商内容的透明。因此，可以通过网络民意调查，公众问政官方微信、微博、网络投票等方式倾听百姓呼声，反映群众诉求，通过总结问题，进一步细化协商内容，对于协商内容按重要性做一个明确的标准规定。同时，可通过诸媒体及时发布信息，以保证民众具有知情权、监督权和参与权，避免政府部门自弹自唱，让民主发挥更大的作用。

（五）健全协商制度，强化程序规范性

党的十八大以来，"政治生态"一词便反复被强调，对严肃党内政治生活、营造风清气正提出明确要求，成为"大变局"中党政建设的鲜明特色。人民政协既是政治生态的依托者，也是政治生态的营造者。此外，实现良好的政治生态需要制度的合理性和执行度，且人民政协功能的充分发挥有赖于完善规范的民主协商制度。与此同时，政治协商需要一个明确规范的流程，对协商的主体、内容、形式、程序、协商成果运用等有一个制度化、规范化、程序化的设计，保证所述议题可在相应平台得到协商。对此，可以通过先进的数字化技术来推动程序合理有效运行，通过公开和透明的网络监督充分发挥群众的力量。

四、结语

人民政协是中国民主实践的成果，明晰人民政协在国家治理体系中的角色担当，明确人民政协在数字化时代的内在功能，是推进国家治理体系和治理能力现代化、提升治理效能的关键一环。此外，在数字化时代，要深度剖析人民政协协商民主过程中存在的短板，通过体制机制改革，充分利用数字信息技术，打造好数字协商这一新时代的协商民主"试验田"，强弱项、固优势、补短板。

参考文献

［1］中共中央关于全面深化改革若干重大问题的决定［EB/OL］．［2013-11-15］．中国共产党新闻网，http：//cpc. people. com. cn/n/2013/1115/c64094-23559163. html.

［2］齐惠.人民政协制度优越性体现在哪［J］.中国政协，2020（2）：58-59.

［3］程竹汝.试论人民政协作为专门协商机构的意蕴［J］.中国政协理论研究，2017（4）：59-62.

［4］俞可平.走向善治［J］.理论学习，2017（4）：66.

［5］姚俭建.专门协商机构在新时代国家治理中的功能定位［J］.中国政协理论研究，2019（4）：12-16.

［6］王远启.人民政协的"和"文化意蕴［J］.协商论坛，2018（7）：40.

［7］蔡永飞.简析人民政协协商民主在我国协商民主中的地位和作用［J］.天津市社会主义学院学报，2007（3）：32-35.

［8］杨海蛟.机遇和挑战：人民政协作为协商民主重要渠道功能的拓展［J］.理论探讨，2014（3）：7-11.

［9］塞缪尔·P. 亨廷顿.变化社会中的政治秩序［M］.王冠华，刘为，等译.上海：生活·读书·新知三联书店，1989：34.

［10］习近平.加快推进网络信息技术自主创新 朝着建设网络强国目标不懈努力［N］.人民日报，2016-10-10.

（作者单位：青岛科技大学）

发挥专门协商机构作用的青岛实践

——以问询式民主监督为例

陈　立

《中共中央关于新时代加强和改进人民政协工作的意见》指出，人民政协作为社会主义协商民主的重要渠道和专门协商机构，具有集协商、监督、参与、合作于一体的特点。专门协商机构综合承载政协性质定位，在协商中促进广泛团结、推进多党合作、实践人民民主，既秉承历史传统，又反映时代特征，是新时代赋予人民政协职能定位的新内涵。

政协作为专门协商机构的衡量，很大程度体现在政治协商、民主监督、参政议政三大职能作用的发挥上。2017年2月，中共中央办公厅印发《关于加强和改进人民政协民主监督工作的意见》，将人民政协民主监督定性为以提出意见、批评和建议的方式进行的"协商式监督"，这是中央第一次就政协某一项职能专门出台的文件，可见对民主监督的重视，而当前民主监督职能作用的发挥仍有很大空间。2019年以来，青岛市政协根据市委要求，组建专门工作小分队，聚焦事关青岛发展的15个攻势中的7个，开展问询式民主监督，作为集协商、监督、参与、合作于一体的民主监督新形式，促进政协作为专门协商机构的作用发挥，彰显其在国家治理体系中独特的功能优势。

一、"问询式监督"的基本情况

党的十九大报告指出："加强人民政协民主监督，重点监督党和国家重大方针政策和重要决策部署的贯彻落实。" 汪洋曾在全国政协常委会工作报告中强调，要按照构建党和国家机构职能体系的要求，进一步明确专门协商机构职能责任，推动完善协商于决策之前和决策实施之中的落实机制，探索政协协商制度化实践的新经验、新做法。2019年以来，青岛市聚集城市发展的重点、难点、痛点、堵点，强力发起了"高端制造+人工智能""壮大民营经济""科技引领城建设"等15个攻势，这15个攻势是关系青岛未来的顶层设计，决定了未来一段时期青岛的发展质量。为促进攻势的开展，充分发挥政协作为专门协商机构的作用，市政协开展了问询式民主监督。问询式监督就是在市委领导下，市政协参与组织，组织部分政协委员、人大代表组成专门工作小分队，由相关部门单位、社会各界人士参加，针对事关全市发展的15个攻势（其中的7个）推进中的相关情况，向攻势参与单位进行问询的监督方式。

青岛市政协针对"高端制造+人工智能"等7个攻势开展问询工作，制定了专门工作方案，为提高履职能力，增强工作实效，将作风之实和履职之能结合起来，发挥政协的专业优势，成立了由分管副主席牵头，以各专委会为依托，相关专业政协委员或市人大代表组成的工作小分队，负责7个攻势的推进情况及问询。从2019年7月到2020年5月，从监督督促到问询会议，第一阶段的任务初步完成。

二、问询式监督的主要做法

作为在市委领导下的问询式监督，整个实施过程充分体现了协商、监督、参与、合作于一体的特点。

一是对攻势进展情况进行常态化督查，寓协商、监督于决策实施之中。将监督与攻势进展情况同步推进，寓监督于整个攻势的实施过程中。活动伊始，市政协就进行广泛发动，做好攻势督查问询的思想准备，将凝聚共识一体设计、一体落实。通过召开会议，利用政协网站、公众号、微信群等平台，及时传达市委对督促调研和公开问询工作的批示要求，将思想统一到市委的决策部署上来，动员广大委员着力增强围绕中心、服务大局的意识，积极参加攻势督促调研问询活动。在督促调研过程中采取点、线、面结合，集中与分散相结合的方式，通过调查问卷、多种形式的调研，让工作小分队成员全面掌握情况。充分发挥各工作小分队开灵活机动的优势，直接深入各攻势相关行业，开展调研，掌握一线资料；利用每季度组织督促调研的时机，掌握进度、发现问题、总结问题；利用网络媒体，搜集与攻势相关的资料，及时下载，发送到微信群中，从各个领域为工作小分队成员开阔视野、掌握相关情况提供重点参考。自2019年8月以来，各分管副主席带领各工作小分队先后对7个攻势推进情况开展了3轮（每季度一次）督促调研，共向市委报送了3轮督促调研报告，指出了攻势推进情况中存在的问题，共列出了78个方面的问题，并提出了具体建议措施。

二是发挥协同性，提高整体工作效能。坚持目标取向、问题导向，建立工作小分队与攻势牵头部门和责任部门的沟通交流机制，各工作小分队反复与相关部门对接协商，形成问询工作共识，围绕攻势的任务共同进行梳理，瞄准攻势中的关键点、难点、堵点、痛点、疏漏点，以台账、调研报告等形式，多维度梳理、掌握攻势的推进情况，及时发现攻势推进过程中的困难和问题，掌握攻势作战目标、完成路径、时间进度等指标，做到资源共享，共同推进攻势进展。

三是组织问询会议，检验攻势成效。问询会议是问询式监督的集中体现。问询会议由政协参与组织，分管副主席主持，各攻势承办部门作为应询方（为各攻势主要牵头市领导和攻势参与单位主要负责人或相关负责人）先对工作进行汇报，后有关人大代表、政协委员、市民代表和企业家、协会商会等代表以及现场随机挑选的与会代表，围绕攻势作战方案的推进、存在问题现场展开问答，应询方一一回应。市委副书记对各攻势进行一一点评并讲话。问答后，现场对攻势推进情况满意度进行书面测评。这种问询方式在青岛为首开先河，问答两方高度重视，问询效果如何，问询问题的广度、深度、水平至关重要。市政协各分管副主席带领工作小分队，不仅对问题进行征集，多轮次反复研究修改，精心设计，并根据新型冠状病毒肺炎疫情等新情况，及时调整、充实、修改。整个问询会议形式新颖、耳目一新，问题直戳痛点，推进攻势更加高效有序开展。会后，各攻势对问询会议反映的问题进行梳理，如"平安青岛建设攻势"现场口头问询的13个问题和书面问询的15个问题，要求每条建议必有回应，对检察机关在公益诉讼中上前一步、推进政府和社会视频监控资源共享等意见建议，指挥部纳入重点任务攻坚，逐一回复问询人，并组织对问询问题"台上口头答，台下见行动"，按照应询市领导的答题要点和部署要求，由责任单位制定具体方案，细化任务措施，确保每一个问题都落地落实，以行动成效兑现口头承诺。

三、问询式监督的意义

《中共中央关于新时代加强和改进人民政协工作的意见》指出，坚持依照宪法法律和政协章程，把握性质定位、完善政协职能，把政协制度优势转化为国家治理效能。人民政协能否体现专门协商机构的独特优势，是衡量社会主义协商民主成效的重要内容，也是衡量国家治理体系和治理能力现代化水平的一个重要指标。在党和国家监督体系中，人民政协协商式监督不仅具有增进政治共识的政治优势，而且能够发挥协同合作的治理优势，此外，还拥有解决现实问题的实效优势。问询式监督将有助于把专门协商机构制度优势转化为国家治理效能。

一是问询式监督有助于凝聚共识。督促调研7个攻势的过程，是把市委市政府的主张转化为社会各界的共识并在各界群众中传播的过程，为市委领导全市人民有效治理社会厚植政治基础、社会基础。7个攻势涉及单位面广、点多、事项多、工作量大，统筹调度难度大。如"民营经济"攻势涉及的牵头和责任部门就有57个，且政策落实多与企业发展密切相关，壮大民营经济攻势事关青岛民营经济和中小企业利益，与全市经济社会发展息息相关，需要党委、政府、企业、商协会及社会各界的密切关注、广泛参与和大力支持，更需要政府、企业和市场间的密切配合，才能取得预期实效。"城市品质改善提升"攻势涉及规划、建设、城市管理等参与单位（部门）38个，事关民生改善，与群众生活密切，需要广大市民的理解支持、密切配合和广泛参与。这些攻势承办单位、部门因政协的参与紧密连接在一起，督查的过程也是不断协商的过程，就重大问题达成一致看法，就问题的解决达成一致的意见。各工作小分队也建立起了相关委员联系各部门、群众的长效机制，及时分析各部门及群众存在的问题，并协助党委和政府做好协调关系、理顺情绪、化解矛盾的工作，在提出意见建议的同时，凝聚全市人民的共识，共同致力于各攻势的顺利开展，从而促进青岛经济社会高质量发展。

二是问询式监督有助于协同合作，提高社会治理效能。根据市委要求，市政协对7个攻势推进情况进行督促调研并进行问询，这种方式对各攻势承办部门起到了巨大的督促作用。市委、市人大、市政府、市政协四大班子联动推进，与各单位部门积极主动为营造更好发展环境、为推动各攻势进展出谋划策、摇旗呐喊、担当作为，共同谱写了齐心协力助推各攻势发展的青岛"协奏曲"。各攻势承办部门都实行顶格推进、上下联动、纵横贯通的作战指挥体系，成立了各攻势指挥部，形成市级领导牵头抓总、相关部门齐抓共管、各级政府分层负责、社会各界广泛参与的组织架构，系统性推进。全社会从机关干部到广大市民、从企业家到社会各界、从思想到行动，对各攻势给予了前所未有的关注和重视，对各攻势对青岛的发展所起的作用认识达到前所未有的高度，深入人心。另一方面，各攻势承办部门强化与市政协督促调研组的协同，配合督导组开展调研、座谈、走访，听取建议、接受指导；并主动邀请督导组实地"督战"，对其发现的问题予以整改；邀请政协委员参与政策制定，更加直观融入攻势，为攻势"问诊把脉"，使督促调研转化为联合会商的过程。如"民营经济攻势"坚持完善调度协同推进，定期听取攻势进展汇报，每月调度壮大民营经济攻势整体进展，第一时间协调解决难点问题，提高重点任务推进效率。

三是问询式监督有助于解决现实问题的实效功能。这种事中、事后全方位督导机制，目的就是为党委和政府切实解决现实问题，从而更好地改进工作。政协各工作小分队将督促调研情况形成报告后上报市委，所提出的大量政策建议和意见直接被承办部门采纳，直接影响到各攻势有关政策的制定、过程的监督和问题的解决。如在"高效青岛建设攻势"中，承办部门对市政协在打造高效便捷营商环境的调研报告中指出的审批系统不统一、网上审批有障碍等5方面问题，逐一进行整改落实。在"城市品质改善提升攻势"中，对市政协提出的加强城市精细化管理，要发扬绣花精神，积极探索建立城市管理的长效机制。比如，对于垃圾分类管理，要探索建立厂家、商家的垃圾回收机制，同时发挥社区在垃圾回收资源化利用中的作用，减轻垃圾处理量等。对于这些建议，市城市管理局采取了运用市场化思维推进环境卫生和垃圾分类工作，积极与再生资源公司合作，探索可回收物精细分类和市场化处置，大力推行街面巡管、"小广告"清理和流浪犬捕捉市场化等措施，构建高效管用的长效机制，促进城市管理精细化，并制定印发了《关于推进社会组织参与城市管理强化市容巡查管控的指导意见》等多份推进文件。为了更好地推动"民营经济攻势"工作，采取了创新性的举措，在全国率先成立市级减税降费工作领导小组，强化精准宣讲，以"顶格优惠+叠加享受"释放最大红利，2019年新增减税降费280亿元以上，惠及全市100多万户企业；出台加快解决民营企业土地房屋产权历史遗留问题方案，印发批而未供和闲置土地处置专项行动方案，在城阳区试点"工业楼宇分割转让"等政策。

问询式监督是青岛市政协准确把握协助党和政府解决问题、改进工作、增进团结、凝心聚力这一监督目的，将中央重大方针政策、重大决策部署和省委、市委重要决策部署的贯彻落实情况作为开展政协民主监督的重点的一个重要举措，并将其作为衡量政协作为专门协商机构治理效能的一个重要实践路径，可以说是一个基层实践的样本。

参考文献

［1］钱再见.论人民政协协商式监督的制度特色、功能优势与实践路径［J］.学习论坛，2020（5）：41-46.

（作者单位：青岛市政协）

关于充分发挥政协专门协商机构作用的思考

——以青岛市政协专委会小分队精准履职为例

任　川

山东省委常委、青岛市委书记王清宪在市政协机关调研走访时指出，政协履职要当"局内人"，工作要往实里做；专门委员会要根据工作性质，组成一支又一支小分队，围绕市委确定的重大目标举措，在调研督促、解剖麻雀、发现问题、提出建议、推动落实中，更好地发挥政协职能优势。青岛市政协党组高度重视、快速反应，结合推进年度协商计划，主动对接市委工作部署，出台了行动方案，以各专门委员会为依托组建工作小分队，直奔一线和现场，精准开展调研视察、协商议政和民主监督工作。

一、基本情况

2020年是全面建成小康社会和"十三五"规划收官之年，也是青岛以更高水平开放引领高质量发展的攻坚之年。市政协重点围绕市委落实习近平总书记视察山东视察青岛重要讲话重要指示批示精神，统筹推进疫情防控和经济社会发展工作开展的15个攻势（其中7个）调研督导、九大改革攻坚行动、促进胶东经济圈一体化、做好"六稳"工作、落实"六保"任务、"一口六区"调研督促、中国—上海合作组织地方经贸合作示范区等7个国家级园区调研、196个重大投资项目监督核查、自然保护区问题整治民主监督、"双招双引"等专项任务，依托34个工作小分队，围绕中心、精准履职。

小分队的运行机制是：市委与市政协协商形成专项工作任务；市政协党组会议提上议事日程、统一组织统筹、分解目标任务；建立由党组书记、主席抓总，党组成员、副主席分工负责，秘书长及时调度的推进落实体制；成立由各专门委员会主任担任第一责任人，由政协委员、民主党派成员、专家学者和政协机关干部等组成的专委会工作小分队，深入一线和现场开展工作；市政协办公厅和研究室在综合各工作小分队报告的基础上，按月、按季度向市委提交调研督促、监督检查总报告；重要问题由党组暨主席会议及时研究，向市委提交专题报告。

二、主要做法和成效

一年多来，在具体、生动、活跃的实践中，政协专委会小分队在履职中探索形成了新平台、新渠道和新做法，推动政协机关和委员履职工作全面提质增效。

务实推进了"一线履职"。变过去一定程度上存在的党委和政协"你做我看"、聚焦中心不够、形成合力不足，为现在的党委协商点题出题、政协和委员领题解题、目标一致、节奏合拍、同向发力的新局面。从2020年履职"八条工作线"上看，小分队承担的所有专项任务，都是贯彻落实"办好一次会，搞活一座城"、加快建设现代化国际大都市的大事、要事，干的都是党政所需、群众所盼、实现高质量发展的急事、难事，实现了从"围绕中心"到"走进中心"的转变。比如，在助力"十五个攻势"调研督促工作中，部分委员参加了市委市政府召开的攻势作战方案答辩会，现场提出的70余条意见与建议均得到采纳。通过一线视察、现场调研、座谈交流等方式，及时发现并反映问题，提出改进工作意见与建议，提交的综合报告均得到市委市政府主要领导的高度重视和批示落实。

同台演绎了履职"大合唱"。发挥专门协商机构作用的精准性、开放性、联动性、协同性，变过去一定程度上存在的"封闭运转、自拉自唱"为现在的"开放履职、协同作战"。小分队履职法，除了在顶格上加强党委和政府与政协联系沟通、协商互动外，还强化了上下、左右、内部全方位的协商合作和协同联动，重点强化了与同级人大机关的横向联动。比如，在推进"十五个攻势"的调研督导、重大投资项目监督核查专项工作中，我们互派政协委员和人大代表参加对方组建的小分队，围绕落实专项任务，为了实现一个目标，把法律监督和民主监督"融"在一起，拧成一股绳，共同发力，强化了驻青全国、省和市、区（市）"四级政协委员"的联动以及市和区（市）"两级政协组织"的联动。

更加突出了委员的"主体作用"。变过去一定程度上存在的"与政协协商""干部是主力"的现象，为现在的"在政协协商""委员唱主角"。从34个小分队成员组成上看，有机关干部，也有专家学者，委员是主体。据统计，目前全市共有150多名委员参加了各小分队的工作，参与面达30%，各小分队队长多由相关界别召集人或骨干委员担任，真正实现了担当体现在一线、作用发挥在一线、形象展现在一线。

做实、做优了担当作为的"绩效单"。变过去单纯注重"做了什么""做了多少"，为更加注重"做出了什么效果"的质量导向，坚持上、下半场都参与，两篇文章都做好，实现了协商优化决策、推进决策落实、落实效果监督的全过程履职。比如，经济工作委员会小分队，结合《青岛市壮大民营经济攻势作战方案2.0版》，尤其是针对新冠疫情，市政协领导带领由专委会、市人大代表、市政协委员组成的线下、线上"3+1"四个工作小分队，对壮大民营经济攻势推进情况以及平台建设开展了质询和督促调研工作。组织人大代表、政协委员、市民代表和企业家、商协会代表等就攻势推进情况进行质询，双方直面问题、坦诚交流，产生了积极的质询效果。在较短时间内形成了《应对新冠疫情挑战，促进经济高质量发展的分析与对策》《关于疫情后产业业态情况的报告》《关于加快城市和产业转型升级，促进我市经济社会高质量发展的建议》等多个专题报告。再比如，针对青岛国际院士港发展中遇到的"瓶颈"问题，我们根据市委要求，由副主席牵头，成立了由熟悉园区工作的相关委员和有关专家组成的小分队，深入实地蹲点调研，了解情况、解剖问题、研讨对策，向市委提交了专题报告。市委主要领导召开了现场会，现场决策和解决问题，目前正在持续跟进、监督督促现场会精神落实情况。类似的全程履职还体现在国际时尚城建设、推进高端化工及传统制造业发展等专项工作中。

三、几点启示

在实践中我们深切体会到，通过专委会小分队精准履职，能够在更高的政治站位上彰显人民政协的职能、责任、使命和担当，更好地体现出"领、专、双、精"的履职特色和特点。

"领"——这是落实党的全面领导的好机制。党对政协工作的全面领导，不仅要写在文件中，说在会议上，体现在"两个覆盖"等体制、机制和制度建设上，更要体现在行动中，落实在干事创业的一线上。小分队履职法坚持把专委会的工作职能、定位、职守融于大局工作中，找到契合点，达成一个目标，统一步伐，形成合力、同向发力，这本身就是加强党的领导。

"专"——这是发挥专门协商机构作用的好平台。小分队履职法为全市政协组织、广大政协委员和政协干部践行"专注发展、专心为民、专力履职"工作理念，充分发挥和释放专业能力、专业素养、专业精神提供了大舞台。承接专项任务、专班推进落实、提交专题报告、开展专门监督，等等，都体现了一个"专"字，丰富了专门委员会履职工作的实践。

"双"——这是由"双向发力"到"双向成果"的好渠道。无论是前期组织委员参加有关专项工作的调研论证和现场答辩，还是后期跟进督促、推进落实，既是发现问题、提出意见、建言资政的过程，也是参与决策、优化决策、统一思想、凝聚各方面共识的过程，可以有效地拧在一块、做在一起，充分体现凝聚共识与建言资政工作成果。

"精"——这是精准履职、提质增效的好方法。小分队履职法能够更加精准地对接市委中心工作和重点任务，目标导向更明确，服务大局中心工作路径更通畅，各方面联系联动、协商互动更活跃。政协机关干部的职业素养、界别优势、委员主体作用，可以在更高更大的平台上更有效地转化为专门协商机构的现实效能。

（作者单位：青岛市政协）

充分发挥新时代人民政协专门协商机构作用研究

韩红杰

人民政协作为中国共产党领导的多党合作和政治协商制度的重要政治形式和组织形式,坚持一致性与多样性的统一,通过深入的协商议政,求同存异、聚同化异,找到最大公约数、画出最大同心圆,实现大团结、大联合。作为社会主义协商民主的重要渠道和专门协商机构,要大力培育协商文化,拓展协商内容,丰富协商形式,加强协商能力建设,紧紧围绕党在新时代的总目标、总任务,聚焦党和国家中心工作,瞄准抓重点、补短板、强弱项的重要问题,深入协商集中议政,强化监督助推落实,把凝聚共识融入履职全过程各方面,不断提升建言资政和凝聚共识双向发力的质量水平,发挥好人民政协包容性强、联系广泛、智力密集的优势,广开言路,集思广益,促进不同思想观点在政协充分表达和深入交流,努力使专门协商机构"专"出特色、"专"出质量、"专"出水平,做好"一专"激发"多能"。

青岛市政协在深入学习、理解把握习近平总书记关于加强和改进人民政协工作的重要思想的基础上,着眼充分发挥专门协商机构的作用,提出了"专注发展、专心为民、专力履职"的政协工作理念,致力传递政协之声、构建政协之网、打造政协之家、贡献政协之力。立足新时代、新方位、新使命,着力做好"专"的文章,在履职工作中做到"专注""专心""专力",科学谋划协商"专题","专报"党委和政府的履职成果,真正体现"专业"水准,在"专注发展、专心为民、专力履职"的工作实践中切实体现人民政协的初心使命。

一、专注发展,积极作为,努力促进青岛高质量发展

习近平总书记强调,人民政协要坚持围绕中心、服务大局,议大事、抓大事,紧扣党委和政府中心工作履职尽责,做到政治协商聚焦大事、参政议政关注实事、民主监督紧盯难事,建真言、谋良策、出实招。政协具有地位超脱、智力密集、人才荟萃等独特优势,既能从相对客观的角度为发展提建议、献智慧,又能站在大局的立场上,坚持建言资

政和凝聚共识双向发力,对经济社会发展具有不可替代的重要促进作用。政协坚持"专注发展",就是带着对高质量发展的责任感、使命感,自觉立足大局,紧紧围绕大局,认真贯彻落实创新、协调、绿色、开放、共享的新发展理念,通过科学谋划和实施协商计划,始终把自身履职的切入点、着力点和落脚点放到党政所需、发展所要、人民所盼、政协所能上,努力做到对党委和政府重大决策部署积极响应、主动跟进、助推落实,为青岛奋力趟出高质量发展的新路子凝聚共识、汇聚力量。

二、专心为民,情系民生,不断满足人民群众对美好生活向往

人民政协具有联系群众、团结各界的重要作用,政协坚持"专心为民",就是坚持以人民为中心的发展思想,真正把满足人民群众日益增长的美好生活需要作为协商民主的出发点和落脚点,进一步密切与各界群众的联系,既当好各界群众的"代言人",又架好党委和政府与群众的"连心桥",做到人民政协为人民。青岛市政协聚焦人民群众最关心、最直接、最现实的利益问题,开展重点调研和视察活动,持续开展"五进五送""双岗双责双作为"活动,着力解决人民群众的操心事、烦心事、揪心事,在履职活动中带着对人民群众的深厚感情察民情、听民声、聚民智、惠民生,努力协助党委和政府破解民生难题,补齐民生短板,增进民生福祉,让改革发展成果更多、更公平地惠及广大人民,让人民群众有更多获得感、幸福感、安全感;始终牢记人民政协为人民,自觉同人民想在一起、干在一起,协助党委和政府破解民生难题为人民群众纾难解困,让人民群众切实感到政协离自己很近、政协委员就在身边。

三、专力履职,广泛凝聚共识,发挥专门协商机构作用

习近平总书记指出:"人民政协要主动适应新形势新任务新要求,全面增强履职本领,着力提高政治把握能力、调查研究能力、联系群众能力、合作共事能力。"中国特色社会主义进入新时代,政协履职必须积极适应全面深化改革的要求,国家治理体系和治理能力现代化的需要以及互联网、大数据、人工智能等现代信息技术的发展,更好地发挥领域深度性、行业专业性和阶层代表性优势,体现建言献策的前瞻性、精准性和专业性。政协是"人才荟萃、智力密集"的人才库,政协委员作为各党派团体和各族各界代表人士,必须具备担当精神和宽广视野,着眼党委和政府中心工作和经济社会发展重大问题,深度调研、重点攻关、集中议政,议政议到点子上,努力提出针对性、前瞻性、可操作性强的对策建议,帮助党和政府增强决策科学性和施策有效性。青岛市政协坚持"专力履职",就是着眼新时代人民政协组织和委员的新使命,科学把握人民政协自身发展的规律和特点,创新履职方法,丰富履职形式,拓展履职渠道,提高协商能力和本领,以改革思维、创新理念、务实举措不断增强履职水平。推动人民政协制度更加成熟成型,发挥专门协商机构作用,就是要专力履职,比如探索健全专业化的制度机制、搭建专业化的协商平台、完善专业化的协商程序、培育专业化的协商队伍、开辟专业化的协商渠道、

树立专业化的协商理念，朝着专业化方向发展。

四、坚持从严从实，抓好政协专业队伍建设

打铁还需自身硬。人民政协要进一步明确专门协商机构的职能，发挥好政协组织及其协商平台、机制程序的作用，让政协组织成为专门协商的机构，让政协委员成为"会协商"的专家人才，让政协工作者成为服务协商平台的专职队伍。人民政协协商履职活动政治性、政策性、专业性都很强。提高协商水平，必须深刻理解习近平总书记提出的政协委员要"懂政协、会协商、善议政，守纪律、讲规矩、重品行"的深刻含义，发挥好委员主体作用。政协机关是服务委员履职的办事机构，必须有一支政治坚定、作风优良、学识丰富、业务熟练的高素质专职机关干部队伍。青岛市政协坚持以政治建设为统领，牢固树立"三化一型"干部队伍，注重讲政治、重服务、善协调、会做实，不断提高机关专职干部队伍做好政协工作、服务委员履职的能力和水平。深刻理解和贯彻习近平总书记对抓好干部队伍建设，特别是政协干部队伍建设的重要指示精神，努力打造适应新时代发展、忠诚干净担当的政协委员和政协机关干部队伍，全面提升政协干部政治素质和业务能力，建设学习型、创新型、服务型、智慧型政协机关。

五、聚集"双向发力"，推动专委会工作专出新特色

坚持建言资政和凝聚共识"双向发力"，把加强思想政治引领、广泛凝聚共识贯穿政协履职全过程、各方面，把学习教育同视察考察、专题调研、协商议政、团结联谊紧密结合，引导政协各参加单位、广大政协委员和各族各界人士不断增强政治共同体意识，做到与党委和政府同心协力、同频共振。青岛市政协着眼充分发挥专门协商机构作用，坚持走进一线，守正创新，以专门委员会为依托，探索运用小分队履职法，把人民政协的责任使命扛在肩上，把履职行动干在发展前列上、办在人民满意上、写在青岛大地上，推动专门委员会工作专出新特色、干出新样子、取得新成效。小分队履职法为全市政协组织、广大政协委员和政协干部践行"专注发展、专心为民、专力履职"工作理念，充分发挥和释放专业能力、专业素养、专业精神提供了大舞台，承接专项任务、专班推进落实、提交专题报告、开展专门监督都体现了一个"专"字，是发挥专门协商机构作用的好平台，丰富了专门委员会履职工作的实践。积极履行政治协商、民主监督、参政议政职责，切实把政协履职和工作成效体现在助推全市改革发展稳定各项工作中，为加快建设开放、现代、活力、时尚的国际大都市贡献政协智慧和力量。

（作者单位：青岛市政协）

经济学视角下人民政协推进国家治理体系和治理能力现代化的作用研究

何欣蔚

中共十九届四中全会审议通过了《中共中央关于坚持和完善中国特色社会主义制度、推进国家治理体系和治理能力现代化若干重大问题的决定》。全会提出，中国特色社会主义制度是党和人民在长期实践探索中形成的科学制度体系，我国国家治理一切工作和活动都依照中国特色社会主义制度展开，我国国家治理体系和治理能力是中国特色社会主义制度及其执行能力的集中体现。

国家治理体系是在党的领导下管理国家的制度体系，包括经济、政治、文化、生态文明和党的建设等各领域体制机制、法律法规安排，也就是一整套紧密相连、相互协调的国家制度。以中国人民政治协商会议为组织形式的政治协商制度，是我国的一项基本政治制度。人民政协自成立之日起，就在国家治理中发挥了重要作用。习近平总书记在庆祝政协成立65周年大会的讲话中，系统阐发了社会主义协商民主的思想，明确提出人民政协是具有鲜明中国特色的制度安排，是国家治理体系的重要组成部分。国家治理体系和治理能力现代化的核心，是"紧紧围绕在坚持党的领导、人民当家作主、依法治国有机统一深化政治体制改革，加快推进社会主义民主政治制度化、规范化、程序化，建设社会主义法治国家，发展更加广泛、更加充分、更加健全的人民民主"。实现国家治理体系和治理能力现代化，要以保证人民当家作主为根本，充分发挥我国政治制度的优越性，特别是推进协商民主广泛多层制度化发展。人民政协在推进国家治理体系和治理能力现代化的过程中，也必须坚持党的领导、人民当家作主、依法治国有机统一。

一、利用科斯定理理解人民政协参与国家治理的作用与意义

（一）人民政协的发展有效保障了党的领导作用的发挥

党的领导是我国国家治理体系的最本质特点，是发挥人民政协在国家治理体系中地位和作用的根本要求，也是中国特色社会主义制度的最本质特征和最大优势。加强中国

共产党同各民主党派的政治协商，是我国社会主义民主政治的优势所在。正是党在国家治理体系中的领导地位，才保证了人民政协能够作为国家治理体系中的重要组成部分；正是坚持党的领导，才保证了人民政协始终在各项工作中坚持正确方向。

人民政协是中国共产党领导的多党合作和政治协商制度的重要政治形式和组织形式，在人民政协各级组织和各项工作中，党始终居于领导地位。坚持党的领导，是人民政协必须恪守的根本政治原则，也是加强人民政协协商民主建设的根本政治保证。人民政协作为统一战线组织，是党联合带领广大同盟者为了实现共同目标而奋斗的政治共同体；作为多党合作政治协商的机构，是党领导下各党派和无党派人士实行合作共事、协商议政的重要政治和组织形式；作为人民民主的重要形式，也是实现党的领导的重要途径和方法。在政协进行民主协商，既有对党和政府科学决策议政建言的重要作用，也有在协商中进行思想政治引导、凝聚共识、落实党的大政方针和决策部署的重要作用。发挥政协优势推进国家治理现代化，最根本的就是要坚持中国共产党的领导，要坚决维护习近平总书记的核心地位，坚决维护党中央权威和集中统一领导，在事关道路、制度、旗帜、方向等根本问题上同党中央保持高度一致。

（二）人民政协参与经济社会建设有助于降低"交易成本"

1937年，经济学家科斯在《社会成本问题》一文中正式提出了科斯定理。这一理论的内涵是：在一定的社会关系中，人们自愿交往、彼此合作达成交易，获取市场信息、进行谈判以及履行契约等都会存在交易成本。当交易成本为零或接近零的情况下，无论何种制度，只要产权可被明确界定，法律权利的配置与资源配置效率无关；而当存在较高的交易成本时，有效率的资源配置不可能在每种法律权利规则中出现，而合理的规则是使交易成本最小化的规则。因此，交易成本也能在一定程度上反映制度的优劣。在经济社会的运行中，民主可以将各种社会资源高效率地整合，降低交易成本。形式民主与实质民主的统一的过程，就是生产力发展瓶颈被打破、释放的过程，就是社会高效率、有机的自组织过程。人民政协作为社会主义协商民主的重要渠道，在一定程度上可以降低交易成本。

然而，无论是直接民主还是间接民主都有其内在的缺陷，由于有限理性和机会主义倾向，集体决策有时并不能代表大多数人的最大利益。在西方国家多党制、轮流执政的环境下，各执政党以谋求选举优势为核心，彼此之间存在对抗与竞争。各方为获得竞争优势，往往会产生机会主义行为：一是不考虑对整体利益的损害而降低自身成本的行为；二是对交易伙伴施加成本而获得更好的收益分配份额的行为。而我国的民主协商制度于多党制、轮流执政有本质区别，中国共产党和各民主党派之间是执政党和参政党的关系，不存在谋取竞争优势的机会主义行为，我党与各民主党派之间长期共存、互相监督、肝胆相照、荣辱与共，能够集思广益、降低"交易成本"。协商民主的要义是要通过最低制度性成本，收到民主形式的最好效果。在多党合作和政治协商制度框架下，人民政协坚持民主协商、平等议事、求同存异、体谅包容的议事原则，最终达到不同利益主体互相理解、包容的综合结果。

二、人民政协事业的发展有助于化解市场失灵，完善国家治理体系

（一）政治协商在广纳善言、维护稳定中发挥着不可替代的重要作用

《中华人民共和国宪法》第二条规定："中华人民共和国的一切权利属于人民……人民依照法律规定，通过各种途径和形式，管理国家事务，管理经济和文化事业，管理社会事务。"这是人民当家作主在我国根本大法中的体现。我国的民主政治是人民民主，人民民主的本质是人民当家作主。国家治理的要义是保证人民当家作主，充分发挥我国社会主义政治制度优越性。在治理的语境下，政府、人民都是治理的主体。

人民政协作为社会主义协商民主的重要渠道和专门机构，是构建程序合理、环节完整的协商民主体系的重要组成部分，是形成人民群众广泛参与各层次管理和治理的重要制度平台。人民政协的性质，决定了其必须坚持人民当家作主的精神和原则。政治协商是对国家和地方的大政方针以及政治、经济、文化和社会生活中的重要问题，在决策之前进行协商，以及就决策执行过程中的重要问题进行协商。在政治协商中，人民政协要紧扣人民当家作主的主题，加强协商民主建设，广纳群言、广谋良策、广聚共识，化解社会矛盾、促进社会和谐稳定，推进国家治理体系和治理能力现代化。

一方面，正如习近平总书记在网络安全和信息化工作座谈会中指出的，"我们提出推进国家治理体系和治理能力现代化，信息是国家治理的重要依据……要以信息化推进国家治理体系和治理能力现代化……更好用信息化手段感知社会态势、畅通沟通渠道、辅助科学决策"。通过大数据、互联网手段，拓宽民主协商的渠道，为人民群众提供广泛参与各层次管理和治理的平台。目前，各地各级政协组织都设立了网上平台，如青岛市政协开通"智慧政协"网络议政平台，深受人民群众欢迎，该平台在汇集群众建言、反映群众需求方面发挥着越来越重要的作用。

另一方面，要针对经济社会改革发展稳定的重大问题和涉及群众利益等"民生"实际问题，针对国家大政方针和地方层面的重要事务，通过政协平台为人民群众提供民主协商的渠道，集思广益，充分调动人民群众参政议政的积极性。如针对抗击新冠疫情的问题，青岛市"智慧政协"平台开设"战胜新型冠状病毒，政协委员在行动"网络专题，短短15天时间内收集意见和建议400余条，市政协围绕疫情防控、政策措施、物资供应、宣传引导等4大类，分6期精选上报了120余条，其中90%左右被采纳。

（二）民主监督有助于化解市场失灵，坚持人民当家作主

市场失灵理论认为，由于垄断、外部性、信息不对称等的存在，仅仅依靠市场进行资源配置难以实现效率最大化，要求政府适当干预经济。然而，政府干预经济实际上有了一个前提，即政府能够代表社会，并能够按照人民的利益去纠正市场所带来的问题，同时政府纠正市场的干预活动和措施不会造成新的恶果。而事实上，一个绝对完美的政府

是不存在的,政府的行为总会与人们预期存在一定偏差。公共选择理论将"经济人"假设引入政府行为,指出没有理由将政府看作超凡脱俗的超级机器,也没有理由认为政府总是体现全体人民利益。政府在试图矫正市场失灵时,可能产生"管制失灵"。萨缪尔森指出:当政府集体或行动所采取的手段不能改善经济效率或道德上可接受的收入分配时,政府失灵便产生了。

因此,必须强化对政府干预的制约和监督,保障其依法正确行使权力,保障全体人民的共同利益,这也是国家治理的重要内容。推进国家治理体系和治理能力现代化,本质是控制政府职责范围,通过一系列体制机制安排,构建政府、市场、社会组织、公民个人等各司其职、协同治理的多元国家治理模式。人民政协的民主监督是建立在我国基本政治制度和政治体制框架安排上的监督,监督内容聚焦在国家大政方针的贯彻落实上,并不直接指向某个个体,也更能体现和代表全体人民的共同利益,为人民当家作主、依法行使监督权提供重要渠道。

党的十七大指出,对干部实行民主监督是人民当家作主最有效、最广泛的途径,必须作为发展社会主义民主政治的基础性工程重点推进。人民政协在民主监督的过程中,必须广泛听取、吸收社会各界的意见、建议和批评,客观分析并有效采纳各意见、建议和批评,及时发现问题,促进决策科学化、民主化,提升我党治国理政的能力和水平,促进国家治理体系和治理能力现代化发展。

三、依法治国为人民政协参与国家治理提供了法治保障

社会主义市场经济本质上是法治经济。置身于社会主义市场经济的人民政协,在推动依法治国和法治经济稳步前进的同时,也在不断完善的法律体系的保障之下有效发挥其作用。

(一)通过依法治国明确性质、地位和作用

1982年12月4日,第四部《中华人民共和国宪法》在第五届全国人大五次会议上正式通过并颁布,首次通过国家根本大法的形式,明确了政治协商会议的性质、地位和作用:"中国人民政治协商会议是有广泛代表性的统一战线组织,过去发挥了重要历史作用,今后在国家政治生活、社会生活和对外友好活动中,在进行社会主义现代化建设、维护国家的统一和团结的斗争中,将进一步发挥它的重要作用。"

1993年,《中华人民共和国宪法修正案》又在序言中增加了"中国共产党领导的多党合作和政治协商制度将长期存在和发展"的表述,确定了政治协商制度存在的法治化基础。

(二)助推依法治国战略的部署与实施

作为国家治理体系的重要组成部分,人民政协必须适应推进国家治理体系和治理能力现代化的要求,切实发挥社会主义协商民主重要渠道和专门协商机构作用的要求,按

照全民推进依法治国的战略部署，既要将法治思维和法治方式贯穿于履职的全过程，又要通过政协履职积极助推依法治国战略的实施。

首先，依据宪法、政协章程和相关政策开展立法协商，围绕党和国家重大路线方针政策的科学民主决策开展立法协商，做到解决问题有法可依。党的十八届四中全会通过的《中共中央关于全面推进依法治国若干重大问题的决定》明确指出，要充分发挥政协委员在立法协商中的作用。利用人民政协代表性强、联系面广的特点，汇聚各方面、各领域的专家学者和代表人士，同时通过人民政协多样化协商平台的组织优势和下通各界、上达中央的渠道优势，广泛征求各界人士对于立法、修法的意见和建议，为法律法规体系的完善提供有力的智力支持和广泛的民意基础。

其次，围绕国家宪法法律和法规实施、重大方针政策的贯彻执行和国家机关及其工作人员工作开展民主监督，在工作中做到有法必依。第一，在工作中依法监督，人民政协开展民主监督工作，必须树立法律意识，坚持依法监督的原则，运用法治思维和法律工具，实行正确监督、有效监督。"打铁还需自身硬"，要严格在宪法、法律和政协章程的框架内开展工作，深化全民对推进依法治国的重要性、必要性的认识，树立法治信仰，不滥用宪法和法律赋予的权利。第二，切实加强对法律实施情况的监督，发挥人民政协独有的法律监督、社会监督功能，对各级政府依法行政进行有效监督，就依法治国战略落实情况以及立法、执法及司法工作进行监督，提出意见建议。

再次，围绕经济发展、民生保障和社会治理等方面的重大问题开展参政议政。充分发挥人民政协的民主协商功能，畅通民意表达渠道，扩大公民有序政治参与。人民政协虽然没有立法、司法、执法权力，但可以充分行使自身建议权、监督权，就围绕法律制定、法律条文修改以及重大政策制定执行等重要问题进行深入调查研究，扎实开展协商讨论；及时利用自身位置和渠道优势，汇集各方观点，反映社情民意，努力提出切实可行的意见和建议，帮助党委和政府广泛听取各方面的意见和建议，助推社会主义民主法治建设。

四、结语

坚持和完善中国特色社会主义制度、推进国家治理体系和治理能力现代化问题，强调"坚持党的领导、人民当家作主、依法治国有机统一"。党的领导是人民当家作主和依法治国的根本保证，人民当家作主是社会主义民主政治的本质特征，依法治国是党领导人民治理国家的基本方式，三者统一于我国社会主义民主政治伟大实践，并且共同构成坚持和完善中国特色社会主义制度、推进国家治理体系和治理能力现代化的支撑。

作为国家治理体系和治理能力现代化的重要组成部分，人民政协在参与国家治理中，时刻遵循党的领导、人民当家作主和依法治国的原则，充分发挥民主协商、民主监督、参政议政的作用，为全面建成小康社会、发展中国特色社会主义制度发挥应有作用。

参考文献

［1］中共全国政协机关党组.充分发挥人民政协协商民主的重要作用——学习贯彻习近平总书记关于人民政协协商民主建设的重要思想［EB/OL］.（2018-03-06）.http：//dangjian.people.com.cn/GB/n1/2018/0306/c415590-29850323.html.

［2］陈惠丰.人民政协在国家治理体系中的地位和作用［EB/OL］.（2018-10-25）.http：//www.qstheory.cn/politics/2018-10/25/c-1123610190.htm.

［3］R.科斯，A.阿尔钦，D.诺斯，等.财产权利与制度变迁［M］.刘守英，译.上海：生活•读书•新知三联书店，1994：3-58.

［4］徐锋.制度成本、执政党政策与政治发展［J］.学习与探索，2006（3）：90-93.

［5］李昌麒.经济法学［M］.北京：法律出版社，2016：26-31.

［6］Samuelson.P.A.The Pure Theory of Public Expenditure［J］.*The Review of Economics and Statistics*，1954，36（4）：387-389.

［7］人民日报评论员.党的领导人民当家作主依法治国有机统一——二论宪法修改的重大意义［N］.人民日报，2018-03-14（1）.

（作者单位：九三学社青岛市委员会）

人民政协促进国家治理体系和治理能力现代化的优势与路径研究

牛立章　鲁军响

人民政协制度作为中国特色社会主义基本政治制度的重要组成部分,具有广泛性、多元性、团结性、社会性和包容性的特征,人民政协积极履行好政治协商、民主监督、参政议政职能,能够为促进国家治理体系和治理能力现代化提供有力的制度保障和智力支撑。人民政协既是国家治理体系的重要构成,又是提升国家治理能力的重要依托。人民政协对推进国家治理体系和治理能力现代化具有协商民主、组织制度、人才汇聚等优势。如何更好地发挥人民政协在促进国家治理体系和治理能力现代化中的作用,就要充分认识人民政协的优势所在,用创新思维探索人民政协工作新路径、新理念,从而在促进国家治理体系和治理能力现代化进程中做出更大贡献。

一、国家治理能力现代化建设对人民政协职能提出新要求

人类政治发展经历了从"统治"到"管理"再到"治理"的过程。20世纪70年代,西方国家的发展在凯恩斯主义的指引下,经历了发展的黄金时期,但由于公共事务的内容和范围不断扩大,复杂性大大提高,公共事务管理的主体日益多元化,对国家的治理水平能力提出了更高的要求,迫使各国政府进行深刻的行政改革。20世纪90年代以来,西方学术界,特别是经济学、政治学和管理学领域兴起了赋予governance以新的含义,兴起了一种新的政治管理构架理论——治理理论。治理理论的主要创始人之一詹姆斯·N.罗西瑙在其代表作《没有政府统治的治理》和《21世纪的治理》中指出,治理与政府统治不是同义词,它们之间有重大区别。他将治理定义为一系列活动领域里的管理机制。而全球治理委员会则认为治理有以下4个基本特征: 治理不是一整套规则,也不是一种活动,而是一个过程;治理过程的基础不是控制,而是协调;治理既涉及公共部门,也包括私人部门;治理不是一种正式的制度,而是持续的互动。

在全球兴起的治理理论影响下,借鉴世界各国有益发展经验和总结中国特色社会

主义建设伟大实践，中国也在积极推进国家治理体系和治理能力现代化。十八届三中全会公报指出："全面深化改革的总目标是完善和发展中国特色社会主义制度，推进国家治理体系和治理能力现代化。"国家治理体系，是指"中国共产党领导人民管理国家的制度体系，主要包括经济、政治、文化、社会、生态文明和党的建设等各领域的体制、机制和法律法规安排，是一整套紧密相连、相互协调的国家制度"。国家治理能力，是指运用国家制度管理社会各方面事务的能力，主要包括改革发展稳定、内政外交国防、治党治国治军等各个方面的能力。人民政协始终以团结和民主作为两大主题，政治协商、民主监督、参政议政是其三大职能。人民政协作为国家政治制度的重要组成部分，既是国家治理体系的重要构成，又是提升国家治理能力的重要依托。因此，人民政协要充分发挥其优势，在推进国家治理体系和治理能力现代化进程中有所作为。

二、人民政协推进国家治理体系和治理能力现代化的优势

（一）人民政协具有协商民主优势

习近平总书记指出："实行人民民主，保证人民当家作主，要求我们在治国理政时在人民内部各方面进行广泛商量。"协商是人民政协天然的优势，协商性、平和性、有序性也正是人民政协在治理方式上的最大特点。政协的协商优势表现在：首先是经验丰富，人民政协从成立之初，开展政治协商就是其首要职能，经过实践和发展，积极了丰富的协商经验；其次是形式多样，创建了诸如对口协商、界别协商、专题协商、提案办理协商的成熟模式，还不断探索了远程协商、网络议政等新形式；再次，人民政协广大委员在协商好政党关系、民族关系、宗教关系、阶层关系、海内外同胞关系等各方面的关系，特别是在涉及党和国家工作全局的重大关系上，具有身份超脱、联系广泛、善于建言的优势。有了协商这一天然的优势，促进国家治理能力现代化，人民政协就有了更大舞台。

民主是国家政治生活的主题，人民民主是社会主义的生命。人民政协是人民民主的重要实现形式，在推进社会主义民主政治制度化、规范化、程序化，发展更加广泛、更加充分、更加健全的人民民主，有效运用民主的方法、民主的方式和民主的机制治理国家等方面，发挥着不可替代的巨大作用。

（二）人民政协具有组织制度优势

人民政协制度的成功，是中国特色政党制度的成功，是中国特色社会主义制度的成功，是中国组织建设的成功。人民政协积累的丰富组织制度经验也是推进国家治理体系和治理能力现代化的优势。

在我国，人大代表通过划分选区、投票选举产生，而在政协委员的产生路径上，相对人大选举，政协的推荐更宽容、更便捷，更容易让社会各层面的代表人物进入体制内，发挥他们的特长，贡献他们的力量。各党派在人大、政府只能以个人名义参与政事，但在

政协可以以党派名义开展活动，从这个意义上说，人民政协具有广泛的代表性。此外，人民政协在政治协商、民主监督、参政议政等方面也形成了一整套政策原则、方式方法、议事规则和工作程序。人民政协这些规章制度、运行机制和一系列行之有效的做法与经验，成为推进国家治理体系和治理能力现代化的重要基础。

（三）人民政协具有人才智库优势

人民政协作为爱国人士的组织形式和多党合作的运作载体，囊括了全体社会主义劳动者、拥护社会主义的爱国者、拥护祖国统一的爱国者。据统计，全国有3100多个政协组织，有56万多名政协委员。界别是人民政协协商议政、开展活动的基本组织单位，是人民政协建立和发展的重要基础。全国政协由34个界别组成，包括中国共产党、中国国民党革命委员会、中国民主同盟、中国民主建国会、中国民主促进会、中国农工民主党、中国致公党、九三学社、台湾民主自治同盟、无党派人士等，所以人民政协人才济济，有着知识密集、智慧密集、专业密集的优势，向来有"人才库""智囊团"的美誉，是社会精英交流、合作的最大平台，能为推进国家治理体系和治理能力现代化提供广泛的智力支持和人才支撑。

三、人民政协推进国家治理体系和治理能力现代化的路径

习近平总书记指出："人民政协是国家治理体系的重要组成部分，要适应全面深化改革和治理能力的要求，就必须以改革的思维、创新的理论、务实的举措，大力推进政协履职能力建设，努力在推进国家治理体系和治理能力现代化中发挥更大的作用。"这深刻阐明了人民政协在实现国家治理体系和治理能力现代化中的重要地位和作用，也为新形势下人民政协如何推进国家治理体系和治理能力现代化的路径指明了方向。

（一）"遇事协商"，丰富渠道，构建协商民主新平台

推进国家治理体系和治理能力现代化，就要创新协商方式。协商是人民政协的优势，但协商需要丰富多样的渠道，需要深入社会阶层的方方面面，这就需要构建"遇事协商"作为人民政协推进中国国家治理体系和治理能力现代化的新平台。

随着经济社会发展和社会结构变化，社会利益不断分化，破解难题、推进改革就需要"做事"。"做事"的过程中，必然会出现各种各样的预料之中或预料之外的情况，这就是"遇事"。有事好商量，众人的事情由众人商量，找到全社会意愿和要求的最大公约数，是人民民主的真谛。人民政协构建"遇事协商"机制，建立和健全最广泛的社会协商制度和工作机制，使社会主义协商民主制度化、规范化和程序化，推进社会民主进程和社会发展。

（二）敢于担当，善意有效，创新民主监督新方式

人民政协要真正担当监督职能，要用对事业负责、对人民负责、对发展负责的态度，敢于监督，有效监督。

在监督的形式上，要体现多样性和灵活性，充分利用提交调研报告、提案、建议案、反映社情民意等形式，向党委和政府反映存在的问题，提出具有前瞻性、针对性、可操作性的意见和建议。不断优化民主监督环境，增强全社会的政协民主意识，特别是各级领导干部的民主意识，形成积极支持政协开展民主监督、自觉接受政协民主监督的良好氛围，使民主监督进一步落到实处。

要加强对政协委员和政协工作干部的监督，防止"灯下黑"。既要监督政协干部学习、工作，也要结合推进国家治理体系和治理能力现代化进程，把懂政协、会协商、善议政、守纪律、讲规矩、重品行作为政协委员自身的品格追求和必修之课，树立责任重于泰山的意识，真正为促进国家治理体系和治理能力现代化贡献力量。

（三）紧跟时代，有效结合，创新"互联网+"政协工作载体

"互联网+"是指以互联网为主的一整套信息技术（包括移动互联网、云计算、大数据技术等）在经济社会各个部门、各个领域的扩散、应用过程。现代信息技术突飞猛进，"提速降费"破除技术与价格壁垒，虚拟网络世界与现实空间交集更为深广。政协工作要紧跟时代，突破传统，既要注重线下的人，又要注重线上的人，以"互联网+"作为人民政协工作的新载体，使互联网与人民政协工作有效结合。

信息化具有高效便捷性，是履职能力现代化的必然路径。网络协商民主具有参与主体身份和话题讨论开放性、参与协商的各主体地位平等性、参与网络协商的即时性等三大优势。促进国家治理体系和治理能力现代化，就必须开启"互联网+协商"新模式、打造"智慧政协"，实现网上提案、网上听证、网上论坛、网上议政等形式多样的网络协商民主新形式。

（四）延伸触角，深入基层，创新政协工作新路径

国家治理体系和治理能力现代化，最终落实在基层。随着我国政治、经济等全面深化改革的不断推进，社会结构深刻变动，利益格局深刻调整，思想观念深刻变化，各阶层和群体的利益诉求、权利诉求、民主诉求和公正诉求日益觉醒和增强，政协工作的对象出现由大中城市向小城市、由精英阶层向普通民众流动的新趋势，所以做好基层政协工作无疑是促进国家治理能力创新的重要路径。

基层政协要充分发挥渠道畅通、包容性强、代表面广的优势，在广泛收集社情民意、准确把握群众思想动态的基础上，把人民群众关注的教育、文化、医疗、就业、住房和社会保障体系建设等影响社会和谐、稳定的热点、难点、痛点问题作为协商民主的重要内容，组织调研论证，反映群众诉求，提出真知灼见和合理建议，当好党委、政府与群众间的桥梁和纽带。

（作者单位：青岛市政协、青岛理工大学）

浅论政协专门协商机构在国家治理体系中的重要作用

——以青岛市政协深化"三专"理念和创新小分队工作机制的实践为例

乔大鹏

"专门协商机构"是习近平总书记对人民政协做出的新的综合性定位,充分阐明了人民政协是国家治理体系的重要组成部分,在助推国家治理体系和治理能力现代化方面承担着不可或缺的使命职责。本文以青岛市政协践行"专注发展、专心为民、专力履职"理念,创新政协小分队工作机制,助推高质量发展和国家治理体系现代化建设为例,旨在分析新时代人民政协作为专门协商机构的内在机制和逻辑,阐释践行新时代、新方位、新使命,助推国家治理体系和治理能力现代化履职中需要把握的原则方向和着力点。

一、在助推国家治理中发挥政协专门协商机构作用,必须始终坚持中国共产党的领导这一政治根本

习近平总书记在中央政协工作会议暨庆祝中国人民政治协商会议成立70周年大会上的重要讲话中,突出强调要"发挥好人民政协专门协商机构作用"这一新使命,深化了对人民政协性质定位、职能使命和工作重点的认识,为新时代人民政协事业发展指明了前进方向,提供了根本遵循。

一是坚持专门政治协商机构的政治属性。专门协商机构,深刻揭示了人民政协在协商中跟随党的领导、促进广泛团结、推进多党合作、实践人民民主这一贯穿始终的核心要义。我国国家治理体系是一整套系统的制度设计,其中,中国共产党是最高政治领导力量,处于总揽全局、协调各方的领导核心地位。专门协商机构的性质定位表明,人民政协既不是领导机关,也不是权力机关和行政机关。与党、人大、政府通过行使领导和管理权力进行治理不同,人民政协作为中国共产党同各民主党派进行多党合作和政治协商的专门机构,主要是通过民主协商和有序参与,把发扬民主、科学决策的过程与汇聚共识、凝聚力量的过程有机结合起来,使党的政治主张和路线方针政策成为各党派团体和

各族各界人士的政治共识和自觉行动。可见，人民政协在国家治理体系中承担着独特的政治功能，突出体现多主体协商、互动和共治的现代治理理念和治理现代化的特征。

"专注发展、专心为民、专力履职"理念，是青岛市政协在认真学习习近平总书记关于加强和改进人民政协工作的重要思想过程中探索提炼形成的，在落实习近平新时代中国特色社会主义思想过程中不断深化完善。"专注发展"，就是认真贯彻落实新发展理念，聚焦党政所需、发展所要、人民所盼、政协所能，为青岛奋力趟出高质量发展的新路子凝聚共识、汇聚力量；"专心为民"，就是始终坚持以人民为中心的发展思想，把满足人民群众日益增长的美好生活需要作为工作的出发点和落脚点，努力协助党委和政府破解民生难题，补齐民生短板，增进民生福祉；"专力履职"，就是科学把握人民政协自身发展的规律和特点，创新履职方法，丰富履职形式，拓展履职渠道，提高协商能力和本领，增强履职水平。

我国正处于实现中华民族伟大复兴的关键时期，我们要在推动国家治理过程中，落实党对政协工作的全面领导，推动政协工作更加符合新时代人民政协专门协商机构作用的新方位、新使命，更好体现中国共产党领导这一中国特色社会主义最本质特征，确保人民政协事业的正确政治方向。要把握中心环节，紧紧围绕坚持和发展中国特色社会主义这个主轴，把学习贯彻习近平新时代中国特色社会主义思想作为主线，夯实团结奋斗的共同思想政治基础，切实发挥好重要阵地、重要平台、重要渠道作用。要坚持以人民为中心的发展思想和为人民服务的党的宗旨，始终把人民群众对美好生活的向往作为协商的重中之重，做到"人民政协为人民"。

二是坚持"双向发力"的工作主旨。人民政协制度设计初衷，就是要在建言资政和凝聚共识两方面双向发力。加强政协协商民主专业化的建设是实现人民政协双向发力，动员凝聚社会各界力量参与我国民主政治建设的必然要求。凝聚共识是建言资政的结果与导向，建言资政是凝聚共识的方式与途径。在建言资政的基础上凝聚更大共识，在凝聚共识的导向下建言资政，使党心民意同频共振、上下贯通，以实现凝聚共识与建言资政"双向发力"，力求"双效成果"。

政协具有地位超脱、智力密集、人才荟萃等独特优势，既要把政协履职的切入点、着力点和落脚点放到党政所需、发展所要、人民所盼、政协所能上，做到党委和政府工作推进到哪里，政协履职就跟进到哪里，专门协商机构的作用就发挥到哪里，又要专注于为发展汇聚智慧力量，多做思想引导、协调关系、凝心聚力的工作，使"有事多商量，遇事多商量，做事多商量"成为基本的工作方式和常态化的治理模式，推动国家治理能力和水平在浓厚的协商民主氛围中走向现代化。

三是坚持"围绕中心服务大局"这一基本遵循。党和国家事业大局具有全局性、战略性。人民政协只有在大局下思考、在大局下行动，才能找准主攻方向、把握着力重点、彰显意义价值。"十五个攻势"是青岛市委认真贯彻落实习近平总书记对青岛工作重要指示精神的具体实践。青岛市政协专委会工作小分队是在深入贯彻落实习近平总书记

"搞活一座城"重要指示要求、助推"十五个攻势"中探索形成的履职工作机制。34个工作小分队以政协专门委员会为依托,围绕市委中心工作攻山头、炸碉堡,解难题、促落实,锚定"八条工作线",更加精准地开展协商议政、民主监督和视察调研,聚焦青岛建设开放、现代、活力、时尚的国际大都市目标,为推进城市治理体系和治理能力现代化献计出力。2020年8月17日,《人民政协报》头版头条以"小分队、大作为——青岛市政协服务'搞活一座城'十五个攻势纪实"为题,宣传报道了小分队工作法。因此,政协作为国家治理体系的重要组成部分,要聚焦党和国家中心任务,聚焦新时代社会主义主要矛盾的变化,聚焦全面深化改革的重大任务,精准提供政策建议,贡献政协的智慧和力量。

二、在助推国家治理中发挥政协专门协商机构作用,必须准确把握"专"的职能定位和独特优势

国家治理现代化的本质是制度的现代化。人民政协作为社会主义协商民主的重要渠道和专门协商机构,加强协商民主专业化建设是必然要求,要集中力量履行协商专职专责,心无旁骛推动协商民主建设,促进人民政协制度效能转化为治理效能。

一是健全"专"的协商制度。人民政协作为专门协商机构,是一个从中央、省、市到县的四级制度体系。青岛政协小分队在履职过程中,注重制度建构和流程再造,推动系统性、整体性、协同性,落实市委中心任务,建立常态化监督落实机制,做到直通责任区市、部门与"四不两直"相结合,现场观摩与座谈调研相结合,定期核查与随机抽查相结合,日常监督与年终公开质询相结合;构建协同监督机制,加强政协民主监督与党内监督、人大监督、政务监督、新闻舆论监督、社会公众监督之间的协作;建立完善小分队工作情况直报市委工作流程,年底对有关攻势进展情况进行公开质询,推动政协质询式监督制度化。2020年4月,青岛人大政协小分队履职机制被青岛市委市政府表彰评为"学深圳、赶深圳"先进典型——"十大制度创新成果"之一。持续深化协商制度建设,是当前国家治理的形势需要和任务要求,面临很多新课题。比如,进一步探索如何就国家和地方的重要问题在决策之前和决策执行过程中进行协商,进一步完善协商民主之于政治协商、民主监督、参政议政中的配套制度建设,建立健全专业、规范的协商运作流程和制度体系,将协商制度纳入法制化轨道。

二是搭建"专"的协商平台。专门协商平台是专门协商机构发挥作用的重要载体。推进协商民主广泛、多层、制度化发展,要不断优化工作环境,搭建融协商、监督、参与、合作于一体的专业化平台。这其中,平台思维、平台意识需要不断强化。特别是随着时代和互联网发展的客观要求,积极开展远程协商、移动履职,开启"互联网+协商"已成为大势所趋。青岛市政协创新打造"智慧政协"平台,打造"政协24小时在线、永不关门的全天候、全方位履职模式"。特别是新冠肺炎疫情突如其来之时,"智慧政协"平台从大年初三开始及时上线,组织广大政协委员和社会各界第一时间投入疫情防控阻击战,迅

速启动协商和提案应急机制，开设网络议政专栏，在建言成果、凝聚共识上一体设计、一体落实。共编发"防疫阻击战 政协在行动"和"用'智慧政协'助力疫情防控 用政协智慧保障人民健康"专栏各100期，汇集各方面意见建议1500余条，报送协商议政专报12期，应急提案立案21件。

三是打造"专"的协商队伍。要提高人民政协协商民主专业化水平，就必须坚持用专业的人干专业的事。首先，要聚焦主责主业，形成"专班队伍"。比如聚焦"十五个攻势"，市委与市政协协商形成专项工作任务，强化上下、左右、内部全方位的协商合作和协同联动的推进落实机制，成立由政协委员、民主党派和工商联人士、专家学者、机关干部等组成的专业化队伍，运用好"四级委员""两级政协组织"以及政协机关与政协参加单位联动机制，"开放""协同""联动""跨界""大合唱"成为"主旋律"和关键词，形成了"自上而下""一竿子插到底"的顶格协调、整体推进工作机制和队伍。其次，要突出委员主体作用和专委会"专业优势"。落实习近平总书记提出的"懂政协、会协商、善议政"的要求，引导政协委员提升专业化素质和能力。"懂政协"是前提，是专业意识，"会协商"是对委员专业能力和本领的要求，"善议政"则是方式方法。比如，青岛市政协充分发挥专委会基础性作用和委员主体作用，各专委会根据委员专长和本人意愿，将委员编入有关工作小分队，参与情况记入履职档案。截至2020年7月底，共有227名委员参加各支小分队工作，参与面近43%。另外，还要建立具有专业水平富有政协特色的智库和参政议政人才库，借助外脑实现全方位的专业化协商队伍建设。

三、在助推国家治理中发挥政协专门协商机构作用，要落实好"强化委员责任担当"这一时代要求

习近平总书记在中央政协工作会议暨庆祝中国人民政治协商会议成立70周年大会上对"强化委员责任担当"提出了新的要求。新时代政协委员必须要切实树立和增强为国履职、为民尽责的责任感，努力做人民政协制度合格的参与者、实践者、推动者。从落实"三专"工作理念和政协小分队工作机制运行实践中，笔者认为，应该从以下几个方面注重加强政协自身建设，发挥委员主题作用，做好委员作业。

一要释放专业能力。要积极践行专注发展、专心为民、专力履职的工作理念，体现政协作为专门协商机构的工作特点。要持续深化创新和完善小分队履职法，发挥政协专门协商机构作用和专门委员会、政协委员主体作用，承接专项任务、专班推进落实、提交专题报告、开展专门监督等。要狠抓落实、助推落实，坚持上、下半场都参与，两篇文章都做好，实现协商优化决策、推进决策落实、落实效果监督的全过程履职，做到建言建在需要时、议政议到点子上、监督监在关键处。

二要提高履职质量。习近平总书记强调，人民政协要着力提高"四个能力"，即政治把握能力、调查研究能力、联系群众能力、合作共事能力。要科学把握人民政协自身发展的规律和特点，大力推进专门协商机构的履职能力建设，加强委员教育管理和专业化

队伍建设，增强界别代表性，强化委员履职管理和正向激励。要积极适应国家治理体系和治理能力现代化的需要以及互联网、大数据、人工智能等现代信息技术的发展，更好发挥领域深度性、行业专业性和阶层代表性优势，集合智囊智库力量，提高建言议政的精准度和实效性。

三要树立一线导向。人民政协处于凝心聚力第一线、决策咨询第一线、协商民主第一线、国家治理第一线，要突出政协是国家治理体系重要组成部分的角色，履职要摸实情、出实招、求实效。务实推进"一线履职工作法"，变过去一定程度上存在的党委和政协"你做我看"、聚焦中心不够、形成合力不足，为现在的党委协商点题出题、政协和委员领题解题，目标一致、节奏合拍、同向发力的新局面，推动政协工作从"围绕中心"向"走进中心"转变。

四要夯实基层基础。基层社会是社会治理的关键支撑，是国家治理的重要基石。构建国家治理体系，推动社会治理重心向基层下移，政协参与助力基层治理大有可为，关键环节在于推动政协协商与基层协商有效衔接。要重视政协基层组织、基础工作、基本制度三项基础性内容。2020年是"莱西会议"召开30周年，要积极借鉴莱西基层组织建设经验，重视基层，打牢基础，以党建为统领，进一步加强基层政协建设，突出党对政协工作的领导。要进一步明确地方政协的职能定位和主要任务，发挥协商民主优势。在发挥委员和界别作用等基础工作上创新机制，在建立健全地方政协基本制度上用心用力，在基层政协组织建设上解决好"两个薄弱"问题，推动基层政协工作提质增效。

（作者单位：青岛市政协）

论人民政协是建设社会治理共同体的重要力量

王　琦

党的十九届四中全会通过的《中共中央关于坚持和完善中国特色社会主义制度 推进国家治理体系和治理能力现代化若干重大问题的决定》（以下简称《决定》）中明确指出："社会治理是国家治理的重要方面。必须加强和创新社会治理，完善党委领导、政府负责、民主协商、社会协同、公众参与、法治保障、科技支撑的社会治理体系，建设人人有责、人人尽责、人人享有的社会治理共同体。"这将我国社会治理理论提升到了新境界和新高度。

人民政协作为中国共产党领导的多党合作和政治协商的重要机构，既是国家治理体系的重要组成部分，也是社会主义协商民主的重要渠道和专门协商机构，理应按照国家治理现代化各项要求，积极发展协商民主，充分发挥专门协商机构优势作用，多渠道参与社会治理，在推进国家治理体系和治理能力现代化、构建社会治理共同体过程中贡献政协力量。

一、新时代建设社会治理共同体的重要意义

《决定》提出了我国社会治理的新目标，即"建设人人有责、人人尽责、人人享有的社会治理共同体"，充分体现了中国共产党以人民为中心的发展思想，明确了社会治理的主体是每一名社会成员，人人都有参与的责任和义务，全体社会成员应公平公正地共享社会治理成果。

（一）社会建设与社会治理规律的实践

建设社会治理共同体是中国共产党通过实践总结出的国家治理经验，是对社会治理规律性认识的深化。新中国成立至今70余年的实践证明，中国共产党的领导是中国特色社会主义制度最本质的特征，也是最大优势。在中国共产党的带领下，我国在中国特色社会主义治理道路上迈出了一个又一个坚实的步伐。从中国共产党社会发展理论的奠基之作，毛泽东同志的《关于正确处理人民内部矛盾的问题》开始，到改革开放初期，

邓小平同志提出物质文明和精神文明"两手都要抓,两手都要硬",我国社会治理的理论不断创新开拓。进入21世纪以来,党的十六届四中全会提出"不断提高党构建社会主义和谐社会的能力"。党的十七大提出构建经济建设、政治建设、文化建设、社会建设"四位一体"的中国特色社会主义新格局。党的十八大以来,中国共产党在中国特色社会主义建设的探索和实践基础上又迈出了一大步,提出以人民为中心的发展思想,把社会建设纳入了"五位一体"总体布局;同时,提出"社会治理是社会建设的重大任务,是国家治理的重要内容",把社会治理工作提高到了战略的高度。

(二)国家治理体系和治理能力现代化的内在需求

2013年召开的十八届三中全会,从坚持和完善中国特色社会主义制度的战略高度深刻思考了中国特色社会主义治理体系的建设问题,把推进国家治理体系和治理能力现代化作为全面深化改革的总目标,切实提升中国共产党治国理政的能力和水平。社会在国家治理体系中,既是各阶层社会主体共同参与治理的基础力量,又是国家治理的关键领域。推进国家治理体系和治理能力现代化的根基在社会,社会成员利益、结构的变化都将对社会治理的体制机制产生影响。当前,我国社会治理已经具备了相对完善的制度体系,但在把制度体系优势转化成为国家治理效能还存在短板和不足。2020年发生的新型冠状病毒肺炎疫情是对国家治理体系和治理能力的大考,更是对社会治理能力的大考。在中国共产党的坚强领导下,依托已经建立起来的社会治理体系和基层网格化治理机制,联防联控抵御疫情的第一道严密防线被建立起来;同时,大数据、云计算等现代信息化技术被具体应用到社会治理实践,在联防联控、精准施策方面发挥了独特有效的作用。

(三)提升国家治理能力的必然选择

当前,我国社会治理不断向精细化发展,新的社会治理体制基本形成,共建共治共享已初具现代化格局。从制度层面来看,社会治理已经具有各项宏观性指导意见,地方政府也结合各地实际加强了政策配套,但由于区域资源条件、制度运行环境差异,目前仍面临着许多困境。从治理主体层面来看,各主体由于利益诉求不同,参与社会治理的主动性、能动性不高,须找准不同阶层的共同利益,达成一致的治理目标,形成共同的价值追求。从治理效果层面来看,新的社会治理矛盾和问题仍在不断出现,需要从源头到转化等各个关键环节进行科学化解,从而形成互信、互助的一体化防控链条。实践中,我们可以看到,这些问题是全过程、多方面的,需要多部门跨领域的通力合作。因此,建设社会治理共同体是提升社会治理实效的重要举措和有效方式。

二、人民政协专门协商机构建设社会治理共同体的优势与作用

当前,我国改革仍需持续深化、利益格局深度触动、阶层分化更为多元、思想思潮错综复杂。人民政协更应该充分发挥专门协商机构作用,加强思想政治引领、广泛凝聚

共识、科学建言献策，更好地盘活改革棋局、推动社会进步发展。人民政协以"专门协商机构"的独特定位，成为各政治力量平等参与、协商议政的重要场所，平衡着现代化国家治理体系中党、国家、市场、社会的关系。

（一）人民政协专门协商机构在建设社会治理共同体方面的优势

旗帜鲜明讲政治。人民政协的本质特征是旗帜鲜明讲政治。人民政协是由界别组成的，不同的界别代表不同阶层的利益，但是各级政协组织和广大政协委员始终与中国共产党保持高度一致，自觉接受党的领导，紧密团结在党的周围，始终同心同德、同心同向。因此，人民政协始终围绕党和政府的中心工作，在政治、经济等重大问题上开展协商，通过全会、专题议政、协商议政转报等形式向党委和政府提供意见建议，再由党委和政府吸收采纳，推动社会重大问题的解决和经济社会的发展。这种广泛凝聚共识、汇聚发展合力的政治优势是中国特色民主制度的重要体现。

超脱的组织优势。人民政协不是权力机关，也不是决策执行机构。这种"超然"的组织定位，让各界人士可以畅所欲言、各抒己见，真正形成"有事好商量，众人的事情由众人商量"的协商平台。同时，人民政协作为与党委、政府和人大并行的"四大班子"之一，意见和建议更容易引起重视和采纳。例如，此次疫情防控期间，青岛市政协发出《关于加强党的领导发挥政协党组织、党员委员在打赢疫情防控阻击战中战斗堡垒和先锋模范作用的通知》，动员广大政协委员积极投身抗击新冠肺炎疫情斗争，累计编发"防疫阻击战 政协在行动""用'智慧政协'助力疫情防控 用政协智慧保障人民健康"专栏各100期，汇集意见和建议1500余条，向市委市政府和市防指报送协商议政转报12期。全国政协、省政协采纳意见和建议近百篇，市委市政府主要领导批示9次，意见和建议吸收采纳率超过八成。

协商的专业优势。人民政协作为社会主义协商民主的重要渠道和专门协商机构，综合运用多种形式，集协商、监督、参与、合作于一体，特点在"专"，优势在"专"，是专门协商机构，具有专业性。十三届青岛市政协在履职实践中，提出了"专注发展、专心为民、专力履职"的工作理念，坚持做促进高质量发展、不断满足人民群众对美好生活向往、与时俱进本领高强的专门协商机构，始终把政协履职的切入点、着力点和落脚点，放到党政所需、发展所要、人民所盼、政协所能上，做到党委和政府工作推进到哪里，政协履职就跟进到哪里，作为专门协商机构的作用就发挥到哪里。

主体的多元优势。人民政协是"最广泛的爱国统一战线组织"，是我国多党合作的重要机构，在党和政府联系人民群众、团结社会各界别、各阶层方面发挥重要的桥梁、纽带作用。在中国共产党的领导下，人民政协由各民主党派、人民团体、各界别人士中的精英人士担任政协委员，人民政协的主体是政协委员，来自不同党派、不同阶层、不同界别、不同民族、不同宗教的政协委员都可以在人民政协的平台各抒己见。十三届青岛市政协为进一步加强履职能力建设、提高议政建言水平，充分发挥专门协商机构作用，探索通过创新打造智慧政协平台、丰富协商议政形式、创新委员履职管理办法等方式，鼓励广大政协委员主动发挥主体作用、提升协商能力和水平。特别是2020年以来，市政协积极响应市委号召，在全市政协委员中开展"爱青岛·让青岛更美好"主题履职行动，切实增强"青岛发展、委员有责"的使命感和"爱青岛、从委员做起"的责任感，激励广大政协委员勇担使命、履职尽责，为建设开放、现代、活力、时尚的国际大都市建言献策，交上出色的履职答卷。

（二）人民政协专门协商机构在建设社会治理共同体方面的作用

为公民有序参与政治提供平台。人民政协作为爱国统一战线组织，是一种特定的政治组织系统，是社会运转系统的有机组成部分。人民政协为更多公民有序、科学地参与公共决策提供了平台。人民政协通过组织各界别、各阶层、各民族、各宗教群众广泛而充分地参与社会治理，可以及时收集民情民意，传递党政政策，能够及时、及早、尽可能化解党委和政府和人民群众之间的矛盾，为促进社会治理体制机制创新提供了重要平台。例如，青岛市政协不定期邀请市民代表列席常委会就是邀请公民有序政治参与的一种典型做法。

畅通党委和政府和群众之间的桥梁。人民政协作为专门协商机构，承担着国家管理系统与其他参与社会治理主体之间的媒介作用，在党委与社会、政府与群众、高层与基层的互动中，发挥着沟通、联系的桥梁、纽带作用。人民政协应充分发挥涵盖的界别特别广泛、联系群众特别密切等优势，拓宽民意收集渠道、畅通民情表达通道，多做协调关系、化解危机的工作，搭建起党委和政府与群众之间沟通联系的桥梁，为推进国家治理体系和治理能力现代化加油助力。

广泛凝聚发展共识和缓解社会矛盾。新中国成立以来，中国共产党对人民政协制度的思考研究更为深入和清晰，人民政协在国家政治、社会治理等方面的地位和作用也随着时代的不同而产生深刻的变化。进入21世纪以来，中国社会的主要矛盾已经改变，人民政协要充分发挥专门协商机构作用，把加强思想引领、广泛凝聚共识贯穿协商议政全过程，在协商中达成共识、汇聚力量，在排忧解难、帮贫助困中，多做化解矛盾、消除疑虑的工作，处理好党政之间、民族之间、阶层之间、界别之间的关系，找到最大公约数，画出最大同心圆。

三、发挥人民政协专门协商机构作用，推动社会治理共同体建设

推进一个现代化制度的产生与成型，需要具备将社会上造就现代化的各种势力吸收并内化于该体制的能力。在中国共产党的领导下，人民政协应积极搭建协商平台，不断完善协商议政内容和形式，充分发挥专门协商机构作用，着力构建共建共治共享的社会治理格局。

（一）坚持党的领导，广泛凝聚构建共建共治共享共同体共识

党的十九届四中全会要求，把党的领导贯彻到国家治理各环节各领域，这也是人民政协严格恪守的根本政治底线。自党的十八大以来，中共中央对人民政协专门协商机构作用的发挥高度肯定，对其在凝聚人心、汇聚合理方面寄予厚望。人民政协要始终坚持党的领导，恪守政治信念，牢记多党合作、协商建国的初心。要在社会治理过程中发挥优势和作用，用"真协商、会协商、多协商"把不同阶层、不同群体最现实、最直接的利益整合起来、反映上去，为党委和政府决策提供科学参考。

（二）搭建协商民主平台，构建共建共治共享社会治理新局面

"社会主义协商民主与共建共治共享社会治理格局在目标价值、参与人员、领导主体、实现形式等方面具有高度契合性。新时代，应充分发挥社会主义协商民主的凝聚作用、协商功能、治理绩效，以协商民主推动构建共建共治共享的社会治理格局。"要逐步完善党委领导、政府负责、社会协同、公众参与、法治保障的社会治理体制，创新优化人民政协专门协商机构的协商机制，营造多元参与、共治共享、人人有责的社会治理新格局。邀请多元化利益群体到人民政协专门协商机构参与协商，充分表达利益诉求，推动社会治理真正实现社会化。多元的社会主体在人民政协经过共同协商、平等对话、实地调研等方式，为公共决策提供意见和建议，乃至真正参与到社会治理活动之中，使不同的利益要求得到充分表达，在维护公共利益的同时促进社会成员达成共识。

（三）探索基层协商作用发挥，主动参与基层社会治理

新时代新形势要求人民政协将专门协商机构不断向基层延伸。随着我国社会主要矛盾的转化，基层社会发展不平衡、不充分的情况明显，基层社会治理工作面临许多新的挑战。基层社会治理面临着不稳定因素交叠纵横、多元化利益诉求持续涌现、管理方式方法捉襟见肘等问题。中共中央《关于加强社会主义协商民主建设的意见》明确提出"稳步推进基层协商"。目前，各地人民政协主要通过在基层设置机构、加强界别合作、深入基层民主监督等方式参与基层治理。但经过几年的实践，人民政协在参与基层治理过程中还存在参与治理的领域和空间有限等问题。应在参与基层社会治理过程中扩大统战对象，将政协与基层实际工作实现有效衔接，开展民生社会服务等方面持续探索更加有效的方式，切实将人民政协专门协商机构在基层社会治理方面的优势作用发挥出来。

（四）推进履职能力现代化，丰富参与社会治理多样化手段

人民政协的主体是委员，作用发挥看委员。要充分发挥人民政协专门协商机构作用，就要提高委员履职能力。我国当前阶层不断分化，利益共识达成难度增大，委员履行职责应保持理性，全面准确反映社情民意，认真倾听、审慎协商，努力做到"参政参到要点上，议政议到关键处，努力在会协商、善议政上取得实效"。同时，要积极打造"互联网＋"新型协商平台，通过互联网、云计算、移动互联等信息技术掌握和回应各种群

体诉求，预判和引领舆情，为建设社会治理共同体更广泛地凝聚人心、共识、智慧和力量。

（五）推动人民政协专门协商机构更加成熟、更加定型，将制度优势转化成为社会治理效能

党的十九大强调"加强协商民主制度建设，形成完整的制度程序和参与实践，保证人民在日常政治生活中有广泛持续深入参与的权利"。要加强对人民政协专门协商机构的顶层设计，在现有制度框架上使协商主题、内容、形式和程序更加精细化，确保协商成果在社会治理中有效运转。明确协商什么，对要协商的问题具体化、实例化，在社会治理过程中精准协商。丰富协商形式，创新线上与线下、正式与非正式、对口与专题、面对面与远程等协商形式，提高协商的灵活性和实效性，形成"人民政协走进人民大众，人民大众走进人民政协"的互动治理结构，提高协商成果转化和运用实效，探索成果落实、运用的有效途径和方式。

新时代新使命新担当，人民政协要充分发挥专门协商机构作用，要发展得更加成熟、更加定型，为建设社会治理共同体做出应有的贡献。

参考文献

［1］张安冬. 新时代人民政协协商民主建设与国家治理现代化［J］. 湖南省社会主义学院学报，2018，19（4）：31-33.

［2］塞缪尔·亨廷顿. 变化社会中的政治秩序［M］. 王冠华，刘为，等译. 上海：上海人民出版社，2008.

［3］聂平平，王伟. 以协商民主推进共建共治共享［N］. 人民日报，2018-03-02.

［4］习近平. 形成最大公约数，画出最大同心圆［N］. 新华每日电讯，2016-01-31.

［5］习近平. 决胜全面建成小康社会 夺取新时代中国特色社会主义伟大胜利——在中国共产党第十九次全国代表大会上的报告［N］. 人民日报，2017-10-28.

［6］习近平. 中共中央关于坚持和完善中国特色社会主义制度、推进国家治理体系和治理能力现代化若干重大问题的决定［N］. 人民日报，2019-11-06.

［7］习近平. 在庆祝中国人民政治协商会议成立70周年大会上的讲话［N］. 人民日报，2019-09-21.

（作者单位：青岛市政协）

人民政协推进国家治理体系和治理能力现代化的路径研究

王风华

国家治理现代化是中华民族伟大复兴的内在构成与重要组成部分,也是必不可少的制度依托和政治保障。中共十九届四中全会对推进国家治理体系和治理能力现代化进行了全面部署,在《中共中央关于坚持和完善中国特色社会主义制度 推进国家治理体系和治理能力现代化若干重大问题的决定》中指出,坚持和完善中国共产党领导的多党合作和政治协商制度,要发挥人民政协作为政治组织和民主形式的效能,这是新时代中国国家制度建设和国家治理体系现代化的重要里程碑。人民政协作为中国共产党领导的多党合作和政治协商的重要机构,是社会主义协商民主的重要渠道,也是国家治理体系的重要组成部分,具有鲜明的中国特色和时代特色。新时代人民政协应主动适应国家治理的需要,以改革思维、创新理念、务实举措大力推进履职能力建设,在推进国家治理体系和治理能力现代化中找准着力点,在建言资政和凝聚共识上双向发力,推进国家治理体系和治理能力现代化。

一、加强人民政协政治建设,凝聚合作共识

(一)坚持中国共产党的领导,凝聚政治共识

事在四方,要在中央。党派政治是影响社会治理的一个重要因素,它可以促进社会治理,但更为重要的是,它可能为党派自身的利益影响社会的共同利益。中国特色社会主义制度的最大优势是中国共产党的领导,中国共产党的领导是包括各民主党派、各团体、各民族、各阶层、各界人士在内的全体中国人民的共同选择,是成立人民政协时的初心所在,也是人民政协事业发展进步的根本保证。中国共产党的领导应全方位贯穿到国家治理体系的各个组成部分,人民政协作为多党合作和政治协商的重要机构,坚持党的领导是人民政协必须恪守的根本政治原则。人民政协各级组织和广大政协委员必须坚决拥护和贯彻执行中国共产党的路线方针政策和决策部署,全面落实中共中央对人民政协的领导和对政协工作的要求,将党的思想和路线转化为社会各界的共见共识,在建言资

政和凝聚共识上双向发力，通过不断汇集民意、协商各方主张等民主协商形式，把智慧和力量凝聚到国家治理中，推进国家治理体系和治理能力现代化。

（二）坚持群众路线，构建全民共建共享的国家治理格局

中国共产党的根本宗旨是为人民服务，推进国家治理体系和治理能力现代化建设的本质目的也是为人民服务，人民群众是社会主义协商民主的主体，脱离了这一主体，人民政协工作就脱离了其本质。习近平总书记指出："有事好商量，众人的事情由众人商量，找到全社会意愿和要求的最大公约数，是人民民主的真谛。"人民政协协商民主必须坚持人民立场，以人民利益为协商民主的最高准则，努力做到问需于民、问计于民，构建全民共建共享的国家治理格局，从而确保每一项政策举措既符合国情、符合实际，又符合民意，努力做到把群众利益诉求解决在基层，始终维护好、实现好人民群众的根本利益。

（三）打牢共同思想政治基础，凝聚思想共识

国家治理需要凝聚人心、凝聚共识、凝聚智慧、凝聚力量，推进国家治理体系和治理能力现代化建设需要最大范围的思想政治共识，而人民政协作为中国人民的爱国统一战线组织，在增进团结、包容多样、打牢共同思想政治基础和凝聚共识方面具有独特优势。新时代应时刻坚持一致性和多样性统一，谋求最大公约数，画出最大同心圆。首先，加强人民政协的联络机制，向政协委员中的少数民族同胞、宗教人士、港澳台同胞、海外侨胞积极宣传中国共产党的方针政策，积极收集和反馈遇到的各种问题，让各界人士拥有共同思想基础，协同并进，推动实现国家治理现代化；其次，引领广大政协委员站在牢固树立"四个意识"、坚定"四个自信"、做到"两个维护"的政治高度，注重在关键节点、重要问题上加大思想政治引领力度，引导政协委员主动作为、积极发声，传播正能量、增进大团结。

二、发挥人民政协的独特优势，提高国家治理的决策效能

（一）发挥人民政协的制度优势，提高建言资政效率

推进国家治理体系和治理能力现代化建设，要保证决策的科学化和民主化。人民政协经过70余年的发展，在政治上以"中国共产党领导的多党合作和政治协商制度"为基础，从国家到基层均形成了完备的组织体系，协商平台、议事规则、人事架构等也较为健全，发挥人民政协的制度优势是推进国家治理现代化发展的根本保障。一方面，充分发挥人民政协渠道畅通的制度优势。人民政协是一个"非官亦官"的政治组织，为不同党派和阶层代表人士提供了制度化协商渠道，各党派团体和各族各界人士能够放下"思想包袱"，享有平等的政治权利，畅所欲言，各抒己见，充分表达利益诉求，避免参政主体因地域、行业与专业不同而在话语权分配上遭受不公，从而提高决策的科学性。另一方面，充分发挥人民政协联系广泛的制度优势。人民政协是最广泛的爱国统一战线组织，可以在团结各方人士、凝聚人心方面发挥重要作用，促进国家内部的团结。当前要正确

处理一致性和多样性的关系，鼓励各党派团体和各族各界人士积极建言资政，实现共同进步，把人民政协的制度优势转化为国家治理效能，为推进国家治理体系和治理能力现代化奠定坚实的制度基础。

（二）发挥人民政协的文化优势，促进共同协商

习近平总书记指出："社会主义协商民主在我国有根、有源、有生命力，是中国共产党人和中国人民的伟大创造，是中国社会主义民主政治的特有形式和独特优势，是党的群众路线在政治领域的重要体现。"人民政协的协商制度并不在于最后的表决，而在于事前的充分协商和讨论。人民政协的协商文化充分契合了"协商建国"和"协商民主"的政治要求，是提高中共中央决策质量的重要保证。政协委员来自社会各个阶层、各个界别，代表社会各界群众，这就决定了人民政协是文化交融的，在政协的协商过程中，充分发挥"融"文化，融合不同的思想观点和利益诉求，广开言路，集思广益，各协商主体之间平等协商，本着思想、观点不强加于人，求同存异的原则，倡导体谅包容，真诚协商，形成既畅所欲言、各抒己见，又理性有度、合法有章的良好协商氛围。国家治理体系和治理能力现代化建设既需要准确发现矛盾，又需要高质量解决矛盾，包括人与人的矛盾、人与自然的矛盾、不同族群之间的矛盾、不同文明的矛盾、不同国家的矛盾、不同利益主体的矛盾等，这些矛盾的解决均需要以人民为中心，在协商的基础上形成最大公约数。新时代人民政协需要把协商文化建设好、运用好，融合思想，解决问题，激发人民参政议政的热情，社情民意如涓涓细流，必将汇聚成推进国家治理体系和治理能力现代化的不可或缺的重要力量。

（三）发挥人民政协的人才优势，形成国家智库

在推进国家治理体系和治理能力现代化建设进程中，中共中央会不断面临新的机遇与挑战，更需要凝聚各方智慧和力量。人民政协汇聚了各党派团体、各族各界的政治精英，人才济济、群英荟萃，既有实践经验丰富的行业专家，又有具有前瞻性眼光和较高政策理论水平的专家学者，是一个"人才荟萃、智力密集"的政治组织。新时代人民政协充分发挥人才优势，一方面，需要通过各级人民政协的会议制度和履职方式，反映国家治理和地方治理中存在的问题，就政治、经济、社会、文化、生态等各个领域的问题发表真知灼见，从而优化"四个全面"战略布局和"五位一体"总体布局中的各项决策，为国家治理体系和治理能力现代化提供更多的智力支持；另一方面，人民政协组成人员广泛专业，有能力、有条件对国家和各级政府的决策制定、执行起到支持和监督作用，为国家治理机制的运行提供一种监督和纠错机制，提升国家治理体系现代化水平。

三、加强人民政协协商民主专业化建设，推进国家治理水平专业化

（一）树牢制度意识，完善协商体系

习近平总书记强调，人民政协要把协商民主贯穿到履行职能全过程，推进政治协

商、民主监督、参政议政制度建设，不断提高人民政协协商民主制度化、规范化、程序化水平，更好地协调关系、汇聚力量、建言献策、服务大局。国家治理体系和治理能力现代化建设对人民政协提出了更高的要求，人民政协只有树牢制度意识，进一步完善协商体系，才能更好地在国家治理体系中发挥应有的作用。首先，应拓展人民政协协商的深度与广度，进一步发挥人民政协的政治影响力，拓展联系渠道，将政协工作深入基层，拓宽协商范围，加强与党政部门、党派团体、专家学者、社会各界的联合调研，更多邀请一些基层单位和群众代表参加政协的重点议题协商和重要履职活动，将深入一线开展调查研究、专题视察、座谈研讨等作为协商议政的基础环节，精准掌握第一手情况，切实找准问题症结，争取向政府提供针对性强、理论水平高的协商意见和研究成果；其次，应确保协商内容精细化，对协商计划制订、议题提出、活动组织、成果转化、成效评估、运行保障等环节进行程序性规范、制度性约束和操作性细化，明确协商内容，同时将协商问题分类，组织专业人员展开针对性协商，将重大问题具体化、实例化，从而实现精准协商，确保协商民主在国家治理中有效运转。

（二）树牢规则意识，规范协商机制

"不以规矩，不能成方圆。"规范的协商机制能够决定协商工作的走向、质量和成效，虽然人民政协的协商机制建设基本成型，但与国家治理体系和治理能力现代化的要求尚存在一定的距离，人民政协需要进一步完善协商机制。首先，要制定政协协商规则，确保做到先调研、后协商，在深刻了解协商内容的基础上进行协商，才能更好地抓住问题，提升协商成果质量；其次，对于各种协商形式的参加范围、讨论原则、基本程序、交流方式等做出明确规定，使协商做到有制可依、有规可守、有章可循、有序可遵；再次，应加强协商成果转化，加强事前、事中和事后民主协商，形成建言献策及时有效转化为党政决策依据的机制，推动人民政协制度在国家治理现代化中更加成熟、更加定型。

（三）树牢执行意识，强化制度执行

党的十九届四中全会要求，要突出坚持和完善支撑中国特色社会主义制度的根本制度、基本制度、重要制度，在固根基、扬优势、补短板、强弱项方面着力，把中国制度优势更好地转化为国家治理效能。然而，任何制度发挥作用都离不开高效的执行力，当前要保证人民政协的健康发展和国家治理体系现代化建设的顺利推进，确保人民政协制度必须执行，执行必须到位，违反制度必须严惩，切实维护制度的尊严和权威，不能"缩水"，更不能"放水"。相关部门应紧盯那些没有得到落实的事项，并追究相关人员的责任，形成良好的工作作风，从而实现良性循环，形成高效的执行力。同时，各级政协组织的领导干部和广大政协委员应做政协制度执行的表率，带动政协系统和其他利益相关方严格执行制度、坚决维护制度、自觉遵守制度，提高制度执行力，提升国家治理现代化能力。

（四）树牢监督意识，发展监督协商

良好的监督是优化制度制定、保证制度执行、促进决策科学的必要条件。一方面，人

民政协应当监督制度的制定和执行，通过对制度执行的监督，推动各项制度不断修订完善，提高制度的权威性和有效性；另一方面，发展监督协商，人民政协应聚焦中共中央重大决策部署以及各级党委和政府工作落实情况进行监督协商，实现党委监督、司法监督、政协监督的协同，统筹规划资源运用，避免交叉监督，提高监督的效率和准确性，推进国家治理体系现代化。

四、创新人民政协协商机制，提升国家治理现代化水平

（一）加强党外代表人士队伍建设，搭建高质量协商平台

加强党外代表人士队伍建设，是完善和发展多党合作实践的基础，是建言资政、凝聚共识双向发力的重要保障。首先，应积极选拔优秀的党外代表人士担任政协委员，将"与中国共产党团结合作、做出较大贡献、有一定社会影响的人士"按照"政治坚定、业绩突出、群众认同"等定性标准为基础进一步量化评价指标，科学设置党外人士评价体系，客观、公正地选拔参政议政人才；其次，应搭建广泛的协商平台，畅通党外代表人士参与政治协商的渠道，对规定应当由党外代表人士担任实职正职或需要有党外代表人士组成领导班子的单位或部门，要配齐、配强、配足，对人大、有关社会团体或特约人员等各方面的政治安排，也要按规定执行，既要注意保持党内干部和党外干部的一致性，也要注意党外干部培养和发展的特殊性；最后，要加强党外代表人士的培养和管理，重点了解其政治表现、思想状况、履职能力、廉洁自律等情况，特别是在重大原则问题上的政治立场和态度，加强思想引导。

（二）营造良好的协商氛围，提高政协委员协商积极性

推进人民政协协商民主，为国家治理体系和治理能力现代化建设建言献策，需要营造良好的协商氛围，切实保证党外人士建言献策的真实性和准确性。首先，营造求同存异、理性包容的氛围。各党派团体、各族各界人士通过政治协商参政议政，对于同一问题会有不同的意见，这就需要政协发挥功能，统筹各方意见，平衡利益，不偏袒，不倚重，让各界人士都能在这里得到平等的尊重，基于拥护中国特色社会主义事业、助力实现国家治理体系和治理能力现代化的观点和意见都应允许充分的表达和反映，达成最大的共识，形成最大的凝聚力。其次，营造实事求是、敢于谏言的氛围，使政协委员敢于表达真实的意见，讲真话、实话、负责任的话，杜绝空话、废话和套话。积极引导政协委员在参与政治协商的过程中树立大局观和责任观，心系国家前途和命运，在此基础上鼓励政协委员踊跃发言，做到言之有理、言之有物、言之有度，从而促进政协协商内容的合理化、协商意见的科学化。通过营造良好的协商氛围，提高政协委员参与协商的积极性，让政协委员变"要我协商"为"我要协商"，主动参与党政各项重要决策的协商，主动研究经济、政治、文化、社会和生态文明建设中具有综合性、全局性、前瞻性的重大课题，推动国家治理能力现代化。

（三）开拓政治协商新领域，扩大政治协商范围

面对新形势下的新挑战，人民政协应探索开拓政治协商的新领域，致力于发现更多问题，解决更多矛盾。首先，创新基层民主协商机制，探索政协组织、政协委员"走出去"、下沉基层的模式，政协工作向基层、社区拓展延伸，积极开拓人民政协工作的新领域，在各街道成立政协委员工作室，搭建政协委员与群众沟通平台，促进政协委员与人民群众密切联系，建立基层群众列席旁听政治协商会议的制度，让更多的基层群众有机会直接发表意见、参与社会治理，从而让政府的决策更反映民意、更贴合实际。其次，探索把政协专题协商、提案办理协商、界别协商、对口协商延伸到社会治理的各个重要领域，把人民政协的协商成果转化为社会治理效果，提升国家治理现代化水平。

（四）创新人民政协履职形式，提高国家治理效能

现代信息技术的发展为人民政协创新履职形式提供了多元化的工具和更广阔的平台，可以扩大社会各界的有序政治参与，促进政协工作提质增效，为提升国家治理能力现代化凝聚强大的能量。首先，在基层协商过程中可以探索委员讲堂、委员线上咨询等服务，运用网络技术强化政治引领，借助多种媒体宣传各级党委和政府的决策部署和思想导向，通过线上平台进行云端议政、远程协商等，让群众能够第一时间反映问题，更好体现人民政协坚持群众路线的作风。其次，应丰富协商形式，以现代信息技术为工具，深度了解和及时回应社会各界的诉求，创新协商形式，开展线上与线下、正式与非正式、一般与重点、对口与专题、面对面与远程等多种协商形式，提高协商的灵活性和实效性，达到个体利益与整体利益的综合平衡，实现多方共赢的局面。最后，应探索集协商、监督、参与、合作于一体的协商新格局，将协商内容分类，重点协商与专项协商相结合，鼓励通过网络参政议政，借助网络平台使政治协商过程透明化，便于社会公众对人民政协协商工作的监督。

五、结束语

推进国家治理体系与治理能力现代化任重道远，需要社会各界共同努力。人民政协作为中国共产党领导的多党合作和政治协商机构，是沟通社会各界的重要桥梁，在推进国家治理体系与治理能力现代化中具有不可替代的作用。只有加强政治引领，凝聚合作共识，不断创新人民政协协商机制，推进人民政协协商民主专业化建设，才能充分发挥人民政协在政治协商、参政议政、民主监督中的重要作用，推进国家治理体系和治理能力现代化。

参考文献

［1］蒋立山．社会治理现代化的法治路径——从党的十九大报告到十九届四中全会决定［J］．法律科学（西北政法大学学报），2020，38（02）：30-35．

［2］殷啸虎．统一战线在推进国家治理体系和治理能力现代化中的地位和作用［J］．上海市社会主义学院学报，2020（01）：5-13．

［3］周文彰，薛博．把政协制度优势更好转化为国家治理效能［J］．中国政协，2019（22）：46-47．

［4］习近平．决胜全面建成小康社会夺取新时代中国特色社会主义伟大胜利［M］．北京：人民出版社，2017：37-38．

［5］梁晓宇．国家治理视域下人民政协协商民主研究［J］．大连干部学刊，2019，35（12）：5-11．

［6］陈扬．把人民政协制度优势转化为国家治理效能［N］．人民政协报，2020-06-17（008）．

［7］万家阳．国家治理体系中的政协力量［N］．江淮时报，2020-03-10（003）．

［8］杜亮．充分发挥制度优势　彰显人民政协在国家治理体系中的重要作用［J］．中国政协，2019（24）：44-45．

［9］高卫星．人民政协是推进国家治理体系和治理能力现代化的重要力量［J］．中国政协理论研究，2020（01）：15-18．

［10］梁晓宇．国家治理视域下人民政协协商民主研究［J］．大连干部学刊，2019，35（12）：5-11．

［11］林延斌．国家治理现代化视域下人民政协专门协商机构作用研究［J］．延边党校学报，2020，36（02）：35-38．

（作者单位：九三学社青岛市委员会）

聚焦"三个一"履职，助力基层社会治理

任泽沛

习近平总书记指出，人民政协是社会主义协商民主的重要渠道和专门协商机构，是国家治理体系的重要组成部分，是具有中国特色的制度安排。这深刻阐明了新时代人民政协的新定位及人民政协以协商民主的形式参与国家治理的重要性和必要性。新时代人民政协被赋予了参与国家治理新的职责。

在国家治理体系中，基层社会治理是基础，是热点和难点。准确把握习近平总书记对人民政协的职能定位要求，充分发挥人民政协在国家治理体系中的作用，是各级政协组织履职尽责的根本遵循和基本要求。市县政协要以习近平总书记关于人民政协这一新的综合性定位的重要思想为指引，围绕中心服务大局，发挥优势，精准履职。结合青岛市即墨区政协履职实践，只有在"利用好一个平台、发挥好一个作用、落实好一个目标"上下真功、出实力、见成效，才能在协同推进基层社会治理工作中更好地发挥作用、体现价值。

一、要在利用好协商民主平台上下真功

人民政协的性质定位决定了政协就是一个大平台，是发扬民主的平台、政治协商的平台、统一战线的平台，协商民主始终贯穿于履行职能的全过程、各方面。这是政协自身的特点和优势所在。近年来，即墨政协聚焦协商民主这一主责主业，坚持发扬民主和增进团结相互贯通、建言资政和凝聚共识双向发力，紧扣社会治理主题，不断深入基层和群众，广泛调研、精心建言、凝心聚力，切实把协商民主的制度优势转化为基层社会治理的效能。

协商选题要有针对性、系统性，更好地扣紧社会治理工作。进入新时代，社会主要矛盾已转为人民日益增长的美好生活需要与不平衡不充分的发展之间的矛盾。这一主要矛盾的转化，体现了人民至上、以人民为中心的发展思想。即墨政协坚持人民政协为人民，聚焦人民群众关心关注的乡村振兴、城市品质提升两大热点难点问题，全方位、

多角度、成体系地实施调研议政活动。比如聚焦乡村振兴，围绕"产业兴旺"召开了"全面提升农业高新区，打造全市农业发展新动能的强力引擎""发展规模化特色种植业，推进乡村产业振兴"专题协商会；围绕"生态宜居"召开了"深入推进农村环保工作"专题协商会；围绕"乡风文明"召开了"繁荣即墨文化，讲好即墨故事""深化社会诚信体系建设，打造诚信即墨"专题协商会；围绕"治理有效"召开了"提升乡村治理水平"专题协商会；围绕"生活富裕"召开了"突破乡村旅游，推进乡村振兴"专题协商会，做到了紧扣发展大局、服务民生福祉。

调研议政要有专业性、代表性，更好地促进社会治理决策科学化。政协不是权力机关，参政不行政、建言不决策、监督不强制，主要通过协商发挥作用。这种作用不是靠说了算，而是靠说得对。说得对就是能够提出符合客观事物发展规律的意见和建议，这就需要求真务实的能力水平。即墨政协通过建立"五支队伍"、实施"两个结合"、打造"一个平台"的立体调研体系，提高了调研质量，推动了协商议政更具成效。"五支队伍"，即在原有五个专委会的基础上，组建城建环保、财政经济、教科文卫、农业农村、社会法制五个议政调研专项小组，由专家和一线委员组成的20余人团队领衔调研，提升了协商议政的专业性。"两个结合"，即议政调研专项小组的调研与区政协委员界别组、镇街政协委员联络室组织委员开展的调研相结合、区内深入基层调研与外出学习考察调研相结合，提升了协商议政的深透性。"一个平台"，即网络协商平台，为各界别群众提供了理性表达诉求的渠道，提升了协商议政的广泛性。比如围绕城市品质提升协商主题，我们把"挖掘城区交通潜能，提高城区道路通行能力""加强城市社区建设""加强城市精细化管理"等协商议政专题的话语权交给市民，使市民身于其中都有体会、都有话说。其中聚焦"加强城市社区建设"专题，组织广大委员开展了线上、线下联动调研协商。在"即墨智慧政协APP"上，184人次委员关注了协商情况，58名委员留言参与讨论，围绕物业管理、车位停车等问题提出61条具体建议；线下，在组织有关界别组、镇街委员联络室及部分委员深入街道社区调研座谈和赴先进地区考察学习的基础上，专门召开了专题协商会议，形成的《关于"加强城市社区建设"的建议》得到了区委、区政府主要领导的批示肯定。

二、要在发挥好委员主体作用上出实力

界别是组成人民政协的基本单位，是党和政府联系群众的重要纽带，是社会各界有序政治参与的基本途径。政协委员来自各个界别，是所属界别和所联系群体的优秀代表，这是政协在基层社会治理中发挥重要作用的优势和活力所在。十四届即墨政协设置21个界别，委员构成涉及党派、经济、工商联、教育、科技、文化、卫生、民族宗教等领域、界别，覆盖面广、代表性强、包容性大，决定了其能够发挥好自身优势，最大限度调动一切积极因素、团结一切可以团结的力量，为凝心聚力、增进团结服务；能够主动听取民意，集聚民智，寻求最大公约数，有利于促进党委和政府决策的科学化、民主化，形

成心往一处想、劲往一处使的强大合力。

制定并落实习近平新时代中国特色社会主义思想学习座谈会制度，让委员履职政治站位高、使命感责任感强。坚持把加强思想政治引领、广泛凝聚共识作为履职工作的中心环节，充分发挥区政协党组理论学习中心组的示范引领作用，开展研讨式、互动式、观摩式学习活动，一级带一级，层层抓学习，切实做到党的建设"两个全覆盖"。2019年12月份，即墨政协把各界别组、镇街委员联络室和全体委员划分为5个学习座谈小组，各界别组、镇街委员联络室每季度组织委员开展1次集体学习，各学习座谈小组每半年至少组织开展1次集体学习座谈会，教育引导委员谋事多想政治标准、办事多想政治要求、处事多想政治影响，让党的方针政策、各级党委的决策部署在政协系统畅通无阻，以实际行动保证全党政令畅通、令行禁止、步调一致。通过学习研讨，努力使人民政协成为坚持和加强党对各项工作领导的重要阵地、用党的创新理论团结教育引导各族各界代表人士的重要平台、在共同思想政治基础上化解矛盾和凝聚共识的重要渠道。2020年7月上旬，5个学习座谈小组围绕全面贯彻落实中共十九届四中全会精神进行了座谈交流。

建立健全工作机构及联络服务机制，让委员参与社会治理有阵地、有动力。即墨政协组建了政协委员界别组、镇街政协委员联络室，按照界别、地域将全体委员划至其中，建成了34个委员之家，并开展了以"有委员活动场所、有规范的制度、有长效工作机制、有经常性的活动、有实际成效"为主要内容的"政协基层组织建设年活动"，从根本上解决了政协基层工作"无腿""断档"问题，为政协拓展工作领域、延伸工作触角、扩大履职深度打下了组织基础。为加强对各组室及委员履职的组织指导，主席会议成员和机关各工作室对委员的联系由过去一般性的联系走访，逐步深化到了"以开展联系党外常委、党外委员、界别组和镇街联络室、委员所在的骨干民营企业或经营的乡村产业振兴项目，促常委、委员思想凝聚，促组室服务管理水平提升，促委员所在的企业或经营的乡村产业振兴项目更好地在新旧动能转换和乡村振兴中发挥引领作用"为主要内容的"五联五促"活动。2020年又增加了与政协委员进社区开展"亮承诺·惠民众·展风采"活动的联系。在"六联六促"活动中，主席会议成员和机关各工作室坚持带着课题、带着感情、带着责任开展走访联络工作，对委员们提出的有价值的意见和建议，及时指导、帮助他们整理成提案或社情民意，转交有关部门办理。如委员提出的"撤村并区、盘活土地资源"的建议，被即墨区委、区政府全盘纳入决策，并在灵山镇、大信镇进行了试点。

开展主题活动，让委员"作业"更具体、更直观、更有效。换届以来，即墨政协按照政协性质定位和全员参与、全方位服务、全区域覆盖的目标，积极组织委员进入基层一线参与社会治理，深入开展了以"撰写一件高质量提案、参加一次调研视察或协商议政活动、反映一条好的社情民意、帮扶一户困难群众、化解一起矛盾纠纷、为本单位重点工作做出一份突出贡献"为主要内容的"六个一"主题活动。2020年在巩固和深化前期开展的"六个一"主题活动的基础上，开展了"委员责任担当年"活动，研究制定了《关于开展政协委员进社区"亮承诺·惠民众·展风采"活动实施意见》，17个界别组与17个镇街委员联络室结对子在镇街打造社区政协委员服务工作室，使其成为委员履职尽责的"联络站"、践行群众路线的"连心桥"、彰显政协形象和委员风采的"展示台"。挖掘深、整合足、利用好委员个人及亲朋好友和委员所在单位、企业、界别组、联络室等服务资源，佩戴服务证，在社区服务工作室开展承诺式服务、接待式服务、随访式服务，尽己所能为社区群众反映民情民意、解决实际困难，协助党委和政府做好协调关系、理顺情绪、化解矛盾的工作，彻底打通了广大委员联系服务群众的"最后一米"，让人民群众感到政协委员就在身边、人民政协离自己很近，真正为基层社会治理增动力、添合力、减阻力。

三、要在落实好建言成果转化落地上见成效

提高工作质量是新时代党和国家事业发展的重要要求，也是加强和改进人民政协工作的迫切需要。即墨政协积极开展"政协工作质量提升年"活动，鲜明树立起质量导向，推动履职工作从注重"做了什么""做了多少"向"做出了什么效果"转变。

政协做好参与基层社会治理工作离不开党委重视、政府支持。只有将政协参与基层社会治理纳入本地社会治理工作全局之中，同研究、同部署、同推进，形成党政重视支持、政协上下联动、各方协同配合的工作格局，政协的协商议政才能有力度，成果转化才能取得实效。履职实践证明，只有协商议政、提案、社情民意等履职成果进入党政决策程序、被研究采纳，产生一定的经济效益或社会效益，才算实现了履职成果的转化落实，体现了应有的价值。

基于上述认识，青岛市即墨区政协一方面转变了协商活动结束后将委员的发言材料直接报送区委、区政府的做法。在每次协商议政之后，由相关工作室将协商议政的成果进行归类整理，形成综合材料，经区政协党组会议和主席会议集体研究后，以政协党组的名义呈报区委，以区政协协商建议的形式转送区政府研究办理。这样的协商报告（建议），更具系统性、综合性、直观性、要点性，更易进入党政决策。另一方面，青岛市即墨区政协积极争取区委、区政府支持，联合制定了《政协建议和提案及社情民意的办理办法》，建立起政府办公室分解督办，职能部门办理落实，政府常务会议专题研究，定期向区政协书面反馈，区委常委会会议年终听取总体情况汇报的办理落实机制。近3年来，青岛市即墨区政协向区委、区政府报送的17份专题协商报告（建议）、31份社情民意报告（专报）均得到了主要领导的批示肯定，区政府有关职能部门对区政协提出的每一份协商建议、社情民意、视察意见、提案的办理落实情况逐一做出书面答复，并反馈给区政协和相关委员，让委员们充分感受到了自己的意见得到尊重、自己的价值得以体现，进一步增强了履职尽责的荣誉感、责任感和使命感。

（作者单位：青岛市即墨区政协）

发挥人民政协专门协商机构作用推进治理体系和治理能力现代化

季旭东

党的十八届三中全会首次提出，将"完善和发展中国特色社会主义制度，推进国家治理体系和治理能力现代化"作为全面深化改革的总目标。在中央政协工作会议暨庆祝中国人民政治协商会议成立70周年大会上，习近平总书记突出强调要"发挥好人民政协专门协商机构作用"。人民政协作为国家治理体系的重要组成部分，应把握治理现代化要求，紧扣"专门协商机构"的职能定位，为推进国家治理体系和治理能力现代化发挥政协的独特优势。

一方面，推进国家治理体系和治理能力现代化是我国作为新时代社会主义国家的大胆尝试和积极创新，展现了由国家管理向国家治理转型的目标和决心。人民政协的政治职能转型变革，同样是新时代全面推进国家治理现代化的一个重要领域。

一是专门协商机构是党和国家对人民政协重要性的进一步认识。人民政协因民主而生、因协商而立，在协商建国的实践中不断进步。70年的光辉历程，人民政协伴随着共和国一同成长，70年的历史实践，党和国家对人民政协的定位认识愈加清晰准确。从1949年人民政协作为人民民主统一战线的组织形式，到1982年上升为"爱国统一战线组织"，到1989年指出人民政协不仅是爱国统一战线组织，也是中国共产党领导的多党合作和政治协商制度的重要组织，各党派和各界人士参政议政、团结合作的重要场所，再到2006年提出"人民政协是中国特色社会主义事业的重要组成部分"，人民政协独特的协商作用和地位逐渐凸显。党的十八大以来，以习近平同志为核心的党中央站在党和国家事业发展全局的历史高度，进一步丰富和发展了人民政协理论，首次阐明了人民政协是社会主义协商民主的重要渠道和专门协商机构，特别是党的十九届四中全会和中央政协工作会议都强调要发挥人民政协专门协商机构作用，这些既体现了人民政协的历史传统和发展逻辑，又反映了新时代的鲜明特征和迫切要求。

二是专门协商机构赋予了人民政协职能定位的新内涵。专门协商机构综合承载了人民政协作为统一战线的组织、多党合作和政治协商的机构、人民民主的重要实现形式的性质定位，清晰地描绘出新时代人民政协在党和国家事业全局中的精准坐标，进一步为人民政协的职能定位注入了新的内涵。作为统一战线的组织，人民政协通过深入的协商议政，求同存异、聚同化异，找到最大公约数、画出最大同心圆；作为多党合作和政治协商的专门机构，人民政协通过组织各民主党派广泛开展协商议政活动，充分彰显出共产党领导、多党派合作，共产党执政、多党派参政的新型政党制度特点；作为人民民主的重要实现形式，人民政协以协商民主的形式，搭建起协商议政平台，作为专门协商机构保障人民当家做主的权利。强调人民政协是专门协商机构，深刻揭示了人民政协在协商中实现党的领导、促进广泛团结、推进多党合作、实践人民民主这一贯穿始终的核心要义，体现了人民政协在国家治理体系中的角色定位，开辟了人民政协参与国家治理的广阔空间。

三是专门协商机构是新时代人民政协肩负的历史使命。当前，中国特色社会主义进入新时代，世界正经历百年未遇之大变局，实现中华民族伟大复兴正处于关键时期。在中央政协工作会议上，习近平总书记首次明确提出人民政协要通过有效工作，努力成为坚持和加强党对各项工作领导的重要阵地、用党的创新理论团结教育引导各族各界代表人士的重要平台、在共同思想政治基础上化解矛盾和凝聚共识的重要渠道。"三个重要"是党和国家对新时代人民政协工作提出的新要求。通过积极履职不断推进人民政协制度更加成熟、更加定型，充分发挥人民政协作为专门协商机构在国家治理体系中的重要作用，展现社会主义协商民主的独特优势，是新时代赋予人民政协的新使命。

另一方面，作为专门协商机构，人民政协是作为国家治理体系重要组成部分的重要制度设计，同样人民政协所具有的显著特点和独特优势，也在推进国家治理体系和治理能力现代化进程中发挥着不可替代的作用。

一是人民政协具有独特的政治优势。旗帜鲜明讲政治是人民政协的本质特征，70年的协商实践，使人民政协可以通过政协制度的有效运行，团结引导参加人民政协的各党派团体和各族各界人士始终坚持党的领导，彰显出落实党总揽全局、协调各方领导核心作用的政治优势。不同党派、不同界别的人士通过政协组织，紧紧围绕在中国共产党的周围，与党中央保持高度一致，并在中国共产党的领导下，积极为促进经济和社会发展献计献策。在这种政治逻辑下，人民政协能够以党和政府的需求为导向，围绕经济和社会发展的痛点、难点、堵点问题组织开展调查研究、协商议政、建言献策活动，从而形成社会最大公约数。借助这一独特政治优势，各级政协组织将搜集到的民声、民情、民意通过政协渠道向党和政府反映，为党政决策提供科学的参考依据，并进一步转化成为国家意志和政策方针，从而构建起基层需求和国家决策双向沟通的良性互动模式。这种广聚共识并形成同心圆式层级结构的政治优势，正是中国特色制度安排的重要体现。

二是人民政协具有鲜明的制度优势。人民政协通过搭建平台和畅通渠道，吸纳各民主党派、无党派人士作为人民政协重要组成部分发挥作用，具有实行新型政党制度的机制优势。70年的风雨兼程，人民政协已经搭建起了较为成熟的协商议政平台，形成了清晰明确的议事规则程序，健全了完备科学的组织人事架构和管理制度体系。人民政协在政治上以"中国共产党领导的多党合作和政治协商制度"为根本保障，以宪法、政协章程和相关政策为基本依据，为不同党派和阶层代表提供了制度化的协商渠道。在此基础上，人民政协有序地组织各党派、各团体、各民族、各阶层、各界人士在政协共商国是，构建了集协商、监督、参与、合作于一体，以全体会议为主导，以专题议政性常务委员会会议和专题协商会议为重点，以协商座谈会、对口协商会、提案办理协商会等为形式的多层次、全方位协商议政格局。从而把党的主张转化为社会各界的共识，推动实现广泛真实有效的人民民主。

三是人民政协具有显著的组织优势。人民政协在爱国主义、社会主义旗帜下，最大限度地把各党派团体、各族各界代表性人士吸纳进来，具有大团结、大联合的组织优势。我国的国家治理体系是一整套系统的制度设计。与党、人大、政府通过行使领导和管理权力进行治理不同，人民政协既不是领导机关，也不是权力机关和行政机关，而是以专门协商机构为定位。人民政协通过民主协商和有序参与，把发扬民主、科学决策的过程与汇聚共识、凝聚力量的过程有机结合起来，使党的政治主张和路线方针政策成为各党派团体和各族各界人士的政治共识和自觉行动。在专门协商机构的职能定位下，各党派团体和各民族各界人士能够放下"思想包袱"，全身心地投入政协协商议政工作当中，充分发表意见和建议，形成"有事好商量，众人的事情由众人商量"的协商氛围。同时，作为专门协商机构，人民政协所提出的意见建议更具代表性和专业性，更容易得到党和政府的重视和采纳，从而更好地推动提案建议、社情民意转化为党政机关的决策部署和相关职能部门的实际行动。

四是人民政协具有强大的人才优势。人民政协是"最广泛的爱国统一战线组织"，在吸纳社会各党派、各团体人士参与政协组织时，只要符合"爱国"条件都可将其作为统一战线的动员对象。这种包容性特征使人民政协形成了人才荟萃、联系广泛、智力密集的优势，成为经济社会发展的人才库、智囊团，成为推进党和国家事业大局的重要力量。同时政协委员基本上都是社会各行业、各界别的精英代表，他们通过深入基层、深入一线、深入界别群众开展调查研究，并与个人的专业知识相结合，所形成的调查研究和协商议政成果具有较强的专业性、前瞻性和权威性，因而更能够得到政府和社会的广泛关注。

（作者单位：青岛市即墨区政协）

以协商民主助推国家治理体系和治理能力现代化研究

徐寿娟

顺应新时代国家治理体系和治理能力现代化的要求，协商民主的地位、作用和性质也随之发生了改变，习近平总书记在庆祝中国人民政治协商会议成立65周年大会上的重要讲话中指出，"人民政协是国家治理体系的重要组成部分"。这一论述明确表达了新时代协商民主在国家治理体系治理能力建设中的重要作用，现阶段如何以协商民主推进治理体系治理能力现代化是重中之重。要把握协商民主的新定位，了解协商民主推进国家治理现代化的现实因素、价值资源以及原则，才能使协商民主深入发展，从而推进国家治理体系治理能力现代化。

一、新时代新定位

新中国成立之初，人民政协在协商建国过程中产生，党所赋予它的角色不是权力机关而是一个协商机构，是作为统战组织而存在的。人民政协的成立也标志着一种新型的党政制度——多党合作和政治协商制度的创立。党的十八大以后，人民政协被赋予了新的时代内涵，即专门的协商机构，这一重新定位将人民政协置于国家治理体系和治理能力现代化建设的大框架之中，开拓了其参与国家治理的空间，也成为我国政治生活中发扬社会主义民主的重要形式。党对人民政协的新定位是运用马克思主义对社会主义协商民主的伟大创造和理论创新，是推进国家治理体系和治理能力现代化的重要保障。

二、协商民主推进国家治理现代化的现实因素

协商民主推进国家治理现代化的演进历程并非一蹴而就，而是通过多方面因素来推动的。第一个重要因素是中国共产党的引领。在实事求是的精神指导下，中国共产党不断在实践中进行理论创新，为维护广大人民的民主权利和利益，探索新型的民主形式，并形成了国家层面的人大协商、政协协商等协商制度，在地方上建立多种基层民主形式，并使不同的协商民主形式充分参与国家各项政治生活。党的十八大以来，我们党

积极整合各项政治协商治理资源，不断完善政治协商制度，以协商民主推进国家治理能力的全面提升。第二个因素是中西协商民主思潮的交流互鉴。不同的意识形态造就不同性质的协商民主，但协商民主就其职能上来说，是一种通过对话、谈论等方式参与政治并表达政治主张的民主形式，因此它在一定程度上可以超越社会意识形态，进行交流互鉴，更好地满足人民群众参与民主政治需要。在中西协商民主思潮推动下，协商民主在国家治理体系现代化中的作用更加明显，从而促进协商民主推进国家治理现代化的深入发展。第三个因素是随着我国经济的不断发展，物质资源极大丰富，传统的民主模式已不能适应多样化的需求，这为协商民主推进国家治理现代化提供了现实的动力。

三、协商民主推进国家治理现代化的价值资源

习近平在庆祝中国人民政治协商会议成立65周年大会上指出："在人民内部各方面广泛商量的过程，就是发扬民主、集思广益的过程，就是统一思想、凝聚共识的过程，就是科学决策、民主决策的过程，就是实现人民当家作主的过程，这样做起来国家治理和社会治理才能具有深厚基础，也才能凝聚起强大的力量。"上述表述明确了协商民主在国家治理体系与治理能力现代化当中的价值资源。

协商民主推进国家治理现代化的第一个价值资源就是发挥协商民主的参与效能，生成现代国家治理秩序。协商民主从社会基础的角度有效承接现代国家治理的基本需求，主要包括培育现代国家治理的参与主体以及生成现代国家治理的社会秩序。第二是协商民主具有民主与参与特征，因而成为推进国家治理体系现代化的民主优势和承接现代国家治理基本需求的重要手段。第三是优化社会利益结构，凝聚国家治理共识。协商民主一方面可以改变传统的管理方式，另一方面可以形成新的治理模式。协商民主所存在的内在张力，能够通过实现自身作用的转化和功能的提升来促进国家治理现代化的实现，从而强化国家治理和民主监督的功能，有效地规范公共运行权利。第四是调动协商制度资源，增强国家治理活力。协商民主随着深入发展，成为国家治理现代化的重要制度支撑。不断推进社会主义协商民主的发展，有利于打破传统的民主政治治理发展的格局，充分发挥中国特色社会主义制度优势，从整体上激活国家宏观领域与地方基层国家治理现代化的发展活力。

四、协商民主推进国家治理现代化的路径

我国的协商民主有鲜明的实践特色，长期以来形成了一套完整的运行模式，并逐渐成为推进国家治理现代化的重要手段。但协商民主推进国家治理现代化仍需克服种种困难，不仅要借鉴协商民主推动国家治理的历史经验，不断完善体制机制，促进现代化发展，也要从以下几个方面入手。

第一，激活协商民主发展的内在动力。新的历史条件下，协商民主成为国家治理体系和治理能力现代化的重要依托。必须坚持群众路线的引领作用、协商民主顶层设计与

基层改革同时并行、推进协商民主规范化建设等措施激活协商民主发展的内在动力。第二，坚持协商民主与选举民主并举的治理优势，不断完善协同治理制度、创新协同治理机制、培育协同治理精神。第三，发挥人民政协在国家协商治理中的牵引作用，不断丰富人民政协协商治理形式，优化人民政协界别构成结构，强化人民政协委员的主体作用，健全政协委员协商对话机制。第四，完善协商民主在国家公共决策前多元的治理机制、决策中的转化机制、决策后的监督机制。第五，推进基层社会协商民主治理建设，培育基层群众协商参与精神，加强基层协商组织载体建设，强化基层协商治理技术支撑，完善基层网络协商治理机制。

五、协商民主推进国家治理现代化的原则

在以协商民主推进国家治理现代化时应遵循以下几个原则。第一，坚持党的领导是首要原则。中国共产党是全国人民共同的选择，坚持党的领导也是人民政协成立之初心所在。政协要始终坚持党的领导，将党中央对人民政协的要求作为第一准则。第二，发挥好人民政协专门协商机构作用。协商民主是我国社会主义民主的特有形式，因此要充分发挥其独特优势，把协商民主贯穿履行职能全过程，一方面要发扬民主精神，另一方面要增进团结，凝聚共识。第三，通过思想政治引领，广泛凝聚共识。要积极调动一切可以调动的积极因素，将各群体、阶层等团结起来，并让其深入学习党的创新理论及实施政策，树立正确的历史观和大局观，让利益、思想不同的社会各界人士在多样性中寻求一致性。第四，保障知情权是人民政协专门协商机构推进新时代国家治理现代化的重要前提，又是人民政协专门协商机构履行政治职能的重要前提。新形势下应加强协商民主建设，从而更好地适应政党协商新要求，建立保障各民主党派、各界人士政协委员知情权的平台，经常组织政协委员开展调查，保证信息畅通性。

六、小结

国家治理的过程是政府与社会治理的双向互动，注重强调公民和社会机构的参与，治理的手段具有复合性、合作性、包容性和协商性。以协商民主推进国家治理体系和治理能力现代化可以实现国家全面深化改革总目标，完善发展中国特色社会主义制度，推进国家治理体系和治理能力现代化。人民政协只有在国家治理体系中充分发挥作用，才能体现它在国家治理体系中的价值。在过去的伟大历史斗争中，政协融入了人民解放和建设事业。今天，政协更当牢记使命、担当责任，团结奋进新时代，助力中华民族伟大复兴。

参考文献

［1］习近平.庆祝中国人民政治协商会议成立65周年大会上的讲话［N］.人民日报，2014-9-22（02）.

［2］习近平.庆祝中国人民政治协商会议成立65周年大会上的讲话［N］.人民日报，2014-9-22（02）.

（作者单位：青岛理工大学）

发挥镇（街道）政协委员联络室职能作用，助推基层协商与社会治理

韩世刚

镇（街道）政协委员联络室（以下简称镇街委员联络室）是政协组织向基层的延伸，是政协委员在镇、街道履行委员职责、联系界别群众的重要平台和纽带。新时代抓好镇街委员联络室建设，可以拓宽协商渠道，丰富协商形式，培育协商文化，更好地发挥人民政协专门协商机构作用，突出政协协商主业，使政协工作和政协委员的履职更接地气，更好地提高政治协商、民主监督、参政议政水平，更好地凝聚共识，团结带领界别群众齐心协力建设美好家园。

一、镇街委员联络室在新时代基层协商和社会治理中具有重要职能作用

镇街委员联络室与基层接触密切、深入，与群众联系更紧密、更具体，各项履职活动贴近基层、贴近群众，可以通过社情民意信息、提案、视察、调研等多种形式反映人民群众的呼声与诉求，帮助群众解难题、办实事、做好事，架起党委、政府与人民群众的连心桥，在联系群众、服务群众、团结群众，助推基层协商和社会治理、促进改革发展稳定各项工作方面具有独到优势。要充分发挥镇街委员联络室这一政协最基层单位的重要作用，打通政协为人民群众服务的"最后一公里"。

近年来，全市各级党委始终把政协工作摆在重要位置，对镇街委员联络室建设高度重视，在人员配备、经费保障等方面给予了大力支持。各镇街委员联络室按照人民政协"协商于民、协商为民"的要求，坚持"专注发展、专心为民、专力履职"工作理念，秉持群众观念和为民情怀，在协商议政工作方式方法、委员履行社会责任方式上积极探索新思路、新方式和新途径，较好地发挥了协调关系、汇聚力量、建言献策、服务大局的作用，推动了协商民主深入发展。

今年以来，各镇街委员联络室积极组织委员参与"爱青岛，让青岛更美好"主题履职行动、"我爱青岛·我有不满·我要说话"民声倾听主题活动，在镇街设立"民情工

作站"，在社区设立"民情恳谈室"，组织委员深入基层、深入群众，通过现场接访、居民座谈和民情电话，针对人民群众的急难愁盼问题，倾听群众呼声，反映群众诉求，关心群众疾苦，帮助群众解决实际困难，拉近委员与群众的距离，推动政协协商有效嵌入基层协商与社会治理，打通政协委员履职的"最后一公里"，真正把政协协商民主优势转化为基层社会治理效能。

二、完善相关制度机制，加强镇街委员联络室自身建设

镇街委员联络室建设必须坚持以习近平新时代中国特色社会主义思想为指导，认真贯彻落实习近平总书记关于加强和改进人民政协工作的重要思想，认真贯彻习近平总书记对青岛工作的重要指示批示要求，按照人民政协"协商于民、协商为民"的要求，充分发挥政协专门协商机构职能和政协委员的主体作用，践行"专注发展、专心为民、专力履职"的工作理念，奋进新时代，履行新使命，展示委员履职新风采，展现政协专门协商机构新风貌。

（一）健全组织机构加强人员配备

《中共中央关于新时代加强和改进人民政协工作的意见》（中发〔2019〕40号）指出："建立健全委员联络机构，完善多层次联络服务委员制度。"2020年4月，中共青岛市委出台了《中共青岛市委关于新时代加强和改进人民政协工作的实施意见》（青发〔2020〕10号），要求"健全完善镇（街道）政协工作相关机制，加强基层政协工作。按照规定配齐配强镇（街道）政协委员联络室工作人员"，要在全市统一镇街委员联络室编制，明确职级、人员、职责。在编制限额内，明确镇街委员联络室主任作为同级正职领导职务单设，或由镇街党（工）委副书记兼任并明确其同级正职待遇。选任政协委员联络室主任和专职工作人员，区（市）政协要把好关口，将有政协工作经验、热爱政协事业、组织协调能力强的干部放在委员联络室工作岗位上。

（二）加强配套设施和规范化建设

区（市）政协应根据本地实际和财力，统一镇街委员联络室设施建设标准和相关管理办法，做到"六有"，即有固定办公场所、有制度、有载体、有活动、有经费、有委员档案，以便加强检查指导和效果评估。制定完善的委员日常联络、服务管理、协商座谈、视察监督、收集民意、履职统计等制度。通过建立社区委员活动中心，更好地搭建政协委员"零距离"服务群众平台，打通政协委员履职为民的"最后一公里"，使政协工作更"接地气"，委员主体作用得以更好发挥，人民政协履职为民的宗旨得到切实体现，政协工作也更加活跃有为。

（三）加强理论学习和委员培训

镇街委员联络室要结合本地实际和委员自身情况，加强习近平新时代中国特色社会主义思想等理论学习，努力建设学习型政协机构，培养学习型政协委员。组织委员深入

学习习近平总书记关于加强和改进人民政协工作的重要思想,加深对人民政协性质、地位、作用的认识,提高委员的政治素质及履职能力。

(四)加强委员联络服务和履职管理

一是做好柔性服务。加强与委员谈心交流和联系,主动关心支持他们的工作,定期走访委员所在单位,帮助解决困难,听取合理化建议并积极落实回复,使委员主动贴近组织、积极参与活动。二是做好宣传表彰,强化正面激励。对履行职责好、发挥作用好的委员,及时给予宣传、表彰和奖励,激发政协委员投身街道社区政协活动、积极参加"爱青岛,让青岛更美好"主题履职行动、"我爱青岛·我有不满·我要说话"民声倾听主题活动的热情。三是加强履职考评,靠制度强化自我约束。在委员中推行积分考核和履职述评制度,增加委员联络室对所辖委员的打分权重,并将考评结果作为委员评优和继续提名留任的重要依据,加强对委员的规范约束。

三、创新履职形式,充分发挥镇街委员联络室在基层协商与社会治理中的职能作用

要充分发挥镇街委员联络室接近群众、深入基层的优势,不断加强思想政治引领,协助党委和政府解决好人民群众的急难愁盼问题,化解矛盾,增进共识,为推进基层协商和社会治理汇聚强大正能量。

(一)通过思想政治引领实现凝聚共识

通过举办宣讲活动、接待走访等形式,积极向群众宣传习近平新时代中国特色社会主义思想和党的路线方针政策,增强界别群众对中国共产党和中国特色社会主义的政治认同、思想认同、理论认同、情感认同,广泛凝聚思想政治共识,把党的主张转化为推动基层社会治理的自觉行动。弘扬社会主义核心价值观,教化引导群众增强道德修养、文明素质。积极建言协商,推进政协协商向镇街村庄社区延伸,带动基层协商,促进社会和谐稳定。

(二)通过民主监督促进社会治理

建好用好委员社区活动室、设置委员接待社区群众日,使委员走进社区、走近居民,与群众面对面、心交心,使民主协商成为基层社会治理的重要方式和善治举措,提高基层社会治理水平。坚持问题导向,围绕保障群众合法权益、打击各种违法犯罪等方面的具体问题,开展监督性调研,反映社情民意,回应群众法治诉求,助推基层社会治理,实现严格执法、公正司法、全民守法。

(三)通过规范政协履职实现与基层协商和社会治理的有效衔接

要发挥委员代表性强、联系面广、包容性大的优势,积极组织开展座谈、协商、视察、调研等活动,确保镇街社区重要会议都有政协委员参加、重大活动都有政协委员参

与、重大项目都有政协委员监督。畅通各种交流渠道，鼓励委员积极反映社情民意，提出意见和建议，做好上情下达、下情上传，积极协助做好协调关系、理顺情绪、化解矛盾、维护稳定的工作。

（四）通过为民服务融洽与群众的血肉联系

坚持以人民为中心，把人民安居乐业、安危冷暖放在心上，顺民心、遂民愿、惠民生，广泛协商沟通、对话交流。组织委员开展扶贫济困等服务，用心、用情、用力解决群众关心的就业、教育、社保、医疗、住房、养老、食品安全、社会治安等实际问题，帮助解决群众的操心事、烦心事、揪心事，让人民的生活更好、更幸福，使政协工作在服务群众的实践中更接地气、更富有活力、更有作为，不断增强人民群众的获得感、幸福感、安全感，推动基层协商和社会治理走深走实。

（五）坚持党建引领，形成履职合力

加强镇街委员联络室建设、做好委员联络工作，需要各级党委、各级政协、各级委员及镇街委员联络室共同努力。各区（市）政协应加强对委员联络室的具体指导，做好规划，定好制度，提供帮助。要以党建为统领，充分发挥中共委员在政协工作中的主导作用、在本职工作中的带头作用、在界别群众中的引领作用，更好肩负起新时代人民政协新任务新使命，为实现新时代党的历史使命、为把青岛建设成为开放现代活力时尚的国际大都市贡献政协智慧和力量。

参考文献

［1］中共中央办公厅. 中共中央关于新时代加强和改进人民政协工作的意见：中发〔2019〕40号［A/OL］.（2021-08-13）［2022-08-22］. https：//www. gslzzx. gov. cn/art/2021/8/13/art_11757_1037704. html

［2］中共青岛市委办公厅. 中共青岛市委关于新时代加强和改进人民政协工作的实施意见：青发［2020］10号［A］.（2018-12-21）［2022-08-22］http：//cppcc. china. com. cn/2018-12/21/content_74298857. htm

（作者单位：青岛市政协）

参政党助推国家治理现代化的优势及路径选择

王乙潜

中共十九届四中全会通过的《中共中央关于坚持和完善中国特色社会主义制度 推进国家治理体系和治理能力现代化若干重大问题的决定》，把推进国家治理体系和治理能力现代化上升到国家高度，对迈向"中国之治"新境界具有重要里程碑意义。中国特色社会主义参政党是国家治理体系的重要组成部分，在助力国家治理体系和治理能力现代化发挥着独特优势和作用，必将也必须为助推国家治理体系和治理能力现代化做出应有的贡献。

一、参政党助推国家治理现代化的优势

实现国家治理现代化面临着更加复杂的国内外环境，有着诸多需要解决的深层次、复杂问题，对我国各个阶层提出了更为严峻的挑战、考验和更高的要求。中国特色社会主义参政党作为当代中国国家治理的重要主体，其独特的优势对助推国家治理现代化具有举足轻重的作用。

一是中国特色新型政党制度优势。中国共产党领导的多党合作和政治协商制度作为中国特色新型政党制度，规范着参政党在国家治理中的地位和活动方式。这一制度优势载入宪法，在国家治理的各个层次、各个方面、各个领域、各个环节正发挥着越来越重要的作用，是新时代国家治理"多元主体"的"压舱石"。

二是人才智力优势。参政党各民主党派和无党派成员，具有人才荟萃、智力密集、适应新时代发展需要的优势，分布在国家政治、经济、文化、社会、生态文明等各个领域，可为助推国家治理现代化提供强大的智力支持。

三是资源密集、联系广泛的资源优势。参政党各民主党派和无党派成员利用其联系广泛、注重民意等资源密集优势，可把社情民意、社会组织和个体等纳入国家治理范畴，形成良性互动关系，从而提升国家治理能力。

四是党派特色优势。各民主党派作为中国特色社会主义参政党，具有政治坚定、信

念牢固、和衷共济、特色鲜明、履职有力的党派优势，在政治把握能力、参政议政能力、组织领导能力、合作共事能力和解决自身问题能力上日益发挥着越来越重要的作用，彰显着各民主党派的精髓和多党合作优势。

五是协调关系的沟通优势。中国特色社会主义参政党积极适应全面深化改革的总要求，顺势而为，科学把握当前国家利益结构的深刻变化，将政治协商、民主监督、参政议政等制度优势转化为倾听民声、表达民意、为民服务的沟通平台，转化为政府与市场、政府与社会沟通联系的桥梁。

六是活力变革优势。参政党各民主党派和无党派成员中，年轻一族的比例越来越高，他们拥有较高的学历、较强的社会探索能力、较为开放的思想认识，善于接受新生事物，善于独立分析、解决问题，善于推陈出新、创新创造、"在危机中育新机，于变局中开新局"。

七是新型智库优势。参政党围绕"四个全面"战略布局和"五位一体"的总体布局，深入基层调研，就关键问题提出切合时宜、切实有效、切实可行的关键建议，形成了一批质量较高、可参考价值较大的调研报告和理论成果，建构了参政党新型特色智库，为执政党决策提供了较为翔实的参考依据，以使参政党更加有效地参与国家大政方针、参与国家事务管理。

二、影响和制约参政党优势发挥的薄弱环节

参政党参与国家治理优势发挥的强弱，影响着参政党整体助推国家治理现代化的水平和能力。当前，影响和制约参政党优势发挥的薄弱环节主要有以下几方面。

一是机制健全程度不够。以"国家治理现代化"为核心，建立健全领导机制、协调机制、保障机制三个机制，是必不可少的一环。在有的地方和部门，这些机制并没有建立健全，有些即使建立了，也没有与时俱进、深化拓展、修正完善，其所发挥的作用大打折扣，致使参政党参与国家治理优势得不到充分发挥。

二是角色与定位把握不够准确。参政党在国家治理中的"政治意识、责任意识、治理意识、服务意识、法治意识"有待进一步定位和把握，有的"唯我独尊""盲从蛮干"，"越位"而不到位；有的"思想僵化""畏头缩脚"而不能到位；有的法治意识淡薄，法治思维、底线思维、依法办事还没有从根本上制度化、常态化。

三是自身履职能力建设有待进一步加强。"打铁还需自身硬。"参政党作为国家治理体系中的重要主体，自身履职能力的强弱关乎助推效能的高低。参政党要系统学习习近平新时代中国特色社会主义思想对多党合作事业的理论创新，准确把握并践行好"政治坚定、组织坚实、履职有力、作风优良、制度健全"这五条中国特色社会主义参政党建设目标和"四个坚持"原则，以"四新""三好"为目标，围绕"思想政治建设、组织建设、作风建设、履职能力建设和制度建设"，深入查找自身存在的问题和薄弱环节，坚持问题导向和目标导向，切实提升自身履职能力。

四是参与国家治理中凝聚共识和建言资政双向发力不够。有的民主党派人士认为，自己在国家治理中不应出头，要"安分守己、循规蹈矩"，或者认为，在国家治理中没有决策权，没有必要积极主动、建言资政。这些想法都是不可取的。

五是参与国家治理的协同性有偏差。国家治理是一项系统、整体、协同工程，需要全社会齐心协力、同舟共济，任何环节"掉链子""磨洋工""消极懈怠""拖后腿"，都会让国家治理现代化慢半拍、打折扣、收效差。特别是在涉及重大政策、重大制度、重大原则执行上，参政党更应注重协同性，增强执行力，知行合一。

六是党派成员自我要求不高。参与国家治理，需要全方位提升参政党党派成员自身素养和能力，需要建设一支支市场化、法治化、专业化、开放型"三化一型"的高素质干部队伍，这就对参政党党派成员提出了更高要求。当前，参政党党派成员在助推国家治理现代化的进程中还要做足"功课"、练就"功夫"，高标准、严要求、强落实，将理论与实践有机结合。

三、参政党助推国家治理现代化应注重四个"相统一"

参政党助推国家治理现代化，是一个较为长期、系统的具体工程。在此过程中，参政党应坚持做到四个"相统一"，确保助推国家治理现代化"不跑偏""事半功倍"。

（一）自身定位与目标定位相统一

参政党助推国家治理现代化的目标定位是又好又快实现国家治理现代化，让多元主体（不同的阶级阶层、不同的民族、不同社会团体和不同行业的人）享受到国家治理现代化所带来的利益。在实践中，参政党应坚持"自身定位与目标定位相统一"，服从和服务于国家治理现代化的目标定位，及时纠偏自身定位不实不准的问题，使自身定位能够紧紧围绕目标定位来践行好"社会共识的凝聚者、社会整合的参与者、社会矛盾的调和者、社会服务的供给者和社会治理的监督者"的角色，从而达到又好又快实现国家治理现代化的目标。

（二）凝聚共识与议政建言相统一

参政党在助推国家治理现代化的进程中，应注重坚持凝聚共识与议政建言相统一。议政建言是为了更好地凝聚共识、求同存异，凝聚共识也进一步为议政建言提供了广阔政治平台。在事关道路、制度、旗帜、方向等根本问题上，参政党要统一思想、统一认识、统一步调、统一行动，努力把中国共产党的主张转化为广大党派成员和所联系群众在国家治理中的广泛共识和自觉行动，共同把智慧和力量凝聚到贯彻落实国家治理现代化的决策部署上来；在调查研究、议政建言中，参政党要不断把人民群众、社会团体等的建议和声音上升到议政协商层面、转化为中共中央的大政方针，以争取更大范围的共识凝聚。

（三）改革意识与法治思维相统一

参政党在助推国家治理现代化的进程中，应注重坚持改革意识与法治思维相统一。深化改革是全面实现国家治理现代化的必由之路。没有改革，就不会有国家治理现代化；法治是国家治理体系和治理能力现代化的关键和必然要求。没有法治，依法治国无从落实，也不会有国家治理现代化。改革意识与法治思维，是参政党在助推国家治理现代化进程中应具备的两种思维模式和运用能力，并且统一服务于国家治理现代化。没有法治为依托的改革，是盲目的、无序的改革，于国家治理现代化有百害而无一利；法治随着改革的发展而发展、与时俱进，没有在改革中完善的法治，也是过时的、僵化的、不适应社会主义市场经济和人民群众期盼的法律法规。

（四）聚焦大局与突出特色相统一

参政党助推国家治理现代化，应注重坚持聚焦大局与突出特色相统一。聚焦大局，就要紧紧围绕党和国家中心工作，聚焦"十四五"战略发展、经济社会发展重大问题、全面深化改革难点问题等，开展深度调研、重点攻关、集中议政，积极履行参政党职责，为助推国家治理现代化建言资政。同时，应立足党派特色，发挥智力资源优势，更好地履行参政党职能，为助推国家治理现代化狠抓落实。聚焦大局是方向，是制高点；突出特色是精细，是发力点。两者统一服务于助推国家治理现代化。

四、参政党助推国家治理现代化的路径选择

从主观和客观两个侧面找准参政党助推国家治理现代化的切入点、突破点、发力点，更好地发挥参政党助推国家治理现代化的效能。

（一）主观方面

强化参政党及其成员的融入意识。在国家治理现代化中，谁也不是局外人，不能"置身度外""袖手旁观""光说不练"。包括参政党在内的不同阶级阶层、不同民族、不同社会团体和不同行业的人既是国家治理现代化的参与者，又是受益者。融入意识不仅是理念、共识的认同，更主要的还在于行动的一致和合力、"心"的融入和协同。在这一点上，参政党及其成员应牢固树立政党意识和融入意识，把自己摆进去、把职责摆进去、把角色定位摆进去，沉下心来，一心一意谋发展，聚精会神抓落实，努力在融入中实现党派价值和人生价值。

带头转变思维方式、工作方式、学习方式。毛泽东同志曾做过一个很形象的比喻："不解决桥或船的问题，过河就是一句空话。不解决方法问题，任务也只是瞎说一顿。"习近平总书记也多次强调，要努力学习掌握科学的思维方法和工作方法。国家治理现代化，越到后期，任务越艰巨、骨头越难啃，老办法、旧思维往往解决不了新问题。不转变思维方式、工作方式、学习方式是行不通的。面对国家治理中出现的新情况、遇到的新问题、产生的新矛盾，没有改革意识和法治思维，不注重运用新发展理念、现代信息手

段、科学管理方法、精细化管理方式等加以解决，只能束手无策、望难而叹、徒手而归。"活到老，学到老"，当今社会处于信息爆炸时代，知识日新月异、新理念层出不穷、新观点应接不暇，这些新的东西，往往是国家治理现代化所要用到的、所必须学习的。从这个意义上讲，参政党及其成员应树立终生学习理念，不断在学习中丰富自己的知识层次、能力素养，在实践中强化自己的责任意识、服务意识，以更加饱满的热情，更加创新的方式，更加务实的作风，更加谦逊的态度，于学习和实践中提高自身助推国家治理现代化的能力和水平，不断开创参政党参与国家治理的新局面，更好地为执政党分忧解难。

全面加强参政党履职能力建设。参政党要切实承担好助推国家治理体系和治理能力现代化的时代使命与责任担当，必须加强履职能力建设，改善履职条件，提升履职本领。要从"思想政治建设、组织建设、作风建设、制度建设"四个方面入手，全面加强自身履职能力建设。加强思想政治建设。强化各级组织的政党功能，清晰自身在国家治理体系中的重要参与者和重要监督者角色；增强"四个意识"，坚定"四个自信"，做到"两个维护"，当好中国共产党的"好参谋、好帮手、好同事"；进一步巩固参政党全体成员的政党意识，形成统一的思想认识，增强政治认同感。加强组织建设。发展好新成员，培养和提高参政党组织成员参与国家治理的素养和能力，形成相对稳定的履职骨干力量；凝心聚力，构建严密的组织体系、有效的组织运行，以支持参政党及其成员履职尽责；增强基层组织活力，发挥好基层组织在参政党履行职能中的基础性作用；加强参政党人才队伍建设，吸纳优秀人才加入，整合提升人才队伍素质。加强作风建设。深入社会、深入群众、深入实际，进行调查研究，关注社情民意，倾听民众呼声，增强社会责任感，多为老百姓干实事，多为民生鼓与呼，以"求真务实、密切联系群众、真抓实干"等优良作风，发挥参政党及其成员助推国家治理现代化的作用。加强制度建设。建立健全参政党各级领导班子考核评价制度、骨干成员选拔培养制度、参政议政激励制度、基层组织活动常态化制度、机关效能管理制度等；建立健全参政党内部监督机制。

重视和发挥基层组织活力。参政党的活力根植于基层组织之中，基层组织是参政党赖以生存的基础。从"树立坚定的政治立场，培树鲜明的时代意识、打造突出的政党意识"激发基层组织活力；加强参政党基层组织内部管理和监督，倾听和回应基层组织成员的民主诉求，不忘初心、不负使命、廉洁高效、团结奉献；构建适应新时代发展形势的参政党组织架构；建立健全参政党基层组织及其成员的量化考核记录；提倡通过微信建群，广泛开展信息交流，彼此联络感情，激发参政党基层组织活力；运用激励机制，表彰在某一方面做出成绩的基层组织成员；充分发挥参政党内刊的桥梁纽带和重要载体作用。

加强学习，提高参政党的参政议政水平。深入学习有关参政党理论，中国特色社会主义理论，习近平新时代中国特色社会主义思想，中共十九大及十九届二中、三中、四中全会精神，国家及党中央各项治理理论等，用理论知识武装自己的头脑、指导自己的实践、全面推动工作；学习制度，增强制度素养，依法依规履行参政党职责，提高依法参政水平；学习法律知识，增强法律意识、法治思维和法治素养；遵守法律，依法履职，依法参政议政、民主监督、政治协商；积极整合参政党内部成员的专业协同优势，开展专题调研、培训研讨，增强专业优势，提升自身优势。

（二）客观方面

党委和政府加大重视支持力度。各级党委和政府应加大同民主党派、无党派人士的协商力度，不断提高协商意识和协商能力。依托政党协商，充分发挥民主党派在社会主义建设中的独特优势和作用，推进国家治理体系和治理能力现代化。要保护好、利用好参政党及其成员参政议政、建言献策的积极性和主动性，广泛借鉴和吸收参政党及其成员意见建议，为参政党及其成员助推国家治理现代化提供良好的政治生态环境；发挥好党委统战部门对各级民主党派优秀代表人士的引荐、举荐、推荐作用，为越来越多党外代表人士创造更大、更为广阔的政治舞台；充分发挥党委联系服务人大代表、政协委员、专家工作制度，形成常态化、制度化联系服务制度，及时听取人大代表、政协委员、专家的意见和建议。

社会及群众的认知认可。国家治理现代化，离不开社会组织和群众的广泛参与；参政党及其成员要在助推国家治理现代化进程中发挥优势作用，离不开社会及群众的认知认可。一方面，参政党及其成员需要积极作为、为民代言、取信于民，赢得社会及群众的认知认可；另一方面，社会及群众也需要与参政党及其成员一样广泛参与到国家治理中来，理解、认可和支持参政党及其成员，助推国家治理现代化的具体实践，形成更为广泛的互动沟通和共识凝聚。

进一步巩固和发展新型政党制度的独特优势和作用。坚持和发挥我国新型政党制度优势，把新型政党制度优势转化为现代国家治理效能，最大程度激发和实现参政党助推国家治理体系和治理能力现代化应有的作用。同时，坚持和完善新型政党制度，以深化国家治理体系和治理能力现代化为改革总目标，也构成了参政党履职能力提升并转化为实际履职成效的重要制度性因素和外在推动力量，为参政党助推国家治理现代化提供了可行路径。以中国共产党领导的多党合作和政治协商制度作为中国特色新型政党制度，不是一成不变的，需在实践中不断完善发展、不断巩固创新，以更加适应国家治理现代化的需要和中国特色社会主义事业发展的需要。只有在发展中完善、在完善中发展，才能更加显示其强大生命力和持久性，才能更加彰显其巨大优势和作用。

进一步健全领导机制、协调机制、保障机制。这3个机制是参政党优势得以发挥的外部保障机制，需要落细落实落到位。这3个机制互为联系，构成一个完整的系统机制，需要在实践中贯彻执行。领导机制、协调机制、保障机制应以法治化、常态化形式固定下来，进一步强化参政党优势得以充分发挥的制度保障体系。要以改革意识和法治思维不断优化领导机制、协调机制、保障机制，使其在保障参政党优势发挥方面得到更为可靠的保证和高质量发展。

提高政治协商和协商民主的质量，健全国家治理科学决策体系。中国共产党领导的多党合作和政治协商制度作为中国特色新型政党制度，规范着参政党在国家治理中的地位和活动方式。政党协商和协商民主的机制和程序是否完备，影响着参政党履行职能的行为方式和实际效果。通过立法协商、行政协商、民主协商、参政协商、社会协商等，发挥参政党在政治协商和协商民主中的重要作用，促进国家治理科学民主决策；加强中国特色新型智库建设，健全国家治理决策咨询制度；优化政治协商程序，针对参政党民主协商关注点多、关注面广的实际，做好提前了解、熟悉关注点等工作，就某一类问题在政治协商之前达成共识、求大同存小异。

改革参政党民主监督机制，使民主监督更规范、更有效。作为参政党的各民主党派成员遍布国家经济社会建设的各个领域，民主监督的视野广、覆盖广、视角独特，保障其基本监督权利、防止参政党监督流于形式，需要更大范围、更高层次的法律规范，让民主监督发挥出"真监督、实监督、闭环监督"之效能，助力国家治理得以法治化、科学化、透明化、高效化推进。

（三）四点发力力促参政党助推国家治理现代化发挥出应有作用

国家治理内容千头万绪，实现治理现代化任务繁重，参政党应从战略高度和全局入手，找准助推国家治理现代化的关键路径。

站在制高点，做社会主义核心价值观的忠实培育者和积极践行者，做宪法法律的坚定捍卫者和自觉遵循者，做国家治理现代化的主动参与者和合作者。参政党要发挥好在国家治理现代化的助推作用，必须高度认同、真诚信仰、忠实践行社会主义核心价值观，成为中国共产党的同行者、同心者、同路人，成为国家治理体系中从容、自信的生力军。

找准切入点，以政协和人大会议为主要平台，助力健全完善国家治理现代化的制度体系。参政党及其成员要把坚持系统治理、依法治理、综合治理、源头治理理念贯穿于助推国家治理工作实践中，提升治理法治化水平。

选准突破点，积极推进和拓展公民政治参与，努力实现现代化的合作治理、民主治理、科学治理，助推国家治理现代化。充分发挥参政党及其成员联系广泛优势，倾听并发出民众呼声，关切并维护公众利益，切实提高参政议政能力，鼓舞和引导更多民众参与国家治理。

用好着力点，发挥参政党独特优势，从法律监督和政策督察层面，助推依法治国、建设法治国家。运用好政治和法律上赋予的双重监督优势，助力推动法律制度从"纸上的法律"成为"现实中的法律"，助力实现政党监督的法制化，使依法治国、建设法治国家各项方略落实落地，从而助推国家治理现代化真正得以实现。

（作者单位：青岛大学）

关于新时代人民政协提升履职协同性的几点思考

——以十三届青岛市政协协商民主实践为例

宋善成

习近平总书记在中央政协工作会议暨庆祝中国人民政治协商会议成立70周年大会上讲话指出，人民政协是国家治理体系的重要组成部分，是具有中国特色的制度安排。国家治理体系是一个复杂、综合、严密的体系，其发展完善是一个长期的过程。人民政协作为专门协商机构，处于国家治理第一线，在践行新时代新方位新使命过程中，必须在中国共产党的领导下，强化开展工作的系统性、整体性、协同性，聚焦党委和政府中心任务，履职尽责，汇聚各方力量，推动治理体系和治理能力现代化，更好地把人民政协制度优势转化为治理效能。本文聚焦贯彻习近平总书记关于加强和改进人民政协工作的重要思想和中央政协工作会议精神，结合青岛市政协协商民主实践，重点围绕增强政协专门协商机构履职协同性进行阐述和探析。

一、协同性的意义阐释

政协的"协"是协商的协，也是协同的协。《辞海》对"协同"的解释是："同心合力；互相配合。《后汉书·吕布传》：'将军宜与协同策谋，共存大计。'"从字面上看，"协同"包括两个字，一个是"协"，一个是"同"。笔者的理解是，"同"是共同目标，是同心同德、同向同行，是具有引领性的价值目标追求和共同思想基础；而"协"则是在共同目标牵引下的协力、协作、合作，是具体的实行操作层面。实现"协同"既取决于上下同欲、同心同德，也取决于每个人找准在整体中的位置，在其位、谋其政，各得其所、各尽其责，密切配合、有效协作，也就是需要实现"协"和"同"的相辅相成、有机统一。

从哲学理论上来看，整体与部分、普遍与特殊无处不在的范畴。唯物辩证法认为，事物是普遍联系的，事物及事物各要素相互影响、相互制约，整个世界是相互联系的整体，也是相互作用的系统。《中共中央关于新时代加强和改进人民政协工作的意见》（以下简称中央《意见》）在部署"培育协商文化"时提出"传承中华民族兼容并蓄、求同存异等优秀政治文化"。以儒家和道家为代表的中国传统文化非常注重整体的概念，如儒家文化就追求"与天地万物同体"的境界，从修身到齐家，从成己到成物，再到"天下兴亡，匹夫有责"，其实就是把个体的价值追求置于越来越大的整体当中。可以说，世界上没有一个事物是绝对孤立的，没有一个人是遗世独立的，人在本质上就是每时每刻与自然界、与他人共同存在的，没有一项事业的完成不是受制于并得益于其他因素的。由此可见，协同性在宇宙论、认识论和实践论中都是一个至关重要的范畴。

习近平总书记在党的十九大报告中强调"坚持全面深化改革"，并把"着力增强改革系统性、整体性、协同性"作为改革取得重大突破的宝贵经验。面对新时代艰巨繁重的改革任务，只有深入学习贯彻习近平新时代中国特色社会主义思想，牢牢把握改革新阶段复杂性、敏感性、艰巨性更加突出的实际，增强改革的协同配套和系统集成，才能不断把改革引向深入，夺取全面深化改革、更高水平开放新胜利。从政协制度设计上来看，人民政协专门协商机构之所以能够在国家治理体系和治理能力现代化中发挥重要作用，正是由于参加人民政协的各党派团体、各族各界人士在中国共产党的领导下，同心同德、精诚合作，商以求同、协以成事，这就是政协协商民主平台上的协同性。近年来，青岛市政协践行"专注发展、专心为民、专力履职"工作理念，紧扣市委中心工作履职尽责，呈现出与市委市政府同频共振、协同作战的局面，实现从围绕中心到走进中心、直接服务中心，这是人民政协遵循系统性、整体性、协同性参与国家治理的生动例证和有力体现。

二、增强履职协同性对于加强和改进政协工作的重要意义

2019年9月20日，中央政协工作会议暨庆祝中国人民政治协商会议成立70周年大会在京召开，习近平总书记出席大会并发表重要讲话。习近平总书记的重要讲话和中央《意见》，系统总结了人民政协70年特别是党的十八大以来的经验，进一步明确了新时代人民政协的性质定位、使命任务，提出了加强和改进人民政协工作的新要求。特别是对如何发挥人民政协专门协商机构作用、加强思想政治引领和广泛凝聚共识、健全人民政协工作制度、强化委员责任担当、加强党对人民政协工作的领导等方面做出规范，进一步增强了人民政协参与国家治理的系统性、整体性、协同性。可以说，增强履职协同性，是新时代加强和改进人民政协工作、发挥专门协商机构职能优势作用的必然要求。

（一）增强履职协同性是坚持党对政协工作全面领导的必然要求

人民政协是党领导的政治组织和民主形式，人民政协工作是党的工作的重要组成部分。全国政协主席汪洋强调："坚持中国共产党的领导，不仅是中共党组织和党员的事情，也是人民政协各参加单位和广大委员的事情，是整个政协组织的事情，这是多党合作和政治协商的重要前提。"全国政协系统共有一个组织名称，共有一部政协章程，政

协工作的主轴、主题、主线和中心环节都是相同的。这些共同点决定了各级政协在国家治理体系建设和重大原则、重要目标任务上必须具有系统性、整体性、协同性，并充分体现为以党的领导为根本，以习近平新时代中国特色社会主义思想为引领，树牢"四个意识"、坚定"四个自信"、做到"两个维护"，在同一面旗帜、同一部章程、同一个组织架构下统一思想、统一行动，发挥好人民政协系统性、整体性、协同性参与国家治理体系和治理能力现代化的重要作用。

（二）增强履职协同性是发挥专门协商机构作用的必然要求

认真落实中央政协工作会议精神，要求我们从展现社会主义协商民主独特优势的政治高度出发，牢牢把握新时代赋予人民政协职能定位的新内涵，在协同融入中心大局中发挥专门协商机构作用，聚焦党委和政府工作的大事、群众生产生活的实事、社会治理的难事，深入协商精准议政，强化监督助推落实，为党委和政府科学决策、有效施策广集良策、广聚共识。为此，要在"专"上下功夫，进一步丰富协商内容、创新协商方式、健全协商规则、增强协商能力、提高协商质效、培育协商文化，推动专委会基础性作用、界别组织作用和委员主体作用贯通起来、结合起来，推动上级、下级政协工作协同起来、联动起来，努力使专门协商机构"专"出特色、"专"出质量、"专"出水平。

（三）增强履职协同性是落实"双向发力"的必然要求

中央《意见》把凝聚共识作为政协的重要职能，这是对人民政协职能的进一步拓展和深化。政协组织应从为实现新时代党的历史使命凝心聚力的政治高度出发，牢牢把握加强思想政治引领、广泛凝聚共识这一政协工作的中心环节，努力打造坚持和加强党对各项工作领导的重要阵地、用党的创新理论团结、教育、引导各族各界代表人士的重要平台、在共同思想政治基础上化解矛盾和凝聚共识的重要渠道，为改革发展广泛凝聚人心和力量。而要实现上述任务目标，就必然要求坚持大团结大联合，团结一切可以团结的力量，调动一切可以调动的积极因素，亦即加强各党派团体和各族各界人士在人民政协协商民主平台上的商以求同、协以成事，携手新时代、践行新思想、聚焦新目标、落实新部署。

（四）增强履职协同性是推动政协机关工作提质增效的必然要求

政协机关是人民政协的常设办事机构，在整个政协工作中起着承上启下、协调左右的中枢作用。政协机关的工作，归根结底就是"服务"两个字。服务有多个层次，有为党委工作大局服务，有为政协党组、主席会议、常委会议服务，有为专委会、界别服务，还有为委员、群众服务，应善于把不同层次的服务结合起来、协同起来。客观来说，政协机关相对而言层级多，传统"由下而上"逐级协调的工作流程在一定程度上影响了工作效能。在企业、社会、个人都已全面深入转入扁平化的互联网时代，推动政协机关工作提质增效，就面临着如何以增强协同性为目标进行扁平化重构的问题。

三、关于新时代人民政协提升履职协同性的机制路径探析

一般而言，提高协同性必须处理好局部与整体、个人与组织等方面的关系，既要鼓励"八仙过海、各显神通"，更要形成"千军万马、众志成城"协同作战的整体合力，实现局部和整体、个人和组织之间的有机融合。建立政协履职协同性机制，需要强化党对人民政协工作的全面领导，突出党的建设引领，推动各级政协组织、政协各参加单位和广大政协委员、政协干部进一步把握协同履职的内在机制，切实增强协同和"一盘棋"意识，正确处理好协同与分工的关系，以实际行动助力政协构建起运行高效的协同机制，培育共享共生的协同文化、兼容并蓄的协商文化，更好地为党委中心工作大局服务。

（一）以"顶格推进"促协同，进一步把政协工作纳入党委中心大局

巩固党的长期执政地位，推进国家治理体系和治理能力现代化，实现新时代党的历史使命，必须加强党对人民政协工作的领导。中央政协工作会议和中央《意见》提出的坚持党委常委会会议定期听取政协党组工作、政协常务委员会工作情况汇报制度，将地方政协机关列为同级党委统战工作领导小组成员单位等，都是加强党对政协工作领导的重要体现。中共青岛市委坚持以加强党的全面领导统领政协各项工作，市委主要领导同志顶格倾听、顶格部署、顶格推进，交任务、压担子、提要求，将全市改革开放的重点工作交由政协服务保障，要求政协在服务市委中心工作中冲到一线。在2020年疫情防控的关键时刻，市委书记王清宪专程到市政协听取意见建议，共商战疫情、促发展大计；现场听取市政协十三届四次会议大会发言，与委员们恳谈互动，交办"委员作业"。市委副书记、市长孟凡利多次研究政协提案建议办理工作，责成有关部门及时反馈采纳落实情况，形成工作合力。地方党委的这些顶格推进政协工作的创新举措，使地方政协工作进一步纳入地方党委中心大局，值得各地参考借鉴。

（二）以"一线履职"促协同，推动政协工作走进中心、直接服务中心

新时代人民政协处于凝心聚力第一线、决策咨询第一线、协商民主第一线、国家治理第一线，应切实增强人民政协是国家治理体系重要组成部分的意识，强化当好政协制度参与者、实践者、推动者的责任。在服务中心大局的履职实践中，可探索运用"专班推进法""点对点工作法""一线推进法"等，突破传统部门条块分割，实行项目化管理，推行协同责任制，变过去一定程度上存在的"隔岸观火""你做我看"、聚焦中心不够、形成合力不足等现象，为与党委和政府同步发力、同台履职的新局面。2019年以来，青岛市政协主动服务市委发起的"搞活一座城"15个攻势，对市委赋予的重大任务组织"精兵强将攻山头"，形成了专委会工作小分队机制。34支小分队发挥专业性强、机动灵活的优势，直奔一线、直插现场，精准开展调研视察、协商议政、民主监督，形成各类报告90余份，一系列建议被市委、市政府及时采纳，形成了集协商、监督、参与、合作于一体的新平台、新渠道和新方法。此外，还加强了政协民主监督与党内监督、人大监督、

政务监督、司法监督、新闻舆论监督、社会公众监督等的密切协同，提升了监督效能，促进了全市重点工作任务落实，为地方政协提升履职协同性做出了积极探索。

（三）以"智慧履职"促协同，广泛汇聚线上线下智慧、力量与资源

在数字化、信息化、网络化加速发展的背景下，人民政协在做实"线下""双向发力"的同时，需要重视做好"线上""双向发力"的工作，通过线上线下相结合的方式，广织创新之网、开放之网、互通之网、智能之网，最大限度地统一思想、凝聚共识、汇聚力量。新冠肺炎疫情发生后，青岛市政协依托"智慧政协1+10"平台系统，第一时间启动协商和提案应急机制，开设网络议政专栏，市政协领导同志全天候值守，做好思想引领、引导预期、提振信心等工作，汇集各方面意见建议1500余条，在大战大考中有效汇聚了政协智慧和力量；在政协系统内部积极推进履职办公一体化，将机关办公与委员履职全流程贯通，减少信息"跑路"，打破委员与干部之间的沟通联系壁垒，促进了政协工作的协同高效运转。实践证明，通过线上线下双向发力，有利于广聚共识，用全时空、全方位的信息系统在各民主党派、人民团体和社会各界及时传达党和国家的方针政策、重大决策部署；有利于广开言路，敞开政协大门吸纳社会群众建言；有利于广交朋友，扩大政协工作半径和"朋友圈"；有利于广纳群贤，增强政协聚集人才的向心力和凝聚力；有利于广集众智，努力为改革发展稳定贡献更多智慧。

（四）以"流程再造"促协同，推动政协机关工作提质增效

2019年以来，青岛市政协对标新时代、新任务、新要求，研究出台机关工作流程再造方案，全链条、全方位、全过程推动机制创新，加快构建权责清晰、程序规范、关系顺畅、运行有效的制度体系，特别是重点工作推进中实行"任务与责任人合一"，摆脱层级限制，将工作任务责任分等级直接落实到相关责任人，最大可能减少中间环节，提高了协同工作效率。借鉴青岛市政协的经验做法，可探索实行"由上而下"的顶格化、扁平化、项目化工作落实推进机制。重点工作如果需要市政协主席或秘书长最终拍板，那么从一开始就由主席或秘书长来召集、来协调，从而让协调推进过程由"串联"变成"并联"，减少决策层级和环节，实现工作推进由"条块分割"变"协同发力"。积极探索加强政协机关各部门间协同配合的科学路径，突破常规思路，对于综合性重要专项工作，可由主席、副主席、秘书长或副秘书长牵头组成工作专班，形成高度契合、有机衔接、串联紧密的上下左右协同关系，集中力量协同完成。同时，定期通报协同履职的落实督查情况，纳入机关年度考核，营造比激情、比担当、比实干的浓厚氛围，发挥出"1+1＞2"的协同效应。

（五）以"联系指导"促协同，强化政协系统履职合力

十三届全国政协通过统一部署推进政协系统党的建设、理论研讨和工作经验交流，"政协系统"的整体概念愈加强化。上级政协对下级政协的指导不是孤立的，而是全面、发展和辩证的，是在下级政协的有效履职中得到体现的。各地发展情况不同，越往基层越具体，政协工作不可避免具有差异化的特点。事实上，全国政协鼓励各级地方政

协按照中央精神，在地方党委领导下，结合各地实际大胆探索创新，更好地发挥专门协商机构作用。应以贯彻中央政协工作会议精神为契机，持续改进政协系统联系指导方式，推动更多更具体地建立起能够有效传导的"全系统"工作制度设计，更好发挥人民政协制度的整体效能。例如，青岛市政协近年来加强对区市政协的联系指导，定期召开全市政协工作经验交流会、秘书长工作会议、界别工作座谈会等，总结推广区市、界别、专委会典型经验，形成了整体工作合力。另外，指导与被指导的关系是双向的，下级政协在得益于上级政协指导的同时，应进一步强化系统、联动思维，及时落实党委部署和上级政协要求，增强上下贯通、左右连接的协同性，更好地谱写"天下政协是一家"的协奏曲。

参考文献

［1］习近平.在中央政协工作会议暨庆祝中国人民政治协商会议成立70周年大会上的讲话.［EB/OL］.（2019-9-20）.http：//www.xinhuanet.com/politics/leaders/2019-09/20/c_1125020851.htm.

［2］夏征农.辞海［M］.上海：上海辞书出版社，2002：1876.

［3］北京大学哲学系中国哲学教研室.中国哲学史（第二版）［M］.北京：北京大学出版社，2003：271.

［4］习近平：决胜全面建成小康社会夺取新时代中国特色社会主义伟大胜利——在中国共产党第十九次全国代表大会上的报告.［EB/OL］.（2017-10-27）.http：//www.xinhuanet.com/politics/19cpcnc/2017-10/27/c_1121867529.htm.

［5］新华社.汪洋：切实加强政协系统党的建设 努力开创人民政协事业新局面.［EB/OL］.（2018-06-25）.http：//www.cppcc.gov.cn/zxww/2018/06/25/ARTI1529884901334652.shtml.

［6］访青岛政协主席杨军：增强政协参与治理的系统性整体性协同性［N］.人民政协报，2020-5-25（25）.

［7］中国人民政治协商会议第十三届青岛市委员会常务委员会工作报告［N］.青岛日报，2020-5-22（04）.

（作者单位：青岛市政协）

将协商民主贯穿于提案工作全过程，充分发挥人民政协专门协商机构作用

付宪春

2019年，习近平总书记在中央政协工作会议暨庆祝人民政协成立70周年大会上强调："协商民主是实现党的领导的重要方式，是我国社会主义民主政治的特有形式和独特优势。要发挥好人民政协专门协商机构作用，把协商民主贯穿履行职能全过程。"提案工作作为人民政协一项基础性、经常性、全局性的工作，要求将协商贯穿于提案工作全过程、落实到提案工作的各个环节。

一、将协商贯穿于提案工作全过程，推动提案工作提质增效

在加强人民政协协商民主建设实践过程中，将协商民主贯穿于提案工作全过程，有利于广泛凝聚共识，推动提案工作提质增效。

（一）广泛凝聚共识，扩大社会各界有序政治参与

提案协商是发挥政协作为协商民主重要渠道和专门协商机构作用的一种重要形式。把协商民主贯穿于提案的征集、审查、立案、交办、办理、督办、反馈、评议等各个工作环节，开展不同层次、不同形式的协商活动，有利于"提""交""办"和市民群众四方的互动协商。这既保障了政协委员和政协各参加单位（以下简称提案人）通过提案参与党委和政府的决策、反映社会各界的诉求；又保障了市民群众行使民主权利，通过"市民参政厅"提供提案线索和对提案办理进行点评，扩大公众对提案工作的有序参与。协商促进了提案人与承办单位、提案工作机构之间的沟通交流，对于凝聚各方力量、凝聚发展共识，推进治理体系和治理能力现代化，彰显社会主义民主的优越性具有重要的意义。

（二）充分开展协商，促进提案工作创新发展

实现提案工作高质量发展，是新时代对提案工作提出的新要求。在认真贯彻落实全

国政协第七次提案工作会议精神的同时，要紧扣协商主线，推动提案质量、办理质量和服务质量不断提升。这三个方面的质量相辅相成、缺一不可，每一方面质量的提高，都离不开协商。提案质量的提高，需要委员深入基层一线调研，摸准实情、广泛听取界别群众的呼声和意见；办理质量的提高，需要承办单位把协商贯穿于提案办理全过程，在办前、办中、办后开展办理协商，以达成共识、互相理解支持；服务质量的提高，需要提案工作机构搭建协商平台，为"提""办"双方的沟通交流创造条件。

二、把协商落实到提案工作各个环节，更好地发挥专门协商机构的独特优势

健全机制，将协商贯穿于提案的全过程，在提案的征集、审查立案、交办改办、办理、督办、反馈评议各个环节开展不同层次、不同形式的协商活动，不断提升提案工作科学化水平。

（一）在提案征集中开展选题协商

质量是提案的生命。提出高质量提案，首要前提和基础是做好选题工作，选题方向准不准、针对性和有效性强不强，直接影响着提案的质量和办理效果。为此，要紧紧围绕党委和政府的中心工作、市民群众普遍关心的热点和难点问题，紧扣青岛市实际，找准切入点和发力点，深入开展调查研究，广泛听取各方意见，确保党委和政府的重点工作推进到哪里，提案建议就跟进到哪里。通过组织委员开展"我爱青岛 我有话说"等活动，广泛收集民情民意，引导委员选择事关青岛市经济社会发展的重要课题，深入开展调查研究，鼓励委员紧盯群众关心的热点和难点问题，多提有深度、有温度，更有前瞻性的提案。

（二）在提案立案中开展审查协商

全会期间，组织市委办公厅、市政府办公厅以及提案办理"大户"开展提案立案审查协商，确保提案涉及各方达成共识，保证立案质量，为提案的交办、落实、督办奠定基础。在审查中正确处理数量和质量之间的关系，坚持控制数量、提高质量，既尊重保护提案人的民主权利和参政议政的积极性，又把好提案审查的质量关，杜绝"人情案""凑数案"。提高审查标准，严格审查程序，对符合质量要求的提案做到应立尽立，不符合立案要求的加大转为委员来信供有关部门参阅的力度或退回提案人修改。闭会期间，开展立案交办前的协商，以确保交办对口。

（三）在提案交办中开展改办协商

随着全面改革不断深化，政府机构改革、职能调整给提案的交办工作带来一定的影响。受职能交叉或职责边界不清晰或其他原因的影响，加之提案内容所具有的广泛性和时代性，每年提案交办后，政府系统均有10%至20%的提案提出改办，有的甚至出现一件提案经过3～4次改办，这给正常的提案工作带来极大的困扰。为此，在市编办和市政府办公厅的大力支持下，加大协商力度，做好承办单位与提案人的协商工作，按照所担

负的职能和分办原则，尽量做到交办对口、分办合理。同时，在协同监督、媒体监督的配合下，对个别不担当、不作为的承办单位提出严肃批评。

（四）在提案办理中开展沟通协商

建立提案办理沟通协商机制，把沟通协商作为提案办理工作的必要环节。通过电话联系、座谈调研、登门走访等方式，认真听取提案人的意见和建议，实现良性互动，共同探讨解决问题的办法。提案办理坚持"双互动工作法"，承办单位邀请提案人参与办理过程，在办理前、办理中、办理后与提案人进行交流互动；同时，交办机关与承办单位要进行工作互动，形成办理合力，提高办理质量。对组织提案和涉及经济社会发展重要问题的提案，或办理难度较大、提案人对办理结果不满意的提案，开展承办方、审核方、监督方的"三方面复"，通过三方与提案人的现场沟通协商，不断增强提案办理实效。

（五）在提案督办中开展督办协商

重点提案督办是抓好提案落实的重要手段之一。建章立制，提高督办实效。2020年市政协重新修订了重点提案的遴选和督办办法，进一步明确重点提案的遴选范围、程序和督办的方式和方法，形成全方位推进提案办理工作的新格局，进一步提高提案办理的质量和实效。目前，市政协2020年确定督办的10件重点提案已全部办理完毕，后续将持续进行跟踪问效。

（六）在提案反馈中开展评议协商

根据提案人和承办单位双方反馈的意见和提案系统自动采集的数据，实现对每一件提案质量和办理质量的量化评价。自2008年施行提案工作双向民主评议以来，从单向评议到双向评议、从"模糊"到"点对点"精确评议，从人工统计到系统自动生成数据，下一步将引入第三方机构评价机制，更加客观公正地评价"提""办"双方的工作质量。此举不但丰富了人民政协民主监督内容，而且推动了提案质量和办理质量的双提高。这种评议模式充分展现了现代信息技术和提案工作相融合的优势，为承办单位和政协委员之间的沟通联系建立了良性互动，进而成为政府部门改进工作作风、提高效率的一种实践探索。

人民政协的性质、地位、作用决定了政协提案的性质和作用。政协提案不同于人大议案，也不同于一般的会议发言，它是中国特色社会主义民主政治的特有的形式，是人民政协、民主党派、人民团体履行职能的重要方式。其内容涉及经济、政治、文化、社会、生态文明建设等各个方面，提案的各个环节又涉及各民主党派、人民团体、政协各专门委员会和几乎所有的党政部门，必须经过多层次、多形式的交流沟通协商，才能更好地发挥提案工作在协调关系、汇聚力量、建言献策、服务大局中的作用，更好地发挥提案工作在专门协商机构的独特优势和不可替代作用。

（作者单位：青岛市政协）

新时代基层政协协商工作大有可为

孙明明

习近平总书记在党的十九大报告中强调："要推动协商民主广泛、多层、制度化发展。"这是新时代社会主义协商民主建设的战略任务和基本路径。笔者认为，市县政协在协商民主建设中需要在以下方面下功夫。

一、议题选择注重"供需对接"

一方面，建立政协同党委、政府重点协商议题会商机制。黄岛区坚持工委（区委）会同管委（区政府）、政协制订年度协商计划制度，健全"三对接一沟通一汇报"年度协商计划选题机制，完善协商于决策之前和决策实施之中的落实机制，明确规定需要协商的事项必须经协商后提交决策实施。通过会商机制，做好协商议题的顶层设计、超前谋划、精准定位，为区政协的协商民主活动开展奠定了坚实基础。

另一方面，建立议题的遴选机制。一是议题范围有针对性。从党政所思、群众所盼、政协所能的问题入手，坚持问题导向，不求题目大，力求切中要害。2020年度，黄岛区政协围绕全区发展目标定位，选择"推动海洋经济高质量发展工作情况""服务业发展情况"及时跟进、建言献策，围绕群众关心和关注的热点，选择"集中供热情况""建筑施工安全与质量管理情况"深入基层、倾听民声、反映民意。二是议题来源有广泛性。积极争取党委领导，工委（区委）主要领导交办十个调研课题，研究确定部分纳入协商议题。充分发挥政协组织人才荟萃、智力密集的优势，调动各界别委员履职的积极性和创造性，黄岛区政协面向广大政协委员征集协商议题，广泛听取群众呼声。近年来，逐步形成了党委和政府"交题"、政协委员"献题"、面向社会"征题"的选题机制。三是选题分配有计划性。在精心确定协商议题的基础上，黄岛区政协将所有议题统一分类，根据政协职责和内设机构设置，构建了分层面的全委会、常委会、主席会、专委会、界别、提案办理等协商议事平台，确保提交议题在相对应的平台上得到协商。

二、协商互动注重"议深议透"

一是建立学习培训机制。定期对委员进行政协理论和履职技能培新，提高理论水平和研究分析问题的能力，让委员们可以更好表达自己的真实想法，特别是不同意见，在协商互动中充分呈现扎实功底。近年来，黄岛区政协周密制订培训计划、丰富教育方式，综合运用辅导报告、专题讲座、实地考察等形式，深刻认识新形势、新任务，促进知情明政，增强履职质效；丰富在线学习形式，运用"学习强国""灯塔—党建在线""青岛干部网络学院"、政协网站、微信公众号等媒介，系统性抓好理论学习交流，深化学习型政协组织建设，实现党的创新理论学习教育全覆盖。

二是建立知情明政机制。就全区经济社会发展情况，每年组织通报会，让委员知情明政，使交流互动论理有据、论证充分。仅2019年，工委（区委）管委（区政府）领导同志先后20次到政协参加活动、通报情况。安排政协主要负责同志参加区委召开的常委会议和其他有关重要工作会议。根据需要，区政协党组成员列席同级区委全体会议和区委有关会议。涉及政协工作的重大事项要听取政协党组的意见和建议。区政府召开全体会议和有关会议，视情邀请区政协有关负责同志列席。有关部门召开的重要会议视情邀请区政协有关方面负责同志参加。建立相关部门定期通报情况制度，为政协委员履行职责提供便利、创造条件。组织委员视察调研，邀请有关部门负责同志介绍情况、交换意见。

三是建立广泛多元参与机制。在选定部分委员参与协商活动的同时，注重把不同社会阶层、不同利益群体代表囊括进来。坚持开门协商、开放协商，探索对协商过程进行网络和电视直播，视情邀请专家、有关方面代表等参加协商会议，旁听或参与协商活动。在协商互动中，诚恳邀请党政领导面对面听取协商意见和建议，鼓励委员愿讲话、敢讲话、讲实话，遇有不同意见增加双方"问、答、辩"等互动环节比重，真正使协商过程体现不同思想火花的碰撞交融、不同认知的理解和互补。

三、协商转化注重"凸显成效"

一是做好成果汇总。对委员在协商活动中提出的意见和建议进行归纳梳理，把委员的真知灼见吸收好，把大家的一致意见提炼好。同时，注意整理那些有分歧的观点和看法，如实记录在案，视情通过一定的渠道向有关部门进行反馈。

二是做好成果报送。根据协商层次、类型、内容、目的及特点的不同，选择适当的形式和途径，将协商成果及时报送给相关领导和部门。将部门和行业重要议题的协商成果，以调研报告形式报送党政分管领导，提交部门落实采纳。对党政工作实施过程中具体的难点、焦点和热点问题所产生的协商成果，以社情民意信息的形式直接报相关领导，促成问题解决。2019年，工委（区委）管委（区政府）领导同志30余次对报送的报告做出批示。

三是做好转化反馈。区委、区政府督查机构和区政协有关机构负责协商成果转化落实情况的跟踪工作。对于协商后形成的视察报告、调研报告、情况专报、重要提案等成果，区委、区政府负责同志做出批示的，及时告知区政协办公室；要求有关部门落实的，将落实情况抄送区政协办公室。

（作者单位：青岛市黄岛区（西海岸新区）政协）

规范政协协商民主，促进科学民主决策

青岛市市北区政协

习近平总书记在党的十九大报告中强调"发挥社会主义协商民主重要作用，要推动协商民主广泛、多层、制度化发展"，十九届四中全会强调"坚持社会主义协商民主的独特优势，构建程序合理、环节完整的协商民主体系，完善协商于决策之前和决策实施之中的落实机制，丰富有事好商量、众人的事情由众人商量的制度化实践"。这些论述和部署既是对加强协商民主建设的明确要求，也为新时代政协协商民主促进科学民主决策指明了方向和路径。要全面加强制度建设，提升履职能力，广泛汇集民智，积极参与决策过程，不断提高决策的科学化、民主化。

一、大力推进政协协商民主的制度化、规范化、程序化建设

政协履行职能要有必要的制度保证，通过制度实现规范化、程序化，这样才能使各项工作保持经常性和有效性，避免随意性和流于形式。

（一）以协商程序的制度化避免随意性

重视合理程序是包括政协协商民主在内的民主理论的一贯主张和政治品格。一是健全议题提出程序。明确所有的协商主体都有提出协商议题的权利，在广泛协商酝酿、征求意见的基础上，由政协党组提炼汇总提交同级党委常委会研究同意后，经政协常委会确定，可在一定程度上避免事关国计民生的重大问题不经协商就进行决策。二是健全前期准备程序。制订年度政协协商民主计划，及时将协商的时间、主体、客体、流程等要素提前告知协商参与者，确保政协各参加单位和委员全面掌握协商的各个环节，以防止因临时协商和突击协商导致准备不足。三是健全活动运行程序。协商活动的参加者应包括议题的提出者、协商的组织者、议题涉及部门的领导者，可视情邀请议题利益相关方的代表和参与意愿、协商能力较强的普通民众列席。创造宽松有序、合法依规的协商氛围，让协商的参与者敞开心扉，真实全面地发表意见和看法，党政部门领导能够虚心接受政协委员的询问甚至质询，使协商对话畅所欲言、客观理性、拒绝极端。四是健全成果反

馈程序。建立协商内容和成果公示制度，将采纳情况通过电视、网络、报纸等媒体进行报道，并在人民政协的官方网站进行公示。对协商成果的执行应该有明确的时间表、责任人以及监督者，决策部门领导应及时向党委常委会、政协常委会分别汇报协商成果的执行情况，视情予以奖惩；政协委员如对协商成果落实情况存有异议或不满，可通过相关程序提出问题并进一步督促改进落实。

（二）以协商民主内容的规范化防止盲目性

协商内容可聚焦与经济社会发展、人民群众生活密切相关且各方利益纠结复杂的问题，比如党委和政府贯彻落实党和国家大政方针的重要部署及重要措施，发展规划、重大工程项目、土地征收、政府预算、绩效考核等。决策主体不能以"应付民主"的心态对待协商，对涉及全局的重大项目、财政预算和重要人事安排都应纳入规范化的协商内容。对于公共财政预算、重点投资项目、行政区域调整等关键性决策，要留足政协协商的时间和空间，尽可能多地通过政协这个平台，吸引各方参与讨论对话，鼓励利益表达，汇集各方智慧改进决策，促进全社会从"关心协商"到重大公共项目"必须协商"转变。

（三）以协商形式的多样化提高协商的实效性

与选举民主相比，协商民主是对话式民主，通过介入决策议题，以协商对话方式对决策过程发生影响，达成社会共识。多元化利益主体快速增长的政治参与诉求需要政协组织进一步丰富协商平台。一是同其他协商形式有机融合。主动参与社会对话协商、公民自治协商，利用行业协商会、劳资协商会、公开听证、民主议事会等协商形式，推动政协组织成为各行各业、普通公众与党政部门相互沟通协商的重要渠道和平台，拓展社会对话功能。二是积极推进政协委员基层联络机构建设。深入社区、企事业一线，综合运用各种协商形式，发挥好在群体性事件中公正、理性的第三方优势，做好调节关系、理顺情绪、化解矛盾工作。三是积极开拓网络协商。利用网络社交平台、网络聊天工具、网络在线交流平台等手段，拓展协商新领域，通过网络汇集民意、民智，提高政协协商民主的开放性。

二、积极培育公开平等的协商环境

准确把握人民政协的性质定位，畅通协商民主参与决策的渠道，实现协商主体的平等参与，健全协商活动的保障机制，用好政协的话语权，发挥好政协协商民主在我国政治生活中的不可替代的作用。

（一）强化决策主体的协商意识

办好中国的事情关键在党，推进政协协商民主关键也在党。抓好党政领导干部特别是主要领导这个处于关键少数地位的协商主体，通过建立考评、激励和追责机制，把是否重视协商民主和开展民主协商的情况作为考核内容，对应当协商而没有协商进行责任追究，使决策主体主动加强与其他协商主体之间的平等交流，力戒权力带来的傲慢，尊重其他协商主体，培养用民主协商的方式寻求决策支持、获得咨政信息、化解社会矛盾的能力，提升科学、民主的决策水平。

（二）促进各协商主体平等参与

协商民主要求参与者都是平等的主体，按照协商一致的原则制定政策。因此，应确保决策主体之外的协商主体，从产生到参与协商对话都有独立性，不受决策主体的影响，都能平等地参与和表达自己的意愿，并达成具有约束力的共识。鼓励民主党派、无党派、工商联、人民团体通过政协协商平台，与党委和政府就重大问题、重大事项进行协商，逐步将政协协商民主由现有的政策咨询性协商提升为利益博弈性协商，推进决策向更高阶段发展。

（三）实现政协协商民主从相对封闭走向真正开放

目前社会各界对政协协商民主了解不多，这缘于政协工作透明度和公开性不高。政协组织应主动承担起营造协商民主氛围的重任，打破自我封闭，及时公布协商信息，提高政治透明度，可通过电视网络直播、允许公民代表旁听政协会议等手段，吸纳尽可能多的利益相关方参与协商活动，以具体的协商民主实践培育协商民主文化，引导社会组织和公民有序地政治参与，切实提升协商民主的有效覆盖面。

社会主义协商民主理论与人民政协理论的关系刍议

禹文浩

一、理论渊源

社会主义协商民主与人民政协制度具有共同的理论渊源，都是马克思主义中国化的伟大成果。统一战线是中国革命、建设和改革事业的重要法宝，社会主义协商民主与人民政协制度是统一战线法宝作用的重要体现，是统一战线学重要的核心理论。社会主义协商民主与人民政协制度的理论渊源来自马克思、恩格斯在科学总结无产阶级革命斗争经验的基础上，解决了无产阶级自身团结和争取同盟军的问题，开创了无产阶级统一战线思想。中国共产党继承、丰富、发展了马克思列宁主义统一战线理论、人民民主理论、马克思主义政党和政党关系理论，制定了在民主革命时期联合和团结民主党派的方针和政策，提出把团结民主党派作为中国革命和建设的一项基本战略，确立了共产党执政条件下与民主党派合作的战略思想，提出坚持共产党在统一战线和多党合作中的领导权，提出了"十六字方针"及构建和谐政党关系。马克思主义中国化的理论创新为社会主义协商民主在全国范围、各个层次广泛开展以及人民政协制度的确立、发展提供了理论依据。

2015年1月5日，中共中央印发了《关于加强社会主义协商民主建设的意见》，该意见明确了社会主义协商民主建设的重要意义、指导思想、基本原则和渠道程序，对开展政党协商、人大协商、政府协商、政协协商、人民团体协商、基层协商、社会组织协商七种协商形式做出全面部署，是指导社会主义协商民主建设的纲领性文件，该意见还明确了政协协商的主要内容。2015年5月15日，中共中央印发了《关于加强人民政协协商民主建设的实施意见》，该意见明确了加强人民政协协商民主建设的重要思想、原则等内容。从文件中不难看出，社会主义协商民主理论应是人民政协理论的上位概念，社会主义协商民主孕育并推进了人民政协制度的发展，人民政协制度是社会主义协商民主的重要组成部分及重要平台。

习近平总书记指出："人民政协根植于中国历史文化，产生于近代以后中国人民革命的伟大战争，发展于中国特色社会主义光辉实践，具有鲜明的中国特色，是实现国家富强、民族振兴、人民幸福的重要力量。"包含人民政协制度的社会主义协商民主既符合当代中国实际，又符合中华民族一贯倡导的天下为公、兼容并蓄、求同存异等优秀传统文化，是一致性与多样性的统一体。中华优秀传统文化为社会主义协商民主和人民政协制度在中国的生长和发展提供了丰富的精神文化资源。

二、历史逻辑

社会主义协商民主和人民政协制度的发展具有共同的历史逻辑。中国自鸦片战争始，逐步沦为半殖民地半封建社会，无数仁人志士前仆后继追求中国之富强，民族之复兴。洋务运动、君主立宪失败了；后中华民国建立，但是民国初年党派林立，军阀混战，民不聊生，中国的落后地位没有改变；直到五四运动爆发，中国的无产阶级登上历史舞台，在风云激荡的年代成立起来的马克思主义政党——中国共产党，必然肩负着巨大的历史使命，由弱小到强大，必须找寻革命的同盟军，广泛开展联合与合作，建立联合战线，社会主义协商民主正是肇始于新民主主义革命时期的国共合作。

在第一次国内革命战争时期，中国共产党和国民党始开展合作，建立了工人阶级、农民阶级、城市小资产阶级和民族资产阶级的国民革命联合战线，中共二大《关于"民主的联合战线"的决议案》中指出，要联合全国一切革命党派，联合资产阶级民主派，组织民主的联合战线，并决定邀请国民党等革命团体举行联席会议，共商具体办法。联合、联席、共商等协商民主的基本要素充分体现。即使是在第二次国内革命战争时期，中共建立了工农民主统一战线，仍然团结了部分小资产阶级。在随后不管是抗战时期的抗日民族统一战线、解放战争时期、新中国成立后的人民民主统一战线，还是新时代的爱国统一战线，无不体现着协商民主的因素。

以中国人民政治协商会议第一届全体会议的成功召开为标志，协商民主这种新型民主形式开始在全国范围内实施。周恩来同志精辟地指出："新民主主义的议事精神不在于最后的表决，主要在于事前的协商和反复讨论。"人民政协不再代行人民代表大会职权之后，关于人民政协的地位和作用，毛泽东同志在《关于政协的性质和任务的谈话提纲中》指出："有了人大，并不妨碍我们成立政协进行政治协商。各党派、各民族、各团体的领导人物一起来协商新中国的大事非常重要。"在中共推进中国特色社会主义民主政治发展过程中，从新政协创造的双周座谈会、协商座谈会和最高国务会议等协商方式，到改革开放以来不断探索完善的多种协商形式，协商民主在全国范围、各个层次广泛开展。

社会主义协商民主和人民政协制度发展的历史逻辑充分证明，两者都是中国共产党领导人民进行反帝反封建、追求民族独立和人民解放伟大斗争的成功实践，是中国共产党推翻国民党政权、探索国家道路和政治体制做出的伟大历史选择，包含人民政协制度的社会主义协商民主与选举民主相得益彰，为世界民主制度的发展提供了中国范式。

三、实践发展

随着统一战线的孕育和发展，协商民主演化成一种独具特色的社会主义协商民主形式，又以自身丰富的内涵和制度优势促进了人民政协制度的发展。习近平总书记指出："社会主义协商民主，是中国社会主义民主政治的特有形式和独特优势，是中国共产党的群众路线在政治领域的重要体现。"社会主义协商民主具有协商主体深入性，从中央到基层，从组织到个人多个层面，无论组织性质、个人身份，凡是利益相关方都能够参与协商过程；社会主义协商民主具有协商内容包容性，就社会公众关心的各种问题进行广泛而自由的讨论、商量，从而实现民主管理、民主决策，做到"有事好商量，众人的事众人商量，找到全社会意愿和要求的最大公约数"。社会主义协商民主具有协商渠道广泛性，七种协商形式突破了统一战线理论原有的协商范围，拓展了统一战线原有的政协协商和政党协商渠道；社会主义协商民主具有协商方式多样性，包括了提案、会议、座谈、恳谈、论证、听证、公示、评估、咨询、网络等多种方式。

社会主义协商民主丰富了中国特色社会主义民主政治的民主实现形式，拓展了社会主义民主的渠道，使人民政协理论在社会主义协商民主理论的范畴有了"在"政协协商的制度落脚点，提高了人民政协在国家制度体系中的政治定位。习近平总书记指出，"人民政协是国家治理体系的重要组成部分""努力在推进国家治理体系和治理能力现代化中发挥更大作用"。

人民政协制度作为中国共产党领导的多党合作和政治协商制度的重要组成部分，开启了新中国社会主义协商民主的实践，并成为具有中国特色的制度安排，是社会主义协商民主的重要渠道和专门协商机构。

人民政协不是国家权力机关，也不是国家行政机关，而是统一战线性质的协商机关，是我国政治体制的重要组成部分，充分体现了社会主义民主的广泛性、包容性、协商性、真实性，这也决定了其能够通过制度化、程序化、规范化的安排集中各种意见和建议，推动决策科学化、民主化。人民政协的主要职能是政治协商、民主监督、参政议政。政治协商的主要形式有政协全体会议、常务委员会会议、主席会议、常务委员会专题协商会、政协党组受托召开的座谈会、秘书长会议、各专门委员会会议、根据需要召开的由政协各组成单位和各界代表人士参加的内部协商会议。各级人民政协初步形成并确立了"全体会议集中协商、常务委员会会议专题协商、主席会议重点协商、专门委员会对口协商及其他形式的经常协商"的协商格局。民主监督的主要形式包括：政协全体会议、常委会议、主席会议向党委和政府提出建议案，各专门委员会提出建议或有关报告，委员视察、委员提案、委员举报、大会发言、反映社情民意或以其他形式提出批评建议，参加党委和政府有关部门组织的调查和检查活动，政协委员应邀担任司法机关和政府部门特约监督人员等。参政议政的主要形式包括专题调研和反映社情民意两种基本形式。各地政协也采取了一系列创新举措，如党委、政府委托或联合政协召开专题议政会、听证会、论证会和专题协商会。

中共党委和政府在人民政协同社会各界人士就事关国计民生的重大问题广泛协商，在中国特色社会主义共同目标下实现了广泛参与和集中领导的统一、选举民主与协商民主的统一、社会进步和国家稳定的统一、充满活力和富有效率的统一，充分体现了中国社会主义民主的特点，体现了人民民主的真谛。

四、结语

政治协商是人民政协的一项重要职能，人民政协是在当前社会结构的多元性、寻求公共决策的科学化与民主化的情况下拓宽公民政治参与渠道、加强对政治权力的监督以及协调各种关系的重要平台。人民政协的政治协商无疑是我国社会主义协商民主的主要形式，它并不是社会主义协商民主的全部，但政协协商作为社会主义协商民主七种形式的重要组成部分，"对政党协商具有扩展延伸作用、对人大协商具有配合完善作用、对政府协商具有支持辅助作用、对人民团体协商具有组织指导作用、对基层协商具有促进推动作用、对社会组织协商具有引导规范作用"。那么以人民政协制度为载体，研究社会主义协商民主与人民政协理论的关系，有利于"加强协商民主制度建设，形成完整的制度程序和参与实践，保证人民在日常生活中有广泛持续深入参与的权利"，为推进国家治理体系和治理能力现代化、实现"两个一百年"奋斗目标打下坚实的政治基础。

参考文献

［1］中共中央文献研究室. 十八大以来重要文献选编（中）［M］. 北京：中央文献出版社，2016.

［2］中共中央统一战线工作部，中共中央文献研究室. 周恩来统一战线文选［M］. 北京：人民出版社，1984：134.

［3］张峰. 如何认识人民政协是专门协商机构［N］. 团结报，2019-1-12.

［4］习近平. 决胜全面建成小康社会夺取新时代中国特色社会主义伟大胜利——在中国共产党第十九次全国代表大会上的报告［M］. 北京：人民出版社，2017：38.

（作者单位：青岛生态环境局城阳分局）

社会主义协商民主理论与人民政协理论的关系研究

郭洪叶

党的十八大报告首次指出,"社会主义协商民主是我国人民民主的重要形式","坚持和完善中国共产党领导的多党合作和政治协商制度,充分发挥人民政协作为协商民主重要渠道的作用"。对人民政协理论与社会主义协商民主理论的关系进行探讨,不仅可以深化关于人民政协对于社会主义协商民主重要贡献的理论认识,而且可以为人民政协协商民主的发展提供强有力的理论支撑。

一、社会主义协商民主是中国社会主义民主政治的特有形式和独特优势

社会主义协商民主制度是一种既体现完整制度程序、又实现完整参与实践的民主形式。

党的十八大报告首次提出"社会主义协商民主是我国人民民主的重要形式",并在此基础上确立"社会主义协商民主制度"概念,进而对"健全社会主义协商民主制度"进行规划和部署,集中体现了中国共产党对社会主义民主政治的实践创新、理论创新和制度创新,集中体现了中国共产党的道路自信、理论自信和制度自信。早在新民主主义革命时期,中国共产党就在同其他党派团体和党外人士团结合作的过程中形成了协商民主思想,特别是在"三三制"民主政权建设中有效进行了协商民主实践。这是协商民主的萌芽和雏形。一届政协的成功召开标志着协商民主这种新型民主形式开始在全国范围内实施。改革开放以来,党就国家重大方针政策和重要事务与社会各界人士广泛协商,已经形成一种制度。

2017年10月18日,习近平总书记在党的十九大报告中指出,发挥社会主义协商民主重要作用。有事好商量,众人的事情由众人商量,是人民民主的真谛。协商民主是实现党的领导的重要方式,是我国社会主义民主政治的特有形式和独特优势。要推动协商民主广泛、多层、制度化发展,保证人民在日常政治生活中有广泛持续深入参与的权利。社会主义协商民主是我国社会主义民主政治的特有形式和独特优势,是党的群众路线在

政治领域的重要体现，是深化政治体制改革的重要内容。协商民主是在中国共产党领导下，人民内部各方面围绕改革发展稳定重大问题和涉及群众切身利益的实际问题，在决策之前和决策实施之中开展广泛协商，努力形成共识的重要民主形式。

二、人民政协是具有中国特色的制度安排

习近平总书记在中央政协工作会议暨庆祝中国人民政治协商会议成立70周年大会上深刻指出："人民政协是中国共产党把马克思列宁主义统一战线理论、政党理论、民主政治理论同中国实际相结合的伟大成果，是中国共产党领导各民主党派、无党派人士、人民团体和各族各界人士在政治制度上进行的伟大创造。"人民政协是在党的统一战线理论直接指导下诞生的，人民政协制度与统一战线理论有着天然的内在联系。"人民政协是最广泛的爱国统一战线组织"，在新的历史条件下进一步坚持和发展人民政协制度，核心要义就是要深刻把握"最广泛的爱国统一战线组织"的历史逻辑、理论逻辑和实践逻辑，坚持发扬民主和增进团结相互贯通，坚持建言资政和凝聚共识双向发力，坚持一致性和多样性有机统一，不断巩固共同思想政治基础，加强思想政治引领，努力寻求最大公约数、画出最大同心圆，最大限度地团结一切有利于中国特色社会主义现代化事业的积极因素，汇聚起实现中华民族伟大复兴的磅礴力量。

充分发挥人民政协专门协商机构作用，彰显人民政协的制度优势，有利于加强党的领导，为中国新型政党制度建设提供根本保障。中国共产党的领导是中国特色社会主义政治发展的最本质特征。坚持中国共产党的领导，是包括各民主党派、各团体、各民族、各阶层、各界人士在内的全体中国人民的共同选择，是人民政协成立时的初心所在，也是人民政协制度的最大优势。这一制度优势集中体现在，人民政协专门协商机构在践行党的群众路线上具有独特的功能与作用。

三、人民政协是社会主义协商民主的重要渠道和专门协商机构

（一）社会主义协商民主伴随着人民政协参与建国的实践而产生

1948年4月30日，中国共产党向全国发布了纪念"五一"劳动节口号，号召"各民主党派、各人民团体、各社会贤达迅速召开政治协商会议，讨论并实现召集人民代表大会，成立民主联合政府"。"五一口号"得到了当时中国各民主党派和广大无党派民主人士的热烈响应，他们发表宣言、通电和谈话，接受中共邀请奔赴解放区，与中国共产党共商建国大计。这是新中国建国进程中具有里程碑意义的事件，标志着各民主党派和无党派人士自觉地接受了中国共产党的领导，标志着各民主党派和无党派人士决定跟随中国共产党走上新民主主义和社会主义的道路。

1949年9月21日至30日，中国人民政治协商会议第一届全体会议召开。会议代表全国各族人民意志，代行全国人民代表大会职权，通过了具有临时宪法性质的《中国人民

政治协商会议共同纲领》，做出关于中华人民共和国首都、国旗、国歌、纪年4个重要决议，选举中国人民政治协商会议全国委员会和中华人民共和国中央人民政府委员会，宣告中华人民共和国的成立。

人民政协为新中国的建立做出了重大贡献，而且是通过协商民主的形式，协商民主也由此获得了其得以实践与运行的重要制度载体，从而成为当代中国民主政治的起点和传统。

（二）人民政协协商民主的独特优势构成社会主义协商民主时代价值的实践支撑

作为多党合作的重要政治平台，人民政协协商民主有利于巩固共同思想政治基础。人民政协是各党派团体和各族各界人士发扬民主、参与国是、团结合作的重要平台。人民政协协商民主以中国共产党领导的多党合作和政治协商制度为依托，通过支持和保障参加政协的各党派团体和各族各界人士积极参与政治协商、民主监督、参政议政，推进团结合作，不断巩固中国共产党和党外人士的政治联盟，增进各党派团体和各族各界人士对中国共产党和中国特色社会主义事业的政治认同，发挥好社会力量整合机制的作用。

作为社会各界有序政治参与的重要渠道，人民政协协商民主有利于实现人民当家作主。协商民主强调的是政党、利益团体和社会各阶层对公共事务的积极参与。政协协商民主弥补了选举民主的不足，可以进一步把协商民主与选举民主结合起来，使人民的民主权利得到更充分的保障。

作为党和国家科学民主决策的重要环节，人民政协协商民主有利于推进治理体系和治理能力现代化。党和政府就大政方针以及其他重要问题，在决策之前和决策执行过程中在人民政协进行协商，广泛听取各方面意见，集思广益，是实现决策科学化、民主化的重要环节，有利于推进国家治理体系和治理能力的现代化。

（三）人民政协协商民主的制度成就为社会主义协商民主的制度化发展提供了宝贵经验

人民政协在推进协商民主广泛多层制度化发展层面，为社会主义协商民主众多渠道探索协商民主实践的制度化、规范化、程序化提供了宝贵的经验。人民政协协商民主的制度化和规范化主要体现在以下几个方面。

关于人民政协本身的制度规范。1982年，宪法把人民政协的性质、地位和作用载入序言，为人民政协事业提供了根本的制度保障；随着改革开放的深入，中国共产党领导的多党合作和政治协商制度被确立为中国的基本政治制度，通过修改宪法明确这一制度将长期存在和发展，进一步明确了人民政协的性质、主题、职能；中共中央颁发《关于加强人民政协工作的意见》等文件，为新世纪新阶段人民政协事业发展提供了理论基础、政策依据、制度保障；党的十八大以来，强调要进一步准确把握人民政协的性质定位，充分发挥人民政协作为协商民主重要渠道和专门协商机构作用。

关于人民政协协商民主的制度规范。党的十八大以来,党中央制定颁发了《关于加强社会主义协商民主建设的意见》《关于加强人民政协协商民主建设的实施意见》和《关于加强人民政协民主监督工作的意见》等重要文件,有力推动了人民政协协商民主的制度化发展。

人民政协协商民主的运行机制方面。在长期的协商实践中,全国政协和各级政协的工作体系和工作机制不断健全和完善,全国政协形成了以全体会议为龙头,以专题议政性常委会会议和专题协商会为重点,以双周协商座谈会、对口协商会、提案办理协商会等为常态的协商议政格局。为保障协商民主的效用,人民政协还建立了调查研究制度、提案工作制度和社情民意反映制度等一系列制度,为我国社会主义协商民主奠定了制度基础。

四、结论

中国社会主义协商民主是中国共产党带领中国人民把马克思主义的立场、观点、方法运用于中国革命、建设、改革实践中,推进中国民主政治发展结出的硕果,是顺应国家治理体系和治理能力现代化发展需要进行的理论与实践探索,是适应全球民主化大潮做出的理论与实践回应。人民政协是具有中国特色的制度安排,是社会主义协商民主的重要渠道和专门协商机构,是社会主义协商民主的重要组成部分。

参考文献

［1］习近平.决胜全面建成小康社会夺取新时代中国特色社会主义伟大胜利——在中国共产党第十九次全国代表大会上的报告［M］.北京:人民出版社,2017.

［2］胡锦涛.坚定不移沿着中国特色社会主义道路前进　为全面建成小康社会而奋斗——在中国共产党第十八次全国代表大会上的报告［M］.北京:人民出版社,2012.

［3］提高政治协商民主监督参政议政水平更好凝聚共识 把人民政协制度坚持好把人民政协事业发展好［N］.人民日报,2019-9-21（1）.

［4］中国共产党中央委员会发布"五一"劳动节口号［N］.晋察冀日报,1948-5-1.

（作者单位:青岛理工大学）

应对社会变革强化政协委员责任担当研究

张楠之

习近平总书记2019年9月20日在中央政协工作会议暨庆祝中国人民政治协商会议成立70周年大会上的讲话中指出："广大政协委员要坚持为国履职、为民尽责的情怀，把事业放在心上，把责任扛在肩上，认真履行委员职责。"70年来，人民政协坚持中国共产党的领导，坚持团结和民主两大主题，服务党和国家中心任务，在建立新中国和社会主义革命、建设、改革各个历史时期发挥了十分重要的作用。政协委员作为各党派团体和各族各界代表人士，由各方面郑重协商产生，代表各界群众参与国是、履行职责，是人民政协制度这一中国特色政治制度的践行者，是社会主义协商民主的参与者。他们既处庙堂之高，纵论天下大事，共商国计民生；又居江湖之远，倾听百姓声音，凝聚民心民智。各级各地政协委员坚持为国履职、为民尽责，在推动国家和地方经济社会发展、矛盾化解、民生改善等领域发挥了积极的、不可替代的作用。

近年来，随着改革开放的不断深化和社会主义市场经济的不断发展，经济社会发生了深刻的变革，社会整体受教育程度和人们的思想观念、行为模式等也都发生了急剧的变化。这些变化使得政协委员的履职环境也随之发生了重大变化，并仍然处于不断的变化之中，对其履职过程中的责任担当带来了强烈冲击和新的挑战，一些政协委员的责任担当意识更有亟需强化的必要。

一、社会变革给政协委员履职带来新挑战

社会变革带来的挑战主要体现在以下几个方面。

（一）互联网的快速发展带来的挑战

随着现代信息技术的迅速发展，互联网正在渗入人们生产生活的方方面面，对人们的思维观念、行为方式等均产生了深远的影响。网民规模的快速增长，网络通信技术的发展，各类基于互联网的信息呈现和传递平台、工具的涌现，使得互联网时代的人们发出声音、表达诉求的方式发生了深刻变革。互联网正在成为一种基础性的存在，成为经

济社会活动的背景,这自然会对政协委员履职带来深刻影响。互联网给政协委员履职带来的更多的是便利,但同时也对政协委员辨别、筛选、分析信息的能力提出了更高的要求、构成了极大的挑战。

相对于前互联网时代的政协委员只能通过有限媒体(如报纸、杂志、广播、电视)和实地调查研究等方式获取信息而言,互联网时代的政协委员信息来源呈现出几何级数的扩充,来源更多、面更广且更加丰富、全面,如何从中筛选出有用的信息,如何不被其中虚假的信息所迷惑,如何对庞杂的信息进行分析、加工,就成了一大挑战。此外,由于互联网发声存在一定的门槛,对一些人而言甚至是不可逾越的门槛,加之在发声者之外还存在人数众多的"沉默"者,如何平衡网络信息与实地调研的关系,如何避免用网络代替调研,如何让"沉默"者甚至是"沉默的大多数"的声音也被倾听、被反映,也成为一大挑战。

(二)教育普及和知识爆炸带来的挑战

政协委员大都为知识分子或某领域精英分子。新中国成立之初以及之后相当长的一段时间里,受教育尤其是高等教育普及程度较低等因素影响,知识分子等精英阶层占比较低、人数较少,政协委员较之普通人更容易成为某个领域或行业的代表性甚至是权威人物,也能够更好地发挥很难被其他人替代的作用。但是,随着全民受教育水平的提升,尤其是随着高等教育的普及,很多政协委员不再是某领域、某行业的权威,而只是某领域、某行业权威的代表,其在某领域、某行业的地位不仅可以被替代,甚至存在或很容易出现更优秀者。在这种状况下,很多政协委员必须付出更多的努力,尤其是要做好与其所处领域、行业精英人士的联系与沟通,才能更好地履职,否则便很容易出现无法全面了解所处领域、行业真实情况,无法有效履职的现象。

(三)信息的碎片化与精准化信息推送带来的挑战

当下,人们获取信息的途径越来越多,尤其是随着智能手机的普及,阅读与信息的获取都呈现出了越来越强的碎片化倾向。为争夺受众,博取关注,很多新闻在传递信息的同时,也在传递某种武断、倾向性严重甚至非理性的观点。这些观点也在通过碎片化的阅读悄无声息地影响着信息获取者的判断。与此同时,提供信息的诸多平台依据大数据、算法进行的所谓精准化、差异化信息推送,很容易反复向信息获取者推送同类信息,从而造成某种现象特别严重或"全社会都在关注"某类信息的假象。在这样的大环境下,如果缺乏深度的调查研究,一些政协委员的提案、建议就难免会建立在失真的信息之上,从而影响其提案、建议的质量,甚至失于偏颇。

二、影响政协委员责任担当的主要问题和表现

(一)过度依赖网络

古人说"尽信书则不如无书",互联网时代,则是尽信网络则不如无网络,尽依赖网络则不如无网络。正如前面所言,互联网普及程度虽然越来越高,但却不仅存在一定的

技术"门槛",且存在"沉默"者声音无法被听到、影响力小者声音无法被传递的现象,存在失真的可能。参政议政过程中对网络的过度依赖,很容易造成提案、建议出现失之偏颇的问题。一些政协委员为了迎合网络民意而关注某些问题,即使出现收获一片赞誉的现象,但却不被现实生活中的公众尤其是利益相关的公众买账,其原因也正在于此。

虽然互联网是听取民意的有效行径,互联网上的信息筛选也是调查研究的一部分,但却无法代替现实中的调查研究。互联网上的声音,从某个角度来说,只是那些有能力上网且更愿意在网络上发声者的声音,只具有一定程度的真实性,但不能反映问题的全貌,更不能反映民意的所有侧面。必须配合以现场的调查研究,甚至要以现场的调查研究为主,以网络上的信息为辅。近些年,多有委员发声后引发一片哗然者,究其原因,即出于此。

(二)角色异化

政协委员是各党派团体和各族各界的代表人士,是由各方面郑重协商产生的,是参与国是、履行职责的各界群众的代表。这是政协委员最本质、最根本的角色。但是,长期以来,也有很多政协委员将自己的政协委员身份纯粹视作一种荣誉,甚至当作某些官员的"恩赐"。这样一来,一些政协委员的角色就出现了"异化",脱离了初心初衷,成了某些人交易以谋利的工具。如此,履职过程中,一些政协委员所提的提案或建议就很容易出现明显与某个群体的利益有关的倾向性。更有甚者,还有可能以提案、建议的形式为政府部门或特定个人所在政府机关谋利,以达到令其所在单位或所经营企业或其个人获得特殊照顾的目的。

(三)提案、建议失于片面化

随着经济社会的发展,经济社会生活的内容日趋多样,每个人所接受的信息日趋庞杂,兴趣也日趋广泛。相应地,很多政协委员除关注本界别、本领域事物外,还将目光投向了其专业领域之外,进行跨领域言事。跨领域言事本身并非坏事,甚至可以发现很多沉浸于相应领域者不能发现的问题,只是,跨领域言事必须建立在更加详尽且谨慎的调查研究基础之上才行。因为有些领域看似简单,实则复杂,没有足够的深切体察和深度的调查研究是无法触及事物本质的。比如与农业、农村、农民相关的"三农"领域,很多问题的产生不仅与土地、房屋、就业等有关,更与文化传统、生活习俗、社会心理、生活模式等有关,无乡村生活经验或缺乏深度调查研究者往往很难触及其根本,依据其所提出的提案、建议形成的政策、措施在实施过程中就难免让农民产生抵触,滋生诸多社会矛盾。

(四)提案、建议失于碎片化

碎片化的表现是琐碎、面窄、浮浅,仅是问题的点状反映,无法形成系统化的"面"的思考。政协委员作为由各方面郑重协商产生,代表各界群众参与国是、履行职责的人士,关注的重点应该是"面"而非"点",即使关注某些"点",也应是代表性的、具有某种普遍意义的"点"。但在现实中,一些政协委员在履职过程中所提提案、建议却存在碎片化的倾向,过于关注琐碎小事,而不是具有更普通意义的大事。出现这种现象,一方面与互联网时代信息普遍碎片化的现象有关,另一方面也与一些政协委员履职能力不足有关——无法从碎片化的信息中提炼出有效的、具有普遍性的问题。此外,一些政协委员中还存在拼凑提案、建议和"临时抱佛脚"的现象,这在很大程度上导致了提案、建议质量不高和碎片化的问题。

(五)言事失于以自身利益为中心

政协委员大都来自某一社会阶层,身处某一社会领域,置身某一具体的行业,且对该行业、该领域或该阶层的面貌有着深刻的体察,这原来是其之所以作为政协委员的代表性所在,也是党和政府与政协机关对其建言献策的期望所在。但是,了解某领域、某阶层与为某领域、某阶层发声是两码事。一些私心过重且缺乏责任担当者,会以政协委员的身份,借参政议政之便,凭借自身的影响力,为自身谋私利。2018年3月,全国政协十三届一次会议上的政协工作报告中即提出要"坚持守纪律、讲规矩、重品行,拒绝冷漠和懈怠、拒绝浮躁和脱离国情的极端主张、拒绝奢靡和一切利用权力或影响力谋取私利的行为,树立政协委员良好形象",批评的正是这种现象。

三、强化政协委员责任担当的路径

(一)强化法律保障

责任担当离不开法律的保障。目前,在保障政协委员有效履职上,尚缺乏全国性的专门法律,导致很多地方的政协委员在从事协商政治活动时,往往气不壮、理不顺。要改变这种情形,必须尽早把制定人民政协专门性法律提上议事日程,为强化政协委员责任担当、促进政协委员更好地发挥作用提供法律支撑。

(二)强化责任意识

强化"没有调查就没有发言权"的意识。实地调查研究是做好一切工作的基础,网络时代尤其如此。要着力培养政协委员全局思维能力,注重站在党委和政府和群众的角度看问题,使建言献策更有针对性;提升调查研究能力,强调"没有调查就没有发言权",把调研作为建言履职的基本方法和重要手段,深入调研分析,强化调查跟踪,做到言之有理有据,使建言献策更具实效性。

强化"说到点子上"的意识。要促使政协委员将建言献策的重点聚焦在党和国家的中心任务上来,及时关注社会热点,直面问题难点,服务发展重点,围绕国家、省、市中心工作,把人民群众关注的、迫切需要解决的问题作为参政议政课题,提出真知灼见,并通过议政渠道反映出来,促进党和政府决策的民主化、科学化。

强化民主监督意识。民主监督是政协的基本职能,更是政协委员履职尽责的价值体现,它不同于一般的社会监督和舆论监督,而是一种以体现中国政治民主和协商合作精神的政治性监督。中共十九大指出，加强人民政协民主监督，重点是监督党和国家重大方针政策和重要决策部署的贯彻落实。这是党首次在全国代表大会的报告中关注政协民主监督，特别明确了民主监督的重要对象和主要任务。当前，改革正进入攻坚期和深水区，政协委员要履行好民主监督职能，必须聚焦于党和政府中心工作，着力对党和国家重大方针政策和重要决策部署在各级党委和政府的贯彻落实情况开展监督。广大政协委员必须切实增强民主监督意识，充分认识民主监督重要性，借助政协平台，当好民主监督员。

（三）在委员产生的源头上发力

重影响力，更要重人品与口碑。政协委员作为各党派团体和各族各界代表人士，由各方面郑重协商产生，其影响力与代表性自不必说，但影响力、代表性并不等同于人品、口碑。对此，在协商产生政协委员时即应予以重点关注，将人品与口碑不佳者拒之门外，让人品佳、口碑好者进入政协委员行列。

重能力，更要重参政议政的意愿。孙中山先生曾说，所谓政治，就是"管理众人之事"。其核心在"众人"。"众人"的反面，便是个人、私人。基于此，"参政议政"参的便是与众人有关的"政"，而非与个人有关的"政"——纯个人之事与"政"无关。正因如此，负有参政议政之责的政协委员，便不仅要看个人能力和参与政事的能力，更要看参与政事的意愿。有意愿而无能力，则意愿不能成为参政议政的行动；有能力而无意愿，则其能力只与个人有关而与"众人"无关，甚至于"众人之事"是有害的。换言之，能力可以培养，而意愿不可强求，在协商产生政协委员时，必须重视对其参政议政意愿的考察。

（四）委员个人层面也要发力

从关注问题的层次上入手。于解决现实的问题尤其是小问题而言，政协委员发声往往不如一个更有效率的市长热线来得更快、更直接、更有效。所以，政协委员关注的问题，绝不应是碎片化的小问题，而应是透过现象看本质，经过理性思考、系统总结后的具有普遍性的大问题。

从着眼"小处"上入手。一些提案也有以大概念唬人之嫌，动不动"系统性、结构性"，却不解释何谓"系统性、结构性"，也不阐释如何才能达到"系统性、结构性"。要从大处入手，更要着眼小处，原则上、理论上的高大上必须让位于解决问题时的精、准、狠。

（五）建立常态化退出机制，不发声就退出

当选政协委员绝不是得到一种荣誉头衔，而是被赋予了参政议政的使命，肩上压了参政议政的担子。政协委员既要有挑担子的能力，又要有挑担子的意愿，更要有挑担子的技巧。能力是基础，无基础则等于徒有虚名，只能滥竽充数；意愿是保障，无意愿则等于有口无心，只能"当一天和尚撞一天钟"；技巧是辅助，无技巧则不能充分吸收反映

民意,不能策略性提出提案,不能有效推动问题解决和政策出台。要建立常态化的退出机制,对于无意愿、无能力者,或成为政协委员时有意愿、有能力但履职过程中逐渐失去了意愿或能力者,要让其在任期内即有序退出,如此,既促进在位者认真履职,又使新鲜血液得以常态化补给。

(六)倡导把反映民意、解决问题的重心放在网下

真实的民意在网下,群众面临的现实问题也在网下,因此,倾听真实民意的重心应该放在网下,解决现实问题的重心也应该在网下,而网络只能作为辅助性的工具,不能成为主导。要让深入基层和一线做调查研究的政协委员受到表彰、得到荣誉,让过度依赖网络、忽视现实民情、民意的政协委员受到冷落,形成起重调查、重现实的风气,提升政协委员责任担当的意识和能力。

参考文献

[1] 中共中央文献研究室.十八大以来重要文献选编(中)[M].北京:中央文献出版社,2016.

[2] 习近平.在中央政协工作会议暨庆祝中国人民政治协商会议成立70周年大会上的讲话[R].2019-09-20.

[3] 俞正声.政协第十二届全国委员会常务委员会作工作报告[R].2018-03-03.

[4] 陈祥健.进一步强化新时代政协委员的责任担当[J].政协天地,2020(6):18-19.

[5] 魏晓文,郭一宁.近年来人民政协协商民主研究:梳理与思考[J].领导科学,2015(17):16-19.

(作者单位:九三学社青岛市委员会)

激发委员履职活力，发挥委员主体作用

王晓永

政协委员是人民政协的履职主体，政协作用发挥在委员、活力展现看委员、事业发展靠委员。但在实际工作中，由于各种原因，委员的履职主动性和自觉性或多或少存在一些问题，委员的作用还有很多潜力没有充分挖掘出来，一定程度上存在着认识不清、积极性不高、能力不强的种种现象。有些委员只热衷当"挂名"委员，不愿做政协的具体工作，长期不参加政协的会议、视察和调研活动，几年不交一份提案，不报一条社情民意信息；有些委员平常忙于具体业务工作，对人民政协工作的理论学习不够，认为自己当政协委员是"组织安排"的兼职工作，缺乏应有的政治责任感和履职热情。为充分发挥委员主体作用，切实激发履职激情和动力，近年来，特别是二届换届后，黄岛区政协坚持以委员为中心、以制度为保障，紧紧围绕充分发挥委员主体作用，激发委员履职主动性、积极性、创造性，进行了积极探索，取得了明显成效。

一、夯实基础，提升履职水平

（一）严格把好委员入口关

为进一步规范政协委员推荐工作程序，提高委员的推荐质量，黄岛区委统战部专门制定下发《区政协委员推荐工作全程纪实暂行办法》，全程纪实统一使用区政协委员推荐工作全程纪实表，做到"一人一档"，实行单位初审、部门联审、考察核审"三审联动"，切实杜绝了委员"带病"提名等问题。最终二届黄岛区政协共确定委员360名，其中非中共党员委员占60%，女性委员占32.2%，都是政治素养高、热爱政协工作、能力突出、善于建言献策的各界别的代表人士和精英。

（二）切实抓好学习培训

针对换届后新委员较多的实际情况，黄岛区政协把搞好委员学习培训作为重要任务。一是在二届一次全会议程紧张的情况下，专门安排一场政协知识培训讲座，对25个界别360名新任委员进行培训。二是借助全国政协培训基地这一有利平台，每年定期分期、分批组织委员参加有关理论培训和时事讲座，近距离向国内知名专家学者学习。三是积极组织赴高等院校的学习培训，先后组织70余名政协委员赴深圳大学进行学习。通过"请进来""走出去"等形式，2017年上半年实现换届后全部委员轮训一遍，真正让委员充电加油、提升素质，切实增强了履职能力。

（三）有效开展协商议政

协商调研视察是政协的重要基础性工作，也是政协参政议政的主要形式。黄岛区政协坚持以问题为导向，精心选题，突出新区经济社会发展中的重要问题，深入开展协商调研视察活动。2020年分别在区政协领导班子成员中开展"三个一"活动（即带头开展一次协商、一次调研、一次视察活动），在全体政协委员中深入开展"六个一"活动（即撰写一件提案、反映一条社情民意信息、参加一次委组活动、参加一次公益活动、参加一次视察调研、参加一次培训）。委员们通过参与这些实实在在的履职活动，努力取得一批具有前瞻性、可操作的高质量工作成果，促进社会发展和民生改善，不断提升履职水平。

二、搭建平台，丰富履职形式

积极创造条件，在充分征求委员意见的基础上，科学划分委员活动小组，搭建与委员联系联络的包括专门委员会活动组、委员界别活动组、委员基层活动组等多个层面的平台，建立一种互联互通、双向交流的委员联络机制，进一步增强委员履职尽责的积极性和主动性。

（一）搭建政协专门委员会活动组平台

创新实行区政协委员全员进专委会制度，依托区政协目前设置的9个专门委员会，组成专门委员会活动组，将全体政协委员按照自身工作、业务特长相应吸收编入各专门委员会，每组委员人数控制在40名左右。在政协常务委员会和主席会议领导下，各专门委员会按照分工积极开展活动，充分发挥参谋、组织、联络、协调、服务作用；制定出台《关于进一步加强专门委员会工作的意见》，坚持把服务委员作为专委会工作的切入点，密切与委员的沟通联系，尽力帮助他们解决工作、生活中遇到的困难，增强政协组织的感召力和吸引力；积极为委员知情明政、参政议政创造条件，让委员通过专委会平台经常性地参加政协组织的各类协商会、调研、视察、考察等活动，在活动时间安排上多考虑便于委员参加，在活动组织方法上多考虑便于委员准备，确保每名委员每年除全体会议外都能参加1~2次政协活动，努力以优质的服务激活委员发挥作用的潜能。例如，在近年来开展的"献计策、促发展"大调研活动中，委员们表现出了极大的热情，产生了一批高质量的调研成果。

（二）搭建政协委员界别活动组平台

按照相同、相关、相近行业划分界别活动组，便于同一个界别交流、反映界别群众的愿望和心声。对于人数较多或较少的界别,采取联组方式搭配进行。将现有25个界别划分为17个界别活动组,各界别活动组以突出界别特色,发挥界别优势为重点,开展协商、调研、视察等履职活动。各界别活动组设召集人1名,由本活动组委员担任。区政协领导班子成员按照分工,每人联系1~2个界别活动组,负责加强工作指导。依托区政协各专委会开展界别协商、界别调研,提交界别大会发言、界别提案、界别社情民意信息等。要求每个界别活动组每年至少开展2次活动,提交调研报告、大会发言、集体提案、社情民意等参政议政成果各1篇以上,同时鼓励各界别根据不同特点和专业优势,有针对性地开展特色活动,切实让各个界别活起来,让每个委员动起来。

(三)搭建政协委员基层活动组平台

考虑地域、距离,便于活动开展,以镇(街道)政协委员联络室为主体,将委员划分为22个基层活动组,每组约17名政协委员。各组以开展本镇(街道)区域活动为重点,同时负责本组委员的日常管理工作。各基层活动组设组长1名,由各镇(街道)政协委员联络室主任担任;副组长1名,由本活动组委员担任。区政协领导班子成员按照分工,每人联系2个基层活动组,负责加强工作指导。各基层活动组根据区政协总体要求,结合镇(街道)实际情况,充分发挥组内委员自身界别和专业优势,创造性开展活动,年初有计划,年末有总结,每个季度都安排相关重点工作。每年各委员基层活动组都能够组织开展3次以上集中活动,委员的参与率都能够达到70%以上。活动中,各小组结合街镇的特点,围绕区委、区政府的工作重点、社会关心的工作热点和群众呼吁的工作难点,开展相关履职活动,取得了很好效果。

三、完善机制,激发履职动力

结合政协工作实际,我们以不断建立完善规章制度为抓手,注重加强委员服务和管理,切实激发了委员的"带头作用、主体作用和代表作用"。

(一)严格规章制度

出台《关于加强政协委员管理的办法》,对委员的学习、履职活动提出要求,严格委员参加政协会议、活动的纪律,对每次常委会议出席情况进行通报,切实强化委员组织纪律观念,规范委员履职活动。制定《关于加强与委员联系的意见》,加强与委员、委员所在单位、界别和基层活动组的沟通联系。每年度,党组暨主席会议领导成员参与所联系界别和基层活动组活动应不少于4次,走访所联系基层活动组委员至少1次。政协各专门委员会、各工作室,各基层政协委员联络室,把联系委员工作纳入本部门年度工作计划,努力做好联系委员工作,为发挥委员主体作用提供制度保障。

(二)完善档案管理

进一步健全完善委员管理档案,对委员提出提案、反映社情民意信息和参加会议、调研、视察、学习培训等活动实行"一人一档案"管理模式,实现对委员履职的规范化管理。建立委员履职信息数据库，跟踪掌握委员参加政协会议、调研、监督、视察、考察、界别组活动、为民服务活动和撰写并提交大会发言、提案、文史资料、反映社情民意信息等履职情况，定期做好委员履职情况的评估工作，及时向委员本人、所在单位、界别活动组等进行通报，必要时向组织、统战部门通报。

（三）健全奖惩机制

建立健全委员年度述职、履职考评和优秀委员、优秀提案、优秀信息员评选制度，明确每年年底委员工作委员会对委员履职情况进行考评，对当年考核不称职的委员进行提醒，连续2年考核不称职的进行告诫，连续3年不称职的劝其辞去委员职务。每年年底或次年年初委员要向所在界别组进行履职情况述职。加强对委员中的先进典型、先进事例的发现挖掘和宣传报道，邀请优秀委员现身说法举行履职报告会，树立榜样，示范引导。

四、营造氛围，搞好服务保障

（一）加强联系走访

确定每位领导成员联系走访委员名单，通过深入联系、走访，确保每年把全体政协委员走访一遍，了解委员的所思、所盼、所想，进一步掌握委员的履职和建功立业情况，听取委员对政协工作和全区工作的意见建议。通过大联系、大走访，发现典型、提升典型。同时，定期通过主席会议等形式，听取走访情况汇报。始终满腔热情、真诚实意地为委员搞好服务，真正为委员"撑腰""鼓劲""提气"，力所能及地帮助委员解决一些实际困难和问题，真正让委员感觉政协就是自己的"家"。

（二）搞好舆论宣传

充分利用省内外媒体和政协自身宣传平台，大力宣传委员履职活动和风采，激活委员主体意识，激发委员履职热情。在电视台开设《委员风采》栏目，对在走访联系过程中掌握的委员典型，认真分析、及时归纳，每月制作播放一期，进一步宣传委员的履职故事和岗位建功事迹。

（三）注重信息建设

为适应新媒体时代的发展要求，黄岛区政协专门开通了政协网站。各室、各专委会、各界别、各镇街委员联络室开展的调研视察等活动，要及时总结、上传，进一步扩大政协的社会影响，努力做到政协工作"有声有色"。微信时代来临，为使委员联络沟通和履职建议更加便利，黄岛区政协又专门设立了微信公众号，委员们的意见建议可以通过这个平台随时发表，政协组织的会议活动也可以第一时间公布。另外，不断加强信息化建设，从二届一次会议开始建立和完善政协提案网上办公系统，实现了提案从提出到交办全程无纸化办公，工作效能显著提升。

（作者单位：青岛市黄岛区（西海岸新区）政协）

新时代政协委员的角色定位与责任强化

郝兴利

习近平总书记在中央政协工作会议暨庆祝中国人民政治协商会议成立70周年大会上发表重要讲话指出："人民政协是中国共产党把马克思列宁主义统一战线理论、政党理论、民主政治理论同中国实际相结合的伟大成果，是中国共产党领导各民主党派、无党派人士、人民团体和各族各界人士在政治制度上进行的伟大创造。"人民政协制度是理论联系实践的伟大产物，是在中国共产党领导下，社会各阶层人士参与政治协商、实施民主监督、共同参政议政的平台与窗口，为提升国家治理能力和治理体系现代化发挥了重要作用。

在新时代的今天，面对日益复杂、矛盾丛生的国内外局势，为实现中华民族的伟大复兴，政协委员更应当在中国共产党的领导下，将人民利益放在首位，充分听取社会各界对国家治理和发展的声音，发展民主政治、协商政治，即意味着更加充分发挥人民政协制度的作用。"政协的实力在委员、优势在委员、活力在委员、潜力在委员，人民政协的一切成就都离不开委员的智慧和创造。"政协委员作为社会各民主党派、无党派人士、人民团体和各族各界人士的代表，作为政治协商制度的责任主体，应当履行好人民政协制度规定的法定职责，扮演好新时代背景下，人民政协制度赋予其参与者、实践者、推动者的角色，为改善国家治理体系和提升国家治理能力做出应有贡献。

一、人民政协制度中政协委员职能的规定

（一）政治协商

政治协商是对国家和地方的大政方针以及政治、经济、文化和社会生活中的重要问题在决策之前进行协商和就决策执行过程中的重要问题进行协商。政协委员参与政治协商的主要方式是每年参加和举行协商会议、进行调研和视察活动以及进行提案和反馈社情民意，为政治协商提供科学化和民主化指引。

（二）民主监督

民主监督是对国家宪法、法律和法规的实施，重大方针政策的贯彻执行，国家机关及其工作人员的工作，通过建议和批评进行监督。它是参加中国政协的各党派团体和各族各界人士通过政协组织对国家机关及其工作人员的工作进行的监督，也是中国共产党在政协中与各民主党派和无党派人士之间进行的互相监督。目前，不少政协委员应邀担任国家机关的特邀监督人员，进一步拓展政协民主监督的功能。

（三）参政议政

参政议政是对政治、经济、文化和社会生活中的重要问题以及人民群众普遍关心的问题，开展调查研究，反映社情民意，进行协商讨论。通过调研报告、提案、建议案或其他形式，向中国共产党和国家机关提出意见和建议。参政议政主要就是在调查研究、视察考察基础上，对国家的各项方针政策的制定与执行予以讨论，提供意见和建议，反映社情民意。

二、政协委员在人民政协制度中的角色定位

无论新时代赋予政协委员何种新身份、新角色，政协委员都需要以履行职责为重心，围绕人民政协制度规定的职责开展工作，也就是要能够积极参与政治协商，忠实于民主监督事业，推动参政议政工作的顺利开展。

（一）政协委员是政治协商的积极参与者

政协委员作为社会各民主党派、无党派人士、人民团体和各族各界人士的代表，应当积极参与政治协商工作，对国家现阶段大的方针政策进言献策，在方针政策的决策阶段展现民主性。政协委员同时应当充分发挥本职工作的专业优势，对方针政策的实行进行研究考察，提出自己的专业见解，为"六稳六保"工作的顺利推进保驾护航。政协委员应当参与到政治协商的全过程，从决策到执行，扮演好参与者的角色，积极参与政治协商，为国家治理体系和治理能力现代化建设贡献自己的智慧。

（二）政协委员是民主监督的忠实实践者

民主监督是一种政治监督，是中国社会主义监督体系的重要组成部分。政协委员作为社会各民主党派、无党派人士、人民团体和各族各界人士的代表，应当是民主监督的忠实实践者。

忠，要求政协委员在履行民主监督职责过程中，要忠于宪法和法律，自觉遵守法律规定的权限范围和监督程序。民主监督不是政协委员以权谋私、徇私枉法的工具，而是保障工作队伍拥有廉洁素养的手段。民主监督是人民民主的重要环节，政协委员要忠于人民的利益，忠于宪法和法律赋予其的权力，做一名忠诚的实践者。

实，要求政协委员在民主监督过程中讲实效，坚持以问题为导向，围绕中心、服务大局，回应群众关切、反映群众诉求。在民主监督过程中，不仅要发现问题，更要出对策、

出良策,多提出解决问题的实效性意见和建议,促进问题的解决和落实。最后,在民主监督阶段,政协委员要与被监督机关充分沟通,坚持实事求是,及时反馈解决问题,就地解决问题,做一名讲实效的实践者。

(三)政协委员是参政议政的重要推动者

为推进国家治理体系和治理能力现代化,需充分发挥中国共产党领导的多党合作和政治协商制度的优势。当前世界局势、社会环境日趋复杂,任何一个治理主体都无法单独承担起治理复杂多元社会的重任。因此,在中国共产党领导的多党合作和政治协商制度中,执政党和参政党通过协商,充分发扬民主,进而凝聚共识,团结一切可以团结的力量,共同担负起国家治理的重担。在此过程中,政协委员作为社会各民主党派、无党派人士、人民团体和各族各界人士的代表,一直是重要推动者。

社会问题纷繁复杂,需要各行各业专业人士广泛参与,政协委员在掌握大量一手资料的基础上,进行专业化研究和分析,通过各种形式参与政党协商,对方针政策的决策和实行提出专业化意见,发挥其专业素养以推动中国社会治理不断发展。

三、多种途径强化政协委员责任担当

政协委员作为新时代人民政协制度的参与者、实践者、推动者,要扮演好新时代赋予的新角色定位,要加强政治定力,紧密联系群众,发挥自身专业优势,强化自身责任担当,做一名新时代有担当、有作为的政协委员。

(一)提升政治素养,坚定政治立场

人民政协制度是在中国共产党领导下的多党合作制,坚持中国共产党的领导是该项制度的政治根本。政协委员作为人民政协制度的参与者、实践者、推动者,首先就必须有过硬的政治素养,有坚定的政治立场,要坚持以马克思主义、毛泽东思想、邓小平理论、"三个代表"重要思想、科学发展观、习近平新时代中国特色社会主义思想为指导,树立"四个意识"、坚定"四个自信"、做到"两个维护"。

政协委员来自社会各个阶层、各个行业,看待问题的角度和认识各不相同,但是一个根本的政治原则不能动摇:坚持中国共产党的领导。这就要求政协委员能够落实习近平总书记讲话要求,认真学习贯彻党的基本理论、基本路线、基本方略,不断增强对中国共产党和中国特色社会主义的认同感。同时要参加人民政协组织的各项学习,学习党的创新理论,学习党的历史、政协的历史,学习中华民族优秀的传统文化,不断坚定道路自信、理论自信、制度自信、文化自信。在平时的生活和工作中,自觉遵守宪法法律和政协章程,提高道德品行、严格廉洁自律,始终做到对党忠诚、不忘初心。

(二)紧密联系群众,坚持服务群众

人民政协制度作为一项人民民主制度,其内在要求就是要将人民群众的利益放在首位,解决群众实际问题为工作重心。政协委员作为人民政协制度的参与者、实践者、

推动者，必须时刻与群众保持联系，坚持全心全意为人民群众服务。

政协委员要在感情上贴近群众。坚持"从群众中来，到群众中去"，放下架子、扑下身子、深入群众、深入实践、广开言路、倾听民意。了解群众所思、所盼，及时了解并解决群众在生产生活中遇到的实际困难，在为群众排忧解难中与群众建立感情。许多群众缺乏相应知识和经验，在遇到问题无从下手、无所适从时，政协委员要能够为群众发声，利用自己的专业知识为群众解决问题提供帮助；如果遇到专业领域之外的问题，要做群众与政府部门之间沟通的桥梁，让相关政府部门为群众解决实际困难，将为人民群众服务落到实处。

政协委员要在思想上尊重群众。作为政协委员，要把群众放在很高的位置，把自己放在很低的位置，坚持用平等的眼光看待群众，对待群众不分贫富，一视同仁；坚持用平等的身份接待群众，不在群众面前打官腔、说官话；坚持用平等的心态联系群众，不高高在上，不以权压人，让群众说心里话，道烦心事，讲真想法，提好建议。特别是在面对文化层次较低的群众时，政协委员要耐心接待他们，对他们所反映的事实进行梳理，善于把握住其中的主要矛盾，并对他们进行细致的解读和指引，从而能够让他们讲出真实想法，提出好的建议。

政协委员要在作风上深入群众。作为社会各民主党派、无党派人士、人民团体和各族各界人士的代表，政协委员绝不能整天围着办公室转，围着上级转，而不围着群众转。应当把更多的时间用在了解民意，体察民情，解决民难上，无论时间多紧，都要联系群众，切实在联系群众中找到工作的切入点，增强工作的针对性。我国正处于决胜脱贫攻坚战的关键时刻，意味着政协委员的工作重心要不断下沉，政协委员要深入田间地头，深入基层群众，特别是有困难的群众，了解他们的生活状况，着力帮助他们解决现实困难，不让一个群众掉队，助力党和国家打赢脱贫攻坚战。

政协委员要在工作上依靠群众。善于倾听群众的意见，自觉接受群众的监督，做到谋划发展思路向群众问计，查找发展中的问题听人民群众意见，改进发展措施向人民群众请教，落实发展任务靠人民群众努力，衡量发展成效由群众评判，用人民群众的力量推动国家治理体系和治理能力现代化的建设。政协委员的工作就是要为群众发声，在群众最关心的问题上下功夫。就目前而言，受新冠肺炎疫情影响，就业问题成了群众最关心的问题，也是党和国家"六稳六保"工作推进的重点，作为政协委员，应当在如何保障群众就业的问题上下功夫，提出自己的想法和建议，履行好自己的职责。

（三）注重专业能力，提升履职本领

人民政协制度设立的目的在于广泛吸收社会各民主党派、无党派人士、人民团体和各族各界人士的意见，加强政党间的合作，从而能够在中国共产党的领导下，实现国家治理体系和治理能力现代化。人民政协制度主要通过协商发挥作用，这就需要政协委员注重提升自己的专业性，能够在参政议政的过程中，充分发挥自己的专业优势，从而有助于实现国家和地方治理的现代化、专业化。

　　具体而言，政协委员需要密切关注自己专业领域的热点问题，探究对热点问题的解决是否有助于解决现实中的社会问题，寻求专业领域问题与社会治理问题内在的一致性，从而能够为社会治理提出专业性对策。这其实对政协委员提出了很高的要求，一方面需要扮演好专业领域内专业者的角色，另一方面需要扮演好人民政协制度参与者、实践者、推动者的角色。

　　总而言之，对政协委员而言，言之有理、言之有物、言之有效、办法管用才是真负责、真担当的表现。人民政协制度的优势体现在政协委员优秀的专业能力，政协委员在自己的专业领域内参政议政，对方针政策的制定、执行环节中可能出现的问题进行专业分析并提出专业化见解，提出更优质、更专业的中国方案，更好地为人民群众谋福祉。

　　最后，政协委员双重角色定位要求其参政议政不仅仅是简单地提出专业意见，还需要增强政治把握本领以及联系群众的本领，做一名全面过硬的好委员。

（作者单位：致公党青岛市委员会）

加强界别建设，深化界别协商，发挥专门协商机构凝聚共识作用

陈　东

十九届四中全会强调我国国家制度和国家治理体系具有十三方面显著优势，突出了制度自信，主要体现在三个方面。一是中国独有的国体、政体设计。一个国家的政权机关的组织形式叫作政体，在我国，同人民民主专政的国体相适应的政权组织形式，就是民主集中制的人民代表大会制度。1954年，我国第一部宪法颁发，其规定："人民行使权力的机关是全国人民代表大会和地方各级人民代表大会。全国人民代表大会是最高国家权力机关，行使国家立法权的唯一机关。"二是独特的社会治理结构。改革开放以来，我国经济社会发展取得世人瞩目绩效的重要原因之一是中国特色党政治理结构的有效运行。与西方国家依托于韦伯科层制的治理结构相比，中国国家治理的体制机制，具有独特的结构构成和运行功能：在治权构成方面，呈现为执政党通过政治领导，在组织和意识形态层面深刻塑造并融入中国特色的政府体系而成的集中统一的党政结构。三是独创的中国人民政治协商组织。习近平总书记指出："设计和发展国家政治制度，必须注重历史和现实、理论和实践、形成和内容的有机统一。要坚持从国情出发、从实际出发，既要把握长期形成的历史传承，又要把握走过的发展道路、积累的政治经验、形成的政治原则。"人民政协制度是中国共产党立足于中国的实际，继承和发展了马克思主义统一战线理论、政党理论、民主政治理论，与各民主党派、无党派人士、人民团体和各族各界人士共同进行的伟大创造。其"在建立新中国和社会主义革命、建设、改革各个历史时期发挥了十分重要的作用"，具有中国特色社会主义民主政治的制度优势。

西方民主政治在外在形式上包括普选制、议会制、分权制衡制等，但究其本质政权总是掌握在资本手里，无产阶级和劳动人民无法进入其政治机构，更无法参与整个国家的政治过程和决策。在我国，在1980年邓小平同志就提出："我们进行社会主义现代化建设，是要在经济上赶上发达的资本主义国家，在政治上创造比资本主义国家的民主更高更切实的民主。"这就是保证人民依法实行民主选举和发展独具特色的社会主义协商

民主。纵观西方议会民主下的政党制度，无论是两党制还是多党制，各政党之间"相互竞争"和"政党间轮流坐庄""争夺执政权"，以实现"三权分立""多党竞争""相互牵制"，来达到缓和内部阶级矛盾的目的。人民政协中的"政治协商"就是中国共产党与各民主党派、无党派人士、各人民团体和各族各界人士，就国家和地方的大政方针，以及政治、经济、文化和社会生活中的重要问题，在决策之前进行协商和就决策执行过程中的重要问题进行协商，以实现优化决策、协调关系、整合利益的目的。各民主党派围绕国家大事、民生关切，以调研报告、建议等形式直接向中共中央提出意见和建议；共产党通过会议协商、约谈协商、书面协商等形式广泛听取各民主党派和无党派人士的意见，同民主党派进行政治协商。人民政协秉承人民政协为人民的宗旨，发挥民主精神，推动了社会主义民主政治的发展。学习党的十九届四中全会精神，联系政协界别工作，笔者主要有三个体会。

一、界别是政协组织显著特征，是中国特色社会主义制度的独创设计

人民政协是我国政治体制中唯一由界别组成的政治组织。人民政协的基础在界别、特色在界别，组成形式上，界别是人民政协组织构成的基本单位；本质属性上，界别是人民政协性质的基本体现；职能任务上，界别是人民政协履职尽责的基本载体。所以说，由界别组成的人民政协，是中国特色社会制度的独特设计，界别是政协产生、存在和发展的社会基础，是政协委员履行职能、开展活动的基本单元。此外，客观来说，界别并非是一个固定的、固化的实体组织，它是政协委员履职尽责的一个政治组织。这与数据显示政协提案90%都是全会期间提交的情况是一致的。做好政协工作，尤其是做好全委会闭会期间政协的日常工作，载体是界别，切入点是界别，总抓手是界别。

从毛泽东同志在1954年对政协组织的定义可看出，设置政协界别的基本目的是为了将各民主党派、各团体以及社会各界吸收到政协组织之中，通过政协这个组织平台充分反映和代表社会各方面的利益，实现社会各界的有序政治参与。习近平总书记在庆祝人民政协成立65周年大会上指出，要适应经济社会发展和统一战线内部结构变化，深入研究更好发挥政协界别作用的思路和办法，扩大团结面，增强包容性，拓展有序政治参与空间。

二、界别协商是民主协商的重要组成部分，是社会主义民主政治的有力补充

民主体现多数人的利益，民主政治是多数人的统治意志，民主制度更多地表现在选举制度方面。中国特色社会主义民主，不仅仅存在于选举民主，也同时存在于协商民主，是选举民主和协商民主的有机结合。

1954年全国人民代表大会成立之后，颁布了第一部宪法，明确了中华人民共和国的国体和政体，人民政治协商会议执行人大职权的任务结束了。对于这一历史性变化，不

少人在当时还不十分理解。有人担心以后政协就不会再有多大作用，有的怀疑政协是否还有存在的必要，也有人认为政协仍应是权力机关或半权力机关。毛泽东同志于10月17日写了《关于政协的性质和任务的谈话提纲》，12月19日又召集参加政协二届一次会议的部分党内外人士座谈，对这些问题谈了自己的意见："人民代表大会是权力机关，有了人大，并不妨碍我们成立政协进行政治协商。各党派、各民族、各团体的领导人物一起来协商新中国的大事非常重要。宪法草案就是经过协商讨论使得它更为完备的。人大的代表性当然很大，但它不能包括所有的方面，所以政协仍有存在的必要。"他在谈到运用统一战线武器的意义时指出："一定要运用统一战线的武器。我们自己要有主张，但一定要和人家协商，不要把自己孤立起来，要发挥各民主阶级各人民团体的作用。工农联盟就是我们国家的基础，但还要懂得去运用在此基础上的广泛的与非劳动人民的联盟——人民民主统一战线。这样动员起来的力量就会更多了。瑞金时代是最纯洁、最清一色的了，但那时我们的事特别困难，结果是失败了。所以真理不在乎是不是清一色。"

《中共中央关于加强人民政协工作的意见》提出："人民通过选举、投票行使权利和人民内部各方面在重大决策之前进行充分协商，尽可能就共同性问题取得一致意见，是我国社会主义民主的两种重要形式。"人大和政协是两种不同的组织形式，宪法定位差异明显。首先，从功能定位看，人民代表大会是国家权力机关，通过选举方式行使国家一切权力，是一种选举民主的重要体现形式。政协不是国家权力机关，也不是国家的行政机关，只是一个政治组织。政协在功能上侧重大政方针的协商，更多的是协商民主。其次，从组成特点看，人民代表大会以区域为组成，体现了执政的广泛性；人民政协则以各民主党派、人民团体为组成，体现了执政的统一性。最后，从相互关系看，人大是实现选举民主的主要政治形式和组织形式，政协是实现协商民主的主要政治形式和组织形式，两者拥有不同的特点和优势，相互补充，相辅相成，共同保障社会主义民主的发展。总之，协商民主基础上的选举民主更加完善、更加科学，协商民主保障下的选举民主更加有效、更加富有生命力。

界别协商，以界别的形式把群众中分散的、个别的意见和呼声汇聚成系统的意见，提炼出共同的意志和主张。界别协商是政协进行政治协商的一种重要形式，不受地域、人口比例约束，组织政协委员以界别为单位协商建言、凝聚共识、履职尽责。界别协商几乎涵盖了社会各阶层的人、团体和组织，充分体现着"大团结、大联合"的宗旨，彰显了最广泛的爱国统一战线的性质，具有广泛的代表性和巨大的包容性。界别协商在民主协商中，拥有不可替代的特殊地位，是社会主义民主政治的有力补充。

三、界别工作做实做细做活，推动界别工作凝聚共识向纵深发展

十三届全国政协换届以来，政协主席汪洋多次强调，人民政协工作要双向发力，一方面要畅通渠道、完善机制，创新形式、提高质量，引导各界委员有序表达意见诉求，积极建言资政；另一方面要协助党和政府多做解疑释惑、宣传政策，凝聚共识、汇聚力

量,理顺情绪、化解矛盾的工作,最大限度统一思想、凝心聚力。这是贯彻落实习近平总书记关于加强和改进人民政协工作的重要思想的重要举措,进一步明确了人民政协的功能作用,是新时代政协工作的新的命题、新的使命、新的任务。这是学习十九届四中全会领悟制度自信的新体会,是学习领会、贯彻执行习近平新时代中国特色社会主义思想政治工作的具体表现,也是做好新时期政治工作新历史的出发点和里程碑。

（一）谋求思想共识,形成发展合力

要始终坚持党的全面领导,把坚持和发展中国特色社会主义作为巩固共同思想政治基础的出发点和落脚点,深入领会时事政治、政策法规、人民政协相关理论和统战理论,在政治学习和理论探索中提高理论修养,扩大知识面,不断树牢"四个意识",坚定"四个自信",自觉做到"两个维护"。还要始终处理好一致性和多样性关系,坚持合作包容,在坚持一致性中尊重多样性,在包容多样性中寻求一致性,处理好一致性和多样性的关系。同时,各级党委和政府应当与时俱进,认识到协商政治、协商民主的重要性,将界别协商纳入党委和政府的相关议事规则,纳入党政职能部门有关工作规范,纳入各级领导干部工作手段,积极支持、主动参与界别协商,敢于、勤于和善于通过界别协商,倾听界别声音,以促进科学决策,从而有效化解各种社会矛盾。应当加强与政协及其界别的沟通联系,建立制度化联系,开展经常性协商,为界别协商活动提供更宽广的空间、更便利的条件。

（二）强化凝聚共识,形成体系合力

以贯彻落实习近平总书记关于加强和改进人民政协工作的重要思想理论研讨会精神为契机,组织专委会委员深入学习研讨,真正做到学思用贯通、知信用统一。注重加强界别建设,一是适时调整界别设置和委员构成,把新的社会阶层吸纳进来,增强界别的代表性;二是充分发挥好界别召集人的牵头作用,开会期间当好组长,休会期间当好召集人,切实发挥统筹谋划、组织协调、团结示范作用;三是建立健全制度机制,让界别活动有场所、有经费,有组织、有纪律,有激情、有感情;四是注重发挥政协专委会的协调、组织和服务功能,有的放矢地组织引导开展界别活动。

（三）建立体系共识,保证时效合力

界别工作走向制度化、体系化,最起码要有五个方面的工作应当纳入政协机关的工作计划当中去,由各专委会办公室和委员活动室指导和支撑,也就是做到五个一:全年有计划,季度有调研,月度有互动,日常有活动场所,随时有界别提案。确保界别活动虚功实做,扎实推进,切实发挥政治协商、民主监督、参政议政的实效性。打造建设界别工作的专属园地,互通信息,交流学习,相互借鉴,共同提高。

（四）打造联动共识,增强氛围合力

人民政协人才荟萃、智力密集,汇集了各方面的专家学者。一方面,各界别中的委员一般都是代表各界别、各领域大多数群众利益的代表人士，拥有较大影响力、较高专业素养和道德修养，具有一定参政能力，观察问题比较准、分析问题比较深、协商建言的针对性也比较强，拥有强大的智力优势和专业优势。另一方面，各界别委员往往都是各个领域的带头人，拥有各自的社会团体、群众组织、学术学科权威性，有着天然的跨界联动优势。在推动各界别在发挥独特性作用的同时，探索跨界别联合和上下级政协界别联动，资源共享，各展所长，优势叠加。比如，党派团体界别之间，以组织为纽带，在参政议政中加强联系协作；专业界别之间，以课题为纽带，选择共同关心的课题，开展联合调研，或邀请相关界别的专家参加本界别的课题调研；上下级政协的界别之间，以选取共同关注的重大事项，联合开展调研，提出更加贴近实际的真知灼见。

（作者单位：青岛合木至信科技集团）

通过政协党建引领推动基层政协工作提质增效研究

薛暖新

政协党建是一项长期的系统性工程，既有与其他组织和机构相同或相似的要求、做法，也有适合自身特色的活动形式。新的历史条件下，政协系统党的建设为什么建、建什么、怎么建等系列迫切课题，需要不断探索实践。如何按照党的先进理论指引进一步提升党建水平，增进党建工作实效，是摆在地方基层政协组织和政协工作者面前的一张共同的考卷。

一、新时代地方政协党建的理论思考

政协党建的一大特色是具有统战性质。人民政协是中国人民爱国统一战线的组织，加强政协系统党的建设是有效发挥人民政协团结统战功能的根本保证。政协在加强党建过程中要认清"多样性"和"一致性"之间的共生关系。习近平总书记指出，搞统一战线是为了壮大共同奋斗的力量，要"画出最大同心圆"。铆牢圆心、扩大半径、画出最大同心圆，需要通过党组织和党员委员的政治引领，影响和带动社会各界贯彻执行党的路线方针政策和决策部署，把党的指导思想和政策主张转化为政协各党派团体和各族各界代表人士的思想共识和行动自觉。

政协党建的一大目标是凝聚共识。党的组织原则之一是下级服从上级，少数服从多数。而政协作为统战组织，强调平等协商，要通过加强协商互动和讨论沟通，促进不同思想观点交流交融，逐步增进了解、消除误解，努力凝聚思想上的最大共识。为此要把党建原则与统战特点有机结合，通过充分讨论、平等协商，在多样性中寻找一致性、争取一致性、达成一致性，特别是要解决好协商过程中"谁来影响谁"的问题，充分发挥政协党组织具备的强大凝聚力和战斗力。党员委员在政协委员队伍中的先锋队作用，为党和国家的事业团结、联系、凝聚最广泛的智慧和力量。

政协党建的一大作用是推动履职提质增效。政协党建与政协履职相辅相成。对基层政协而言，抓党建和抓履职都是本职，都是主责，两者互相促进、相辅相成。政协履职的基本原则是紧紧围绕中心、服务大局，这个"中心"是党中央到地方的中心工作，这个"大局"是从国家到地方的"五位一体"建设大局，政协党建工作越深入，党的全面领导则进一步加强，政协"围绕中心、服务大局"履行职能的能力也会不断加强，就会更好地协调关系、汇集力量、凝聚共识、建言献策，就会做出更多积极贡献。

二、新时代地方政协党建的城阳实践

城阳区政协以习近平新时代中国特色社会主义思想为指导，坚持党建引领为主线，不断强化组织建设、拓展"党建+X"路径，将"支部建在专委会、委员凝聚党旗下"，以"两个全覆盖"促"双向发力"，通过加强党建推动政协事业高质量发展。

（一）聚焦组织建设，实现人民政协党的组织全覆盖

人民政协是政治组织，必须提高政治站位，旗帜鲜明讲政治，始终坚持党对人民政协的领导。加强党对人民政协的领导，必须加强政协组织党的建设，把基层党组织体系织密建强，突出政治功能，充分发挥其战斗堡垒作用。

一是合理设置党组织机构。政协委员来自不同行业、不同界别。党员委员主要集中在中共界别，大部分党员委员的组织关系在各自单位，具有双重身份、双重管理的特点。城阳区政协合理调整了专委会和界别活动组人员组成，全市第一家依托专委会成立功能型党支部，依托界别活动组设立党小组，实行党员双重管理，党员委员在隶属本单位党组织的同时，编入政协党组织，以不转组织关系、不缴纳党费、不发展党员，双重登记、双重管理、双重组织生活的"三不三双"模式参加政协党组织活动。建成了既符合政协特点，又能有效覆盖的基层党组织体系。"政协党组+机关党总支+功能型党支部"的组织领导体制，实现了党组织的全覆盖无盲区。

二是健全党建工作制度。坚持用制度管事管人，制定完善了《区政协党组关于加强自身建设的意见》《功能型党支部工作规范（试用）》等10项制度，优化流程，规范工作。强化制度执行，压实党建主体责任，把党建工作"干什么、怎么干、谁来干"落实到岗、落实到人，实现了党的工作对政协委员的全覆盖。

三是高标准建设阵地。阵地建设是推进党建工作的有效着力点。按照实用规范、方便活动的原则，建设了区政协党员委员活动室和专委会党支部活动室，完善了界别活动组和区域委员活动室，各活动室设委员讲堂，开设"三微课堂"，党员委员以两级活动室为主要阵地，带领党外委员开展各类活动，为党支部战斗堡垒作用和党员先锋模范作用充分发挥创造了条件、奠定了基础。

（二）拓展党建路径，实现党的工作对政协委员的全覆盖

在人民政协，要实现党的工作全覆盖，必须把发挥党员先锋模范作用与履行委员职能有机融合，把协商议政与学习教育有机融合，努力让协商议政的所有活动，成为既是建言献策、履职尽责的过程，也是接受教育、统一思想、凝聚共识的过程。

一是优化机制,党建联系网络广覆盖。建立3个"直通车"机制,推动党组成员联系功能型党支部、民主党派和界别活动组,党员委员联系带动党外委员,架起了党组织与党员委员、党员委员与党外委员、全体委员与界别群众联系沟通的桥梁,全区225名委员直接联系单位、界别群众和困难家庭1350个。在走访联系中开展政策理论宣讲、反映群众的意愿诉求,让每个委员都成为一个界别群众联络站,通过各个界别委员横向联系界别群众和困难家庭,织密政协的群众联系网,在履职中察民情、解民忧、暖民心,多干让群众满意的好事。

二是搭建平台,激发党员委员向心力。创新党员活动载体,依托活动室,推行"五个一"组织生活套餐,让党员委员在理论学习、主题活动中接受党性教育。完善履职考核,推动党员委员在思想政治引领、协商议政、民生改善等方面发挥表率作用,并广泛宣传其履职事迹,激发责任感和使命感。

三是示范带动,委员力量凝聚党旗下。在全体党员委员中开展议政建言做表率"四个一"活动,党员委员带头讲政治、守规矩,带头开展履职活动,带头积极参与全区重大活动保障、东西扶贫协作等重点工作,用自己的模范行动影响带动其他委员。全区政协委员通过亮身份、当先锋、做表率,号召和带动界别群众一起以实实在在的业绩诠释对党忠诚、体现责任担当。

(三)以党建促履职,聚焦双向发力

建言资政和凝聚共识是相伴而生的共同体,以党建为引领,在建言资政中凝聚更广泛的共识,在凝聚共识中形成更高质量的建言,人民政协才能成为"加强党对各项工作领导的重要阵地",成为"用党的创新理论武装各界代表人士的重要平台",成为"化解矛盾、增进共识的重要渠道"。

一是增进团结,广泛凝聚共识。崇尚团结、加强团结,建立区政协党组谈心谈话制度,党组与各民主党派、工商联、无党派人士,党员委员与党外委员联系机制,密切各方面经常性沟通交流,推动履职触角向基层延伸。在互动联通中,听取有关意见,回应各方关切,促进不同思想观点的充分表达和深入交流,不断增进共识。2019年9月,开展了庆祝中华人民共和国暨人民政协成立70周年系列活动,举办"同心共筑中国梦"文艺汇演,千人合唱《我和我的祖国》,迅速刷爆朋友圈,引领各界、带动群众,礼赞新中国、凝聚爱国心,汇聚起了"阳光城阳"建设的强大合力。疫情防控期间,区政协领导带队走访委员企业,了解困难、解决问题,帮助委员企业更好地复工复产,为加快建设青岛内联外通的中央活力区积极贡献政协力量。

二是示范引领,广泛凝聚人心。党员委员带头讲政治、守规矩,带头履职尽责,用自己的模范行动影响带动其他委员。新冠疫情发生后,区政协坚持党建引领疫情防控工作,印发了《关于加强党的领导,发挥政协党组织、党员委员在打赢疫情防控阻击战中战斗堡垒和先锋模范作用的通知》,各专委会功能型党支部认真贯彻落实,全体党员委

员立即行动起来，冲锋在前，或投身防控一线，或主动发起捐助，或积极建言献策，以各种方式为疫情防控贡献力量，用实际行动诠释责任担当。

三是专心为民，展现政协良好形象。坚持履职为民，着眼于满足人民日益增长的美好生活需要，2019年共开展捐资助学、扶贫帮困、医疗义诊等公益活动50余次，结合"五进五送"，累计捐款捐物300余万元。在开展活动和走访慰问中，委员们广泛宣传党和国家的路线方针政策，及时收集并反映群众的意见呼声，促进上情下达和下情上传有机融合，在建言资政和凝聚共识上双向发力。

三、新时代地方政协党建的积极探索

党建引领是实现基层政协建言资政与凝聚共识双向发力的有效途径，有利于推动人民政协制度更加成熟更加定型，发挥好政协专门协商机构的作用。新形势下，推动基层政协履职提质增效必须进一步加强党的建设。

一是强化思想政治引领。基层政协党建工作的出发点是思想政治引领，落脚点在于履职提质增效。加强思想政治引领要强化主体责任，坚持完善政协党组负总责、机关党总支具体抓、各专委会功能型党支部和机关党支部具体落实、党小组严格执行的党建运行机制，推动党建工作层层落实、层层抓实。要进一步探索学习载体，完善委员讲堂、委员履职能力提升培训、微课堂等学习载体，有计划、分专题对习近平新时代中国特色社会主义思想进行学习和座谈交流，传达学习中央和省市区委重要会议与文件精神，不断增进政协委员对中国共产党和中国特色社会主义的政治认同、思想认同、理论认同、情感认同。充分发挥党员委员的示范引领作用，引领党员委员主动参加专委会功能型党支部和党小组的活动，主动承担视察、调研和协商议政等工作任务，在政治引领、合作共事等方面做表率，带动广大委员强化责任担当，高质量完成好"委员作业"。

二是搭建活动平台。基层政协党组织要在做好党建共性工作的基础上，结合政协和专委会工作实际，积极探索政协党的建设的特色做法，激发专委会党支部的堡垒作用。要积极搭建平台，组织政协委员结合履职开展党建活动。在建言资政方面，搭建协商议政平台，完善季度协商、探索网络协商，引导党员委员在履职中打头阵，多形式、多层次、多领域进行协商议政活动。在服务社会方面，搭建联系服务平台，探索开展"三个直通车"，党员委员联系党外委员，全体委员联系界别群众、困难家庭、企业、社区的有效机制，以"五进五送"为主要内容，引领带动全体政协委员积极深入基层一线收集民意、扶贫济困、解疑释惑、化解矛盾。在自身建设方面，搭建活动网络平台、学习教育平台、管理服务平台，充分发挥党员委员活动室作用、完善"党组-党总支-党支部"组织运行机制、委员履职量化考核、履职档案，扎实开展固定主题党日活动，切实让支部工作"动"起来、组织生活"严"起来、党建活动"实"起来。同时，要善于发现和提炼工作中的好思路、好做法，及时总结推广典型经验。

三是要做好结合文章。突出柔性融入，把政协党建与日常履职深入结合起来，以党的建设引领和推动政协履职实践,以履职成效检验政协党建工作的质量和水平。充分发挥专委会功能型党支部和党员委员的先锋模范作用,坚持建言资政和凝聚共识有机统一。在开展视察、调研、协商、监督时,党员委员要带动党外委员共同协助党委和政府做好协调关系、理顺情绪、化解矛盾的工作,要鼓励和支持委员深入基层、深入界别群众,及时反映群众意见和建议,深入宣传国家方针政策,在党旗下凝聚力量,充分发挥基层政协专门协商机构的作用。

（作者单位：青岛市城阳区政协）

关于发挥人民政协优势广泛凝聚共识的几点思考

张玉良

习近平总书记在中央政协工作会议暨庆祝中国人民政治协商会议成立70周年大会上指出：要提高政治协商、民主监督、参政议政水平，更好凝聚共识，把人民政协制度坚持好，把人民政协事业发展好。这意味着人民政协在提高建言资政水平的同时，还要履行好"凝聚共识"的职能，只有这样，才能更好地发挥人民政协制度优势，使党的主张更好地落实下去，把海内外中华儿女的智慧和力量凝聚起来，更好地服务于经济社会高质量的发展。

一、深刻认识人民政协制度具有广泛凝聚共识的独特优势

广泛凝聚共识是人民政协性质定位的内在要求。习近平总书记指出："人民政协作为统一战线的组织、多党合作和政治协商的机构、人民民主的重要实现形式，是社会主义协商民主的重要渠道和专门协商机构，是国家治理体系的重要组成部分，是具有中国特色的制度安排。"新时代人民政协的这个性质定位表明其有凝聚共识的任务和要求。

广泛凝聚共识是人民政协作为专门协商机构的职能要求。协商民主是共产党领导人民有效治理国家、保持人民当家作主的重要制度设计。人民政协的本质特征就是协商民主，具有集协商、监督、参与、创新为一体的特点。作为国家治理体系的重要组成部分，人民政协不仅可以为各民主党派和无党派人士参政议政、团结合作提供政治渠道，而且可以凭借其广泛的代表性和包容性、丰富的协商经验、畅通的协商渠道、健全的组织体系，以及人才荟萃、智力密集的优势，成为有序政治参与的重要平台，为共产党广泛联系社会各界、增进政治思想共识提供制度化、常态化、可操作的运作机制。

广泛凝聚共识是新时代人民政协工作的现实任务。政协委员是各族各界人民代表人士，具有广泛的代表性。许多人士是各领域有影响力的人物，社会联系面广。他们不仅可以发挥自己的特长和优势为实现新时代新使命献计出力，而且还能对社会群众产生

很大影响，在网络化、信息化的新形势下更是如此。因此，政协委员既有建言资政的责任，更有凝聚共识的使命。

二、广泛凝聚共识要把握好的关系

要把握好"引"与"领"的关系。"领"是带领，就是走在前边、学在前边、干在前边。"引"就是引导、指导。只有"领"好了，"引"才能起作用。习近平总书记指出：做好新形势下统战工作，必须善于联谊交友。联谊交友是统战工作的重要内容，也是统战工作的重要方式。统一战线是党领导的统一战线，从事统战工作的同志，党的意识要最强。习近平总书记要求大家学习党的创新理论，学习时事政策，学习历史，是因为政协委员只有首先领悟好党的理论、部署，然后才能做好各方面人士的思想工作。

要把握好"同"和"异"的关系。政协委员来自方方面面，对一些问题的看法和认识不一定相同，但政治立场不能含糊、政治原则不能动摇。既要求同存异，又要聚同化异，推动各党派团体和各族各界人士实现思想上的共同进步。从一定意义上说，求同必须化异，凝聚共识的过程就是在包容中不断消弭差异的过程。既要坚持原则，又要体谅包容。对背离共同思想政治基础的"异"，要旗帜鲜明地进行批评教育，决不能允许其大行其道，妨害根本，这是政治底线，不能动摇。除此之外，对其他多样性，要尽可能通过耐心细致的工作谋求最大公约数。总之，在政协，要努力做到相互尊重、平等协商而不强加于人，遵循规则、有序协商而不各说各话，体谅包容、真诚协商而不偏激偏执，形成既畅所欲言、各抒己见，又理性有度、合法依章的良好协商氛围。

要把握好"内"与"外"的关系。政协组织尤其是党员委员要加强同党外委员的沟通联系，加强引导。同时，还要发挥政协委员作用，面向社会各界群众开展工作，注意在一些敏感点、风险点、关切点问题上，积极主动正面发声，多做协调关系、化解矛盾的工作。现在，民主党派、无党派、民族、宗教、新的社会阶层、港澳台海外各方面统一战线成员达数亿之多。只要把大家团结起来，我们就能为实现"两个一百年"奋斗目标增添强大力量。"大厦之成，非一木之材；大海之阔，非一流之归。"人民政协要担负起促进政党关系、民族关系、宗教关系、阶层关系、海内外同胞关系和谐的重任，把各方面智慧和力量凝聚起来，汇聚起实现民族复兴的磅礴力量。

三、把广泛凝聚共识与政协履职相结合

（一）要在政治协商中凝聚共识

一是要突出精准进行专题协商。一方面课题要精准，必须是人民群众反映强烈、党和政府迫切需要解决、政协力所能及的事关全局的重点和难点问题。近年来，城阳区政协紧紧围绕产业结构转型升级、创新发展驱动、新旧动能转换、创新社会治理以及全区重大事项的决策实施开展了多次专题协商活动，为区委区政协提出了许多有前瞻性、针对性的意见建议，成为党委、政府决策的重要参考和依据，为城阳区的经济社会发展发

挥了独特作用，做出了重要贡献。另一方面，程序要精准，要召开政协党组会议，主席会议进行讨论审议，要加强与党委、政府及相关部门的联系沟通，争取党委、政府的肯定和支持，然后全面开展深入的调查研究，提出科学的意见建议。二是要突出常态进行对口协商。只有通过经常性的联系沟通，才能获得大量的政情民情信息，才能有效地知情明政，为政协委员在协商平台上与党委、政府部门进行更好地协商奠定基础。近年来，城阳区政协每年都选择2~3个课题进行对口协商。比如，围绕"绿色发展——东部山区旅游开发"召开对口协商座谈会，提出了搞好整体规划、加大宣传推介、提升服务品质的建议，推动了党政决策的民主化、科学化。三是要突出优势进行界别协商。发挥政协委员中多方面人才优势，坚持委员联系群众，倾听基层和群众意见，了解基层和群众的呼声，组织和发动委员投身公益事业。近年来，城阳区政协扎实开展区政协领导集中走访委员活动，听取不同界别委员对城阳区经济社会发展和政协工作的意见建议，并就委员企业发展中面临的实际困难，与委员共同研讨对策措施，促进了相关问题的解决。四是要突出互动进行提案办理协商。要建立承办单位、提案委员和政协组织三方沟通协商机制，把"协"的纽带拉得更紧，把"商"的氛围搞得更浓，营造提案办理的提案者、提交者、办理者"三者互动"的良好氛围。近年来，城阳区政协不断深化提案办理全程协商，严把立案与分办关，确保所立提案提得好、分得准、办得实，重点提案由区政协主席会议成员集中督办，会同区督查考核中心对部分单位承办提案情况进行现场督查，有力推动了提案办理落实，得到了提案委员和群众的好评。

（二）要在民主监督中凝聚共识

首先，要从最关键的领域入手，确保监督有方。一方面，选题要准，议题可由党委、政府提出，也可由政协广泛征求各界意见提出后，经多方协商研究确定，重点监督议题报党委研究确定。另一方面，调研要实，议题确定后，政协要组织力量，围绕选题，突出重点，深入实际调查研究，摸清底数，发现问题，从而最大力度地为民代言和助力。比如，2019年城阳区政协着眼解决问题、推动工作落实，扎实开展监督性视察调研，围绕自然保护区问题整治和重点项目、重点工程、区办实事落实，组织委员进行专项视察；协助青岛市政协对城阳区重大项目督查5次、对自然保护区问题整治督查调研3次。委员们在协商监督中了解情况，发现问题，提出意见建议近30条，有力推动了相关工作落实。其次，要从最有效的方式入手，确保监督有序。要完善民主监督规程，确定民主监督内容，明确民主监督方式步骤，确保内容不偏题，监督不走样。要完善运作机制，规范民主监督沟通协调、组织领导、协商建言、领导批阅、采纳反馈和督查落实等环节，做到环环相扣、运作有序。在协商中监督，在监督中协商。再次，要从最直通民意的渠道入手，确保监督有力。坚持发挥最广泛的爱国统一战线组织作用，积极主动联系方方面面的人民群众，最大限度地汇集和反映社会的不同阶层和群体的诉求和声音，创新民主监督方式，开展主体多样监督，注重利用微信、微博等多媒体现代科技手段开展监督，在了解和反映舆情中开展有效民主监督，确保监督有益有力。近年来，城阳区政协注重发挥"委员来吧""随手拍"实时提报功能，形成了"委员—区政协—民声服务中心—承办单位—委员"的反馈闭环，提升了意见建议办理反馈的精准性和时效性，推动了一批事关群众切身利益的问题得到妥善解决。

（三）要在参政议政中凝聚共识

一是要找准切入点，把握参政议政的方向。一方面要紧紧围绕党政工作中心选择综合性、全局性的课题，认真组织参政议政活动，提出科学性、前瞻性的意见建议，为党政决策提供有价值的参考建议；另一方面，要切实关注社会动态，关乎经济社会发展的焦点问题、人民群众反映突出的热点问题。比如，2019年城阳区政协聚焦群众关切，为推动人口老龄化、养老难等相关问题的解决，组织委员围绕社区助老食堂建设情况进行专项视察、围绕医养结合发展情况开展专题调研，共提出意见建议近40条，部分建议纳入了政府决策，有效推动了民生实事落实。二是要抓准关键点，提高参政议政质量。坚持做到"先调研，后建言"，一方面要深入调查研究，做到深入基层、深入实际、深入群众，做到掌握情况全面而不零碎，分析问题深入而不表面，提出建议切实而不空泛，在建言中做到"敢建言、善建言、建真言"。另一方面，要认真分析、论证，对掌握的资料进行认真分析提炼，从而向党委、政府提交高质量、高水平、有价值的调研视察报告。三是要把准落脚点，提升参政议政的实效。一方面要提高办理层次，争取党政领导重点督办，高位推动参政议政成果办理。另一方面，要提高参政议政成果转化率，切实让政协参政议政成果进入党委和政府决策，促进经济社会高质量发展。

（作者单位：青岛市城阳区政协）

创新"界别+"工作思路，激发政协工作新活力

——以平度市为例浅谈新时代人民政协如何更好发挥界别作用

青岛市平度市政协

习近平总书记在庆祝人民政协成立65周年大会上的重要讲话中指出："要适应经济社会发展和统一战线内部结构变化，深入研究更好发挥界别作用的思路和办法，扩大团结面、增强包容性，拓展有序政治参与空间。"这一重要论断对人民政协健全界别工作机制、更好发挥界别作用提出了明确要求，指明了工作方向。本文结合青岛市平度市政协工作实践，就健全界别工作机制、更好发挥界别作用进行了一些思考，提出了创新"界别+"工作思路激发政协工作新活力的路径。

一、对健全界别工作机制、更好发挥界别作用这一课题的认识

界别是人民政协产生、存在、发展的组织基础和基本单元，也是人民政协履行职能的有效途径和重要载体。人民政协的基础在界别、特色在界别、活力在界别。我们要深刻认识更好发挥界别作用的重大意义，切实增强做好界别工作的责任感、使命感。

第一，从组织结构上看，界别是人民政协组织构成的基本单位。习近平总书记指出，人民政协要"丰富民主形式，畅通民主渠道，有效组织各党派、各团体、各民族、各阶层、各界人士共商国是，推动实现广泛有效的人民民主"。人民政协作为我国最广泛的统一战线组织，其组织构成始终遵循"大团结、大统一、囊括一切代表人士"的方针，以界别为基本构成单位，包括中国共产党、各民主党派、各人民团体、民族宗教、港澳台侨等社会各方面、各领域、各行业的成员。纵观人民政协的发展历程，尽管组成单位或界别设置不断调整变化，但政协由各党派团体和社会各方面构成的基本组织原则始终没有变，界别作为政协的基本组成单位没有变。一个界别就是一条民主渠道，这是我国民主政治的创造，也是我国民主政治的特色和优势所在。

第二，从功能价值上看，界别是人民政协履职尽责的基本载体。习近平总书记指出，人民政协"要提高联系群众能力，创新群众工作方法，畅通和拓宽各界群众的利益诉求表达渠道，发挥好桥梁纽带作用"。政协的各界别分别联系各党派、各团体、各民族、各阶层和社会各方面群众，具有联系广泛、代表性强、位置超脱、渠道畅通等特点和优势，既是党联系群众的桥梁和纽带，也是人民政协围绕团结和民主两大主题发挥职能作用的基本平台。一个界别联系着一个领域、一个方面，团结着一方人士、一片群众。从一定意义上说，了解了各界别的意见就基本了解了大部分群众的意见，掌握了各界别的情况就基本掌握了整个社会的情况，通过上情下达、下情上达和协调关系、化解矛盾、理顺情绪，能够很好实现联系一界、团结一片、引领一方的效果，这充分体现了政协开展群众工作的独特优势。

第三，从时代方位上看，界别是人民政协创新作为的重要依托。习近平总书记提出，"人民政协要发挥作为专门协商机构的作用"。新时代人民政协要实现高质量发展，要更加灵活、更为经常开展专题协商、对口协商、界别协商、提案办理协商，一个重要的方面就是提升界别工作的质量，让界别工作活起来、实起来、强起来。要推动人民政协这一具有中国特色的制度安排更加成熟更加定型、发挥好专门协商机构的作用，一个重要的方面就是深入探索更好开展界别工作的新平台、新载体，创新思路、创新办法，全面加强界别工作制度建设。

二、影响界别作用发挥的原因问题分析

近年来，基层政协在健全界别工作机制、发挥界别作用方面进行了一系列探索，但在工作中发现仍然存在着一些不足之处。

一是界别意识有所淡化。普遍存在重专委会作用、轻界别作用，重委员个体、轻界别整体的现象，以界别为单位组织开展活动明显偏少。委员往往对自己的界别身份认识不够，服务界别的政治责任感和使命感不强，很少以界别名义参加履职活动，很少自觉代表本界别表达意见建议。

二是效能发挥不够明显。界别工作的整体效能偏低，普遍存在界别协商频率低、活动不多等问题。中共界别思想政治引领作用发挥不够，党派团体界别对依托政协平台履行职能重视不够，专业界别履职特色优势不够凸显。

三是机制保障不够健全。界别活动的形式、活动的内容以及政协机关怎样更好地服务于界别等诸多方面依然存在着一系列问题，人员、经费、场所等方面保障不足，界别活动常常遭遇困境，不同程度地影响到政协委员的积极性，进而影响到界别工作的有效推进。

四是组织管理比较松散。整体上缺乏对界别召集人、界别（组）以及委员界别工作的考核管理，党派团体之外的界别缺乏组织依托，既没有专门的组织机构，也没有规范统一的工作制度，委员与界别联系不够紧密，大多处于"单兵作战"的松散状态，时常面

临"有纪律、无组织"的问题。

可以说，界别工作的实际情况与界别在政协中的地位和作用明显不相称，与新时代人民政协的新使命、新要求明显不相称，迫切需要加强和改进。

三、健全界别工作机制、更好发挥界别作用的有效途径探索

近年来，青岛市平度市政协紧紧围绕创新"界别+"工作思路，不断完善运行机制、搭建履职平台、抓好管理服务，推动界别工作强起来、亮起来、活起来、热起来，有效激发政协工作新活力，进行了积极探索。

（一）"界别+区域"活动组，推动功能作用强起来

近年来，我们围绕促进界别作用发挥，不断创新完善组织机构，努力探索凸显界别优势、体现区域特色的运行机制，建立起"界别+区域"的立体化履职模式。一是创新界别党建工作。发挥市政协党组把方向、管大局、保落实的作用，探索将支部建在界别上，即以界别为单位建立功能型党支部，对党员委员实施双重管理，做到"一方隶属、参加双重组织生活"。依托各界别（组）成立5个功能型党支部，将130多名党员委员编入各支部，建立日常管理制度，发挥先锋模范作用，实现党的组织对党员委员全覆盖，党的工作对委员全覆盖。建立党建"直通车"机制，政协党组成员和机关党总支成员分工联系各界别功能型党支部、各民主党派，定期开展走访，及时传达市委决策部署，实现党的工作部署快速直达。二是完善界别运行机制。为了更好地发挥界别作用，我们将本届委员划分为26个界别（组），每个界别（组）设召集人、副召集人各1人，主要职责是负责组织制订界别（组）年度活动计划，适时组织本组委员开展界别活动，引导组织委员以界别的形式进行履职。同时，按照"主席联系委室、委室联系界别、界别联系委员、委员参与活动"的履职模式，明确了界别（组）由主席会议成员联系，各委室分别作为相应界别（组）的联系部门，主要负责人作为联系部门的责任人，以确保各界别（组）开展活动组织有序、联系密切、沟通及时。建立界别（组）召集人微信工作交流总群和各界别（组）微信工作交流分群，及时发布界别活动信息，听取委员意见建议，加强委员之间的交流沟通，形成界别工作"扁平化"管理新平台，实现履职交流线上线下同步推进。三是建立双重运行机制。为确保与委员会中有见面、平时不断线，我们建立了"界别（组）+区域（组）"双重运行机制。在成立26个界别（组）的基础上，又将委员按镇（街道）区域划分为18个区域活动组，各界别（组）、区域活动组结合当地和界别（组）实际，组织委员开展主题活动、视察调研、撰写提案等工作。如东阁街道将驻街道的政协委员均纳入街道政协委员联络室的服务范围，邀请委员讨论街道重点工作安排，视察重点项目、民生实事建设，参与征地拆迁、扶贫攻坚等工作。教育体育界定期与各镇（街道）委员联络室联合组织委员视察中小学校，为平度教育发展建言，2017年换届以来共提出教育发展方面的意见建议120多条。近年来，我们积极推动政协工作向界

别深化、向基层延伸，形成了以政协26个界别（组）和18个镇（街道）委员联络室为轴线的横向到边、纵向到底的立体化履职网络，将政协工作的触角向基层延伸，有力增强了政协履职实效。

（二）"界别+民主监督"，推动履职特色亮起来

为充分发挥界别在民主监督中的重要作用，我们不断丰富和完善政协民主监督形式，拓展民主监督的广度和深度。一是搭建民主监督平台。成立政协委员和谐司法民主监督团，以各界别为主体，大力开展"和谐司法委员行"主题视察活动，组织各界别和委员走进公检法司等部门，就刑事执行检察、公共法律服务体系建设、基本解决执行难、禁毒等工作开展视察监督，提出合理化意见建议。比如，围绕社会治安综合治理主题，组织委员走进旧店法庭旁听民事案件庭审、实地视察农村（社区）公共法律服务体系建设情况，就提升依法行政水平、加强基层司法所规范化建设等方面提出意见建议20余条，助力打造公正高效的司法环境。二是推进民主评议监督。将民主监督融入党风、政风、行风建设的各个方面，支持界别委员在党政部门、司法机关及有关单位担任特约监督员、政风行风监督员，形成评议监督、视察监督、咨政监督"三位一体"协商式监督新机制。换届以来，共推选67名委员担任有关单位的监督员、评议员、听证员等，组织26个界别290余人（次）参与"双招双引""三民评议"及扫黑除恶重大案件庭审等重点工作监督，600多人次参加各类座谈会、评议会、听证会等活动，为提高行政效能、优化发展环境发挥积极作用。三是发挥提案监督作用。将提案作为强化政协民主监督的有效抓手，建成运行提案网络管理平台，引导委员以界别或委员联名方式提出提案，助推热点难点问题解决。换届以来的提案中，界别团体提案占1/6以上，委员联名提案占1/3以上，提出了一批高质量的提案。针对落实提案办理，向委员发放《提案办理情况反馈意见表》，将委员不满意、需要续办续复的提案纳入重点监督对象，采取会议督办、面商督办、媒体督办等方式跟踪办理，提案办理质量、效率实现双提升，问题解决率高达86.6%。近年来，我们以突出政协界别特色为抓手，充分发挥政协界别智力密集、人才荟萃、专业突出的独特优势，深入开展具有界别特点的民主监督活动，有力提升了政协民主监督整体水平。

（三）"界别+主题"活动，推动履职实践活起来

界别的生命力在于活动，没有活动，界别的特色和作用就难以体现。我们坚持以开展主题活动为抓手，以界别为主体，积极组织348名委员开展内容丰富、形式多样的主题活动，搭建履职平台，拓展履职空间。换届以来，先后开展了"我为'食在平度'做件事""走基层·看变化""五进五送""我为'双招双引'做贡献""为平度加油"等主题活动，各界别共提出意见建议360余条，为群众和企业办实事70余件。2020年正在组织开展三项主题活动。其中，"突破平度攻势——政协委员在行动"主题活动，主要是以开展提供一条有价值的项目信息，引进一个人才或一个项目，撰写一篇高质量的调研报

告或提案，帮扶一个企业或一个困难家庭"四个一"活动为重点，集中优势兵力助推全面攻坚，凝聚起决战决胜的强大合力。目前已经汇总项目信息9个，进行项目洽谈3次，帮扶企业20多次。"讲好平度故事——政协委员话发展"主题活动，主要是采取新闻特写、随笔、摄影、微视频等灵活多样的方式，发动委员讲述亲历、亲见、亲闻的在六大攻坚重点工作及各行各业中涌现出的先进人物事迹，为助推我市全面攻坚建言献策、鼓劲加油。目前已征集到60多位政协委员讲故事、话发展的文学作品。"爱青岛，让青岛更美好"主体履职行动，各界别（组）积极助力疫情防控工作，带动委员及委员企业捐款捐物330多万元，为做好常态下的疫情防控贡献政协委员智慧力量；积极助力"六稳""六保"工作，各界别（组）深入开展"我爱青岛·阳光护苗"活动，110多家委员企业均已复工复产；积极助力脱贫攻坚，各界别（组）组织委员开展进社区、进企业、进村庄、进学校"四进"活动20多次，带动委员围绕"户户通"工程、精准扶贫等捐款160多万元。从某种意义上讲，政协工作活跃不活跃，关键要看界别活动搞得好不好。近年来，我们着眼于反映民声、建言献策，通过组织界别开展主题活动，引导委员"双岗双责双作为"，有效增强了界别履职活力。

（四）"界别+考核"激励，推动履职工作热起来

强管理优服务，是增强界别履职活力，提升委员履职热情的重要手段。一方面，强化对界别委员的考核管理。制定出台《政协委员履职考核实施办法》等规范性文件，采取100+N的方式计分量化，强化界别委员履职管理，突出对委员参加会议、视察调研、撰写提案及调研报告等方面的考核。建立履职档案，对委员参加政协会议、活动和参政议政情况进行统计建档，考核结果存入委员履职档案。建立履职述职制度，委员每年年底以书面形式向所在的界别（组）报告履职情况，界别（组）向常委会书面报告年度工作情况，作为考核的重要依据。考核结果向委员所在单位反馈，在政协系统内部通报，并向市委组织部、统战部通报。另一方面，强化对界别委员的服务激励。将界别（组）活动纳入政协年度工作计划，完善政协领导班子、专委会联系界别（组）制度，为界别开展活动提供保障，真正使政协成为"界别之家""委员之家"。争取设立了委员联络活动工作办公室，主要负责界别委员联络服务、学习培训、视察调研、履职考核等工作，做到规范职能、明确职责、完善机制，使界别联络服务工作实现常态化。加大表彰奖励力度，每年都评选先进界别（组）、优秀委员及优秀提案，并加大考核奖励分值。利用各类媒体大力宣传界别及委员先进事迹，发挥典型引导作用。认真落实联系走访界别和基层委员制度，换届以来已走访委员企业80多家、一线委员160多名，帮助解决生产、生活中遇到的难题100余个。近年来，我们通过完善对界别、委员的考核服务机制，不断加强界别自身建设，有力调动了各界别的内在积极性，增强了委员履职热情，提升了履职质量。

关于加强政协调查研究工作的几点思考

唐　晨

习近平总书记指出，人民政协要"提高调查研究能力，坚持问题导向，深入实际摸清真实情况。集合众智，提出解决办法，努力使对策建议有的放矢、切中要害"。由此可见，调查研究是政协履行政治协商、民主监督、参政议政能力的关键环节，是广泛收集和反映社情民意的重要渠道，是政协委员发挥主体作用的有效载体，是推进政协履职能力建设的重要一环。聚焦新时代热点问题，把握准改革发展中的关键环节和重点领域，做好调查研究工作，是开创新时代政协工作局面，提升政协履职能力和水平的迫切要求。

要准确把握政协调查研究的基本特点。第一，体现"委员主体性"。政协调查研究的主体是政协委员，政协委员参加调查研究的过程，既是知情明政，也是参政议政，还是凝聚共识。要发挥人才荟萃、智力密集的优势，积极参与政协组织的调查研究，发挥好党政科学民主决策的重要人才库和智力源作用。第二，体现"界别整体性"。界别作为人民政协的组成单位，是参加人民政协的各个党派、人民团体、各民族和各界人士在人民政协组织中的具体划分形式，是人民政协不同于其他组织机构的显著特点。要发挥出人民政协的特色和优势，必须要充分利用界别活动这一载体，发挥好界别的功能，调动政协各参加单位和各界委员的积极性，甚至可以探索跨专委会、跨界别调研的有效形式，共同开展重大课题调研和协商，形成合力，提高政协调查研究的整体水平。第三，体现"建言资政性"。党政部门的调查研究一般在决策前后，多侧重某一领域工作或具体问题。而政协调查研究可以针对某一领域或一个具体事项进行调查研究，也可以对宏观和战略层面的综合性、全局性、前瞻性问题进行调查研究，提出一些方向性、发展性、趋势性措施建议。调查研究的成果辅助党委和政府决策，目的在于建言资政，为党委和政府决策提供参考。第四，体现"群众路线性"。政协委员都是各界别推举出的优秀分子，在本界别具有较强的影响力、凝聚力和号召力。政协组织可以通过各个界别，及时、准确、系统地收集群众最具有代表性的意愿，传达党政最具权威性的声音，帮助委员和群众知情明政，协助党委和政府改进工作，具有做好群众工作、从界别群众中来、到界别群众中去开展调研工作的独特优势，能够贴近一线及时、真实地反映群众的愿望和要求。

要"撒网精筛"找准调查研究的题目。调研要体现"市委市政府的工作推进到哪里，政协的工作跟进到哪里"的工作思路，必须坚持问题、目标导向，找准立意深、起点高、有针对性的课题，既体现出政协对全市重点工作的高度关注，又要把民主监督、委员知情和参政议政更好地结合起来，更好地发挥政协团结民主、开放包容的优势和特点，吸纳从不同角度提出的思路、观点，做到集思广益。选题要充分重视3个方面的"对接"，即主动与党政有关部门对接、与政协委员对接以及与民主党派、社会团体等社会各界对接，广泛征集全市经济发展和改革中的关键点、难点、堵点、痛点、疏漏点。经过专委会会议讨论并听取有关专家学者意见建议，通过"内外兼蓄"，从中精心选择党委和政府高度重视、社会和人民群众普遍关注的热点问题，还要兼顾政府部门暂时没有精力顾及而政协又有条件做好的课题，深入开展调查研究、精雕细琢，确保所提意见建议有见地、有深度、有分量。

要创新运用政协调查研究的方式方法。按照习近平总书记"调查研究方法也要与时俱进"的要求，在调研方法上，要聚焦攻山头、推典型"两条线"创新工作机制，正确运用普遍调查、典型调查、会议调查、蹲点调查、走访调查、监督性调研等传统方法，同时，应丰富调查手段、创新调查方式，特别是适应网络化的特点，把网络、新闻媒体等引入调查研究领域，开展问卷调查、统计调查、抽样调查、专家调查以及工作研讨等。善于运用大数据采集、分析，提高调查研究的效率和科学性。在调研方式上，采取解剖麻雀式调查、系统性调查、专题调查、典型经验、座谈交流、明察暗访等方式。在调研力量组成上，组织政协委员、专家学者、政府机关人员、商协会代表、市民代表组成"小分队"，统筹市区政协上下联合、专委会、党派、界别联合等。以青岛市政协经济委员会开展"壮大民营经济攻势"督促调研工作为例，通过3个维度开展调研，达到了事半功倍的效果。一是"点对点"开展调研工作。赴中小企业及平台建设企业开展调研，摸透了一线企业"点"上的真实情况，掌握了攻势工作的有关情况和问题。二是"面对面"与攻势责任单位沟通。就梳理的攻势及平台建设中各界关注的问题，与责任部门在攻势考核工作座谈会中进行了"面对面"交流，对质询问题提出的背景、思路、侧重点有了更深的把握，对收集的第一手资料，做到有理、有据、有数。三是"背靠背"开展线上问卷调查。依托市民营企业协会等组织，引入调查问卷，开展了广泛的线上网络民调，实施定量定性分析，形成了调查统计报告。对企业在经营中遇到的困难、对政府的工作意见以及希望政府提供什么样的支持等方面展开调查，为质询问题提供了重点参考依据，做到有的放矢。

要提升政协调查研究的质量和成果转化。提高调研报告的质量、注重成果转化是提高政协调查研究能力的应有之义。运用调研成果、促进问题解决是调查研究的最终目的，而且是关键一环。衡量调研工作是否有成效，关键是看有多少对策和意见进入了党委、政府的决策程序，并在实际工作中发挥了多大作用。第一，以质取胜。把专题调研和高质量建言作为专委会优势和特色，围绕经济社会改革与发展的重点、热点和难点问题,组织开展深入调研,提出高质量的意见和建议。建言献策要突出全局性、宏观性、前瞻性,准确把握经济发展形势,主动贴近党委、政府的工作思路和大局思考,提出有针对性的意见建议。建言献策要注重凝聚共识、双向发力,在依靠自身力量的同时,主动加强与有关部门的联系沟通、借助社会力量促进调研成果转化。调研中,我们除了请有相关政府部门和所涉及的单位人员参与,还邀请政协委员和各个领域的专家学者参与,吸纳从不同角度提出的思路、观点,尽力做到集思广益,使建议报告更有针对性和可操作性。第二,畅通渠道。对于调研报告中的重要意见建议和涉及经济社会发展的重大事项以建议案、提案、建议、参阅件等形式进行反映,以引导党委和政府和有关部门重视,并督促职能部门办理、答复;对于调研过程中群众关切的热点、难点问题及部门无法解决、需要上级关注协调的问题,及时以专报、社情民意或建言等形式报送。同时,可借助网络、媒体等加大督促力度,扩大调研成果的认知度、知情度。第三,持续跟踪督促。通过对调研报告的报送、去向、受理、领导批示、采纳、办理、落实等情况的跟踪、记录和统计,建立全程跟踪、反馈机制,并加强调研成果考评,变以往由重视领导批示为重视调研转化产生的政策效果、经济社会效益为主要依据,提高调研成果的转化。

可以说,政协的调查研究工作,一直以来深受社会各界关注,政协委员也把调研工作作为认真履职、参政议政、岗位建功的重要实现形式,党政部门、单位把参与政协调查研究工作作为参与民主决策、科学决策的重要途径,视为党政密切联系社会各界,共同谋划经济社会发展大局的重要方式。政协组织和政协委员必须要有强烈的担当精神,把调查研究作为履职尽责的第一需要,摆在更加突出的位置,充分发挥政协专委会基础作用、政协界别纽带作用、政协委员主体作用和政协机关参谋服务作用,提高政协组织和广大政协委员履职能力,推动政协调研工作实现新发展、开创新局面。

(作者单位:青岛市政协)

关于发挥政协优势，把党的主张转化为社会共识的几点思考

马会玲

政协是唯一囊括了各党派、各团体、各民族、各阶层、各界别代表人士的政治组织，其界别优势、组织特点和超脱地位，决定了其能够精准而不是泛泛、全方位而不是某一领域地了解社情民意、掌握各界诉求，并通过制度化渠道反映，为社会治理提供深厚民意支撑，兼具做好"下情上达"和"上情下达"的伟大使命。如何发挥政协协商优势，更好凝聚共识、传播共识，把党的主张转化为社会各界和广大各界群众共识，是一项重要研究课题。

一、从三个维度准确把握政协协商的性质定位

准确把握人民政协的性质定位是坚定正确政治方向、认真履行政协职能、积极开展政协工作的基本依据和前提。从新中国到新时期再到新时代，人民政协的性质定位不断丰富和发展。准确认识把握新时代人民政协的新定位，需要从历史、时代、实践等多维度审视，把人民政协的性质定位与职能定位、工作定位、时代方位结合起来。

一是从历史维度看政协协商性质。1949年9月21日，新中国成立前夕，600多位来自全国各方面的代表怀着对光明未来和美好制度的无限憧憬，冲破重重阻挠齐聚北平，参加了中国人民政治协商会议第一届全体会议。中国人民在长期的革命、建设、改革进程中，结成了由中国共产党领导的，有各民主党派、无党派人士、人民团体、少数民族人士和各界爱国人士参加的最广泛的爱国统一战线。中国共产党领导的多党合作和政治协商制度由此确立，开启了人民政协与共和国风雨同舟、携手前进的历程。统一战线是中国共产党夺取革命、建设、改革事业胜利的重要法宝，是巩固党的执政地位的重要法宝，也是实现中华民族伟大复兴中国梦的重要法宝。人民政协"统一战线"组织的性质是与生俱来的。早在《中国人民政治协商会议共同纲领》中就明确把人民政协定性为"人民民主统一战线"的组织。1954年第一届全国人民代表大会召开后，人民政协协商建立新中

国、代行最高国家权力机关职权的任务圆满完成，但其作为统一战线组织的政治属性保留至今。70年来，在中国共产党的领导下，人民政协在我国的政治生活中发挥了不可替代的作用。

二是从时代维度看政协协商性质。2019年，在中央政协工作会议暨庆祝中国人民政治协商会议成立70周年大会上的讲话中，习近平总书记提出"准确把握人民政协性质定位"的要求，并对政协性质做出了新阐述和新定位："人民政协作为统一战线的组织、多党合作和政治协商的机构、人民民主的重要实现形式，是社会主义协商民主的重要渠道和专门协商机构，是国家治理体系的重要组成部分，是具有中国特色的制度安排。"人民政协的性质是随时代进步与时俱进、创新发展的。从新中国到新时期，人民政协性质在"统一战线组织"的基础上增加了"多党合作和政治协商的重要机构""发扬社会主义民主的重要形式"；从新时期到新时代，人民政协性质又增加了"社会主义协商民主的重要渠道和专门协商机构""国家治理体系的重要组成部分""具有中国特色的制度安排"等新表述。显然，人民政协性质定位的丰富和发展反映了不同时代的不同任务和要求。

三是从实践维度看政协协商性质。国家治理体系和治理能力现代化是党和国家对社会转型、社会矛盾和问题的深刻反思和回应。党的十九届四中全会从党和国家事业发展全局出发，明确了从中国之制迈向中国之治的方向和路径。人民政协作为大团结大联合的组织，其组织特点、实践特质与多元治理、协同治理、民主治理、公共治理等治理理念具有内在统一性和契合性。人民政协代表性强、联系面广、包容性大的优势，人才荟萃、智力密集、视野开阔的优势，上达党政、下达各界、位置超脱的优势，体察民情、集中民智、汇聚民力的优势，释放压力、缓解矛盾、化解冲突方面的优势，都决定了政协在国家治理体系中的重要地位和作用。70年来，在中国共产党的坚强领导下，人民政协与中国共产党同呼吸共命运、与祖国共奋进，积极投身于建立和建设新中国、建设社会主义、实现中华民族伟大复兴中国梦的历史进程和伟大实践之中，不断焕发新活力。70年的风雨兼程、砥砺前行创造了人民政协的辉煌历史，也使人民政协的发展舞台更广、责任和使命更大。

二、深刻认识人民政协凝聚共识的重要职能

从历史、时代、理论坐标系中，可以看出人民政协性质定位和使命职责随着时代的发展也不断丰富和发展。显然，人民政协性质定位的丰富和发展反映了不同时代的不同任务和要求。"制度安排""协商民主""国家治理"等新时代特征和元素赋予人民政协新使命、新任务。

一是明确凝聚共识是履职之要。中共十九届四中全会是在历史交汇点上召开的一次具有开创性和里程碑意义的重要会议。这次会议对人民政协在国家治理体系中的重要作用提出了明确要求，强调要"发挥人民政协作为政治组织和民主形式的效能，提高政

治协商、民主监督、参政议政水平，更好凝聚共识"，要"进一步完善人民政协专门协商机构制度，丰富协商形式，健全协商规则，优化界别设置，健全发扬民主和增进团结相互贯通、建言资政和凝聚共识双向发力的程序机制"等内容。其中，制度建设和凝聚共识成为关键热词。凝聚共识也是习近平总书记在中央政协工作会议上的重要讲话的亮点。在国家政治体系中，把党的主张通过广泛协商，转化为社会各界的共识和自觉行动，是推进国家治理体系和治理能力现代化所必需的。习近平总书记曾反复强调，人心是最大的政治，共识是奋进的动力。共识是共同的认识，是指社会不同阶层、不同利益的人所寻求的共同认识、价值、理念，也是通过协商讨论，消除分歧，达到思想认识一致的过程。新时代做好人民政协工作，要用中华民族伟大复兴中国梦来扩大团结面、增强凝聚力，助力党和政府"寻求最大公约数""画出最大同心圆"。

二是明确要凝聚哪些方面的共识。首先是凝聚统一战线和人民政协内部各民主党派团体各界人士以及各级政协委员的共识。广大政协委员在人民政协这个大平台上坚持和加强党的领导，加强政治理论学习，用党的创新理论，团结教育引导各族各界代表人士，把人民政协这个重要阵地、重要平台、重要渠道建设好，围绕一个共同奋斗目标，不断加强思想政治引领，打牢共同思想政治基础，推动各党派团体各族各界人士思想认识的共同进步。其次是在政协工作中凝聚共识。统一战线和政协组织各方面人士认识、理解、接受党的主张的过程是凝聚共识的过程；中共党委采纳和集中委员以及党外人士智慧的过程也是凝聚共识的过程；政协委员在履职过程中研究宣传解读党和国家的方针政策和重要决策，把党的主张转化成社会各界的共识，更是凝聚共识。再次，广泛联系团结界别群众，扩大共识面。各党派、各界别、各团体的代表人士和政协委员通过广泛联系界别群众，团结界别人士，帮助界别群众反映诉求，化解矛盾，凝聚共识，积极推动政党关系、民族关系、宗教关系、阶层关系、海内外同胞关系的和谐，同样是凝聚共识。这种凝聚共识是发散性的、有内在逻辑和关联的同心圆，也是更大范围的共识和使命。

三、不断拓宽人民政协凝聚共识、传播共识的重要途径

党的十八大以来，全国政协深入学习贯彻习近平总书记关于加强和改进人民政协工作的重要思想，更加注重政协党的建设、发挥专门协商机构的作用，在建言资政和凝聚共识上双向发力，展现了新时代人民政协的新气象。人民政协如何更好地把党的主张转化为社会各界的共识，一方面主要是依靠不断加强党的建设和自身建设，更好发挥协商优势，另一方面是要不断完善广泛多层制度化的协商。

一是加强政协系统党的建设，在各级政协委员中凝聚共识、传播共识。坚持中国共产党的领导是人民政协必须恪守的根本政治原则。中国特色社会主义最本质的特征是中国共产党领导，中国特色社会主义制度的最大优势是中国共产党领导。"政协党组要确保党中央大政方针和决策部署在人民政协得到贯彻落实。要加强政协系统党的建设，以党的政治建设为统领全面推进政协党的各项建设，以党的建设为引领推进政协机关建

设。"在中央政协工作会议暨庆祝中国人民政治协商会议成立70周年大会上，习近平总书记发表的重要讲话，标志着党对人民政协工作的规律性认识达到新的高度，进一步丰富和发展了党的人民政协理论，为新时代加强和改进人民政协工作进一步指明了方向、提供了根本遵循。在政协各级组织和各项活动中，党居于领导地位，人民政协坚持党的领导是具体的而不是抽象的，集中体现为坚决维护以习近平同志为核心的中共中央权威和集中统一领导，体现为坚持和完善中国共产党领导的多党合作和政治协商制度，体现为坚持和运用好协商民主这一实现党的领导的重要方式，体现为政协党组织团结带领广大委员坚定贯彻执行党的基本理论、基本路线、基本方略。

中国特色社会主义进入新时代，党和国家事业越是向前推进，越需要凝聚最广泛的智慧和力量。人民政协处于凝心聚力第一线、决策咨询第一线、协商民主第一线、国家治理第一线；一定要不断加强政协系统党的建设，抓好党的理论政策学习，让政协党组成员和党员委员先学一步，悟深一点，在委员中起到带头、中坚作用。引导广大政协委员自觉把思想和行动统一到习近平总书记重要讲话精神上来，增强"四个意识"，坚定"四个自信"，做到"两个维护"，为实现新时代党的历史使命凝心聚力。

二是加强政协队伍建设，在履职尽责中凝聚共识、传播共识。广大政协委员要把政治责任放在首位，做到政治立场不含糊、政治原则不动摇，关键时刻靠得住、站得出、敢发声。坚持为国履职、为民尽责的情怀，立足岗位实际，发挥优势专长，积极参与基层协商、慈善救济、志愿服务等活动，增强联系和服务群众的实效，展现新时代责任委员的担当。积极改进作风，主动联系所在党派团体和界别、所在单位的群众以及基层群众，传播党的声音，带着感情做好工作，让群众真正感到委员就在身边、政协离自己很近。提升履职能力，更加崇尚学习，把履职质量导向和履职能力建设放在更加突出的位置，不断提高政治把握能力、调查研究能力、联系群众能力、合作共事能力，适应推进国家治理体系和治理能力现代化要求，准确把握履职方式方法，当好人民政协制度的参与者、实践者、推动者。政协委员无论是工作，还是生活，都要按照"守纪律、讲规矩、重品行"的要求，在优作风、树形象上做表率，并时时处处把优良作风体现到遵守纪律上、体现在恪守规矩上、体现在修养品行上，做到恒以治学、勤以任事、和以聚力、严以律己、行为世范，真正担负好把党的决策部署和对政协工作的各项要求落实下去、把各方面的智慧和力量凝聚起来的政治责任。

三是不断创新方式方法，在社会宣传中凝聚共识、传播共识。不断完善面向界别群众的宣传引导机制。人民政协凝聚共识、传播共识功能的发挥，仅局限于政协内部是不够的，还需要面向界别群众，使党的主张转化为社会各界的共识，以此为党领导人民有效治理国家厚植政治基础、社会基础。因此，人民政协凝聚共识必须完善面向界别群众的宣传引导机制。重点是两个方面：第一，加强直接性的宣传引导。习近平总书记强调："参加人民政协的各党派团体和各族各界人士要引导所联系成员和群众理解改革、支持改革、参与改革。"这实际上就要求人民政协在内部、在高层建言和协商的基础上，做好

"上情下达"的任务。十三届全国政协以来创建的委员讲堂、全国政协重大专项工作宣讲团等新平台成为新时代人民政协履职的新亮点。这种新履职平台既是专门协商议政的平台，也是凝聚共识的平台，还是传播共识的平台。这种履职平台主要是组织政协委员利用自身的专业知识和影响力主动发声，宣传阐释中央精神和党的重大方针政策，同时运用现代网络新技术进行广泛传播，达到扩大影响、传播共识的目的。这一途径使党委和政府出台的各项政策不仅建立在广泛民意的基础上，而且能够获得最普遍的认同和支持。这一探索取得了良好的效果，但还需要继续坚持和完善，不断提高质量。第二，加强参与性的宣传引导。习近平总书记强调："人民群众是社会主义协商民主的重点。涉及人民群众利益的大量决策和工作，主要发生在基层。要按照协商于民、协商为民的要求，大力发展基层协商民主，重点在基层群众中开展协商。"政协协商只有切实关注群众期盼，有效解决群众实际困难，才能实现其初衷。要围绕改革发展稳定重大问题和涉及群众切身利益的实际问题，坚持从群众中来、到群众中去的工作方法，深入群众调查研究，邀请群众参与协商，倾听群众声音，切实维护好基层群众的根本利益。引导群众有序参与协商的目的，在于最大限度地把各方共识凝聚起来，努力把党的主张转化为广大群众的思想共识和自觉行动，使各项决策部署得到广大群众的真心拥护和大力支持。协商的过程也是思想统一的过程，要解放思想、实事求是，充分发扬民主，营造平等和谐、生动活泼的议事氛围，使不同的观点、不同的意见能够得到充分的表达，不断增强群众的认同感。

四是积极搭建载体平台，在协商互动中凝聚共识、传播共识。作为统战组织和专门协商机构，人民政协要凝聚共识、传播共识，不是靠权力管控、法纪约束，而是靠统战组织形成团结协作的凝聚力和协商民主激发人民当家作主的创造力来实现。改革开放以来，特别是党的十八大以来，我国经济社会发展取得了巨大成就，精神文明建设也取得了丰硕成果，为团结奋斗奠定了更加坚实的物质基础、文化基础和民心基础。但与此同时，随着经济社会深刻变革，利益格局深刻调整，社会思想观念更加多样。在这种情形下，必须围绕实现中华民族伟大复兴的中国梦凝聚共识，围绕着坚持党的领导、走中国特色社会主义道路凝聚共识，围绕着顺应人民对美好生活的向往、保障和改善民生凝聚共识，围绕着统一战线解决内部思想动态中的敏感点、风险点、关切点问题，加强思想政治引领，求同存异，求同化异，找最大公约数，画最大同心圆，凝聚最大共识。协商互动交流在政协各项履职工作中已经得到普遍运用，主要靠会议来实现，比如专题议政性常委会议、专题协商会、双周协商座谈会、网络议政远程协商，都把互动协商交流作为重要的履职内容并做出制度安排。互动中既有问，也有答，问者不仅代表自己，也代表委员身后的界别和社会关注；答者不仅对相关政策进行解读，也传达了政府部门的态度。这一问一答，既是协商，也是理性说服，达到了沟通交流、解疑释惑、理顺情绪、化解矛盾、凝聚共识的目的。

五是发挥直面民生优势，在向基层协商延伸中凝聚共识、传播共识。市县级政协处在基层第一线,有责任发挥直面民生的优势,更好地服务广大人民群众。围绕各类民生关注的热点、痛点、难点,积极搭建联结需求和供给双方的基层协商平台,一方面引导群众理性有序表达诉求,另一方面协助党和政府化解各类难题,在沟通黏合、良性互动中解疑释惑、达成共识,促进有限供给和无限需求的客观矛盾转化为有效供给和有序需求的动态平衡,以此推动基层治理水平不断提升。相关实践经验表明,政协组织或者委员参与到基层协商之中,在地方中心工作推进、社会矛盾调处等方面发挥"会协商"的优势,通过各种方式做好理顺情绪、解疑释惑、促进和谐的工作,是人民政协充分发挥凝聚共识功能的重要途径。比如,近年来,各地不断探索政协协商向基层延伸的新途径、新方法,打造了"社区议事厅""委员进社区""有事好商量"等工作品牌,以此推动政协协商与基层协商有效衔接,拓展基层群众参与政协协商渠道,把党政决策部署转化为各界共识和自觉行动。通过充分发挥政协委员在联系界别群众中的宣传员、信息员、服务员作用,自觉贯彻落实党的路线方针政策,并将党中央和各级党委的决策和工作部署与政协职能的履行结合起来,切实把党委的决策部署贯彻落实到政协工作之中;通过宣传政策、反映民意、服务民生,在协调关系、化解矛盾、维护稳定、促进团结的工作中,引导各界群众积极参与协商民主;通过上下级政协组织之间的团结合作、协调配合,推动政协协商与基层协商有效衔接,拓展基层群众参与政协协商渠道,把各方面人员有序参与纳入整个基层治理的结构之中。

实现中华民族伟大复兴的中国梦,需要广泛汇聚团结奋斗的正能量。人民政协应发挥协商优势,通过有效工作,始终坚持和加强党对各项工作的领导,在共同思想政治基础上不断凝聚共识,把党的主张转化为社会各界群众共识,从而形成推动经济社会发展的磅礴力量。

(作者单位:青岛市黄岛区(西海岸新区)政协)

试论文史资料工作的统战性

刘 芳 姜慧丽 冯 昊 姜群姿

文史资料是人民政协工作中产生的一个专用概念，特指政协委员及其所联系的各方面人士对重要历史事件和历史人物的记述，是历史当事人、见证人和知情人"亲历、亲见、亲闻"的第一手资料。人民政协征集、整理、研究、出版、保存、利用文史资料的全部过程，就是文史资料工作。政协是具有最广泛代表性和政治包容性的统一战线组织，文史资料的定义和文史资料工作的诞生都与政协相关，因此文史资料工作与统一战线、人民政协具有天然的、内在的和必然的联系，即文史资料工作具有统战性。这种统战性具体表现在哪几个方面？怎样发挥统战特点，更好地开展文史资料工作？本文将就这些问题进行探讨。

一、文史资料工作具有统战性

2007年11月全国政协颁发的《关于加强文史资料工作的意见》明确指出：当前和今后一个时期内文史资料征集工作的重点，是各民主党派、无党派人士、全国工商联的重要史料，少数民族地区的重要史料和港澳台及海外侨胞的重要史料。文史资料工作的开展离不开统一战线，半个世纪以来，人民政协的文史资料记录了各党派团体和社会各界人士同中国共产党肝胆相照、荣辱与共、团结合作、携手奋斗的壮阔历史，充分印证了统战性是文史资料工作的基本属性。

（一）开展工作的主体是统战的

史料是历史资料的简称，指人类社会过去在物质、文化和社会运动等方面包括自然界本身所留下来的记载和遗迹。从广义上讲，围绕史料开展收集、整理、研究、出版、保存、利用等工作并没有限定工作主体必须是哪一类人或哪一类机构或组织。人们一般将文史资料归入口述史料，但开展文史资料工作的主体是被限定的。2009年全国政协颁发的《政协全国委员会关于加强文史资料工作的意见》中明确指出，政协委员是文史资料工作的主体。人民政协作为统一战线组织具有最广泛的代表性和政治包容性，其主要成员政协委员本身即具有统战性。依据相关规定，政协委员确实在文史资料工作中发挥了主体作用。例如，青岛政协文史馆收藏的1952年依据《中国人民政治协商会议共同纲领》取得的土地房产所有证由中国人民政治协商会议第十三届青岛市委员会委员王正华提供。通过理论和实践两个角度的分析，可以发现开展文史资料工作的主体是统战的。

（二）开展工作的内容范围是统战的

全国政协陆续颁布的工作文件直接明确了文史资料工作的内容范围是统战的。1963年1月全国政协文史资料研究委员会提出的《关于文史资料工作若干问题的意见》就具体规定了政协征集史料的内容覆盖政治、经济、军事、外交、文化、社会等相当广泛的领域，同时也指出关于中共党史方面的史料不作为政协文史资料工作的重点；1983年12月全国政协常委会通过的《高举爱国主义旗帜，开创文史资料工作新局面》对文史资料的统战性做了概括；2007年全国政协颁布的《关于加强文史资料工作的意见》明确提出，当前和今后一个时期内，文史征集工作的重点是各民主党派、无党派人士、全国工商联的重要史料，少数民族地区的重要史料和港澳台及海外侨胞的重要史料。这些全国政协颁布的工作要求逐步突出和强化了文史资料工作内容范围的统战性。

相比于其他类型的史料工作，文史资料工作的内容范围有明显的统战特色。地方史工作的内容主要是某一地区的地理、风俗、教育、物产、人物等情况，与之相比，文史资料工作的内容包含更多来自统一战线成员的口述史料，有更强的人文色彩且多为第一人称文稿，例如2018年青岛市政协征集出版的《青岛改革开放亲历记》。党史工作的内容主要是中国共产党的历史，与之相比，文史资料工作的内容范围更大，不仅包含一些与中国共产党相关的内容，还有许多民主党派、无党派人士对重要历史事件和历史人物的记述，例如2014年青岛市政协汇编出版的《激情岁月——民营企业家创业史》（《青岛文史资料第二十一辑》）。

无论是从条文规定还是从工作实践成果来看，开展文史资料工作的内容范围都是统战的。

（三）开展工作的对象范围是统战的

这里所说的对象范围具体是指在哪类人群对象中征集文史资料。文史资料的被征集人不是任意的，只能是统战范围内的人。

从理论上看，文史资料特指政协委员及其所联系的各方面人士对重要历史事件和历史人物的记述，那么文史资料只能从政协委员及其所联系的各方面人士这个具有统战性的对象人群中获取。

从实践中看，以口述史料为主的文史资料确实来源于具有统战性的对象人群。例如《青岛改革开放亲历记》这部文史资料书籍中，《发展就是硬道理》由山东省政协原副主席周振兴提供，《拆迁前的大湛山村》由民革党员陈唤军提供，《渔民奔小康的脚步》由崂山区沙子口街道流清河社区居民刘作幸提供。

文史资料工作具有统战性，这种统战性不是空泛的理论要求，而是有一系列具体工作规定和成册文史资料书籍支撑的。从理论和实践的角度对文史资料工作的主体、内容范围、对象范围进行分析后，我们可以从以上3个具体方面明确地感知文史资料工作具有统战特色。

二、如何更好发挥文史资料工作的统战性

通过前文的分析，我们明确了文史资料工作具有统战性，统战性的发挥是文史资料成稿的前提，也是文史资料工作发挥合作共事和发扬民主作用的有效形式。因此，要探索如何更好地保持文史资料工作的统战性并发挥其作用。

（一）进一步发挥好政协委员的主体作用

文史资料工作的主体是政协委员，他们在文史资料工作中发挥撰写、收集、整理和提供等重要作用。

进一步发挥好委员的主体作用才能在当前文史资料工作的基础面上借助统战性特征扩大联络面，让文史资料的内容进一步丰富。在当前的工作开展方式基础上，各级政协加强对委员的文史资料工作培训、向各界别委员有针对性地征集文史资料、跟随具有重大历史意义的当下事件向相关委员征集文史资料、在大型文史资料书籍出版规划指导下提前3年左右向委员征稿是进一步发挥好政协委员在文史资料工作中主体作用的4种有效途径。

政协委员是文史资料工作的主体，但并不是每一位委员都会撰写文史资料。因此，各级政协需要为委员安排专门的文史资料工作培训，以文史资料范本及文史资料优秀提供委员现身说法等形式，使委员们进一步明确自身的文史资料工作职责、工作内容、工作方法等。

各级政协还可以根据界别，有针对性地向相关委员收取文史资料，让他们提供自己的故事与经历，更好地发挥作为文史资料工作主体的作用。已有一些文史资料表现出了鲜明的界别特色。例如，青岛市政协2013年编辑出版的《女企业家创业史》（《青岛文史资料第二十辑》）体现出了经济界特色；青岛政协文史馆收集到的《120·携手·前行》青岛大学附属医院120周年宣传画册体现出了医药卫生界的特色。从这些带有界别特色的文史资料中，我们发现向各界别委员有针对性地征集其在所属界别中的故事及其参与的重要界别活动纪念品，能更好地发挥政协委员的文史资料工作主体作用，进一步推动文史资料工作开展。

此外，各级政协紧随具有重大历史意义的当下事件向相关委员收取文史资料，也能使委员更好地发挥他们作为文史资料工作主体的作用。文史资料的一个突出特征是在内容上包含当下的纪实，当届政协委员所提供的当下纪实在换届后便有可能成为宝贵的史料。许多政协委员在本职岗位的工作中参与了具有重大历史意义的活动，他们提供在这些活

动中的亲身经历或纪念品就是发挥自身文史资料工作主体作用的有效形式。

最后，各级政协在大型文史资料书籍出版的规划指导下提前3年左右征稿也是进一步发挥好政协委员在文史资料工作中主体作用的有效途径。作为改革开放40周年的纪念丛书，《青岛改革开放亲历记》包含了10年前征集到的稿件。要形成相对完善的文史资料书稿一定要给委员充足的时间去回忆，去思考，去撰写，去联络验证，只有这样，委员才能更好地发挥自身在文史资料工作中的主体作用。

（二）进一步发挥好文史资料工作的统战作用

第八、九届全国政协副主席叶选平曾在讲话中指出，文史资料工作已在政协深深扎根，成为政协工作不可分割的组成部分，是开展统一战线工作的有效形式之一。强调要重视政协工作，重视统战工作，就必须做好文史资料工作。因此，文史资料工作能够通过自身存史、资政、团结、育人4种功能的实现，推动统战工作。第一，在存史中巩固统战基础。文史资料也是史料的一种，能再现历史的真实面貌，尤其是近代中国历史的真实面貌，有利于巩固我国统一战线各方面团结合作的政治基础。第二，在资政中坚定统战思想。文史资料工作所形成的文史资料文稿等可以让人们了解到许多近代以来统战成员参与革命及国家建设的情况。例如在《继承创新发展——青岛民盟履职掠影》中，1998年7月民盟中央主席费孝通视察青岛市李沧区社区建设等场景直观反映了统一战线中民主党派参与国家建设的真实图景。文史资料能够从资政的角度起到在政治工作中促进人们进一步坚定统战思想的作用。第三，在团结中丰富统战成员。文史资料能够反映协商民主的重要成果，因此文史资料工作的开展能够团结到更多的统战成员。如《沈鸿烈生平轶事》出版后，其家人多次到青岛寻访，促进了海峡两岸的人员和思想交流。第四，在育人中传承统战基因。文史资料工作所收集到的文史资料文稿、书籍或文物是关于中国近代以来的宝贵史料，可以在文史资料进学校、进社区的过程中发挥育人功能，起到弘扬爱国主义、弘扬优秀传统文化、讲好政协故事、弘扬正能量、展示统战工作效果的重要作用。

（三）创新文史资料工作方式手段

随着科学技术的发展和工作要求的更新，创新文史资料工作的方式及手段已成为必然趋势。方式手段的创新既能从统战的层面更好地开展文史资料工作，又能在文史资料工作的过程中推进统战工作。

从文史资料工作具有统战性的角度来看，统一战线最具代表性的组织机构——各级政协在创新工作方式手段后，能更好地组织开展文史资料工作。例如在征集方式上，各级政协能够借助服务外包这一新形式在一定时段内征集到尽可能多的文史资料，与之前编制有限的文史资料工作人员选取对象一对一征集文史资料的方式相比，服务外包这一征集新手段大大提高了征集工作的效率。

从文史资料工作是统战工作重要手段的角度来看，新兴信息科技手段可以使文史资料工作更好地彰显统战特色，提高统战工作的质量与效率。例如在传播手段上，用好微信公众号等新媒体平台能使文史资料以文字、音频、视频相结合的形式生动形象地还原历史场景，在讲述历史的同时增强受众对统战工作的直观感知，坚定统战思想。顺应科技进步而引入使用的新方式手段，能使文史资料工作在开展过程中与统战工作实现相互促进。

一方面，文史资料工作具有统战性，因此进一步发挥好政协委员的主体作用能从统战的角度推动文史资料工作成果逐步丰富和深化。另一方面，文史资料工作是巩固爱国统一战线的重要手段，因此文史资料工作在发挥存史、资政、团结、育人功能的同时也能更好地推动统战工作。此外，创新文史资料的工作方式手段既能从统战的层面更好地开展文史资料工作，又能在文史资料工作的过程中推进统战工作。

三、结语

经过前文的论述，我们确认文史资料工作具有统战性。文史资料工作的统战性特征不仅表现在文史资料的定义、政协文件要求等理论层面，更表现在文史资料工作的过程以及文史资料杂志书籍等工作的成果里。进一步发挥好文史资料工作统战性的作用，既能从统战的角度推进文史资料工作的开展，又能使文史资料工作发挥好巩固爱国统一战线的效用。

（作者单位：青岛文史馆、市政协文史学工作办公室）

尊重历史，坚持科学，发挥文史资料的统战性

刘　玉

人民政协文史工作是政协独具特色的重要工作，是人民政协的一项基础性、系统性、经常性工作。文史资料赖以存在与发展的重要前提是其特有的统战性，这既是文史资料的独特个性和生命所在，也是它有别于其他"三亲"史料的最大特色。政协文史工作要找准自己的位置，保持特色、发挥优势，尊重历史，坚持科学，在服务新时代中国特色社会主义事业中展现新作为。

一、文史资料统战性的内涵

（一）文史资料是人民政协这个最广泛的爱国统一战线组织的产物

《政协章程》规定："中国人民政治协商会议全国委员会和地方委员会根据统一战线组织的特点进行关于中国近代史、现代史资料的征集、研究和出版工作。"文史资料工作的角度和优势在于"统一战线组织的特点"。

（二）文史资料的工作重点是统一战线范围内的重要史料

2007年党的十七大后，全国政协专门制定《关于加强文史资料工作的意见》，明确指出：当前和今后一个时期内文史资料征集工作的重点是各民主党派、无党派人士、全国工商联的重要史料，少数民族地区的重要史料和港澳台同胞及海外华人华侨的重要史料。

（三）文史资料本身的浓厚统战特色

文史资料反映政协委员及其所联系的各党派团体、各族各界代表人士从不同角度对历史事件的认识和看法，见证各党派团体、各族各界选择中国特色社会主义道路并为之共同奋斗的真实历程，凝聚着他们鲜活的人生体验，对于巩固爱国统一战线的共同政治基础有着重要意义。

（四）文史资料工作是巩固和扩大爱国统一战线的重要方式

文史资料的征集、研究和出版工作，维护了政协委员及其所联系的各党派团体、各

族各界代表人士书写历史的话语权，增强了海内外中华儿女为实现中华民族伟大复兴而共同奋斗的凝聚力和向心力，发挥着存史、资政、团结、育人的功能作用。

二、进一步深化对文史资料工作统战性的认识

（一）凝心聚力实现"中国梦"的需要

习近平总书记多次强调，实现国家富强、民族振兴、人民幸福的"中国梦"，是中华民族之梦，也是每个中国人的梦。实现"中国梦"，必须依靠全国各党派团体、各族各界的共同奋斗，必然需要海内外中华儿女的同心协力。而来源于各党派团体、各族各界代表人士的文史资料，要在伟大的圆梦进程中以史鉴今、彰显优势，为实现"中国梦"凝聚力量，必须保持鲜明的统战性特色。

（二）人民政协建设团结之家、民主之家的需要

做好文史资料征集、编辑、出版、交流等各环节的工作，必须广交海内外朋友，坚持忠于史实、秉笔直书、允许多说并存的原则，尊重差异，鼓励不同意见的交流与讨论，促进团结，增进彼此理解与共识。它所体现的是政协委员及其所联系的各方面人士对亲身经历的现实社会各种事情的话语权和表达权。当今时代，既是一个广泛团结人的过程，又是一个有序行使民主权利的过程。这种"以史鉴今"的履职作用，使其成为"把人民政协建设成为团结之家、民主之家"的一支重要力量。

（三）现阶段文史资料砥砺前行的需要

以当代人写当代事为时限、以写"三亲"之事为特点的文史资料，面对现阶段党史、国史、军史、地方志征集和研究日臻完善、民间口述史搜集和研究日益兴起、文史出版物市场竞争日趋激烈的现实，其生存与发展的关键在于发挥统一战线优势、突出统战特色。只有这样，文史资料才能以既反映相关政策的决策、实施和结果，又表达不同阶层不同群体人们的感受和心声的鲜明特点，有别于党史、国史、军史、地方志以及其他"三亲"史料，在巩固统一战线共同政治基础中发挥独特作用；才能在服务大局、以史鉴今中，始终成为巩固和扩大爱国统一战线的助力者、中华民族大团结和社会主义民主进程的见证者、各领域领军人物精彩人生的记录者，从而赢得广大读者的喜爱，提升社会关注度和影响力，增强自身的市场竞争力。

三、保持文史资料统战性的主要途径

（一）明确文史资料的主要征集对象

现阶段文史资料的主要征集对象是各级政协委员及其所联系的各方面代表人士。要在实践中始终把握好这一点，就必须做到：一是切实增强各级政协组织的责任感。要按照《政协章程》规定，落实各级政协组织做好文史工作的责任，把向各级政协委员及其所联系的各方面代表人士征集文史资料的工作，列入政协主席会议、常委会的议事日程

和委员履职考核内容,使之成为统一战线内部制度化、规范化的工作任务之一,与政协的其他履职工作同部署、同检查、同落实。二是充分发挥政协委员的主体作用。政协委员是人民政协履行职能的主体,也是开展文史工作的主体。政协委员及其所联系的社会各界人士丰富的工作经验和人生阅历,特别是参加中国特色社会主义建设和中华民族伟大复兴的实践,是文史工作取之不尽、用之不竭的源泉。文史工作要健康发展,必须依靠政协委员的这种主体作用,充分调动政协委员在"三亲"史料征集工作上的积极性、主动性,激发政协委员撰写和提供文史资料的责任感和使命感,不断增强政协委员自觉提供史料的履职观念,努力为政协委员撰写史料创造条件,提供服务。三是制定征集大纲确定重点征集对象。明确划定重点征集对象,包括各级政协委员、各党派团体和无党派代表人士,各族各界的重大历史事件主要参与者、亲历者,有较大影响和成就的各领域领军人物等。在征集工作中,要通过各种方式与他们沟通联系,争取他们的支持和配合,把文史资料征集任务落到实处。

(二)廓清文史资料的征集领域边界

现阶段的文史资料,应当主要反映爱国统一战线的发展壮大过程和其在实现"中国梦"的伟大实践中所发挥的积极作用,这就要求我们必须廓清史料的征集领域边界。一是各民主党派、工商联和各人民团体的史料。新中国成立后特别是改革开放以来,各党派、团体焕发出蓬勃生机,有了较大发展和长足进步,无论从组织建设还是作用发挥上都有质的飞跃,征集反映各党派、团体选择和致力于中国特色社会主义建设的史料,应该成为文史资料征集的一个重要内容。二是内地与港澳台及海外交流互动的史料。随着改革开放的深入,动员组织和推动港澳台同胞及海外华人华侨撰写文史资料,已成为我们新的征集领域和新的任务,以此充实人民政协的工作内容,扩大人民政协的团结面,增强人们对历史的共识。这对于增强民族向心力和凝聚力,团结海内外中华儿女和促进社会和谐都发挥着重要作用。三是无党派代表人士和各族各界代表人士在政治、经济、文化、社会和生态文明建设中的史料。在这个广阔的领域中征集史料,关键要把握好统一战线发挥的作用和统战人士做出的贡献。尤其在政治建设方面,要区分出哪些是与统一战线有关的史料,哪些是属于党史、国史的范畴,从而更好地突出特色,把好钢用在刀刃上。

(三)形成文史资料的征集研究合力

要完成文史资料这一不断发展的宏大任务,仅仅靠政协文史部门本身"单打独斗"是难以支撑的,必须形成工作合力,并使之制度化。一是发动政协各专委会及时记录重要履职活动,动员其所联系的相关界别委员以及有关领域的代表人士、领军人物撰写文史资料。二是鼓励政协各参加单位做好自身的史料征集工作,忠实记录履行协商监督、参政议政职能的情况,见证我国社会主义民主的发展进程。三是争取党政有关部门协助组织重要历史事件亲历者、参与者撰写文史资料,见证内地与港澳台地区的交流互动、海内外的合作共赢；见证国内、省内民族宗教事务的发展与进步和经济、文化、教育、科技、社会管理等领域的重大改革、重点建设、重大科研成果以及社会管理创新，记录经济发展和社会进步过程中的经验教训和各界人士的人生感悟。四是发挥社会撰稿人的作用。注重培养社会撰稿员，引导他们从各类媒体中发现有重要价值的史料线索，及时走访并协助当事人撰写好"三亲"史料，起到拾遗补阙的作用。

（四）创新文史资料工作方法手段

政协文史资料工作是一项随着时代发展而不断延伸的长期任务，可以说"征编无止境，任务无穷尽"。这就要求我们不断研究新情况，解决新问题，在继承中发展，在保持特色中创新，努力突破多年来文史工作一直主要采取发函、征文、个别走访、开座谈会和文字记录等传统的做法，着力改进文史工作的方式方法，尤其是要注重把现代科技和信息传媒技术应用到文史工作中，逐步实现文史工作的信息化。一是运用互联网等现代网络信息技术手段开展征编工作，积极建设公共数据平台、管理应用平台、资源平台等数字化平台，有效利用现代化办公手段，推动文史资料的征集、整理、分类、利用、评价等进网络、走系统，提高工作效率。特别是要注意利用"大数据"等技术，建立便于保存、便于为社会服务的文史资料数据库，促进文史资料永久保存、永续利用，以达到人工征编所达不到的目的和效果。二是在做好文字史料征集工作的基础上，运用录音笔、照相机、摄像机等现代化的征集和存储手段，对当事人或撰稿者采取录音、录像、摄影等手法进行史料征集，以进一步充实史料，提高史料的真实性和现场感，同时还可用数据信息的方法对史料加以储存和传播。三是运用传媒宣传手段，重点搜集为争取民族独立的英雄事迹所体现的牺牲精神，为改革开放谋人民幸福和国家富强的各类劳动者所体现的奉献精神，中国制造到中国创造打造大国品牌所体现的工匠精神，我国各类人才锐意进取引领世界科技革命造福人类所体现的钻研精神，整个中华民族在中国共产党的领导下消除弊制走向文明所体现的自我革新精神等一系列文史资料，以图景式、立体式记录中华民族实现伟大复兴的历史画卷，扩大文史工作的社会影响，更好地发挥文史资料的社会价值。

加强文史工作是巩固和扩大爱国统一战线、增强中华民族凝聚力的需要，是以史为鉴、履行政协职能、促进发展与构建和谐社会的需要，是建设社会主义大文化、实现文化大发展和大繁荣的需要。在不同的客观环境和条件下，会面临着不同的机遇与挑战，而在与时俱进的过程中，发挥文史资料的统战性特色，是我们必须要始终坚持的根本。

（作者单位：青岛市黄岛区（西海岸新区）政协）

下　卷

中国新型政党制度的政治创造、制度优势与机制创新

康　乐

我国新型政党制度扎根中国历史和土壤，在中国共产党的百年奋斗进程中历经风雨，逐步成熟完善，是中国共产党与各民主党派和无党派人士在根本利益一致性、奋斗目标同向性基础上的伟大政治创造，向世界展示了"中国之治"的制度密码和制度优势，具有科学的内涵和丰富的价值意蕴。

一、中国新型政党制度构建了世界政党制度新模式

中国新型政党制度创造性地构建了一种全新的政党制度模式，在政党与政权关系、政党与社会关系和政党间关系三个方面呈现出鲜明的中国特色。

（一）新方式——一党执政、多党参政的执政方式

从政党与政权的关系视角来看，中国共产党牢牢占据国家政权结构的一元核心地位，既是领导党也是执政党，掌握整体执政权，肩负国家和民族发展的重任。各民主党派作为参政党，通过一系列的制度性安排，被中国共产党吸纳进国家政治生活当中，其参政权得到了宪法、政协章程、中国共产党党内法规和相关条例等法律条文的根本保障。新型政党制度一党执政、多党参政的权力运作方式，使中国共产党的先进性与民主党派的进步性有机融合，能够同时发挥好中国共产党作为执政党和民主党派作为参政党两个方面的积极性。

（二）新形式——充分协商、广泛参与的民主形式

从政党与社会的关系视角看，我国新型政党制度是对社会主义协商民主的生动诠释，是对中国特色社会主义民主的重大理论创新、实践创新和制度创新。中国共产党领导的多党合作和政治协商制度坚持以参与、合作、协商为基本精神，创新了社会主义民主的实现形式，切实增强了新型政党制度的广泛性和真实性。我国新型政党制度以社会多元主体的"在场"和社会多元利益的调节，有效回应了政治现代化过程中的民主诉求。

（三）新关系——通力合作、互相监督的党际关系

从政党与政党之间的关系视角出发审视我国党际关系，可以发现，我国新型政党制度的原创性价值体现在打破了西方两党制或多党制的竞争性思维定式。合作是新型政党制度的主要内涵。首先，各民主党派是自觉接受共产党领导，与共产党通力合作又互相监督的亲密友党。其次，各民主党派与中国共产党拥有共识性的奋斗目标。最后，各民主党派和中国共产党拥有一致性的根本利益。中国共产党作为纯洁的无产阶级政党，始终代表着最广泛的人民群众的根本利益，各民主党派和无党派人士分别代表着社会不同界别、阶层和群体人士的具体利益，彼此之间不存在根本的利益冲突，这为新型政党制度长期团结合作的党际关系奠定了坚实基础。

二、中国新型政党制度展现出强大的制度优势

经过70余年的丰富和完善，中国新型政党制度在利益表达与社会整合、培育民主和优化治理、增进团结与维护稳定3个维度展现出强大的制度优势。历史和实践证明，这是符合中国国情、党情，从容应对百年未有之大变局下的风险、挑战，体现出巨大优越性的中国特色社会主义政党制度。

（一）利益表达与社会整合的制度优势

在一致性根本利益的基点上，中国共产党始终践行"两个先锋队"性质，坚定以人民为中心的无产阶级政党立场，代表中国最广大人民群众的根本利益，是中华民族整体利益的唯一代言人、忠实捍卫者。各民主党派作为拥有广泛社会联系、汇聚多方人才的中国特色社会主义参政党，在联系、沟通和团结不同界别、不同阶层的群众方面具有天然优势，具有深厚的社会基础，便于调节各种社会利益关系，有效化解多元利益冲突。在民主政治实践中，新型政党制度能够有效增强政治认同，使各界别、各阶层、各群体人士广泛支持、自觉拥护中国共产党的政策主张、方针路线，为巩固中国共产党执政的合法性提供制度保障。这一制度安排具有强大的社会整合功能，通过整合各种社会资源，平衡各种政治力量，构建大联合、大团结的政治格局，最大程度动员和集合各方面积极因素为实现经济繁荣、政治进步、文化发展、生态文明服务，发挥中国特色社会主义制度集中力量办大事的优越性。

（二）培育民主和优化治理的制度优势

通过政党的社会化和社会的组织化这两条相互耦合的互动路径，我国新型政党制度作为各民主党派和无党派人士进行政治参与、开展政党合作、完善政党协商的制度化平台，是联结国家和社会的桥梁，具有培育民主和优化治理的显著制度优势。首先，我国新型政党制度扩大了民主参与范围。其次，新型政党制度构建了有效共识机制。最后，新型政党制度助力国家治理的优化。我国新型政党制度在塑造高效、务实的"中国之治"基础上，有力推进国家治理现代化进程，同时又以国家治理的效能发挥，反哺新型政党

制度自身的成熟与定型。

（三）增进团结与维护稳定的制度优势

中国共产党将各民主党派作为联系各界别、各阶层人士的纽带，在社会主义现代化建设的前进道路上紧密团结。双方通过合作共事、参政议政、政治协商、民主监督的机制凝聚起为国家发展、民族复兴携手前行的共同奋斗目标，在彼此信任、亲密团结的基础上有效规避政治风险，降低社会成本，最大限度地避免了国家资源浪费、社会权力分化对国家政局造成的冲击，成为我国政治格局的重要制度保证。

三、中国新型政党制度的机制创新

我国新型政党制度坚持与时俱进，以领导机制为核心，着力在政党协商机制、民主监督机制方面不断开拓创新，探索出日臻完善的政党制度运行机制，在治国理政的实践领域开辟出新的制度空间。

（一）中国新型政党制度的核心领导机制

坚持中国共产党的领导是新型政党制度有效运行的政治保障。中国共产党的领导和执政地位是历史和人民的自觉选择，中国近代以来的历史发展和政治进步表明，具有先进性和纯洁性的中国共产党是中国人民和中华民族的主心骨。

进入新时代，"中国共产党的领导是中国特色社会主义最本质的特征"这一科学论断表明，党的领导是充分发挥中国特色社会主义制度优势的根本保障，而新型政党制度作为我国制度体系中必不可少的一项基本政治制度，必定要在其具体运行过程中稳步提升中国共产党的制度领导力。坚持中国共产党的领导是维持制度运转、发挥制度效能的先决条件，中国共产党对新型政党制度的领导是政治原则、政治方向和重大方针政策的领导。各民主党派在强化"四个自信"、坚定"四个意识"的政治原则基础上，加强政治建设，与党中央保持高度一致，高举中国特色社会主义的伟大旗帜，坚定不移地走中国特色社会主义的道路，不忘初心使命，保持头脑清醒，增强政治定力，根据自身的定位和优势，积极履行参政党的职责。

（二）中国新型政党制度的政党协商机制

政党协商制度已确定为我国多党合作的一项常态化制度安排。我国新型政党制度在长期的政党协商实践过程中，积累了丰富灵活的经验，其建设过程经历了不定期、不固定模式到逐步定期、固定模式的重大实质性进展，系统性、程序性不断增强。特别是党的十八大以来，中国共产党将历史上政党协商的实践经验进行系统总结并上升为具有法律效力的文件内容，确定了会议协商、约谈协商、书面协商等3种常态化的协商机制，从实际操作层面对每一种协商形式的内容、频次、召集和主持等细节进行了具体详尽的规定，标志着我国在探索更加成熟完善的新型政党制度的政党协商机制方面向前迈进了一大步，为各民主党派和无党派人士更好地履行职能、发挥界别优势创造了条件，具有重要的理论和实践意义。

（三）中国新型政党制度的民主监督机制

多党合作视域下的中国共产党与各民主党派的民主监督是一种双向互动，目的是为了实现执政党建设和参政党建设同呼吸、共进退，这种建设性监督可以协助中国共产党更好地执掌政权、改进工作。进入新时代，中共中央和各民主党派着力推动民主监督工作取得新进展，开展脱贫攻坚民主监督的政治任务。动员和号召民主党派助力脱贫攻坚民主监督工作，是中国共产党领导的我国新型政党制度在民主监督机制方面开创的新思路，是协力赢得脱贫攻坚战伟大胜利的重要举措。

四、结语

中国新型政党制度的发展史与中国共产党的百年奋斗史相互交织，成就斐然。在中国共产党的正确领导下，中国共产党和各民主党派、无党派人士创造性地探索出一条既不同于西方竞争性政党制度，也显著区别于传统一党制的符合中国国情、富有中国特色的新型政党制度之路，逐步走向成熟定型，其进步性、民主性、内聚性在多党合作和政治协商的伟大事业中日益凸显。中国新型政党制度以突出的价值功能和创新性发展的运行机制内嵌于国家治理架构之中，为国家治理实践提供内生性动力，更好地促进制度优势转化为国家治理效能。中国新型政党制度是以人民根本利益为价值归宿的使命型政党制度，是具有旺盛生命力的包容性政党制度，是具有世界意义的政党制度，为世界其他国家和地区提供了可资借鉴的既富有活力又行之有效的政党制度新模式，为世界政党政治文明的发展进步贡献了中国智慧和中国方案。

（作者单位：山东大学）

新型政党制度下民主党派履行民主监督职能的实践与探索

——以民盟为例

庞桂美　王鸿祥

一、新中国成立前后民主党派在民主监督方面的实践探索

包括民盟在内的民主党派大多成立于民族危亡时刻，从成立起就与中国共产党保持一种密切合作的统一战线关系，共同探索出一种通过协商合作和互相监督来构建中国特色新型政党制度的实践模式。通过回顾民主党派在重要历史节点履行民主监督职能的实践与探索，可从民主党派的视角观察中国共产党领导的多党合作和政治协商制度这一新型政党制度是如何从中国土壤中生长出来的。

（一）"窑洞对"：探索跳出历史周期率

1945年7月，作为民盟创始人之一的黄炎培到延安考察。在延安的窑洞里，黄炎培与毛泽东进行了一场关于历史周期率的著名对话，被称为"窑洞对"。谈到历史上许多政权"其兴也勃焉，其亡也忽焉"的现象，称历朝历代都没有能跳出兴亡周期率。黄炎培问中国共产党能不能跳出这历史周期率。毛泽东表示："我们已经找到新路，我们能跳出这周期率。这条新路，就是民主。只有让人民来监督政府，政府才不敢松懈。只有人人起来负责，才不会人亡政息。"在这里，中国共产党已经认识到了，传统的专制执政模式正是因为权力得不到持续有效的监督，才走向衰败，外在表现为所谓历史周期率。所以，毛泽东已经正式提出了"监督"的概念，明确了将来的社会主义新政权会把监督作为民主政治建设的核心来构建。

正是出于对客观规律的尊重，出于对历史周期律的深刻认识和高度重视，以毛泽东为代表的中国共产党人，树立了"进京赶考"的观念，把自己置于"考生"和"学生"的位置，而把人民尊为"考官"和"老师"。在这张关于跳出历史周期率的"民主"答卷上，中国共产党创造性地建立了符合我国国情、具有中国特色的社会主义政党制度，成

为中国特色社会主义民主政治道路上的伟大创举。

2012年12月，习近平总书记在走访各民主党派中央和全国工商联并座谈时，还特别重提历史周期率，称其对中国共产党是很好的警示和鞭策。

（二）响应"五一口号"：探索新型政党关系

近代以来，中国开启了从传统社会到现代社会的转型之路，中国所面临的逐步沦为半殖民地半封建社会等问题，使得中国革命政党开始兴起，主要目的是完成前后相继的两大历史任务，一是争取民族独立和人民解放，二是实现国家富强和人民幸福。经历了北洋政府时期的多党竞争制、国民党的一党专制等形式，正如毛泽东所指出的，中国革命的异常复杂性和革命对象力量的强大和镇压革命的异常残酷性，决定了中国各革命力量逐渐走向联合和合作，并且最终接受中国共产党的领导。

1948年4月30日，中国共产党为动员全国各阶层人民实现建立新中国的光荣使命，发布了纪念"五一"劳动节口号。"五一口号"第5条经毛泽东修改提出："各民主党派、各人民团体及社会贤达，迅速召开政治协商会议，讨论并实现召集人民代表大会、成立民主联合政府。"这表现了共产党对成立民主联合政府的诚意和决心，预示着一种全新的政党制度的诞生，奏响了协商建国的华美乐章，标志着共产党与各民主党派的团结合作即将进入崭新时代。

"五一口号"得到了民主党派、无党派民主人士的积极响应，并在参与民主建设新中国伟业的过程中发挥了重要作用，公开响应"五一口号"，标志着各民主党派开始自觉地接受中国共产党的领导。以《共同纲领》的通过为标志，中国共产党领导、多党合作的统一战线政权形式被以契约的方式确定了下来。

2018年3月4日下午，习近平总书记看望参加全国政协十三届一次会议的民盟、致公党、无党派人士、侨联界委员时，首次提出并阐述了"新型政党制度"的概念。习近平指出："中国共产党领导的多党合作和政治协商制度作为我国一项基本政治制度，是中国共产党、中国人民和各民主党派、无党派人士的伟大政治创造，是从中国土壤中生长出来的新型政党制度。"

（三）新中国成立初期：参加新政权建设，广泛凝聚共识

新中国成立以后，各民主党派在中国共产党的领导下，积极投入巩固新政权和恢复国民经济的伟大斗争中。中国共产党执政后组建的第一届中华人民共和国中央政府中，有将近半数的领导成员为民主党派和无党派人士。自此，各民主党派在社会主义革命与建设道路上开始了新的征程。

1956年4月，毛泽东主席在中央政治局扩大会议上作《论十大关系》的报告，正式提出："究竟是一个党好，还是几个党好？现在看来，恐怕是几个党好。不但过去如此，而且将来也可以如此，就是长期共存，互相监督。"同年9月，中共八大正式确认了将中国共产党与民主党派"长期共存、互相监督"八字方针定为党派合作的方针。至此，中国

共产党处理和各民主党派之间关系以"互相监督"概念的提出为标志确定了下来。八字方针既是中国共产党希望用民主来打破中国历代王朝"兴勃亡忽"的历史周期率的要求，又是作为执政党保持清醒的政治理性的要求。

二、改革开放以来民主党派履行民主监督职能的基本经验

在统一战线全面恢复和重建时期，党和国家领导人多次强调民主党派民主监督的重要性。1982年12月，政协全国会议通过了新章程，将政治协商、民主监督作为政协的基本职能。之后，各民主党派的章程中也都明确将参政议政、民主监督作为自己的主要职能。1982年，党的十二大报告将"长期共存，互相监督"八字方针发展为"长期共存，互相监督，肝胆相照，荣辱与共"十六字方针。1989年底《中共中央关于坚持和完善中国共产党领导的多党合作和政治协商制度的意见》（以下简称《意见》）的出台，标志着中国共产党关于民主监督的思想逐渐走向成熟和完善。2005年，《中共中央关于进一步加强中国共产党领导的多党合作和政治协商制度建设的意见》进一步完善了民主党派开展民主监督的性质、内容、形式以及完善民主监督机制的措施等具体细则。2007年通过的《中国的政党制度》中还明确了民主党派可以监督法律法规的实施过程，规定了民主党派可以调研、列席人大及政府工作会议，政协委员中的民主党派成员还可以通过政协提案或应邀担任司法机关和政府部门特邀监督人员等，开展民主监督。

（一）民盟坚持以教育领域作为民主监督的优势和重点

民盟坚持"立盟为公、参政为民"的理念，遵循为经济建设"出主意、想办法，做好事、做实事"的方针，听民意、察民情、惠民生，调查研究，献计出力，在教育科技、区域经济、城乡协调、社会保障、生态建设、灾害管理等诸多领域开展了大量卓有成效的工作。

这一时期，民主党派的民主监督主要体现在参加党和国家大政方针的政治协商和参政议政过程之中。各个民主党派充分发挥各自的智力优势和行业特点，把自己的优势领域作为民主监督的重点。20世纪80年代，教育领域一直都是民盟参政议政、民主监督的主要关注点，这既是民盟成员构成的特点和优势所在，也是当时全社会推进"四化"建设的迫切需要。1982年至1985年，民盟中央先后向中共中央报送了《关于我国教育工作的几点建议》《关于改革城市中等教育的几点建议》《关于高等教育改革的几点建议》《关于城市普通教育改革的几点建议》，并对《中共中央关于教育体制改革的决定（征求意见稿）》提出了重要修改意见，部分建议得到采纳。1983年，民盟呼吁增进教育投入和实行义务教育制，相关建议被吸纳进1986年通过的《中华人民共和国义务教育法》中。1989年3月，中央领导人批复民盟建议时专门指出："今后在研究有教育方面的问题时，一定要有民盟的同志参加。"教育领域成为民盟改革开放以来参政议政、民主监督的一贯优势和重点。

（二）民盟在参与区域经济发展中开展民主监督

民盟参政议政、民主监督的另一个主要关注点是区域经济发展。改革开放之初，无论是东部地区还是中西部地区，都积聚了巨大的发展愿望和潜力，却缺乏区域规划的指导。民盟看到了这种迫切需求，发挥自身丰富的智力资源优势，开创性地开展了地区发展战略研究和咨询活动。民盟多次组织专家到甘肃定西地区进行考察，提出了在干旱地区发展农牧业经济的一整套规划，还帮助闽南三角地区、海南黎族苗族自治州、长江荆江段和洞庭湖地区、川中丘陵区等地区制订了短期与长期的区域经济发展和综合治理规划，都取得了一定成效，得到当地党委和政府的高度评价。1988年6月，民盟专门成立了区域发展研究委员会，指导开展区域性发展战略研究工作，使得区域发展成为民盟参政议政和民主监督的一个闪亮的品牌。

（三）注重开辟民主监督的新领域

1989年的《意见》和2005年5号文的出台，明确了民主党派"中国特色社会主义事业的参政党"性质定位，规范了参政党的民主监督职能，带来民盟民主监督的体制机制创新。"出主意、想办法、做实事、做好事"十二字方针成为民盟的鲜明特色。

这一时期，民盟在履行民主监督职能方面，主要存在两种形式：一是寓监督于参政议政和社会服务之中，二是在特定岗位上进行监督。

首先，寓监督于参政议政和社会服务之中。民盟积极就党和国家大政方针政策，以及热点、重点和难点问题直接与中共中央和各级党委进行协商，同时还在人大和政协平台上以提意见和建议的形式开展民主监督。如1999年3月，被列为"一号提案"的民盟中央《关于加大投资力度、依法治理黄河的建议》，提出黄河治理开发必须依法有序进行，应以国家立法的形式统筹黄河上下游、左右岸、地区与部门利益等建议。这些建议在日后的治理黄河实践中陆续得到落实；2003年3月，民盟中央在全国政协大会上提交《关于加强城市灾害应急管理能力建设的提案》，建议尽快开展城市灾害应急管理的立法研究。2个月后，部分省市爆发了"非典"疫情，这份提案以适度的前瞻性和高度的可操作性，为应对"非典"疫情提供了不可低估的参考意见。从这两个例子也可以看出，在这一阶段，民盟更加重视从法制建设角度参政议政，并寓监督于参政议政之中。

其次，积极推荐盟员担任特约工作。依据1989年《意见》要求，民盟积极推荐盟员担任政府和司法部门特约监察员、检察员、审计员等职务，担任特约工作的民盟盟员认真参加行风评议、执法检查等活动，积极反映社情民意，为从法治建设角度参政议政，促进党风廉政建设和社会主义民主法治的健全和优化发挥了积极作用。

三、新时代民主党派民主监督实践的新探索

党的十八大以来，以习近平同志为核心的党中央明确了民主党派是"中国特色社会主义参政党"的政治定位，民主监督进入了崭新的发展阶段。

（一）脱贫攻坚民主监督开拓了民主监督新领域

2016年1月30日，习近平总书记在同各民主党派中央、全国工商联负责人和无党派人士代表共迎新春时指出，要完善民主监督，加强对重大改革举措、重要政策贯彻执行情况和"十三五"时期重要约束性指标等的监督，促进相关工作。2016年6月21日，中央统战部召开各民主党派中央开展脱贫攻坚民主监督工作启动会。为保障工作顺利、有序开展并取得实效，中央统战部与国务院扶贫办联合印发了《关于支持各民主党派中央开展脱贫攻坚民主监督工作的实施方案》。该方案除了对工作的原则、重点内容、主要形式等内容进行了界定外，还着重对工作制度机制的建立进行了规划设计。

根据工作实施方案，受中共中央委托，8个民主党派中央对口8个脱贫攻坚任务重的中西部省区，开展了脱贫攻坚民主监督工作。各民主党派中央高度重视脱贫攻坚民主监督工作，分别成立了由党派中央主席任组长的领导小组和分管副主席负责的工作小组，抽调骨干力量充实工作队伍，围绕贯彻落实中共中央的重大决策部署，着眼脱贫攻坚民主监督等方面的重点内容，结合各自工作实际，在实践中积极探索，创造性地开展了卓有成效的工作。

民盟中央高度重视脱贫攻坚民主监督工作，成立脱贫攻坚民主监督工作领导小组，制定了《民盟中央开展脱贫攻坚民主监督工作实施方案》。多次赴河南开展调研，与中共河南省委、省政府共同制定了《沟通会商机制方案》。民盟中央依托河南省各级民盟组织，建立了由专职干部和骨干盟员组成的联络员队伍，在10个市选择26个贫困村作为观测点，长期跟踪观察，对脱贫攻坚效果进行精准分析、精准施策。

通过开展脱贫攻坚民主监督工作，各民主党派以监督者的角色，深度参与精准扶贫、精准脱贫，对地方党委和政府贯彻落实精准扶贫、精准脱贫基本方略情况进行监督，同时发挥民主党派智力密集的优势，帮助地方党委和政府出主意、想办法，共同研究应对之策，提出整改落实办法，将民主监督的过程变成了共同发现问题、共同研究问题、共同解决问题的过程。开展脱贫攻坚民主监督，是党中央赋予统一战线的一项新任务，是拓宽民主监督渠道的有益尝试，也是各民主党派协助地方党委和政府打好脱贫攻坚战的重要形式。脱贫攻坚民主监督是各民主党派第一次对一项国家重大战略工程和重要政策落实进行监督，拓展了民主监督的渠道，丰富了民主监督的内容和形式。

（二）创新实践载体，探索民主监督的新形式

2017年1月22日，习近平总书记同党外人士共迎新春并发表重要讲话，指出："'凡议国事，惟论是非，不徇好恶。'这是参政党应有的担当。"

1. 新时代民主监督更多转向关注民生领域

"治国有常，而利民为本"，尽管我国已跃居世界第二大经济体，但经济发展不平衡、不协调问题依然突出，民生保障仍存在不少短板。民主党派民主监督的传统重点领域是党和国家重大方针政策和重要决策部署的贯彻落实情况，新时代民主党派要不断创

新实践载体,在教育、医疗、就业、养老、环保等民生领域探索民主监督实践新方向。

调研是民主党派的谋事之本、成事之道,是履行职能的重要保障。民盟秉承"奔走国是,关注民生"的优良传统,践行"出主意、想办法,做实事、做好事"的"十二字"方针,坚持"立盟为公、参政为民"的政治理念,高度关注民生,倾听民众呼声,努力承担参政党的社会责任,围绕党和国家的中心任务开展民主监督工作。

2. 探索新时代民主监督实践的新形式

新时代民主党派在民主监督的方式上有新突破。从建设中国特色社会主义监督体系的角度,把民主监督与行政监督、司法监督等其他监督资源优势有机结合,把政协、党派包括特约人员的民主监督有机结合,探索联合监督、专项监督、即时监督等新形式,以形成整体监督效应。

例如,2018年,中央第三环境保护督察组在向山东省委省政府通报督察意见时,着重提出"海洋环境及重要生态功能区保护不力"问题。山东省委统战部在与省环督改工作领导小组充分沟通、广泛征求各党派省委意见的基础上,确定以"中央环保督察反馈意见整改情况——海洋生态环境保护与治理"为主题,组织各民主党派省委联合调研监督,成立了由民盟省委主委王修林任组长、各民主党派省委1名驻会负责同志任副组长、36位专家任成员的联合调研监督组,在深入调研、广泛吸纳各方意见的基础上,形成了《各民主党派省委关于"中央环保督察反馈意见整改情况——海洋生态环境保护与治理"联合调研监督的报告》。

由省委统战部协调,民盟省委牵头,各民主党派省委联合调研监督,是山东省民主党派履行民主监督职能的新探索。

积极推进民主党派履行民主监督职能的工作机制创新。政党的力量在于组织化,组织是集体行动的基础。进入新时代,传统的依靠少数代表人物发挥作用的模式已经过时,民主党派积极探索主要依靠政党组织群策群力、通力合作重视发挥集体作用的模式。例如民盟积极推进民主监督工作的机制创新,形成"全盟智力资源融汇、盟内盟外资源互补"的新工作机制。从2005年开始,民盟以自主和委托课题的方式,与省级盟组织、各专门委员会开展合作调研,同时丰富参政议政的渠道和载体,如举办教育、民生等主题论坛和研讨活动,进一步将相关主体研讨会和论坛整合,打造出有特色、有成果、有知名度的参政议政、民主监督品牌。

民主监督是民主党派的一项基本职能,是社会主义监督体系的重要组成部分,是多党合作的重要制度安排。新时代,民主党派要深入认识民主监督的独特优势,着力提升民主监督的水平,为更好地坚持、发展和完善新型政党制度做出新贡献。

参考资料

［1］黄炎培.八十年来［M］.北京：文史资料出版社，1982：157.

［2］中国民主同盟.民盟参与新政协筹备始末［EB/OL］.（2019-09-19）.http：//
www.mmscsw.gov.cn/wwwroot/news.aspx?id=5066.

［3］毛泽东.毛泽东文集：第七卷［M］.北京：人民出版社，1999：34.

［4］孙春兰.大道——多党合作历史记忆和时代心声［M］.北京：团结出版社，2017：
330.

（作者单位：青岛科技大学）

提升中国新型政党制度国际话语权问题研究

王乙潜

提升中国新型政党制度国际话语权是"把我国社会主义政党制度坚持好、发展好、完善好"的内在要求，是"提高中国国际对话力、认同力、影响力、传播力"的迫切需要，是"为人类制度文明的发展贡献中国智慧、中国方案"的有力验证。加强中国新型政党制度国际话语权研究，对坚定中国特色社会主义的理论自信、制度自信，发挥新型政党制度的优势作用，增进我国新型政党制度的世界认同，提高我国国际地位和影响力具有重要意义。

一、中国新型政党制度国际话语权的内涵审视

（一）中国新型政党制度的内涵特征

党的十八大以来，以习近平同志为核心的党中央审时度势、高屋建瓴，明确提出："中国共产党领导的多党合作和政治协商制度作为我国一项基本政治制度，是中国共产党、中国人民和各民主党派、无党派人士的伟大政治创造，是从中国土壤中生长出来的新型政党制度。"

中国新型政党制度内涵丰富，可理解为三部分内容，即中国共产党领导制度、中国共产党领导的多党合作制度、中国共产党领导的政治协商制度。这一制度指出了新型政党制度的领导力量和发展方向，规定了我国政党制度框架内政党之间、政党与政权之间、政党与社会之间的关系。

其内涵主要有以下几方面。第一，中国新型政党制度得以运转的根本保证是中国共产党的领导。作为居于领导地位的执政党，中国共产党构建了独特的政党制度，创造了政党制度的新形态，即中国共产党领导的多党合作和政治协商制度。第二，中国新型政党制度的运转机制是中国共产党领导的多党合作制度。不同于西方执政党和在野党之间相互竞争、恶性倾轧的零和博弈，中国共产党和民主党派之间是"一党执政、多党参政""一党领导、多党合作"的亲密友党关系。第三，中国新型政党制度民主政治与治理

模式是中国共产党领导的政治协商制度。各民主党派、无党派为了共同的民族利益跟随中国共产党的领导，通过政治协商制度这一平台共商国是，发挥参政议政、民主监督作用。

其特征，主要有以下几点。第一，它是马克思主义政党理论同中国实际相结合的产物，能够真实、广泛、持久地代表和实现最广大人民的根本利益，有效避免了旧式政党制度代表少数人、少数利益集团的弊端。第二，它把各个民主党派和无党派人士紧密团结起来、为了共同目标而奋斗，有效避免了一党缺乏监督或者多党"轮流坐庄"、恶性竞争的弊端。第三，它通过制度化、程序化、规范化的安排集中各种意见和建议、推动决策科学化、民主化，有效避免了旧式政党制度囿于党派利益、阶级利益、区域和集团利益决策施政导致社会撕裂的弊端。

中国共产党领导的多党合作和政治协商制度，有利于团结一切可以团结的力量，开创了"有事多商量、有事好商量、有事会商量"的中国式民主，有利于携手共谋大事、减少内耗、提高效率，为加快实现中华民族的伟大复兴创造了制度典范。

（二）中国新型政党制度国际话语权的内涵意义

"话语权"一词来源于法国后现代主义领军人物米歇尔·福柯的《话语的秩序》，他提出了"话语即权力"的思想，将话语权定义为一种力量关系。我国学者王隙将"话语权"衍生，认为国际事务话语权是主权国家通过正式外交、传播媒介、民间交流等渠道，将蕴含一定文化理念、价值观念和意识形态等因素的话语输出，使其他国家接受并认同的能力。英国学者安东尼·吉登斯指出："国家的发展必然与话语方式的形成相融合，话语方式建构性地塑造了国家权力。"

放在国际关系的外环境上看，"国际话语权是指一个国家的主张在国际舞台和外交场合的权重和影响力"。话语权取决于一个主权国家的国家综合实力及其在国际事务中的地位及影响力。

提高中国新型政党制度国际话语权，是展现中国政党制度自信和优势的迫切要求，是应对西方敌对势力对我国政党制度质疑、嘲弄、诋毁和攻击的现实需要，是加强文明交流互鉴、丰富世界政治文明的有力手段。在认识和把握中国新型政党制度特色与优势的基础上，通过对我国政党制度理论体系、实践要义和世界贡献的真实阐述传播，得到包括我国人民在内的世界人民的认同，在国际层面展现新型政党制度的吸引力、感召力和影响力，是中国新型政党制度国际话语权的目的和意义所在。

二、中国新型政党制度国际话语权的构成要素

构建中国新型政党制度国际话语权是一个多主体、多维度、多层次的系统性问题。笔者认为，从内容层面来看，中国新型政党制度国际话语权由五大要素构成。

（一）话语主体的权威性，解决"谁来说"的问题

"当传播者被认为是具有可靠和可依赖的这两种品格时，就会产生最大的效果。"可

见，话语生产者、话语传播者是话语权机制构建和整体功能实现的主导力量。话语对象是否接受话语主体，与话语主体的政治地位、政治权力、政治影响力有着不容忽视的关联作用。

中国新型政党制度国际话语权中的话语主体是一个多重主体。从横向看，有共产党员、民主党派成员、理论工作者和其他多党合作实际工作者等多个方面；从纵向看，有国家、政党、精英群体、普通群众等多个层次。要有效实现和巩固中国新型政党制度国际话语权，从话语主体的角度来看，言说者必须具备一定的公信力，且在实际表现中言行一致、规范有序。

（二）话语内容的质量性，解决"说什么"的问题

"话语权不同于其他社会权力之处就在于其作用方式的非外部强制性。"在现代话语权理论看来，话语权更强调的是一种对他人的影响力，而这种影响力的获取首先来源于由话语说服而生成的认同。

中国共产党领导的多党合作和政治协商制度，植根于中国土壤，彰显出中国智慧，借鉴和吸收了人类政治文明优秀成果，是中国共产党、中国人民和民主党派、无党派人士的伟大政治创造，是符合中国国情和时代发展需要的制度创新，是我国政治制度的良好表达与优势体现，是中国智慧和中国方案的实践成果。

中国新型政党制度国际话语体系，既要阐明中国共产党领导的多党合作和政治协商制度的优势所在，又要与时俱进地对这一制度所面临的社会问题和时代课题进行探索与深究。"为什么好""好在哪里""如何好""改进和完善的发力点有哪些"，其话语内容应充分体现各话语主体的利益需求、理想目标以及立场原则等诸多方面。这些都要讲清楚、说明白，还要有相当的科学性和真理性，使人认同信服。

与时俱进，推陈出新，完善创新，是一个永恒的主题。随着时代主题的变化、以当代多党合作实践为素材的不断创新，中国新型政党制度国际话语内容应及时充实、更新和完善，用以更高层次、更广泛领域地提升新型政党制度国际话语内容的可信性和指导性。

（三）话语传播的有效性，解决"借助什么载体说"的问题

话语传播环节，作为连接话语主体、话语内容与话语客体的中介，其中心任务是把话语内容传播得更广更远、更高更深。若话语无法被人们所了解和熟知，那么话语主体的思想观念就只能停留在理论层次了。在信息技术快速发展的新时代，舆论信息是挡不住、藏不住的。"真的假不了，假的真不了"，只有当话语占领了媒介平台，信息通过各种渠道和载体反复有效传播，取得居于支配性地位的话语优势和符号资本后，不断有效增强和巩固话语权的"量"，循序渐进，才能引导话语对象朝着有利于己的方向认知和思考，才能占据国际话语权的制高点，才能在国际舞台有一席之地。

就中国新型政党制度话语传播而言，需要综合运用多种传播平台、传播方式以覆盖

尽可能多的国家地区和人群。如何充分利用新媒体传播渠道与大众喜闻乐见的方式向全球传播和普及中国新型政党制度，已经成为新时代中国新型政党制度话语权建设的一个重大课题。

（四）制度自身的优越性，集中体现"为什么说"的要义

"说了有没有用""说了能不能行得通"的关键在于是否具有坚实的话语"支撑系统"。从本质上看，话语权离不开硬实力的托举。言之无物、言之无据、言之无理、言之无力，不如不言。因此，要让话语权有理有力有利，话语要义要经得起质疑、论证和探究，经得起历史、时间和实践的检验。

就中国新型政党制度国际话语权而言，其最大发力点在于制度自身具有巨大的优越性、不可替代的超前性、可以借鉴的复制性。"打铁必须自身硬""用事实来说话"，只有新型政党制度在加快国家治理体系和治理能力现代化、推进中国社会主义现代化建设、维护和实现世界和平中彰显出无与伦比的力量，才能真正实现国际话语权的增量提质。

（五）话语客体的可接受性，解决"受体认同"的问题

话语权的实现，是靠话语对象自觉接受与认同话语内容来完成的。没有任何一种力量能强制让处在健康清醒状态的个体接受某种思想，况且对话语对象来说，心理状态或认知能力千差万别，更增加了人们认同某种思想的难度。基于此，只有符合大众心理特点、接受方式和认知规律前提下的话语传播，才能获得大众自觉主动的感同和认可。

当前，能否在利益诉求多元的国内环境中保障和满足话语对象的利益需求，能否在意识形态多元的国外环境中将"中国特色"转化为世界表达，考验着中国新型政党制度国际话语权的质量和层次。

三、中国新型政党制度国际话语权的四重维度

话语权不是空穴来风，而是在实践（道路）、理论、制度、文化等方面彰显其特色和价值而被世人所接受和认同的。中国新型政党制度的国际话语权，实际上是在国际层面对中国新型政党制度实践、理论、制度、文化的解释权、表达权、引导权。若要真正理解中国新型政党制度话语权的维度逻辑，必须将其置于中国特色社会主义道路、理论、制度、文化中来统筹把握。

（一）实践维度

方向决定道路，道路决定命运。习近平总书记指出："中国特色社会主义是党和人民历经千辛万苦、付出巨大代价取得的根本成就，是实现中华民族伟大复兴的正确道路。"中国新型政党制度不仅经历了历史的选择和社会的检验，还经历了国家建设的探索和实践，是在中国特色社会主义道路的伟大实践中形成和发展起来的，是在政党、国家与社会三方有机互动、共同努力的过程中确立和发展起来的。中国新型政党制度国际

话语权的实践维度，最重要的一条，就是要始终坚持中国特色社会主义政治发展道路，通过道路实践对中国新型政党制度的历史形成、理论渊源、现实发展、特色优势等进行一系列总结、提炼、阐释，形成一套理论丰富、实践完备的话语体系，用以赢得国际话语主动权。

（二）理论维度

改革开放特别是党的十八大以来，中国在政党制度理论研究方面取得了实质性成果，形成了中国新型政党制度的理论体系框架，这是中国新型政党制度国际话语权的理论维度。中国新型政党制度之所以能在中国社会土壤上茁壮成长，说明了其理论本身具有相当的合理性，而制度实践的成功更进一步印证了其理论的科学性。当然，在现实实践中，这一制度还需要不断丰富完善和创新发展，通过对发展过程中产生问题进行积极回应、深入思考、深度研究、科学探索，不断总结新经验，提炼新观点，阐释新问题，形成新思想，以新的重大理论观点和重大战略思想不断充实、丰富和发展中国新型政党制度理论体系。

（三）制度维度

中国共产党领导的多党合作和政治协商制度，是中国新型政党制度国际话语权的制度维度。中国政治制度的突出优势在于，中国共产党作为执政党，能够团结其他政党，在共同协商的基础上，制订出一揽子务实而长远的发展规划和奋斗目标，并能够将国家意志转化为全体中国人民为之共同奋斗的前进动力，这在世界上其他国家是很少见的。中国新型政党制度，体现在中国共产党的领导、多党合作、政协协商三个方面，是相互联系、有机统一的，只有将三个方面的效能发挥到最优，多党合作的制度效能才能实现最大化。只有实现中国新型政党制度价值和功能的最大化，才能彰显出新型政党制度的优越性，才能在国际上拥有相当的话语权。

（四）文化维度

《中国新型政党制度》白皮书指出："中国新型政党制度植根于中华优秀传统文化。在人类文明的历史长河中，中国人民创造了源远流长、博大精深的优秀传统文化，倡导天下为公、以民为本，崇尚和合理念、求同存异，注重兼容并蓄、和谐共存，为中华民族生生不息、发展壮大提供了强大精神支撑，也为中国新型政党制度的形成发展提供了丰富的文化滋养。"新型政党制度之所以行得通、有生命力，关键就在于它深深植根于中国的社会土壤中，是中国五千多年历史积淀和文化传承的产物。中国共产党团结带领各民主党派、无党派人士在革命、建设、改革的实践中所创造的以"民主、团结、合作"为核心的现代政治文化，是中国新型政党制度发轫的根基所在、力量源泉。这种文化根深叶茂、生命力强大，浸润和贯穿在政党制度的方方面面，不断丰富和发展着政党制度的内涵，为政党制度的完善和发展提供了基本的价值导向和深厚的营养支撑。中国新型政党制度国际话语权，就是要以世界眼光、国际视野，弘扬中国政治文化健康底蕴，积极学习借鉴世界各国人民创造的文明成果,去粗取精、取长补短、为我所用,着力形成"具有中国特色、中国风格、中国气派,讲得通、听得懂、信得真"的话语表述。

四、中国新型政党制度国际话语权的制约因素和薄弱环节

国际话语权,是一个国家国际地位的重要组成部分。目前,中国在包括新型政党制度在内的国际话语权方面尚未拥有与国家实力相匹配的声量。中国新型政党制度国际话语权主要制约因素和薄弱环节有以下几个方面。

(一)综合国力的竞争实力还不够强

综合国力是国际话语权拥有的重要基础和必要支撑。改革开放特别是党的十八大以来,我国经济发展突飞猛进,取得了令人瞩目的成就。但是我国是一个拥有14亿多人口的大国,目前依然是一个发展中国家,依然处在社会主义初级阶段,在某些领域核心技术匮乏,优势竞争力、主导引领力还不够强,还存在着一定程度上受制于人的现实困境,这些在无形之间制约了我国国际话语权的影响力。

(二)西方发达国家的政治偏见和价值渗透

中国共产党在革命、建设和改革中逐步探索形成的以中国新型政党制度为核心的政党制度和政党理论,推进了中国民主政治发展,为丰富和完善世界政党理论做出了贡献,但是,目前政党制度及其理论的国际话语权仍然掌握在西方发达国家手中。面对中国新型政党制度话语权建设时,西方发达国家刻意扭曲中国的多党合作制度,认为不过是"花瓶""摆设",放大中国共产党的领导地位,宣称我国是一党独大的政党制度。他们也不承认中国新型政党制度的合理性和优势性,认为不属于任何一个理论体系,一直将中国的多党合作制度边缘化、妖魔化。另外,西方国家一直宣扬普世价值观,认为西方自己的政治文化才是最优越的,面对中国的优秀文化价值时,西方国家和政党首先想到的是借助各种手段打压、指责、诋毁,企图让中国的文化自信和制度自信瓦解。西方国家还一直在世界范围内推广西方民主政治,企图将中国的民主政治"西方化",他们借助网络、电视、广播等媒介,采用渗透式的方式向我国灌输西方民主政治,企图从内部瓦解中国民众对中国新型政党制度的自信和认同,同时还在国际舞台上拉帮结派,给新型政党制度国际话语权建设带来了冲击和挑战。

(三)我国国内尚未形成权威的理论研究体系

国家政党制度需要有权威的理论体系为支撑。虽然中国的经济政治文化已经得到了飞速发展,但就中国新型政党制度的思想、学术理论研究目前尚在建设之中,还没有形成一个完整的体系。虽然国内已有一些学者研究中国新型政党制度的话语体系,但还处在探索和起步阶段,现在是一个"摸着石头过河"的状态,加上受到西方国家话语霸权的打压,目前还没有进行系统的理论建构,具有原创精神和说服力的高质量研究成果较少。我国一些重要的话语体系建设滞后,认识误区、认识混乱以及认识偏差等现象较普遍。

（四）执政党国际话语权的引领力、开放力、透明力还有待提升

一个国家政党制度的国际话语权,很大程度上取决于这个国家执政党的执政理念、引领力、开放力和透明力。作为执政党,中国共产党应以更加开放、更加透明、更具说服力的姿态向国际舞台传达中国执政理念、政党关系发展现状、政党与社会契合度以及政党与民众之间的互动响应情况,积极回应国际社会关切,实事求是、有理有据、不卑不亢,以赢得国际社会的广泛理解、接纳和认可。目前尚未在制度化、组织化、常态化上形成一套系统化分层保障体系,中国新型政党制度国际话语权构建的主体作用发挥不够。

（五）我国政党间国际话语权构建没有形成合力和向心力

新型政党制度的历史逻辑、现实逻辑和理论逻辑,离不开所有党派的发声助威、解释传播。在这方面,各民主党派做得还不够。此外,涉及国家新型政党制度的特殊性和优势性,各民主党派在发声的着眼点和发力点上,在话语权构建的凝聚力和向心力上,做得还不够。

（六）国际话语权领军人物、代表人物匮乏

涉及国家新型政党制度国际话语权,目前,我国还没有形成足够强大的学者矩阵,表现为大师级、教授级的领军人物、代表人物匮乏,与我国新型政党制度国际话语权的迫切需求不相匹配,从一个侧面影响了我国新型政党制度国际话语权的扩张力、深耕力、持久力和影响力。

（七）广大民众的自我参与力,对外传播力和意识形态判断力、把控力、应对力不够

新型政党制度牵涉到不同层面民众的政治主张和利益表达。在这方面,民众参与的自觉性、积极性和能动力,还没有达到一个应有的高度和层次,导致话语权建设严重滞后和集体失声噤声。部分民众明辨是非能力不足,人云亦云、崇洋媚外、自我矮化;部分民众盲目乐观、唯我独尊,认为我们有上下五千年的灿烂历史和文化底蕴,中国的政党制度是独一无二的,理应被世界其他国家接纳和认可,理应有足够的话语权,而忽略了国际话语权斗争的严峻性、残酷性和曲折性。

（八）话语体系建设精准发力不够

话语体系建设精准发力不够表现为:专业化研究机构、智库团队关注度不够,国内研究力量薄弱;媒体宣传过于官方化,宣介体系建设薄弱,内容单一,亲和力还不够,效果不明显,话语的国际传播能力比较弱;国家间、政党间交流对话针对性不强,外交策略及对外交往话语权开放度和透明度与大国地位不相称;国际话语权的信息化、智能化建设有待进一步加强等。

五、提升中国新型政党制度国际话语权的原则要求

中国新型政党制度国际话语权的提升,应坚持一定的原则要求,以达到提质增效之目标。

（一）坚持中国共产党的领导

坚持中国共产党的领导，是中国新型政党制度得以顺利运行和落实的保证，是提升国际话语权的根本所在。纵观近代中国发展史、新中国史、改革开放史和社会主义发展史，近代中国试过君主立宪制、共和议会制、总统共和制，哪条路都走不通；辛亥革命后尝试过多党制，国民党推行过一党制，都无法使中国走向民主和富强。只有中国共产党领导的多党合作和政治协商制度，才是符合中国国情和中国政党政治发展的正确道路。在当今时代，中国之所以能够在国际政治风云变幻中保持社会稳定，在世界经济全球化进程中站稳脚跟并逐渐崛起，根本原因就在于我国坚持和发展了中国特色社会主义，坚持和完善了中国共产党的领导。习近平总书记指出："中国共产党领导是中国特色社会主义最本质的特征，是中国特色社会主义制度的最大优势，是党和国家的根本所在、命脉所在，是全国各族人民的利益所系、命运所系。"随着中国经济社会不断发展，中国共产党领导的多党合作制度和政治协商制度已向世人证明了其内在的价值优势和蓬勃生命力，中国新型政党制度体系已日渐成熟和完善。

（二）坚持问题导向、目标导向和结果导向

问题、目标、结果是事物发展的"一体三面"，三者相互贯通、相互承接、相辅相成。问题是出发点，目标是根本点，结果是落脚点。坚持问题导向、目标导向、结果导向这三个导向，是辩证统一的有机整体，是推进国际话语权高质量发展的路径，是做好新型政党制度国际话语权构建的基本方法。

马克思曾深刻指出："一个问题，只有当它被提出来时，意味着解决问题的条件已经具备了。"坚持问题导向，就是以解决影响和制约中国新型政党制度国际话语权问题为指引，集中优势力量和有效资源攻坚克难，抓准主要矛盾和矛盾的主要方面，然后切中矛盾的要害，抓住化解矛盾的着力点，找到解决矛盾和问题的突破口，全力化解中国新型政党制度国际话语权构建工作中的突出矛盾和问题。坚持目标导向，就是以实现中国新型政党制度国际话语权分量为方向，持之以恒、一步一个脚印地朝着既定目标奋斗前行。坚持结果导向，就是以中国新型政党制度国际话语权构建成效为标准，以实实在在的业绩接受检验、评判工作。

（三）坚持实事求是、客观真实

实事求是、客观真实是事物发展规律的本质要求，也是中国新型政党制度国际话语权提升的重要准则。

向世界、社会和民众展示中国新型政党制度话语权，必须要客观真实地宣示中国新型政党制度的历史渊源、发展历程、主要特征、基本内涵、价值功能、重要作用；要立足多党合作的实际，全方位贴近执政党与参政党合作的具体实践，体现"长期共存、互相监督、肝胆相照、荣辱与共"方针的客观要求；要充分反映参政党"参政议政、民主监督、政治协商"履行职能的全过程，充分展现人民政协协商民主的具体实践。

中国新型政党制度国际话语权要实事求是、客观真实表达，既要充分考虑他国、社会公众对话语内容的理解和认同，又要根据受众差异，充分运用国际上通用且规范的方式以及能够接受的话语进行表述和介绍。只有多党合作制度话语表达具备针对性和有效性，才能提升中国新型政党制度的国际话语权。

（四）坚持兼收并蓄

《中国新型政党制度》白皮书指出，中国共产党领导的多党合作和政治协商制度是中国的一项基本政治制度。这一制度既植根中国土壤、彰显中国智慧，又积极借鉴和吸收人类政治文明优秀成果，是中国新型政党制度。中国新型政党制度既具有世界政党制度发展的普遍规律性，又体现了中国国情的自身特殊性。这个制度具有强大的包容性，它既是中国的，也是世界的。

提升新型政党制度国际话语权必须坚持兼收并蓄、开放包容。一方面，要植根中国土壤，从中华优秀传统文化中汲取营养智慧和历史经验，系统总结中华优秀传统文化旺盛生命力的历史规律，深刻借鉴中华传统文化在中西交融中的"黏性"作用，对中华优秀传统文化进行必要的、适宜的内涵创新、形式转化及语境重构，真正发挥其在中国新型政党制度话语体系中的特殊价值；另一方面，要以开放的姿态、世界的眼光、包容的胸怀，借鉴和吸收人类政治文明的优秀成果，学习和借鉴西方政党制度的有益经验，不断推进中国新型政党制度完善和发展，使其在国际层面上更加具有指导作用。

六、提升中国新型政党制度国际话语权的路径

中国新型政党制度国际话语权的提升，是一个系统的、长期的艰巨工程，需要坚持问题导向、目标导向和结果导向，从不同角度、不同侧面、不同层面多方施策、精准发力、久久为功。

（一）提升综合国力的竞争实力，夯实国际话语硬实力

"弱国无外交"，发展是硬道理。一心一意、聚精会神谋高质量发展，拥有国际话语的底气和硬气，是提升我国国际话语权的关键之举。只有国家具有了相当的综合竞争实力，才能从根本上奠定在国际上的地位和影响力，才能在国际舞台上拥有属于自己的话语权。反观西方发达国家，依靠强大的军事实力直接取得国际话语权，依靠雄厚的经济实力获取国际话语权，依靠意识形态主导权获得国际话语权，无一不是强大综合国力的具体体现和深刻反映。提升新型政党制度国际话语权，需要始终如一地坚守以全面提高国家综合国力的竞争力为基础和关键，不断提升包括军事、科技、文化等竞争实力在内的综合国力，以高质量发展的事实彰显中国新型政党制度的适宜性和优越性，达到相互印证、相互促进、相得益彰的实践成效。

（二）多措并举，扭转西方国家对我国的政治、理念偏见

开放、透明、对话、平和，是我国对外交往交流应有的态度和做法。国际话语权之竞

争，说到底是东西方经济、政治、文明、意识形态等的碰撞和博弈。对外开放是我们始终坚持的方向和策略；有事好好说话、开诚布公地说，亮出中国虚心平和的心态和姿态；有针对性地加强与世界各国真诚交流的对话，加强对外经济、文化等的往来，客观真实表达我们的意愿、看法和观点，使世界更多、更快、更翔实地了解中国、走近中国、接纳中国、欣赏中国；积极借鉴世界优秀文明成果，他山之石、可以攻玉，兼收并蓄、为我所用；要团结一切可以团结的世界力量，展现出中国和平友好包容的胸怀，壮大我们的发声圈和迎合力；对于肆意践踏、恶意诋毁、别有用心攻击中国新型政党制度的行径，要勇于亮剑、善于斗争、敢于说"不"；警惕和把控好西方国家对我国意识形态领域的价值渗透和制度颠覆，不遗余力地将国内民众特别是青少年一代的思想意识形态引领好、教育好、把持好。

（三）完善理论体系，加快建构国际话语软实力

中国新型政党制度是一项伟大的政治创造，是植根于中国土壤的优秀政治文明。我们的探索和研究还需要更加广阔和深入，还需要更加契合世界发展之大势。唯有对我国新型政党制度的基本构成、运行机制、独特优势等进行理论概括和实践阐释，形成一整套成熟的科学的理论体系，达到国际社会高度关注、广泛认可和用以指导世界的层次，我们才有更大的国际话语权。要加快完善与马克思主义中国化相适应的新型政党理论，创立中国新型政党制度理论体系和学科体系；要坚守创新底线和法治思维，坚持马克思主义的指导地位，用马克思主义政党学说指导中国新型政党制度理论创新；要着力提出中国新型政党制度的新概念、新范畴、新表述、新观点等，打造新型政党制度的学术概念、学术语言、学术风格；要以中华传统文化理念为切入点，阐释中国新型政党制度所蕴含的"天下为公、和合和谐、兼收并蓄、求同存异"等优秀传统文化理念，讲清中国新型政党制度的文化基因，让世界各国和广大民众认识其历史渊源、发展历程和价值理念，认可其产生发展的必然性和独特性；要加快中国新型政党制度理论研究人才队伍建设，为提升新型政党制度国际话语权提供智力支撑和队伍保障。

（四）全方位提升执政党国际话语分量和层次

立足国际国内两条主线、和平与发展两大主题，找准我国发展坐标和角色定位，统筹兼顾，统筹谋划，统筹发力，为世界和人类发展贡献中国更多智慧、更大力量；加强国家领导人与世界对话交流，向全世界展示一个开放透明、和平包容的中国环境；加强执政党自身建设，积极回应和关切世界对中国重大问题的看法和理解，切实提升执政党国家治理能力和治理水平，切实贯彻好"依法治国""政治协商"之大政方针，切实解决好国内发展矛盾、民生问题、民众诉求和意愿；充分借鉴和吸收别国优秀文明成果，尊重和包容别国发展经验，扩大"朋友圈""社交圈"，在国际舞台上展现出更多更大的中国责任担当；善于倾听来自国内外的不同声音，有则改之、无则加勉，要有正视差距、承认不足、承担责任的勇气和底气；善于运用法治思维和民主理念解决问题和矛盾。

（五）增强我国政党间对外同向发声发力的合力和力度

充分利用好多党合作、政治协商机制，在涉及重大问题上要注重前期沟通对话、广泛听取意见建议，以期实现统一口径、统一理念、统一步调对外发声和交流；切实加强各民主党派及无党派自身建设，全方位提升各民主党派政治把握能力、参政议政能力、组织领导能力、合作共事能力、解决自身问题能力，找准自身政治角色定位，转变参政党"局外人"的思想观念和行为做法，形成我国党派间对外同向发声发力的强大合力；各民主党派及无党派应加强对我国新型政党制度的理论、学术研究，为我国新型政党制度理论体系贡献党派力量；充分发挥各民主党派及无党派人士智力密集、拥有海外经历等资源优势，加强海外交流对话，传递正能量，传播中国故事，传输新型政党制度特色优势理念；各民主党派及无党派应勇于发声、善于发声、敢于发声，在符合国内外法律的前提下，积极就国内外重大问题、重大课题、重大事件等阐明自己的理念、观点和看法，汇聚起研究国际话语的浓厚氛围。

（六）加快打造大师级、教授级国际话语领军人物、代表人物

国际话语权，除了综合国力水平的竞争外，另一个关键因素就是人才。中国新型政党制度理论研究需要人才，对外交流交往需要人才，国际话语的发声对话也需要人才。在这方面，我们要加快吸收和组建不同层次、不同派别的优秀人才到中国新型政党制度国际话语建设的队伍中来，注重观察和培养，注重锻炼和实践，造就越来越多代表中国发声的大师级、教授级国际话语领军人物、代表人物，以加快世界了解中国、认可中国、接纳中国、学习中国的进程；要加快储备各层级新型政党制度国际话语人才库、智囊库，构建起与国际话语权相匹配的高级专门人才库，让世界听到中国声音，感受到中国力量；要通过多种方式，加强国际话语领军人物、代表人物与世界各国政要、专家学者和社会民间组织的交流对话、观点碰撞、理念交融，进一步让中国声音走向世界、走向国际舞台。

（七）拓展广大民众国际话语的积极性、能动性和参与度

重视对海外留学生、出国劳务人员及民间团体等人群国际话语的培训、传播和引导，依托他们身居国外的有利条件，引导他们积极传递中国正能量声音，积极展示中国民众良好的素养和素质，积极宣介中国新型政党制度的优越性和独特性，积极赢得国际话语的主动权、有利位置，让中国故事、中国声音、中国理念在世界各地传播，打造国际话语"人人参与，齐头并进"的局面；重视国内经贸往来群体国际话语的培训、引导和支持，依托他们现身说法，提高与世界各国民众的交往交流频率，大力宣介中国新型政党制度的特色，增加中国国际话语的砝码；在国内青少年课堂里适当增加新型政党制度的理论内容，加强爱国主义、社会主义、中共党史教育，让越来越多的青少年认识到中国新型政党制度的优越性，自觉成为建设、维护新型政党制度的生力军；正确处理好人民内部矛盾和信访问题，让越来越多的民众感受到公平正义，感受到发展成果利益惠及，感受到繁荣稳定、和

谐共荣,自觉加入营造新型政党制度国际话语权的队列中来。

(八)精准发力话语体系建设,增强国际话语实效

遵循话语权演化规律,把握好、运用好东西方话语竞相登场、平等对话、博采众长、共同发展的机遇,强力提升中国新型政党制度话语权;加强新型政党制度专业化研究机构、智库团队建设,进一步增强研究的针对性、科学性和方向性;进一步将中国共产党领导的多党合作和政治协商制度的真实优势概括好、介绍好、彰显好,打造"拳头""硬实力"宣介产品,增强宣介的立体感和生动性;切实加强外宣工作,充分利用各种媒介,夯实对外传播工作质量,增强对外传播功率,提高我国新型政党制度海外认知的广度和深度,让越来越多的世界民众听到中国故事,了解中国方案,知晓中国政党制度有别于其他政党制度的独特性和优势;依据受众对象国家文化特点,有针对性地设计出不同的传播方式,运用多语种讲好中国多党合作故事,使对方能够听得懂、易于接受;发挥好媒体的桥梁纽带作用,注重加强对"一带一路"沿线国家的对外传播、文化交流和宣传互动,推进中国新型政党制度文化软实力传播;切实加强中国新型政党制度国际话语的信息化、智能化建设,提升国际话语的工作实效。

(作者单位:致公党青岛市委员会)

关于联系服务人民群众的实践与思考

青岛市即墨区政协

党的十九大把"坚持以人民为中心"作为新时代坚持和发展中国特色社会主义的基本方略之一,并写入党章。人民政协事业是党的事业的重要组成部分,党的初心使命就是人民政协的初心使命。习近平总书记强调,人民政协要把不断满足人民对美好生活的需要、促进民生改善作为重要着力点,倾听群众呼声,反映群众愿望,抓住民生领域实际问题做好工作,协助党和政府增进人民福祉。新的历史时期,人民政协必须深入贯彻习近平总书记关于加强和改进人民政协工作的重要思想,立足人民政协的新使命,践行以人民为中心的思想,密切联系群众、服务群众、引导群众,在推进政协民主建设中反映民意、汇集民智、维护民利、凝聚民心,把"人民政协为人民"落到实处。

一、在联系和服务群众方面发现的问题

(一)委员服务力量不均衡

政协委员一般来自于各个社会阶层的骨干,本职工作任务比较繁重,当履职活动与岗位工作存在冲突时,履职时间难以得到保证。此外,我区政协设置了17个政协委员界别组和16个镇街政协委员联络室,界别委员人数较多,而驻镇街的委员人数较少,多为4到5人,服务力量和专业水平较界别委员相对薄弱。

(二)联系服务群众的精准性和受益面不够

委员在联系服务群众的过程中,多是站在自身角度考虑服务内容,依据自身特长为社区群众提供服务,而对社区群众的实际需求考虑不够,且在开展服务过程中,受到地域和时间限制,往往只有在开展活动的社区能够享受到委员提供的服务,大大减少了受益面。

（三）委员帮助群众反映问题时不够直接、全面

我区政协在组织委员联系服务群众的过程中，广泛听取和收集群众的意见建议，了解关乎群众切身利益的相关问题，但是委员在帮助群众反映问题的过程中，因为有些问题涉及具体的部门或单位，且部分委员对政协民主监督的认识还不到位，存在怕得罪人、怕麻烦的心理，很容易根据个人意愿或观点对群众所反映的问题进行"加工"，导致反映问题的准确性和全面性有所偏差。

二、青岛市即墨区政协在服务群众中的创新和实践

（一）打造联合联系服务群众模式

青岛市即墨区政协在引导委员整合利用委员个人、亲朋好友以及委员所在单位和组织三方面资源优势开展服务活动的基础上，面对部分镇街驻政协委员较少的问题，安排17个界别组和16个联络室一一结对，建立了由镇街政协委员联络室牵头，结对的政协委员界别组配合的组室抱团服务群众模式。同时，针对组室委员的服务满足不了社区群众一些专业性较强的服务需求问题，区政协将70名具有专业特长的委员组成卫生保健、农业发展等13个专业性服务小组，并根据社区需求统筹调配服务资源，形成了"1+1+N"的服务资源整合模式，充分调动了政协组织和政协委员所能掌握的各类服务资源，形成了服务群众的合力。

以我区鳌山卫街道为例，以往驻街道委员是利用个人的力量服务群众，能为群众办的事情有限。即使是把驻街道的5名委员全动员起来，也难以满足社区群众各种各样的需求。按照区政协建立的"1+1+N"服务资源整合模式，街道政协委员联络室通过与区政协法制界别组结对，常态化地开展了法律讲座、法律咨询、化解矛盾纠纷等活动，打造了委员参与社会治理的法制工作线。再加上区政协专业服务小组的支持，使社区群众的多数需求都能得到解决。

（二）坚持问题导向原则，建立服务覆盖系统

在委员进社区联系服务群众活动中，我们确立了"社区所需、政协所能"的基本原则。由镇街委员联络室指导社区收集居民的实际需求，列出社区所需清单，然后再由本组室委员根据清单，结合自己的专业特长，确定并公开年度进社区的服务承诺；社区的临时性服务需求则由组室直接安排相关委员开展服务。这避免了以往委员开展服务活动随意化、碎片化和低效化的问题，确保委员进社区服务的精准性、系统性和实效性。针对委员服务联系群众受地域和时间限制问题，我区政协探索建立了"一中心全覆盖"的宣传教育模式。"一中心"，即在每个镇街选择一个中心社区建立委员讲堂。"全覆盖"，即投资18万元装备了线上线下结合的"小鱼易联"系统，实现每个镇街"委员讲堂"的讲授内容在镇街所有社区都能同步收看，同时社区群众通过手机扫描二维码的形式也可同步收看，且可以登录APP随时随地收看回放，扩大了社区群众受益面。

目前我区政协267名委员已公开承诺服务社区群众事项541项，已组织委员进社区、企业、学校、市场等先后开展了创城宣传、疫苗接种、预防金融诈骗、健康保健等知识的宣传讲座40场次，受益群众达2.5万余人次。委员们积极参与前置性矛盾化解，已参与调处矛盾纠纷和协助有关单位解决信访案件96起，为群众做好事实事183件，为促进社会和谐健康发展发挥了积极作用。

（三）创新反映问题方式

为了使委员在为民履职行动中更加方便、快捷地反映情况，推动问题快速整改、解决，我区政协结合开展的"听民声、讲实情、道真言"反映社情民意活动，在"智慧政协系统"的基础上专门设立了"反映社情民意专号"，并建立起一整套受理、转办、反馈、通报机制。广大委员采取"随手拍"的形式，随时随地将发现的影响群众生产生活的具体问题，通过"现场图片+简单说明文字+微信定位"的形式发送至该"专号"。收到问题后，及时转交给相关职能部门或上报"区委督查专号"，督促委员反映的问题得到快速解决。

统一用"反映社情民意专号"向部门转交委员反映的问题，使委员不再有"得罪人""添麻烦"的心理负担；同时，及时将部门办理成效向委员进行反馈，激发了委员通过"随手拍"反映问题的积极性。如在我区开展"全国文明典范城市创建"工作以来，广大委员已通过这一方式反映具体问题342个，有效推动了影响城市形象和群众生产生活问题的及时解决。

"反映社情民意专号"设立以来，收获了五大成效：一是委员反映问题更全面。委员通过图片和文字描述，可以随时且全面地反映问题；二是相关部门掌握情况更直观。职能部门通过照片，可以更加直观地了解情况；三是职能部门到达现场更迅速。通过微信定位，可以更加迅速地找到委员所反映问题的具体位置；四是部门办理更有力。通过限期办理和区委督查专号督办，避免了部门拖沓、推诿的现象。五是部门反馈更便捷。部门通过整改后的现场照片进行反馈，简化了反馈流程。

三、在联系服务群众方面的经验启示

（一）委员是做好联系服务群众工作的基础

委员是政协工作的主体。依靠委员、信任委员，充分发挥好委员的主体作用，是做好政协工作包括联系服务人民群众工作的关键。在联系服务群众工作中，政协机关要善于调动委员的积极性，提高委员联系服务群众工作的思想认识，帮助委员克服"怕麻烦""得罪人"的思想包袱，同时保护好委员切身利益，让委员承担更多的责任和任务，真正让委员帮助群众反映问题、解决问题。

（二）创新是加强联系服务群众的重要法宝

"在继承中发展、在发展中创新"是政协组织长期以来在实践和发展中积累的宝贵经验，也是做好新时代政协工作需要不断弘扬的优良传统。在新的形势下，要善于把握客观情况，探讨政协履行职能中迫切需要解决的问题，用理论创新推动工作创新。加强联系服务群众工作也要通过不断创新来解决新问题、发展新经验，将帮助人民群众解决实际问题作为出发点和落脚点，从服务形式、服务资源、服务内容等方面加强探索。

（三）资源整合是加强联系服务群众的重要保障

政协联系服务人民群众是一项综合性较强的工作，需要调动多方资源，发挥人民政协资源广泛的特色优势，提升政协履职能力现代化建设。在开展联系服务群众过程中，要重点整合利用好两方面资源：一是整合好委员个人、亲朋好友、所在单位和组织等资源；二是整合好各界别资源，变以往"单打独斗"为"结对抱团"，建立起既展现政协特色又符合我区实际的新型服务模式，使服务效益最大化。

（四）要厚植人民政协的群众基础

开展联系服务群众工作，要发挥政协联系面广、信息反馈快的优势，加强对弱势群体的关注，发挥政协自身优势，多做化解矛盾、理顺情绪、促进稳定的工作，多做凝聚人心、集聚人气、促进和谐的工作，多做为民解难、为民谋利的工作，协助党委、政府处理好人民内部矛盾，配合党委、政府竭力消除影响社会政治稳定的因素。开展服务活动时，要多邀请有关职能部门和镇街的有关同志参加，借助他们对当地情况的了解和业务知识，增强服务活动的针对性和精准性，提高服务活动的科学性和可行性，同时促进相关的意见建议得到及时采纳并转化实施。

人民政协凝聚共识职能的价值意蕴及建设路径

柳 逊

自党的十八大以来,习近平总书记对于人民政协工作建设提出了一系列工作部署,其中包含了对于凝聚共识工作的时代要求。2018年发布的《中共中央关于新时代加强和改进人民政协工作的意见》在人民政协履职工作的中心环节中包含了对于加强凝聚共识的时代要求,提出"人心是最大的政治,共识是奋进的动力。实现新时代党的历史使命,必须广泛凝聚共识,汇聚起各族人民大团结的力量。要在坚持做好政治协商、民主监督、参政议政工作的同时,把凝聚共识作为政协重要职能"。通过人民政协凝聚共识的职能推动统一战线工作的完善部署,敦促我国社会各界群体及海外侨胞紧沿中国共产党的脚步,形成国家发展、民族复兴的伟大合力。

一、人民政协凝聚共识职能的价值意蕴

当前时代背景下,国内外格局形式复杂多变,各类政治冲突与思想文明的碰撞频发,我国人民政协凝聚共识职能的重要性得以凸显。对于凝聚共识职能的价值意蕴的把握是研究凝聚共识职能在人民政协职能体系中定位与独有特质的基础,主要从以下3个角度展开。

(一)凝聚共识是巩固中国共产党执政地位的基本要求

中国共产党的领导是中国特色社会主义最本质的特征,也是人民政协政治原则的底线。习近平总书记曾指出,中国共产党的领导是人民政协事业建设的前提与保障。人民政协是中国共产党统一战线工作的组织,通过协商方式与民主程序推动我国人民得以接近、了解并参与政治活动,使党的方针政策得以在全国范围内深度传达,并使真实的社情民意得以向党中央传达,推动我国社会各界人民凝聚力量、增进共识,坚定维护中国共产党的执政权威,坚决服从中国共产党的集中统一领导,最终衍生为对于社会主义信念、共产主义信仰的高度精神认同,形成中华民族的新时代向心力。因此,凝聚共识是巩固中国共产党执政地位的基本要求,使我国人民在"旗帜鲜明,立场坚定"的信念

下为新时代中国特色社会主义事业贡献力量。

（二）凝聚共识是人民政协工作的中心环节

人民政协自诞生以来，在至今70余年的工作实践中对于我国革命、建设、改革等一系列事业建设居功甚伟，其中凝聚共识职能是人民政协得以发挥作用的重要途径与中心环节之一。党的十八大以来，党中央高度重视人民政协的凝聚共识职能，习近平总书记多次就凝聚共识问题发表重要指示，指出要将加强思想政治引领、广泛凝聚共识作为人民政协履职工作的中心环节。2020年12月，根据颁布的《关于加强和促进人民政协凝聚共识工作的意见》中的核心思想，更将凝聚共识职能融入了人民政协履职的血脉肌骨之中，提出要将人民政协建设成为以党的思想理论教育引导人民、化解社会矛盾、形成思想共识的重要平台，同时加强对凝聚共识工作的指导，对其中典型模范经验以及存在问题进行研究，坚持以团结和民主为两大主题推动人民政协发展。

（三）凝聚共识是人民政协工作顺应"两个大局"的必然趋势

习近平总书记指出，当前我国发展正处于重要战略机遇期，面临着两个时代大局：其一为"当今世界正经历百年未有之大变局"，其二为"中华民族伟大复兴战略全局"。"两个大局"是党中央对于当下国内外形势的重大战略预判，而对于"两个大局"的统筹工作则是面对风险、迎击挑战的科学战略规划。在"两个大局"背景下，我国社会思潮多元化趋势加重，人民极易受到历史虚无主义等各类歪曲社会思潮的侵染，其中部分个体歪曲解读党史、恶意丑化革命先烈的新闻报告屡见不鲜，造成极为恶劣的社会影响。因此习近平总书记提出要将"加强思想政治引领、凝聚共识工作"作为人民政协今后一段时期内要抓好的重要工作之一。凝聚共识的重要价值意蕴在此得以彰显，通过凝聚共识使广大人民群众坚持正确价值导向不动摇，推动了人民政协工作对于"两个大局"的正确把握与科学顺应。

二、人民政协凝聚共识职能的鲜明特质

人民政协的三项最主要职能为政治协商、民主监督与参政议政。凝聚共识职能的整体内涵及部分具体方面与三项主要职能存在一定差异，具有自身所独有的鲜明特质。

（一）参与主体更加广泛

2015年，中共中央办公厅印发《关于加强人民政协协商民主建设的实施意见》，其中就加强人民政协协商民主建设的重要意义的表述中明确指出："人民政协协商民主是在中国共产党领导下，参加人民政协的各党派团体、各族各界人士履行政治协商、民主监督、参政议政职能。"因此人民政协主要职能的参与主体是参与人民政协的各党派团体及社会代表人士。而人民政协凝聚共识职能的参与主体则更加广泛，履职主体为我国各级政协组织与"参加中国人民政治协商会议全国委员会和地方委员会的单位和个

人"，其中以政协组织为核心。根据2020年发布的《关于加强和促进人民政协凝聚共识工作的意见》，凝聚共识职能具体工作面向包括我国少数民族界和宗教界、党外知识分子、非公有制经济人士、新社会阶层人士、港澳台同胞在内的我国社会全体人民以及海外侨胞。

（二）贯穿人民政协履职全过程各方面

2018年最新修订的《中国人民政治协商会议章程》对于政治协商、民主监督、参政议政三项主要职能的工作范围进行了标准规范。而《关于加强和促进人民政协凝聚共识工作的意见》指出："做好人民政协凝聚共识工作，首先要更好凝聚政协委员的共识，把凝聚共识贯穿人民政协政治协商、民主监督、参政议政各项职能之中。"因此凝聚共识职能与前三者主要职能并不属于完全的平等并列关系，而是渗透于贯穿政治协商、民主监督、参政议政的肌体血脉之内。人民政协各项职能的核心思路都离不开对于凝聚共识的推崇与把握，其所开展贯彻的一系列工作皆离不开凝聚共识职能所蕴含的重要政治价值意蕴。通俗来讲，政治协商、民主监督、参政议政的主要职能是人民政协得以正常运转的零件，而凝聚共识职能则是每个环节所不可或缺的润滑剂。

三、人民政协凝聚共识职能的建设路径

人心是最大的政治，共识是奋进的动力。人民政协凝聚共识职能的建设路径主要体现为四个层面：第一，突出政治引领，明确人民政协凝聚共识职能的正确价值引领；第二，强化人民政协凝聚共识职能的基础理论体系的学习研究，筑牢思想基础；第三，完善人民政协相关宣传工作，提升各层级单位的宣传工作能力；第四，推动凝聚共识的路径渠道建设，使社会各界的利益诉求得以有效传达。

（一）坚持正确价值导向

改革开放以来的实践经验已经证明，中国特色社会主义才是中国发展进步的根本引领，新时代中国要坚定"四个自信"。人民政协作为政治组织，坚持正确价值导向是生命底线所在，旗帜鲜明讲政治是其当仁不让的必然职责，要明确以习近平新时代中国特色社会主义思想为代表的一系列党的先进理论思想为正确价值导向，推动凝聚共识工作的开展。

人民政协凝聚共识职能的建设工作应将展现中国特色社会主义优越性、中国新型政党制度生命力为核心方向，使带有红色基调的中国政治话语体系得以发声，向国际社会展现新时代中国的正确前进方向与坚定信心，为国内各族各界人民群众提供精神引领，在精神和政治意识层面形成为中国特色社会主义事业以及中华民族伟大复兴中国梦奉献自己的伟大信念。同时，人民政协要牢固树立底线意识与红线思维，为其凝聚共识职能注入及时、正确的价值引领，其中包括爱国主义、集体主义以及艰苦奋斗精神等，具体表现为雷锋精神、红船精神、抗战精神、"两弹一星"精神、载人航天精神等呈现形式。

（二）强化基础理论的学习研究

首先是加强关于凝聚共识职能的理论学习，深入学习贯彻习近平新时代中国特色社会主义思想。鉴于当前时代背景，认真开展"六史"学习工作，提升对于中国共产党史、新中国史、改革开放史、社会主义发展史、统一战线历史以及人民政协历史的深度了解，提升对于"中国共产党为什么能""马克思主义为什么行""中国特色社会主义为什么好"的时代认知，形成"爱党爱国爱社会主义"的精神共识，筑牢中国14亿人民团结奋斗的共同思想政治基础。

其次是加强人民政协凝聚共识职能的基础理论研究。任何学科工作的成就与纵深发展都构建于其基础理论研究之上，基础理论体系的正确性决定了该领域发展的最终高度，对于人民政协凝聚共识职能的理论研究也是如此。古人曾讲十年磨一剑，基础理论的研究工作往往在短期内难以看到成效，需要一个量变到质变的长期过程，因此关于人民政协凝聚共识的基础理论体系的研究是无法操之过急的。人民政协组织应积极搭建理论创新阵地，同全国各地党校、高校等相关部门机构形成长期科研对接，开创人民政协凝聚共识职能的专项研究计划，提高研究人员所必需的政策支持及经济补助，为人民政协凝聚共识职能的基础理论体系的研究发展提供稳定的生长时期。

（三）完善人民政协相关宣传工作

加强人民政协宣传工作的重要前提是提高各级领导干部对人民政协相关宣传工作的重视。首先，要加强坚持党的领导的宣传教育活动。人民政协作为中国共产党宣传工作的重要阵地之一，需要将坚持党的领导纳入宣传工作的整体布局结构中，一方面有利于推动政协宣传工作走向正确的发展方向，另一方面有利于引起党政领导干部对人民政协的宣传工作的进一步重视。我国是人口大国，区域限制、文化差异等因素为人民政协相关宣传工作设置了无数障碍，鞠躬尽瘁的工作态度则是克服这些客观障碍的关键。

党政领导干部作为人民政协宣传工作的重要主体，应以身作则起到模范带头作用，积极参与相关活动，对相关宣传活动中暴露出的一系列问题进行统一总结与科学处理。人民政协宣传工作要真正深入群众，走到基层一线单位。人民政协委员应积极同人民群众进行对接，通过良好的沟通方式使广大人民群众增进对于人民政协的了解，将党的各项政策方针宣传到位，将最富有生命力的社情民意向党政部门进行如实反映，使人民政协"高高在上"的形象实现平民化的演变。同时需要利用好各类新闻媒介的力量，以"学习强国"网络平台为模板，推动相关公众号、专栏以及手机软件的创新利用，利用网络空间获得广大人民群众的关注度，利用好"碎片化时间"以达到传统宣传工作所难以企及的成效。

（四）推动凝聚共识的路径渠道建设

在中央政协工作会议暨庆祝中国人民政治协商会议成立70周年大会的讲话中，习近平总书记强调，人民政协应通过有效工作成为坚持和加强党对各项工作领导的重要阵地、用党的创新理论团结引导各族各界人士的重要平台、在共同思想政治基础上化解矛盾和凝聚共识的重要渠道。"三个重要"的重要指示对人民政协建设提出了严格工作要求，彰显了习近平总书记对人民政协时代定位的把握，其中对于建设"重要渠道"要求的描述凸显了凝聚共识职能的渠道定位与角色。

作为协商民主的重要渠道和协商机构，人民政协需要广泛听取社会各界群体的意见建议，构建表达利益诉求的畅通渠道，广泛汇聚我国社会各界人士的思维智慧。首先需要充分发挥政协委员的主体作用。我国政协委员遍布社会各界，能够普遍代表我国社会中绝大多数群体。应为政协委员群体搭建高效的交流平台，鼓励他们根据各自能力特长、专业知识水平、自身社会影响力以及人民政协制度所赋予的话语权，有针对性地深入基层做好相关调研工作，支持政协委员代表不同群体提交集体提案，进行大会发言及其他形式的利益诉求。政协委员通过在基层工作中的实际言行去团结身边特定范围内的群众，使社会各阶级群体得以发声，增强协商建言的专业性。其次，发挥专委会连接作用。依托专委会的特殊平台，组织委员开展各类形式的调研、考察、协商等履职活动，通过推动凝聚共识的路径渠道建设，充分提高建言质量和解决问题的实际效果，使调研考察等一系列工作真正成为凝聚合力的过程。

结语

综上所述，新时代中国的政治建设离不开人民政协，人民政协要进步强化凝聚共识职能。就我国人民政协凝聚共识职能的建设路径而言，目前政界、学术界针对这一方面的研究还未完全走向深入，这既是不足之处也是未来研究的重要空间所在。

参考文献

［1］中共中央办公厅印发《关于加强新时代人民政协党的建设工作的若干意见》
　　　［J］. 中国政协，2018（20）：4-7.

［2］习近平. 在全国政协新年茶话会上的讲话［J］. 中国政协，2019（1）：3-4.

［3］全国政协办公厅. 政协全国委员会关于加强和促进人民政协凝聚共识工作的
　　　意见（摘发）［EB/OL］.（2020-12-14）. http：//www. cppcc. gov. cn/
　　　zxww/2020/12/14/ARTI1607909859771142. shtml.

［4］汪洋. 在全国政协十三届三次会议闭幕会上的讲话（2020年5月27日）［N］.
　　　人民日报，2020-05-28（1）.

［5］宋俭. 人民政协凝聚共识职能的价值与定位：政协职能体系视角［J］. 统一战线
　　　学研究，2021，5（3）：20.

［6］习近平. 习近平谈治国理政：第三卷［M］. 北京：外文出版社，2020：295.

［7］关于加强人民政协协商民主建设的实施意见［N］. 河南日报, 2015-11-23
（4）.

［8］宋俭. 人民政协凝聚共识职能的价值与定位：政协职能体系视角［J］. 统一战线
学研究, 2021, 5（3）：24-25.

［9］关于加强和促进人民政协凝聚共识工作的意见（摘发）［N］. 人民政协报,
2020-12-14（01）.

［10］肖存良. 人民政协凝聚共识的政治逻辑及其路径研究［J］. 江苏省社会主义学院
学报, 2021, 22（2）：49.

［11］韩伟静. 新时代人民政协凝聚共识的价值意蕴与路径探析［J］. 山东省社会主义
学院学报, 2021（1）：18.

［12］习近平. 在中央政协工作会议暨庆祝中国人民政治协商会议成立70周年大会上的
讲话［EB/OL］.（2022-03-15）. https：//news. cctv. com/m/lda/index. shtml?
id=ARTIM1T4JemsCOvmDPU57R8X220315.

［13］韩伟静. 新时代人民政协凝聚共识的价值意蕴与路径探析［J］. 山东省社会主义
学院学报, 2021（01）：19.

（作者单位：青岛科技大学）

加强政协委员和人民群众联系初探

宦月萌

政协委员来自群众，服务群众，履行人民政协的职责，其在组织上和工作上的性质，决定了履职为民的基本特征。政协委员要充分尊重群众的首创精神，切实发挥联系群众的桥梁纽带作用，通过加强与人民群众的联系，尤其是通过与处于最基层群众的联系，掌握他们的所思所想，及时反映他们的利益诉求，从而维护人民群众的主体地位，实现国家的长治久安。

一、政协委员联系人民群众是人民政协的本质要求

人民政协工作的出发点和落脚点是为民履职。习近平总书记在庆祝人民政协成立65周年大会上的重要讲话中指出，人民政协要"以改革思维、创新理念、务实举措大力推进履职能力建设"，并明确要求提高"政治把握能力、调查研究能力、联系群众能力、合作共事能力"。这4种能力是人民政协履职最关键、最核心的能力，是提高履职质效的重要保障。

政之所兴在顺民心，政之所废在逆民心。加强政协委员与人民群众的联系，有利于广纳群言、广谋良策、广聚共识，有利于促进党和政府决策科学化民主化，更好实现人民当家作主，化解矛盾、促进社会和谐稳定，推进国家治理体系和治理能力现代化，这是新时代政协委员有效履行职能、开展工作、发挥作用的必然要求。

人民政协是最广泛的爱国统一战线组织，是多党合作和政治协商的机构，是人民民主的重要实现形式，体现了中国特色社会主义制度的鲜明特色。政协委员由各界别推荐产生，深深扎根于人民群众之中，且代表本界别群众的利益，具有联系群众的良好工作基础，是新形势下群众工作的一支重要力量，是促进党和政府与人民群众沟通的"桥梁和纽带"。政协委员在产生和管理上虽然具有界别属性，但是从履行职能的要求、参政议政的范围以及建言献策的深度和广度上没有界定。因此，政协委员加强与人民群众的联系，关注民生、了解民情、反映民意、服务群众是政协委员重要的职责和崇高使命。

政协委员要做党的政策宣传者、群众利益维护者、社会和谐促进者,让广大人民群众感到政协委员就在身边。要鼓励政协委员认真履行民主监督职能,探索民主监督的有效形式,支持他们反映群众诉求,提出批评意见,帮助政府改进工作。要充分调动每个政协委员的积极性、主动性和创造精神,把人民政协的力量、政协委员的力量,汇入推动改革开放、锐意进取、实现中华民族伟大复兴的中国梦的历史洪流之中。

二、联系人民群众是政协委员的独特优势

习近平总书记指出:"人民政协作为党联系群众、团结各界的重要组织,在协调关系、化解矛盾等方面要进一步发挥独特作用。"政协坚持工作在一线,把增进团结、理顺情绪、协调关系、化解矛盾作为履职的重要着力点,全力协助党委、政府化解社会矛盾,最大限度地减少社会不和谐因素。这是人民政协发挥作用、服务经济社会发展全局的重要职责。

从群众中来是政协委员产生的源头。政协委员扎根于群众中,生活在群众中,在本界别具有良好的群众基础,享有一定的群众威信,具备一定的组织领导能力,是本界别的"领头羊"。政协委员的产生是经过所在界别推荐,按照一定的组织程序确定的。虽然与人大代表产生的途径和方式不同,但他们涵盖了社会的各个方面,是各界人士的优秀代表,联系群众具有独特优势。因此,政协委员代表性广,有助于做好联系群众、团结各界的工作,能够最大限度地把人民群众的智慧和力量凝聚到实现全面建成小康社会、中华民族伟大复兴的中国梦上来。

人民政协是党和政府联系群众、团结各界的桥梁和纽带。政协的团结和民主两大主题,决定了政协的工作就是做团结群众的工作,做服务群众的工作,群众路线是人民政协履职之本。充分发挥自身优势,密切联系群众,提升联系群众能力,是新时代政协面临的一项重要任务。政协委员是政协工作的主体,是人民政协事业创新发展的有生力量,围绕中心,服务大局,需要委员共同努力;履行职能,建言立论,需要委员广泛参与;化解矛盾,构建和谐,需要委员凝心聚力。政协委员要牢固树立群众观点,始终把人民放在心中最高位置,站在广大人民群众的立场上,坚持从群众中来到群众中去,充分发扬民主,广泛团结各界人士,汇聚群众智慧,帮助党委、政府做好上情下达、下情上达和解疑释惑的工作。

三、做好群众工作是人民政协扩大影响的必然要求

许多政协委员来自各民主党派、社会团体、民营企业等,有很大的影响力。做好新时代群众工作就是把坚持群众路线、做好群众工作贯穿于履行政协职能的各个方面,把群众的利益作为工作的出发点和落脚点,把群众的呼声作为工作的第一信号,把群众的要求作为始终如一的追求,为人民群众办实事,提高人民群众满意度,有利于进一步扩大人民政协的影响,让人民群众进一步了解人民政协、熟悉人民政协。

党的十八大以来,党中央高度重视人民政协工作,明确人民政协是具有中国特色的制度安排,就人民政协的性质定位、职能作用、基本任务等重大问题做出了全面系统部署,为新时代人民政协工作指明了奋进方向,提出了工作指南。在新时代,人民政协要发挥更大的作用,必须要切实深入基层,密切联系群众,充分了解人民群众的意愿和要求,从群众中吸取智慧,找到解决新情况、新问题的有效途径和方法,使人民政协始终与人民同命运,与时代同进步,永葆生机和活力。

面对新时代新形势新任务,加强政协委员与人民群众联系,进一步发挥人民政协统一战线组织团结联谊功能,有利于巩固和发展最广泛的爱国统一战线,实现"两个一百年"奋斗目标、实现中华民族伟大复兴的中国梦;有利于坚持和完善中国共产党领导的多党合作和政治协商制度,彰显中国特色社会主义制度的巨大优越性和强大生命力;有利于更好发挥人民政协作为协商民主重要渠道和专门协商机构的作用,加强参加人民政协的各党派团体和各族各界人士合作共事,扩大公民有序政治参与,促进国家治理体系和治理能力现代化。

四、对加强政协委员和人民群众联系的思考

习近平总书记强调:"人民对美好生活的向往,就是我们的奋斗目标。"顺应人民群众过上美好生活的新期待,不断提升人民群众的幸福感和满意度,是人民政协努力追求的目标。政协委员必须充分发挥自身优势,始终坚持以群众为中心,为群众代好言、服好务,不忘履职为民的初心与使命。

(一)政协委员联系群众,必须围绕群众利益

要始终坚持"不打棍子、不扣帽子、不抓辫子"的"三不"方针,提倡热烈而不对立的讨论,开展真诚而不敷衍的交流,鼓励尖锐而不极端的批评,努力营造畅所欲言、各抒己见的民主氛围。群众利益是政协委员履职尽责的第一要义,政协委员在履职过程中必须始终把群众的利益摆在首位,做到凡是群众期盼的,都要尽力做好;凡是群众欢迎的,都要全力完成;凡是群众反对的,都要坚决制止。广大政协委员要当好群众利益的代言人,把群众的意愿和要求、困难和问题及时反映出来,使党委、政府更好地通过政协这个桥梁和纽带了解民意、推动工作、解决问题。

(二)政协委员联系群众,必须围绕群众办好实事

政协委员既关注并参与大政方针的制定出台,又根植于普通百姓之中,要立足本地改革发展大局,深入了解民情,广泛集中民智,为经济社会发展贡献更多的智慧和力量。要始终保持参政为民的情怀,更多地关注就业、教育、医疗、治安等民生事业,积极参与扶贫帮困、慈善捐赠等公益活动,做好暖人心、稳人心、得人心的工作,把实事办好、好事办实,帮助群众解决生产生活中的困难。

（三）政协委员联系群众，必须维护社会和谐稳定

政协一头连着党政机关直至党政高层，一头连着基层普通百姓，既为党委、政府提供了从其他渠道不易得到的信息来源，通过政协"直通车"客观、准确地反映给党委和政府，助力党委和政府科学决策、精准施策，也为广大群众了解党委、政府工作提供了独特视角。要积极协助党委、政府做好信息收集、矛盾排查工作，当好社会"预警员"；做好宣传鼓劲、释疑解惑工作，当好政策"宣传员"；做好化解矛盾、稳定人心工作，当好人民"调解员"，切实为发展稳定减少阻力、增加助力、形成合力，不断提升人民群众安全感和满意度，维护社会和谐稳定。

（四）政协委员联系群众，必须积极主动建言献策

习近平总书记指出："人民政协要以人民群众利益为重、以人民群众期盼为念，真诚倾听群众呼声，真实反映群众愿望，真情关心群众疾苦。"政协委员要紧紧围绕和群众息息相关的民生热点问题积极开展视察调研，广泛收集人民群众的意见，获取更多其他渠道难以得到的建议和批评，及时通过社情民意、提案、协商等形式，向党委和政府反映情况、提出建议，从而促使经济社会各项事业和谐发展。

（五）政协委员联系群众，必须树立自身良好形象

联系群众、服务群众，就要始终保持人民政协同人民群众的鱼水关系，让人民群众始终感受到"人民政协为人民"。广大政协委员要始终保持心系群众安危冷暖的深厚感情，始终保持为民排忧解难的满腔热情，始终保持为人民利益奋斗的奔放激情，心中装着群众、密切联系群众。要加大宣传力度，展示政协履职作为，展示政协委员风采，让更多群众了解政协工作，扩大政协的社会影响力，使政协工作更加出彩，赢得群众的拥护，树立人民政协为人民的良好形象。

（六）政协组织要为政协委员联系群众建立有效机制

政协组织既不是党政机关，又不同于社会团体，也不是权力机关。人民政协组织具有鲜明的政治特色、组织优势和民主氛围，具有其他组织无法替代的作用，在承接上下关系，协调与同级政府、政府各部门之间关系、各党派各界别关系，组织委员履行职责等许多方面发挥着基础性作用和组织保障作用。因此，政协要在委员联系群众方面搭建工作平台，为政协委员联系群众建立有效的工作机制。

一是建立政协委员联系群众机制。各级政协要适时出台建立政协委员联系群众制度，了解党和政府惠民政策的落实情况，了解不同界别群众的利益诉求及具体愿望，给困难家庭力所能及的帮助。每个委员联系2至3名居民群众，重点是城市低保户、特困家庭、农村扶贫对象，积极反映他们的合理诉求，真诚帮助他们解决问题，促进社会和谐，协助党和政府做好矛盾化解工作，真正起到"调解员"作用。政协要定期召开委员联系群众分析会，综合委员联系群众情况，对收集到的问题和工作中遇到的困难做出研判，

对带有普遍性和全局性的问题，政协要帮助解决，更好地推动该项工作的经常化、规范化。

二是建立市、县两级委员联动机制。根据委员的职业和工作性质，建立市、县政协委员一对一联动机制，改变政协委员"块块"管理的模式，加强两级委员之间的联系，建立信息交流共享平台。通过这种经常性的联系，两级委员可以共同征集社情民意和提案线索，对群众反映的问题进行"会诊"，并根据问题的管理和处置范围通过各自的渠道积极反映，帮助解决，达到准确、快捷的目的，进一步提高工作实效。

三是建立群众代表列席政协有关会议机制。近年来，一些地方政协每年"两会"期间邀请部分群众代表列席政协全委会，但从实际效果看，群众对政协组织的性质、职能等了解甚少。因此，政协要建立群众代表列席相关会议制度，如在涉及民生方面的政协常委会、议政协商会、专题调研会、民主评议会等设立群众代表席，既可以选择群众代表参加，也可以邀请委员联系的群众参加，赋予群众更多的知情权、参与权、评议权、监督权，让人民群众"知政协""懂政协"，让更多的基层群众了解政协工作的内容。

四是建立激励委员内生动力的长效机制。政协委员普遍偏于"知识型""专业型"，有较强的精神追求和荣誉感，政协要在全面考核委员履职业绩的基础上，定期评比表彰，对双岗履职业绩突出的政协委员进行广泛宣传，扩大政协委员的知名度，增强人民政协的社会影响力。

五、结语

人民群众对美好生活的向往，就是我们奋斗的目标。人民政协是国家治理体系中的重要组成部分。全国有60多万各级政协委员，只要各级政协组织团结带领广大政协委员，坚持工作重心下移，深入持久地贴近群众，在群众最困难的时候出现在群众面前，及时反映群众愿望，保障群众的合法权益，让人民群众共同享受改革开放、社会发展带来的成果，就一定能够赢得人民群众的信赖，也一定能够最大限度地团结群众，引领群众，聚集起改革开放、继续前进的正能量，实现中华民族伟大复兴的中国梦。

◆ 参考文献 ◆

［1］赵祥彬.协商民主化解新形势下人民内部矛盾研究［D］.北京：中共中央党校，2015.

［2］李彦.中国共产党的人民政协协商民主理论研究［D］.北京：中共中央党校，2015.

［3］薛丽.人民政协参与基层民主协商的机制问题研究［D］.北京：中共中央党校，2017.

［4］杜海柱．政协委员要加强与人民群众的联系［N］．太原日报，2018-08-21（006）．

［5］姚愿福．关于加强政协委员与人民群众联系的探索和思考［N］．贵州政协报，2018-11-08（A03）．

［6］杨东曙．人民政协协商民主制度化建设研究［D］．北京：中共中央党校，2018．

［7］许小凤．政协制度基层拓展的问题探析［D］．南京：南京大学，2019．

［8］黄朝勇．论加强政协委员与人民群众联系的现实意义［J］．记者观察，2019（29）：136-138．

［9］李兴开．加强政协委员与人民群众联系浅谈［N］．贵州政协报，2019-05-16（A03）．

［10］邹品月．习近平协商民主理论研究［D］．兰州：西北师范大学，2020．

（作者单位：青岛理工大学）

人民政协凝聚共识的创新方法与实现路径研究

杨珊珊

党的十八大以来，习近平总书记在多次政协中央会议上，从建设社会主义政治文明的战略高度出发，强调"要把大家团结起来，思想引领、凝聚共识就必不可少"。共识是进步的动力，凝聚共识也成为习近平总书记多次重要讲话的亮点，他要求政协"把加强思想政治引领、广泛凝聚共识作为履职工作的中心环节"。在具有历史交汇点意义的中共十九届四中全会上，制度建设、共识建设成为关键词。从职能的角度理解人民政协的凝聚共识功能具有重要意义。

一、人民政协开展协凝聚共识工作的重要价值

共识是指不同社会阶层中、具有不同利益的主体在理解和改造世界的过程中，所追求的共同价值理念。在追求这种共同认识的过程中难免会有矛盾和分歧，共识是通过协商讨论，最终在统一思想、统一认识过程中达到的结果。人民政协通过广泛、多层次、制度化的协商，在推进国家各方面治理现代化的过程中，将党的理念转化为社会各界的共识和自觉行动。政协的凝聚共识职能，是新时期加强社会各界联合和团结，为实现民族复兴而奋斗的重要抓手。

第一，凝聚共识是政协的重要职能，也是政协在新时期履职的"中心环节"。从协商建立新中国，到进行社会主义改造和建设，再到改革开放、开启全面建设社会主义现代化伟大征程，人民政协一直通过协商和凝聚共识发挥作用。新时期，中国共产党明确把"凝聚思想共识"作为新时期政协工作的一项重要任务，新时代加强和改进人民政协工作的目标要求是："把坚持和发展中国特色社会主义作为巩固共同思想政治基础的主轴，把服务实现'两个一百年'奋斗目标作为工作主线，把加强思想政治引领、广泛凝聚共识作为中心环节。"始终高举团结民主的伟大旗帜，提高协商、监督的参政议政水平，落实党中央政策部署和人民政治协商工作要求，把共识融入人民政治协商工作的各个方面，在共同的思想政治基础上化解矛盾分歧，为党同各界代表的协商交流提供平台。

第二，凝聚共识是人民政协更好地协调新时期政协工作、统筹"两大革命"和"两个大局"的必然要求。习近平总书记根据中国的发展实际和新时期复杂的国际环境，提出了"两大革命"和"两个大局"的重要命题。"两大革命"是指在中国共产党领导的社会主义建设过程中，在进行社会革命的同时，更加重视党的自身革命，社会主义建设是两次革命的统一。在理论发展和实践统一的过程中，面临着"两个大局"：一个是中华民族伟大复兴的战略全局，一个是世界的巨大变局。中国面临着深刻复杂的发展环境变化，各种思想文化交流与冲突，人们的思想观念更加多样化。加强思想政治指导，广泛凝聚共识，对政协来说尤为重要。政协全国委员会在《关于加强和促进人民政协凝聚共识工作的意见》中指出："改革发展稳定任务之重前所未有，矛盾风险挑战之多前所未有，多元思想文化交流交融交锋前所未有。"在新时期，做好凝聚共识建设，要充分发挥政协专门协商机构作用，有利于巩固党的长期执政地位，有利于凸显中国特色社会主义制度的优越性。

第三，凝聚共识有利于充分发挥人民政协在推进国家治理能力和治理体系现代化方面的重要作用。人民政协是国家治理体系中的重要环节，它融合了国家共同治理的理念，体现了作为专门协商机构的独特优势。政协在民主协商的过程中发挥着凝聚共识职能，把人民群众的迫切问题和期望传达到更高的层次，最后上升到国家意志上来。中国特色社会主义民主的真正含义是在协商过程中找到全社会意志的最大公约数，通过协商等一系列环节，确保人民当家作主，充分发挥民主的优势。习近平总书记指出："协商民主是党领导人民有效治理国家、保证人民当家做主的重要制度设计，同选举民主互相补充、相得益彰。"这段论述深刻展示了人民政协协商民主的独特优势，促进了民主团结。通过建言献策和凝聚共识的机制，部署国家现代化建设的重大战略，以保持党的初衷，肩负新时期新的历史使命。

二、人民政协开展凝聚共识工作的创新方法

人民政协要不断巩固共同的思想基础，发挥政协所特有的组织优势，坚持大团结和大联合的旗帜。凝聚共识是人民政协围绕中心、服务大局的现实需要，发挥凝聚共识职能可以从以下方面进行创新。

（一）在各级政协委员内部凝聚共识

人民政协凝聚的共识首先在委员内部达成。这一共识凝聚的是统一战线、各民主党派、各界人士和各级政协委员思想和意见。在新的时代，人民政协不仅面临着新的挑战和课题，而且肩负着新使命、新未来，"知政协、会协商、善议政、守纪律、讲规则、重行为"，是对政协委员团队建设、委员自身素质要求和履职尽责的完整陈述。这不仅是对政协队伍整体的新要求，也是对组成整体的个体即政协委员的要求。在党的领导下，通过系统的政治理论学习，政协内部的政协党员先学先悟先想，加深对政协工作和理论的理解，以便在委员中发挥领导和骨干作用。各级政协委员在内部共识达成后，要充分利

用政协的重要地位和平台，团结、教育和引导各族各界代表。中华民族拥有实现伟大复兴的共同目标，这个共同目标的实现必须建立在共同的思想政治基础之上，在加强思想政治引领的过程中，促进各族各界人士思想和认识的共同进步。

（二）在政协各项工作中凝聚共识

人民政协自成立以来，一直为凝聚社会共识、反映社会最大意愿和人民呼声而不懈奋斗。政协和各界人士认识、理解、接受党的主张的过程，政协委员在履行职责的过程中学习、宣传和解释党和国家的重大方针和决策并把党的主张转化为社会各界共识，都是凝聚共识在发挥作用。1949年9月，中国人民政治协商会议第一次全体会议在党的领导下召开，起草和通过了具有临时宪法性质的《中国人民政治协商会议共同纲领》。这部《共同纲领》凝聚了来自全国各界人士的共同愿望，是人民政协充分发挥民主协商、为国家和社会建言献策的生动实践，是人民政协职能优越性的充分展现。《共同纲领》的颁布为新中国的成立做了初期的筹备工作。新中国成立后，政协又在凝聚人心推进社会主义建设和发展的进程中，发挥协商和凝聚的独特优势，做出了重大贡献。改革开放和中国特色社会主义建设生机勃勃，人民政协在履行职能时充分体现包容性、代表性、接触广的强大组织优势，不断把人民团结在党和国家事业的周围，在社会主义建设的伟大征途中凝聚奋进和团结伟力。可见，人民政协在各项工作中积极履职尽责，把凝聚共识职能与中国特色社会主义制度优势相结合，充分体现了凝聚共识建设的重要力量。

（三）在团结界别群众中凝聚共识

新时代在展现新气象、新风貌的同时，也赋予人民政协新内涵。一方面，作为最广泛的爱国统一战线组织，人民政协广泛凝聚共识，并在此基础上形成一个拥有共同目标、体现政治性质的共同体。另一方面，人民政协成为展现社会主义民主鲜明特色和伟大优势的重要平台，成为反映各族各界各团体意见建议、发扬民主、团结合作的重要平台。人民政协在充分反映各方诉求的基石上，增进各方的了解和交流，更好地为科学决策和民主决策服务，有利于党领导人民开展现代化建设。政协委员广泛接触各界人士，积极推动政党关系、民族关系、宗教关系等各种关系的和谐，团结各界人士的同时，做到帮助他们合理反映期望和诉求，化解在协商中存在的各种矛盾，达成最终共识。这种凝聚性共识是一个同心圆，具有发散性、内在逻辑性和关联性，也有更广泛的共识和使命。

三、人民政协开展凝聚共识工作的实现路径

凝聚共识工作是"慢活"，必须下足"绣花"功夫，久久为功。2019年10月印发的《中共中央关于新时代加强和改进人民政协工作的意见》明确指出，要在坚持做好政治协商、民主监督、参政议政工作的同时，把凝聚共识作为政协重要职能。做好人民政协凝

聚共识的工作可以从以下方面着手。

第一，加强思想政治引领，增强政治定力。实现党在新时期伟大奋斗目标，必须凝聚全国各族人民的团结力量，凝聚各方共识。要形成共识，首先要加强思想政治指导和理论武装的学习。思想政治的引领作用为凝聚共识提供了根本内容和目标方向，需要通过理论武装这一重要途径和基本方式来实现。更通俗地说，思想政治引领具有鲜明的导向性和指引性，这决定了凝聚共识的内容和凝聚共识的方向。把建设和发展具有中国特色的特色社会主义作为思想政治基础的核心，在此引领下，必须开展政协委员集中学习培训、座谈会、交流会等一系列活动，通过现场调研、现场观察和个人参与，将所学理论应用于实践。在做好理论学习的同时，要强化实践技能，理论联系实际，切实把思想和行动统一到实现国家强盛、人民幸福的决策和部署中去。总之，要通过各种形式和内容的理论武装和教育培训工作，树立明确的舆论导向，明确主张和反对的内容，达到引导思想认识、凝聚共识的目的。

第二，在协商议政中强化凝聚共识，把协商民主贯穿履行职能全方面和全过程。人民政协是统一战线的组织，是以凝聚人心为主要任务的政治组织。协商民主绝不是为了民主而民主，也不是为了协商而协商，而是政协通过一系列的协商程序，把党的主张转化为社会各界大多数人能够接受和满意的落地措施，并在这一转化过程中向社会各界宣传党的方针政策。协商民主的过程就是发现、研究并最终解决问题的过程，是建言献策、凝聚思想的过程。人民政协在解决人民群众迫切需要解决的问题时的重要参考是党和政府的期望和人民群众的实际需要，要尽最大努力做到协商平等真诚，广泛听取各方意见，充分尊重和吸取不同的意见建议，而这也是统一思想、凝聚共识的过程。大多数群众都认可的解决纠纷和矛盾的方法，只有在凝聚共识的基础上才能得到体现并被最终发掘，促进问题的真正解决、政策贯彻落地。凝聚不同的意见才能做到集思广益、博采众长，从中筛选出那些最接近、最符合客观事实的有效解决问题的办法。在推动实际问题的有效解决和实现协商议政的最终目标上，要始终坚持两端联动发力，即在凝聚共识的基础上参政议政。

第三，要在联系群众、协调关系、化解矛盾中体现政协职能的本质要求。习近平总书记在党史教育动员大会上强调了"人民江山论"。政协委员代表社会各界群众发表呼声，其重要职责之一是做好人民群众的思想政治工作，联系群众、凝聚社会各界的共识。差异和矛盾是存在的，这就要求我们秉持包容性，细致地做好政协工作和人民的思想政治教育工作，努力使社会共识能够凝聚起来、达到一致。政协组织和政协委员要坚持思想政治引领，发挥凝聚共识的力量，努力在协商中降低冲突和矛盾。政协委员应当明确自己作为社会政治动员的宣传者和实践者的身份，知道自己是所在领域人民的代表，自己的言行具有导向性和示范性。政协委员要做好表率作用，用言行举止影响身边的群众，带动他们从身边小事做起，使群众从政治上、思想上、情感上能够认同中国特色社会主义，积极投身于创造美好小康生活、共建和谐社会、共谋民族振兴的伟大实践。

"不积跬步,无以至千里;不积小流,无以成江海。"意思是不积累一步半步,就没有办法到达千里的地方;如果不积累少量的流水,就无法汇成江海。因此要充分利用人民政协大团结大联合的组织优势,积极搭建民主协商平台,加强思想政治引领,广泛凝聚社会各界共识和团结奋斗的正能量,画出人人为社会和谐出力的最大同心圆。

参考文献

[1]习近平.在全国政协新年茶话会上的讲话[J].中国政协,2019(1):3-4.

[2]中共中央办公厅印发《关于加强新时代人民政协党的建设工作的若干意见》[J].中国政协,2018(20):4-7.

[3]政协全国委员会.关于加强和促进人民政协凝聚共识工作的意见(摘发)[N].人民政协报,2020-12-14(1).

[4]习近平.习近平谈治国理政:第三卷[M].北京:外文出版社,2020:295.

(作者单位:青岛理工大学)

新时代党外知识分子思想政治工作引领研究

欧　斌　刘东琪

党外知识分子思想政治工作一直以来都是统战工作的重要内容之一。在国际国内形势发生巨大变化的新时代背景下，随着全面深化改革的逐步推进，如何做好党外知识分子思想政治工作的引领研究是新时代的重要任务之一。依据统一战线工作的具体任务，将党外知识分子思想政治工作引领的理论政策与具体有效的举措相结合，才能做好新时代党外知识分子思想政治引领研究。习近平总书记强调："现在的统战工作不是过时了、不重要了，而是比解放前、建国初期更重要了。"

依据国际国内的新形势，为实现新目标与新要求，2021年1月5日，中共中央印发了修订后的《中国共产党统一战线工作条例》。此次修订后的条例，以习近平新时代中国特色社会主义思想为指导，贯彻落实习近平总书记关于加强和改进统一战线工作的重要指导思想，坚持党对统一战线工作的集中统一领导，提高统一战线工作的规范化与科学化水平。此次修订条例的实施，有助于进一步巩固和发展爱国统一战线，有助于全面建设社会主义现代化国家和实现中华民族伟大复兴的中国梦。

一、党外知识分子的基本概念与特征

（一）党外知识分子的基本概念

根据统一战线开展知识分子工作的特殊性，知识分子可分为党内知识分子和党外知识分子。党外知识分子则指知识分子中非中共党员的社会群体。广义上的党外知识分子指除中共党员之外的知识分子，包括8个民主党派成员的知识分子和非民主党派的知识分子。狭义上的党外知识分子则指既没有加入中国共产党，也没有加入民主党派的知识分子。统一战线中的党外知识分子，实际上是一个专用政治用词，特指在统一战线工作中有一定社会地位和影响力的人物。厘清党外知识分子的基本概念是开展统一战线思想政治工作的基础，对开展党外知识分子思想政治工作有着重要意义。

（二）党外知识分子的特征

1. 党外知识分子是具有特殊利益的群体

党内知识分子的根本属性是党性，党内知识分子要牢记全心全意为人民服务的根本宗旨，以坚定的理想信念坚守初心，代表的是最广大人民群众的根本利益。党外知识分子在政治上具有特殊的代表性，在社会上也有着较强的影响力。国家将他们作为统一战线的对象，在政治、工作和生活等方面给予他们特殊的关注，承认他们的特殊利益。

2. 党外知识分子与中国共产党是互信合作的关系

中国共产党是中国的执政党。党内知识分子是执政党的成员。党内知识分子与政治权力的关系也更加密切。而党外知识分子是民主党派人士或者无党派人士，自然也就与政治权力的关系相较党内知识分子而言要疏远一些，这也是党外知识分子的基本特征之一。虽然党外知识分子与政治权力的关系相对党内知识分子与政治权力的关系更加疏远，但党外知识分子始终坚持中国共产党的政治领导，党外知识分子与中国共产党的关系仍是互信合作的。

3. 党外知识分子自觉接受中国共产党的政治领导

党内知识分子是党员，党员必须牢固树立"四个意识"，受党性和党纪的约束，需要严格遵守党章党规。党外知识分子接受中国共产党的政治领导，但在思想、政治、言论和行动上相对党内知识分子来讲更加自由，这也是党外知识分子的基本特征之一。

二、党外知识分子思想政治工作的主要历史经验及教训

（一）党外知识分子思想政治工作发展的几个历史阶段

中国共产党在创立之初，作为其创立者的革命知识分子，将发动工农群众两大基本阶级作为党的工作重心和党组织的发展方向。从这个层面上来讲，知识分子则是工农两大革命"主力军"之外的同盟军，属于革命阵线中的己分子。因此，在建党初期，全党的思想政治工作主要依靠党内以及党外的知识分子集体，实施工农运动与知识分子思想政治工作相结合的政策，二者相辅相成。

在抗日战争阶段，为建立起最广泛的抗日民族统一战线，摧毁日本帝国主义的侵华野心，中国共产党在对待知识分子的政策上进行了根本性的转变，确立了新的知识分子政策和指导思想。1939年12月，中共中央做出《大量吸收知识分子的决定》，重新分析定位了在新的革命形势下知识分子的重要作用，制定了大胆放手吸收和使用知识分子的战略决策，政策主要包括"吸收、争取、团结和教育"四个要点，这使得知识分子的作用得以发挥，一定程度上加快了革命的历史进程。1940年10月25日，毛泽东同志曾在《论政府》中强调："应该放手地吸收、任用和提拔具有抗日积极性的知识分子。"随着社会的不断进步，中国共产党对知识分子的重视程度不断加深，更加正确的政策制定也使得国内知识分子成长和发展环境得以改变。

新中国成立后,党对知识分子的阶级属性的认识进入了新阶段。1956年1月,中共中央召开了知识分子问题会议,周恩来在此次会议上做了《关于知识分子问题的报告》,重新对知识分子的阶级属性进行了定位,做出"知识分子已经是工人阶级的一部分"的果断论断。1956年4月,毛泽东同志提出了"双百"方针,"双百"方针即"百花齐放、百家争鸣"。"双百"方针的提出有助于让知识分子的个人价值得以实现,也进一步发挥了知识分子的社会作用。1981年6月,党的十一届六中全会强调知识分子同工人、农民一样,是社会主义事业的依靠力量,是实现中华民族伟大复兴的重要力量。此次决议使得知识分子的社会地位得到进一步提升,肯定了知识分子对建设社会主义的重要作用和地位。江泽民在1990年5月举办的首都青年纪念五四运动报告会上,对知识分子在社会主义现代化建设中的使命进行了论述。江泽民要求全党必须高度重视知识分子工作,指出要充分发挥知识分子的积极性和创造性,进一步提升党的领导水平。随着时代的发展,中国共产党越来越强调知识经济和科教文化战略的重要性,强调要意识到知识分子的重要地位和突出作用。在1992年10月的中共十四大和1997年9月的中共十五大上,党都强调了知识分子对于社会发展的重要作用与地位,都指出知识分子是文化发展与社会进步的不可或缺的带头力量。

进入21世纪以来,中国的基本社会结构发生重大变化。为适应国内形势的发展变化与新社会阶层的形成,党在各方面进行了细致的政策调整,希望全面发挥知识分子建设社会主义的重要作用。2002年11月,党的十六大要求"必须尊重劳动、尊重知识、尊重人才、尊重创造,并且这要作为党和国家的一项重大方针在全社会认真贯彻"。2001年7月1日,在庆祝中国共产党成立80周年大会上,江泽民在讲话中首次使用了"新的社会阶层"的提法。新的社会阶层广泛分布于新经济组织和新社会组织中,是改革开放以来成长起来的新型群体,这个新型群体的主体部分主要是非公有制经济人士和知识分子,是一支爱国统一战线中的新生力量,他们绝大部分都是党外知识分子。2015年5月,习近平总书记在中央统战工作会上强调指出"要高度重视和做好新经济组织、新社会组织中的知识分子工作,引导他们发挥积极作用"。这标志着党外知识分子的思想政治工作进入新发展阶段。

（二）党外知识分子思想政治工作中的经验及教训

1.百年来党外知识分子思想政治工作中的经验

第一,党外知识分子思想政治工作的思想基础是正确认识知识分子的地位与作用。中国特殊历史条件决定了党外知识分子是思想政治工作的重要对象。在各个历史阶段,党都要做好党外知识分子思想政治引领工作。首先要正确认识知识分子的地位与作用,这是思想政治工作的重要依据和出发点。党外知识分子是社会主义事业的依靠力量,是实现中华民族伟大复兴的重要力量。党要高度重视知识分子工作,在各行业领域充分发挥知识分子的积极性和创造性。党要平等对待党外知识分子,给予党外知识分子良好的待遇和条件，积极主动引导党外知识分子与党合作，发挥党外知识分子独特而重要的作用。

第二，始终坚持党的集中统一领导是党外知识分子思想政治工作的政治基础。历史经验表明，坚持党的集中统一领导才能使党外知识分子思想政治引领工作保持正确的发展方向，沿正确的道路前进。始终坚持党的集中统一领导，首先体现为党外知识分子坚持中国共产党的政治领导。中国共产党对党外知识分子的政治领导，主要是通过制定正确的路线和政策来教育引领党外知识分子的发展，与党外知识分子实行政治合作，进一步巩固和发展统一战线。党外知识分子自觉坚持中国共产党的政治领导是党外知识分子思想政治工作的政治基础。

始终坚持党的集中统一领导，其次体现为党外知识分子要坚持党的思想引领。中国共产党主要通过马克思列宁主义和马克思主义中国化的最新成果，对党外知识分子进行教育和引领。对党外知识分子进行思想引领是十分重要的，在20世纪八九十年代，东欧国家脱离社会主义阵营，苏联覆灭，社会主义发展出现低潮化状态。社会主义制度悲观论等观点为部分知识分子所接纳，并且出现了特区"姓社姓资"的疑问。有种错误观点认为社会主义经济就是计划经济，资本主义经济就是市场经济。为了引领党内外知识分子对社会主义有正确认知，邓小平发表了著名的"南方讲话"。当下中国特色社会主义进入了发展的新时代，结合新时代的发展特色，更需要将习近平新时代中国特色社会主义思想坚定地作为党的指导思想，将习近平新时代中国特色社会主义思想作为武装全党、教育人民和指导工作的思想基础，进一步夯实党的执政地位。

始终坚持党的集中统一领导，还体现在党外知识分子要坚持党的社会引领。中国共产党采取平等对话、协商的民主原则来实现对党外知识分子进行社会引领。早在中国共产党成立初期的中共二大，中国共产党就通过了《关于"民主的联合战线"的议决案》，提出了"共商""协商"的理念。在抗日战争阶段，毛泽东同志也曾为执行统一战线政策强调要教育担任政权工作的党员，加强党员与党外知识分子的沟通与交流，提倡民主协商与平等对话，听取党外知识分子的意见和建议，不断促进中国共产党与党外知识分子的合作。以上历史经验证明，坚持民主协商的原则有利于进一步促进中国共产党与党外知识分子的政治合作与互信，有利于中国共产党与党外知识分子加强沟通与交流，有利于党内外知识分子共同为中国特色社会主义事业做出贡献。

2. 百年来党外知识分子思想政治工作中的教训

杜绝"左"倾思想。在1927年大革命失败后，党在对待知识分子问题上出现了"左"倾错误。当时的社会舆论认为知识分子出身于剥削阶级，依附并服务于剥削阶级，对知识分子的阶级成分有很大的错误认知。社会舆论片面地强调知识分子的阶级成分问题，知识分子的作用无法得以实现，对待知识分子的"左"的政策使得中国革命遭到了严重损失，社会发展进程遭到严重阻碍。1957年的反右斗争扩大化也使得党在知识分子问题上出现"左"倾思想，知识分子的发展空间再次受限，这也一定程度上阻碍了中国社会的发展进程。"左"倾思想不断滋生的情况一直持续到1976年10月"文化大革命"结束，党对我国知识分子阶级属性的认识又进入了新的发展阶段，对知识分子问题的拨乱反正也逐渐开始步入正轨。党在对待党外知识分子问题上要杜绝"左"倾思想，正确认知党外知识分子的地位与作用，充分发挥党外知识分子的独特作用，给予党外知识分子充分的发展空间，用开放互助的心态来促进党与党外知识分子的合作。

谨防政策固化。党在制定对待党外知识分子的政策时要谨防政策固化，根据不同时期的发展目标与任务，灵活地制定对待党外知识分子的政策。随着时代的发展，中国共产党对待党外知识分子的政策也要不断发展。比如，在1956年4月，毛泽东同志在《论十大关系》中还明确提出"八字方针"，明确了中国共产党与民主党派和无党派人士正确的相处方式，使得中国共产党与党外知识分子的合作进入了新的历程。1982年9月，中共十二大根据国内形势的重大变化和新时期的总任务提出了新时期统一战线的十六字方针，结合时代发展情况，进一步调整了对待党外知识分子的政策。

三、新时代做好党外知识分子思想政治引领工作的几点建议

（一）坚持党的领导，建立健全党委领导下的统一战线工作机制

党外知识分子应始终坚持党的政治领导，应将中国共产党的领导深入贯彻落实到党外知识分子的思想政治工作中。建立健全党委领导下的统一战线工作机制。各级党委统战部门应争取固定的财政经费保障，设置专门科室与专业人士，对接党外政治分子的思想与政治引领工作，提升党外政治分子的思想与政治引领工作的专业性。各级党委统战部门还需与党外知识分子集中的相关行业部门和单位党组织主动对接，加强与党外知识分子集中的相关行业部门和单位党组织的沟通与联系，听取相关意见与建议，进一步加强对党外知识分子的思想政治引领工作。借助中国共产党成立100周年契机，对党外知识分子进行思想引领，回顾中国共产党100年的光辉历史，重温中国共产党与各民主党派、无党派人士风雨同舟的光辉历程，引导党外知识分子更加坚定地走中国特色社会主义道路。

（二）开展调查研究，研究党外知识分子思想与行为发展规律

深入开展对党外知识分子的思想和行为发展规律的调查研究，才能发现和总结其规律。在新时代背景下，可以借助大数据的技术优势，对党外知识分子的思想和行为发展情况进行科技化、精准化研究，进行个性化研究，还可以对不同领域和不同部门的党外知识分子进行比较研究。综合研究党外知识分子的思想、需求、利益和行为的发展变化，寻找并总结党外知识分子的思想和行为发展规律。在调查研究过程中听取党外知识分子的意见与建议，以便更好地开展党外知识分子思想引领工作。

（三）创新工作方法，加强党外知识分子思想政治教育

在党外知识分子思想政治工作中，既要采取恰当的方式方法，也要注意教育内容的思想性和科学性。第一，要结合党外知识分子的具体业务工作。党外知识分子的各类问题普遍产生于业务工作中，只有深入了解党外知识分子的业务工作，才能发现党外知识分子的思想问题与实际问题，才可以进一步解决问题。第二，思想政治工作方法一定要灵活，要具有感染力和吸引力，比如可以采用平等对话法、个别谈心法和自我教育方法，在面对不同对象和不同条件时，要具体问题具体分析，选择恰当的方法，对党外知识分子进行思想政治教育。第三，思想政治工作可以借助信息技术和互联网等新型媒介的传播方式，突破时间和空间的限制，为党外知识分子提供建言献策、发挥作用的新平台，加强与党外知识分子的沟通与交流，巩固与党外知识分子的友谊与信任。同时也要注重网络舆情引导，掌握思想引导的主动权。

党外知识分子是特殊的社会群体，是我国是统一战线的重要工作对象。党外知识分子思想政治工作事关党和国家大事。在中国特色社会主义进入新时代的关键时期，党外知识分子更应该顺应国家发展形势，贯彻落实国家政策，为建设中国特色社会主义和实现中华民族伟大复兴的中国梦贡献自己的力量。从理论上解答新时代党外知识分子思想政治工作的相关问题，从中国共产党的百年历史中总结党外知识分子思想政治工作经验和教训，对新时代开展党外知识分子思想政治工作有着重大意义。党外知识分子也应跟随时代步伐，在中国共产党的领导下，积极献身中国特色社会主义事业，在同中国共产党团结合作、共同奋斗中实现共同梦想。

参考文献

［1］习近平. 巩固发展最广泛的爱国统一战线为实现中国梦提供广泛力量支持［N］. 人民日报，2015-05-21（01）.

［2］周婧. 新时代党外知识分子思想政治引领的路径探析［J］. 辽宁省社会主义学院学报，2020（2）：44-50.

［3］刘华景. 新时代党外知识分子思想政治工作研究［J］. 辽宁省社会主义学院学报，2020（3）：57-62.

［4］尹建华. 中国共产党行政文化的历史考察［D］. 广州：华南理工大学，2014.

［5］吴平魁. 新时代党外知识分子思想政治工作研究［J］. 湖南省社会主义学院学报，2019，20（5）：47-50.

［6］习近平. 巩固发展最广泛的爱国统一战线为实现中国梦提供广泛力量支持［N］. 人民日报，2015-05-21（01）.

［7］黄正林. 中共在陕甘宁边区执政问题研究——以抗日民主政权和"三三制"为中心

［J］.中共党史研究,2017（9）:15-29.

［8］张彩云.新时代高校党外知识分子思想政治工作研究［J］.湖南省社会主义学院学报,2018,19（4）:55-57.

［9］闫红果.党外青年知识分子统战工作研究［J］.上海市社会主义学院学报,2018（1）:36.

［10］徐军.新时代党外知识分子工作基本问题研究［J］.湖北行政学院学报,2018（3）:37-42.

（作者单位:青岛大学）

论广泛凝聚共识是人民政协履职工作的中心环节

郭士民

习近平总书记"广泛凝聚共识是人民政协履职工作的中心环节"这一重要论断的提出，继承和总结了人民政协广泛凝聚共识的历史经验，理顺了人民政协作为社会主义协商民主的专门协商机构的内在逻辑，彰显了我国社会主义民主政治独特的、独有的和独到的作用。

一、改革开放后"共识"概念逐渐进入党和国家重要文件之中

"共识"这个概念最早可以追溯到卢梭提出的"公意"思想。"二战"以后，随着西方国家的选举权不断普及到普通民众，新兴的大众民主与作为精英民主实现形式的代议制民主产生矛盾，表现为一方面代议制民主在公共决策过程中因为"否决政治"盛行而陷入失灵，另一方面民粹主义盛行，引发社会动荡。

针对这种"共识达成困境"，西方国家开始围绕"共识"建构新的民主政治理论，表现为协商民主理论作为选举民主理论的补充开始被政治哲学界大量探讨。然而，由于西方资本主义国家的基本制度是资本主义私有制，多党竞争型政治架构模式是其基本模式，所以协商民主仍然主要停留在理论层面，很难落到现实民主实践中。

与协商民主在西方国家"水土不服"不同，中国作为共产党执政的社会主义国家，党的领导确保了人民在根本利益上的一致性，为共识达成创造了前提和条件。再加上近代以来，统一战线作为中国革命、建设和改革的重要法宝所发挥的作用，天然形成了以凝聚共识为核心和目标的人民民主形式。

中国共产党领导中国人民广泛凝聚共识，显著体现在完成协商建国大业、完成新中国成立后巩固新生政权的三大运动以及社会主义改革过程中。直到1957年后，随着"左倾"思潮影响不断扩大，人民政协的协商功能的发挥受到很大影响，以至于在"文革"时期，完全取消了通过协商民主凝聚共识，而代之以开展以"反官僚主义"为旗帜的政治运动。

改革开放后，统一战线和人民政协开展重建。面对改革开放进程中利益格局深刻调

整、社会新旧矛盾相互交织，尤其是市场经济条件下思想观念多元多样的新情况，再加上世界范围内不同政治发展道路的竞争博弈，凝聚共识越来越被提上日程，因此，1987年党的十三大首次提出要建立"社会协商对话制度"，对话的目标是达成共识。从20世纪90年代到新世纪，"共识"这个概念逐渐开始从学术界进入党的正式文件之中。

党对统一战线凝聚政治共识功能的自觉发挥是进入新世纪以后的事，2005年《关于进一步加强中国共产党领导的多党合作和政治协商制度建设的意见》中多次提到"共识"："在协商过程中充分发扬民主，广泛听取意见，求同存异，求得共识""要善于通过广泛深入的协商和讨论，使中国共产党的主张成为各民主党派的共识"。之后，"共识"一词在党的文献中出现的概率大幅上升。2006年《中共中央关于加强人民政协工作的意见》中提到，"人民通过选举、投票行使权利和人民内部各方面在重大决策之前进行充分协商，尽可能就共同问题取得一致意见"，人民政协凝聚共识功能的发挥成为题中应有之义。2007年国务院新闻办公室发布的白皮书《中国的政党制度》首次使用"政治共识"这个词，并做了明确界定。2009年，胡锦涛同志在庆祝中国人民政治协商会议成立60周年大会上的讲话中提到"通过充分协商增进共识、凝聚力量"，要求各级政协党组采取措施"使党的主张成为各民主党派和无党派人士、各人民团体和各族各界人士的广泛共识"。2012年，胡锦涛同志向党外人士提出3点希望，其中第一点就是进一步增进政治共识，"坚持走中国特色社会主义政治发展道路，是各民主党派、工商联和无党派人士在与中国共产党风雨同舟、患难与共的历程中取得的最基本、最重要的政治共识。无论国际风云如何变幻，只要我们不断巩固团结合作关系，不断增进政治共识，就没有战胜不了的困难"。

二、"广泛凝聚共识是人民政协履职工作的中心环节"论断的正式提出

进入新时代，以习近平同志为核心的党中央高度重视凝聚共识工作。党的十八大召开后不久，习近平总书记首次离京赴广东考察时，就鲜明地提出："深化改革开放，要坚定信心、凝聚共识、统筹谋划、协同推进""凝聚共识很重要，思想认识不统一时要找最大公约数"。党的十八大报告作为党的重要政治报告，首次提出了"社会主义协商民主"的概念，而且在报告中两次提到"共识"一词，引发了学界对统一战线和人民政协凝聚共识工作的高度重视。2014年，习近平在庆祝中国人民政治协商会议成立65周年大会上7次提到"共识"，并且还用形象的语言要求政协等统战机构"有事好商量"、争取"最大公约数"、"协商就要真协商"等。

党的十八大以来，社会主义协商民主的制度化、规范化、程序化进程不断加快。伴随着2015年中共中央印发《关于加强社会主义协商民主建设的意见》和一系列具体实施文件的出台，2015年成为社会主义协商民主进入制度化建设年。中央对社会主义协商民主的概念内涵做了界定："协商民主是在中国共产党领导下，人民内部各方面围绕改革发展稳定重大问题和涉及群众切身利益的实际问题，在决策之前和决策实施之

中开展广泛协商，努力形成共识的重要民主形式。"由此可以看出，"努力形成共识"已经成为中国社会主义协商民主的出发点、落脚点和中心环节，而"共识"概念已经成为一个基本前提性的概念进入党和国家重要文件之中。同年6月25日，中共中央办公厅印发《关于加强人民政协协商民主建设的实施意见》，将人民政协广泛凝聚共识作为制度形式固定下来。同年12月10日，中共中央办公厅印发《关于加强政党协商的实施意见》，体现了中国共产党对发挥统一战线凝聚共识作用发挥的重视，也标志着中国共产党与各民主党派（包括工商联）、无党派人士的政党间直接协商和中国共产党在人民政协同各民主党派、无党派人士和各族各界代表人士间的协商开始走向制度化、规范化和程序化。《关于加强人民政协协商民主建设的实施意见》《中共中央关于加强和改进党的群团工作的意见》《关于加强城乡社区协商的意见》《关于加强政党协商的实施意见》等一系列文件的出台，为通过协商沟通达成政治共识已经初步做到有规可循。

在2015年召开的中央统战工作会议上，习近平总书记正式提出"人心是最大的政治"重要论断，并且系统阐述和论证了统一战线凝聚共识的具体方略，即"巩固共同思想政治基础""画出最大同心圆""寻找最大公约数"等。本次会议还通过了作为首部统一战线党内法规的《中国共产党统一战线工作条例（试行）》，其中中央统战部的职责60年来首次进行修订，增添了"增进共识、加强团结"两项新的职责，也标志着中央统战部作为党中央关于统一战线工作的领导机关，今后将在凝聚共识具体工作方面全面发挥牵头协调、统揽全局作用。

2018年12月29日，习近平总书记在全国政协新年茶话会发表的重要讲话中首次提出"要把加强思想政治引领、广泛凝聚共识作为履职工作的中心环节"。2019年9月20日，习近平总书记在中央政协工作会议暨庆祝中国人民政治协商会议成立70周年大会上，以"人心是最大的政治，共识是奋进的动力"为主题发表重要讲话，其中再次提到要"把加强思想政治引领、广泛凝聚共识作为中心环节"，体现了以习近平同志为核心的党中央对人民政协广泛凝聚共识功能的高度重视。

三、新时代为什么必须要提高对人民政协广泛凝聚共识的重视

发挥人民政协作为协商民主重要渠道和专门协商机构的作用，虽然应该在建言资政和凝聚共识两方面双向发力，但是在现实实践过程中，对于凝聚共识的重视并不如对建言资政的重视。相应地，当前对于人民政协广泛凝聚共识理论和实践的研究相对来说还比较薄弱，与人民政协广泛凝聚共识所积累的丰富实践经验相比还不太相适应。

（一）广泛凝聚共识是社会主义制度的内在要求

马克思恩格斯指出："一个阶级是社会上占统治地位的物质力量，同时也是社会上占统治地位的精神力量。"在社会主义制度建立之前的非无产阶级专政的制度形态中，其意识形态宣传都是一种虚伪的、虚假的宣传，而社会主义制度，由于实现了劳动人民执政，其官方意识形态真正实现了与劳动人民意识或民意、民心或人心的一致，客观上要求

人民政协在实践中通过教育引导民众，通过凝聚共识形成共同的思想政治基础。

另外，由于在现实社会主义国家，商品经济仍然占据主导社会，市场在资源配置中起着决定性作用，资本的逻辑仍然发挥着很大的作用，导致社会主义意识并不能自发地从民众的头脑中产生，而正如列宁所指出的，"对社会主义意识形态的任何轻视和任何脱离，都意味着资产阶级意识形态的加强"，社会主义意识形态必须从外部灌输进去，而这个灌输的过程也是凝聚共识的过程。

（二）正确处理人民内部矛盾内在地需要发挥人民政协广泛凝聚共识功能

毛泽东同志1957年发表了《关于正确处理人民内部矛盾的问题》的讲话，创新性地提出，社会主义国家人民内部仍然存在着矛盾，对于人民内部的矛盾，要用民主的方法，用"团结—批评—团结"的公式，用说服教育的方法去解决，而不能用强制的、压服的方法去解决。

一定意义上说，正是毛泽东同志的这篇讲话奠定了新中国社会主义制度建立以后开展统战工作的理论基础，同时也为人民政协从代行国家最高权力向着统一战线凝聚人心、凝聚共识职能转型，为进一步构建成熟和完善的人民政协制度提供了理论上的指导。受当时国际国内形势的影响，这一理念在实践上并没有真正得到实施。直到改革开放后，随着党和国家工作重点转移到社会主义现代化建设上来，邓小平重新强调，爱国统一战线的任务是凝聚人心、汇聚力量。与此同时，广泛凝聚共识也逐渐成为人民政协开展工作的中心环节和目标。

（三）新时代应对国内外复杂形势挑战需要发挥人民政协广泛凝聚共识职能

从国内来看，改革开放后，随着我国现实中的利益调整、市场经济条件下思想观念的多元等，亟待解决的新情况的出现，人民政协作为我国社会主义协商民主的专门机构，广泛凝聚共识的功能开始凸显；从国际层面来看，当今世界正经历百年未有之大变局，世界范围内不同政治发展道路竞争博弈渐趋白热化。一方面，西方国家代议制民主形式应对现代复杂性的社会越来越力不从心，另一方面，中国土壤中成长出的包括人民政协在内的人民民主形式，通过聚焦共识达成展现出更大的制度优势。一个"东升西降"的态势正在形成。这些都需要在实践基础上对人民政协凝聚共识工作进行理论阐释和研究。

（四）顺应移动互联时代带来的新挑战内在地要求重视人民政协广泛凝聚功能的发挥

随着近年来移动互联技术的飞速发展，中国正在快速进入"人人都有麦克风"的自媒体时代。自媒体平台上人们信息的发布和接受成本接近于零。信息超载导致信息的获取和接受更多地依靠个人的主观选择，导致世界范围内的"重情感不重事实"的"后真相时代"的到来。

在后真相时代，网民之间建立一种理性沟通和协商交流的态度变得越来越难，因为缺少真正有效的沟通容易导致沉迷于价值立场宣泄，使得达成共识变得越来越难。这种情况下，反而给人民政协广泛凝聚共识功能的发挥提供了机遇，因为一方面，中国历史形成了包括人民政协在内的现成的统一战线工作平台和机构，另一方面，人民政协等机构和平台是直接做人的工作的。人民政协的不同界别委员以及统战对象都是各自领域的代表人物，大部分都是党外代表人士，同样的观点从党外人士的口中说出，可能更容易使网民从情感上接受。所以自媒体时代重视发挥统战对象的舆论引导能力，可以达到事半功倍的效果。

四、当前对人民政协广泛凝聚共识相关理论和实践研究的主要着力点

（一）从理论基础层面对人民政协广泛凝聚共识开展研究

一是对马克思主义统一战线理论的深入研究。马克思列宁主义统一战线理论在中国共产党领导中国人民开展革命、建设和改革过程中发扬光大。习近平总书记有关广泛凝聚共识的这一重要论述继承和发展了马克思主义统一战线理论，体现在以"广泛凝聚共识"为中心环节和目标的人民政协制度或机制。这些都需要从理论层面理清楚，从而为人民政协发挥广泛凝聚共识职能提供基础。二是对马克思主义政党理论展开研究。习近平总书记创造性地提出"新型政党制度"，指出人民政协制度坚持以人民利益为中心，以达成政治共识为目的，可以避免西方以竞争获胜为唯一目标的多党竞争制民主形式带来的"共识达成"困境。这些也需要从理论层面展开研究。三是对社会主义协商民主理论展开研究。党的十八大以来，习近平总书记相继提出一系列创新思想和观点，比如"人民民主是社会主义的生命""人民政协是人民民主的重要形式""社会主义协商民主是中国社会主义民主政治的特有形式和独特优势""有事多商量，遇事多商量，做事多商量""人心是最大的政治，共识是奋进的动力"。除此以外，习近平总书记还在不同场合，多次强调要把发挥思想政治引领作用、广泛凝聚共识，作为人民政协履职工作的目的和中心环节来抓，都亟须展开深入彻底的阐释和论证。

（二）对人民政协广泛凝聚共识的历史生成和演变过程展开研究

一是要从思想层面对人民政协广泛凝聚共识展开历史梳理，即理论认识逐渐深化的过程。在革命建设和改革的不同时期，中国共产党对人民政协广泛凝聚共识的认识有一个逐渐深化，甚至一定时期有过曲折和反复的认识过程；二是对制度演进层面人民政协凝聚共识过程展开历史梳理，即制度建构逐渐成熟定型的过程。人民政协机构的角色从协商建国、多党合作到"社会主义协商民主的重要渠道和专门协商机构"，再到"人民政协是国家治理体系的重要组成部分"；三是要对人民政协广泛凝聚共识的实践层面的逐渐成熟定型历史过程展开研究。人民政协在70年建言资政和凝聚共识上双向发力的过程中，积累了大量的实践经验，也经历了一个从自发到自觉的实践过程。从广义上说，建言资政也是在凝聚共识，从人民政协广泛凝聚共识的视角来研究人民政协历史演变过程，能够更加准确地把握人民政协的本质和特点。

（三）对人民政协广泛凝聚共识的现实实践路径的研究

一是从宏观路径层面对人民政协凝聚共识展开研究，体现在三个方面：注重主体能动性发挥，解决"谁"和"谁"达成共识的问题；从价值层面解决"为什么"要达成共识的问题；从程序层面解决"怎么做"能有效达成共识的问题。总体上形成了一整套人民政协广泛凝聚共识的实践具体路径，确保了实践效果。二是从中观路径层面对人民政协广泛凝聚共识展开研究，包括对人民政协发扬"团结—批评—团结"优良传统的研究，对人民政协在政治协商、民主监督、参政议政过程中发挥凝聚共识职能的研究，对各党派团体等政协参加单位、各界别政协委员参加主题学习活动广泛凝聚共识的研究等。三是从微观路径层面对人民政协广泛凝聚共识工作实践展开研究。包括人民政协在协商民主准备过程中是负责做好广泛凝聚共识的准备工作的，如制订协商计划、建立协商机制；在人民政协开展协商民主具体操作的不同具体形式中开展广泛凝聚共识工作的，如政协全体会议的协商、专题议政性常务委员会会议、专题协商会、双周协商座谈会、对口协商和界别协商、提案办理协商；另外，对于人民政协协商民主与党委和政府工作的衔接过程中如何做好广泛凝聚共识工作等，也要展开研究。总之，要按照习近平总书记提出的"人民政协是国家治理体系的重要组成部分"的重要论断要求，在推进国家治理体系和治理能力现代化进程中发挥人民政协凝聚共识的独特优势和作用。

参考文献

［1］政协全国委员会办公厅,中共中央文献研究室.人民政协重要文献选编（下）
　　［M］.北京:中央文献出版社、中共文史出版社,2009:763-770.

［2］中华人民共和国国务院新闻办公室.中国的政党制度［N］.人民日报,2007-11-
　　16（15）.

［3］胡锦涛.胡锦涛文选:第三卷［M］.北京:人民出版社,2016:263.

［4］刘维涛.中共中央举行党外人士迎春座谈会［N］.人民日报,2012-1-19（1）.

［5］中共中央文献研究室.习近平关于全面深化改革论述摘编［M］.北京:中央文献
　　出版社,2014.

［6］中共中央文献研究室.十八大以来重要文献选编（中）［M］.北京:中央文献出
　　版社,2016.

［7］马克思,恩格斯.马克思恩格斯选集第一卷［M］.北京:人民出版社,2012:178.

［8］列宁.列宁选集:第一卷［M］.北京:人民出版社,2012:327.

［9］毛泽东.毛泽东文集:第七卷［M］.北京:人民出版社,2004:209.

（作者单位:青岛科技大学）

从政协发展史看中国共产党对人民政协领导的必然性

——以青岛为例

王　奇

一、人民政协的诞生及发展历程

习近平总书记指出："人民政协是中国共产党把马克思列宁主义统一战线理论、政党理论、民主政治理论同中国实际相结合的伟大成果，是中国共产党领导各民主党派、无党派人士、人民团体和各族各界人士在政治制度上进行的伟大创造。"人民政协成立70多年来，在中国共产党领导下，在建立新中国以及社会主义革命、建设、改革各个历史时期发挥了十分重要的作用。

抗日战争胜利后，中国共产党充分考虑人民群众和平建国的愿望，努力争取和平建国。1945年10月10日，国共重庆谈判确认和平建国的基本方针。1946年1月10日，中国共产党与国民党、青年党、民主同盟和无党派社会贤达代表等在重庆召开政治协商会议。1948年在中国人民即将取得解放战争全面胜利的前夕，中共中央发布了《纪念"五一"劳动节口号》，发出了"各民主党派、各人民团体和社会贤达迅速召开政治协商会议，讨论并实现召集人民代表大会，成立民主联合政府"的号召，得到各民主党派、各人民团体、各界民主人士、国内少数民族和海外华侨的热烈赞成和响应。随后不久人民政协这一名称由此确立。1949年9月21日，中国人民政治协商会议第一届全体会议在北平召开，这标志着人民政协正式成立；同时制定了《中国人民政治协商会议共同纲领》，起到了临时宪法的作用。中国人民政治协商会议肩负起了执行全国人民代表大会职权的重任，承担起了建立新中国的历史使命，充分体现了统一战线的空前发展和全国各族人民的大团结。此后5年，人民政协在中国共产党的领导下，对于团结全国各族人民，巩固人民民主政权，恢复和发展国民经济，实行社会改革，发展统一战线，继续发挥着重要作用。

1954年第一届全国人民代表大会召开并通过了《中华人民共和国宪法》。在宪法之下，人民政协继续作为多党合作和政治协商机构、作为统一战线组织发挥重要作用。1956年，人民政协在中国共产党的团结带领下完成了社会主义革命，确立了社会主义制度，推进社会主义建设，从而完成了中华民族有史以来最为广泛而深刻的社会变革，为当代中国一切发展奠定了根本的政治前提和制度基础。此后，人民政协继续在国家政治生活和社会生活中开展工作，在活跃国家政治生活、调整统一战线内部关系、扩大国际交往等方面发挥了重要作用，为推进新中国各项建设贡献了力量。

1978年十一届三中全会的召开，标志着中国进入了改革开放的新时期，也标志着人民政协事业发展进入了新时期。在此期间，以邓小平同志为核心的党的第二代中央领导集体明确提出新时期人民政协的性质和任务，确立中国共产党同各民主党派"长期共存、互相监督、肝胆相照、荣辱与共"的方针，推动将人民政协性质和作用载入宪法。以江泽民同志为核心的党的第三代中央领导集体将中国共产党领导的多党合作和政治协商制度确立为中国的基本政治制度，通过修改宪法明确这一制度将长期存在和发展，进一步明确了人民政协的性质、主题、职能。以胡锦涛同志为总书记的党中央进一步明确了人民政协事业发展理论基础、政策依据、制度保障等。

党的十八大以来，中国特色社会主义进入新时代。以习近平同志为核心的党中央高度重视政协工作，从历史的高度回顾和总结了政协制度"是适合我国国情的，植根于我国土壤"；从制度层面论证了人民政协是"具有中国特色的制度安排，是社会主义协商民主的重要渠道和专门协商机构"。为此，党中央对人民政协工作做出了一系列重大部署，先后出台了《关于加强社会主义协商民主建设的意见》《关于加强人民政协协商民主建设的实施意见》《关于加强和改进人民政协民主监督工作的意见》《关于加强新时代人民政协党的建设工作的若干意见》等文件，对新时代政协工作做出制度性安排。而面对世界百年未有之大变局的新形势和新挑战，以习近平同志为代表的中国共产党人始终坚持好人民政协制度、发展好人民政协事业，不断增强开展统一战线工作的责任担当，把各方面智慧和力量凝聚起来，从而形成"海内外中华儿女心往一处想、劲往一处使的强大合力"的大团结、大联合局面。

总而言之，从人民政协诞生及发展的70余年历史可以看出，协商民主是实现党的领导的重要方式，是我国社会主义民主政治的特有形式和独特优势。在党的领导下，人民政协认真贯彻党的理论和路线方针政策，努力调动一切积极因素，团结一切可以团结的力量，推动中国特色社会主义事业不断取得一系列成就，从而为中国特色社会主义事业"努力寻求最大公约数、画出最大同心圆"。

二、党领导下的青岛政协发展历程

（一）解放战争时期

解放战争时期，青岛地区中国共产党对政协与统战工作的领导可以追溯到1948年。

1948年8月，青岛统战工作委员会在平度南村成立。以王桂荣和徐行健为代表的共产党员开展了卓有成效的工作，一方面及时获取国民党的军事、政治动向，另一方面积极争取青岛地区的工商企业界高层人士、高级知识分子、开明士绅。经过党的宣传教育和大力争取工作，青岛地区不少中产阶级的代表人物，如时任中纺青岛分公司总经理范澄川、青岛电厂厂长徐一贯、青岛自来水厂厂长刘汉耀、青岛阳本印染厂厂主陈孟元、青岛博济医院院长陈志藻、山东大学校长赵太侔都表示愿意和共产党竭诚合作，并利用自身职权和社会知名度，在中国共产党的领导下公开号召、团结组织青岛地区的广大工人、市民、学生，组成公开合法的护厂队、护港队、护校团，反对国民党反动统治，保护工厂、企业、学校，保护青岛，以配合人民解放军解放和顺利接管青岛。不仅如此，为阻止国民党青岛守军在撤逃前进行破坏，中国共产党胶东军区还邀请民主人士刘仲让动员在青岛影响较大的爱国人士张公制劝说国民党驻青岛军方首脑刘安祺，接受我党提出的"不战善退、保全青岛、留有余地"主张，并劝告青岛警察消防队队长马元敬，临时维持社会治安，为青岛的解放做出了重要贡献。最终，1949年6月2日，青岛解放。中国人民政治协商会议在北平召开后不久，9月28日，在中共青岛市委的组织领导下，具有统一战线性质的青岛市各界人民代表会议召开，会议代表共308人，来自社会各个层面，充分体现了青岛全市人民的意愿和要求，也充分体现了中国共产党对人民政协组织的领导。

（二）社会主义革命、建设时期

青岛解放后，在党的领导下开始了人民政权的建立和巩固。1950年2月，青岛市协商委员会成立，该委员会由青岛第二届各界人民代表会议选举产生，它既是青岛各界人民代表会议常设机构，又是统一战线的组织，同时也是青岛政协的前身。

1953年，中共中央提出了党在过渡时期的总路线，青岛也开始了社会主义工业化及社会主义三大改造的历史进程。在这种情况下，青岛工商界召开临时代表会议，积极响应党和国家的政策，于1956年1月19日通过决议，向政府申请，争取3天全部实现公私合营。20日，全市私营工业23个行业、私营商业24个行业全部变为公私合营。青岛地区的工商行业全部实行全行业公私合营。三大改造的完成标志着社会主义制度在青岛的确立，这其中人民政协相关团体在党的领导下做出了重要贡献。

1954年7月青岛市人民代表大会召开后，青岛市协商委员会不再代行人民代表会议常设机构的职能，而是作为统一战线的机构继续存在。1955年5月3日，中国人民政治协商会议青岛市第一届委员会正式成立并召开了第一次会议，这是青岛地区政协历史发展的大事。此次会议明确了政协的性质和任务，成立了政协青岛市第一届委员会。这标志着中国共产党领导的多党合作和政治协商这一基本政治制度在青岛正式建立。

1956年社会主义改造基本完成后，毛泽东同志提出以"长期共存，互相监督"作为共产党和民主党派合作的方针，并在《论十大关系》中做了详细阐述。针对青岛民主党派组织和成员较多的实际情况，从1956年开始，青岛市委连续召开4次座谈会，就贯彻落实政协建设相关方针进行座谈。不仅如此，青岛市委还分别制定了《关于加强民主党派工作的意见》和《关于加强市政协工作的意见》。通过认真贯彻落实党的统一战线政策，青岛政协有了一系列长足发展，如改善了党与民主党派的关系，加强了同各民主党派政治协商和民主监督；发展组织、吸收了更多新党员，至1957年底，各民主党派成员发展至1498人。此后，在青岛党委的领导之下，从1956年至1976年，青岛政协积极参与城市及乡村建设，使得各项社会事业有了翻天覆地的变化，城市建设不断加强，如1960年制订了青岛历史上第一个城市总体规划《青岛市城市总体规划》，将青岛确定为"具有国防、工业、港口和休疗养的综合性城市"；1965年又制定《青岛总体规划设想初步意见》，明确提出青岛"是一个国防、工业、国际港口和休疗养的综合性城市。特别是在国防上占有重要的战略地位"。

（三）改革开放新时期

1978年党的十一届三中全会后，中国开始了改革开放的伟大历史进程，人民政协的工作开始恢复。1978年7月22日，政协青岛市第五届委员会第一次全体会议举行，正式恢复了青岛市政协组织和活动。青岛市政协恢复活动后，在党的领导下积极落实和推动各项统战政策，青岛市政协得到了很大发展，成为在社会主义和爱国主义旗帜下，青岛市最广泛的爱国统一战线组织。

在党的领导下，从1989年6月起，《政协青岛市委员会关于政治协商、民主监督的暂行办法》（1989年）、《关于加强和改进市政协工作的意见》、《关于进一步支持政协履行职能的通知》（1999年）、《关于进一步加强政协工作规范化、制度化建设的若干意见》（2000年）等文件相继出台，对青岛政协的政治协商、民主监督、参政议政的目的、原则、主要内容、主要形式、基本程序等做出了具体规定，推动政治协商、民主监督、参政议政进一步经常化、制度化和规范化。

从1978年至2011年，青岛政协在中国共产党的带领之下，坚持改革开放，从而推动了青岛经济的迅速发展、社会事业的全面进步以及民生状况进一步改善，实现了青岛人民由站起来到富起来的伟大飞跃。以2011年为例，青岛实现生产总值（GDP）6615.60亿元。其中，第一产业增加值306.38亿元，第二产业增加值3150.72亿元，第三产业增加值3158.50亿元。城市居民人均可支配收入28567元，人均消费性支出19297元；农民人均纯收入12370元，人均生活消费支出7661元。

（四）中国特色社会主义新时代

进入新时代，在习近平新时代中国特色社会主义思想的指导下，青岛政协加强思想政治引领，将党建工作置于各项工作的首位，用党建工作引领其他各项工作，牢牢把住新时代青岛政协事业发展方向，并沿着习近平总书记对于政协思想政治引领的要求不断前进。在党的坚强领导之下，青岛政协一方面认真学习习近平总书记有关政协建设的各项理论政策；另一方面抓住制度建设"牛鼻子"，在学习《关于新时代加强和改进人民政协工作的实施意见》的基础上制定一系列政协规章制度，如2020年通过了《关于进一步提高协商议政质量的意见》《加强和改进调研工作实施办法》《关于提高提案质量的意见》，进一步规范和完善政协工作制度体系。

在党坚强领导下，青岛政协主动把工作置于党委和政府工作全局中，把党和国家以及本省的目标任务落实作为履职尽责的主攻方向和工作主线，如紧紧围绕习近平总书记为青岛确定的"办好一次会，搞活一座城"、建设现代化国际大都市等战略目标，推动青岛社会高质量发展，体现了党领导下的人民政协为国履职、为民尽责的情怀。在数字化、信息化、网络化迅速发展的新形势下，青岛政协在坚持新理念、新思路的基础上，依托互联网、大数据等现代信息技术搭建平台，围绕调整经济结构、促进改革发展、新旧动能转换、服务精准脱贫、提升城市竞争力、优化城市环境等涉及国计民生的问题献计出力。针对青岛经济社会发展的实际情况，对于"打造国际先进的海洋发展中心""提升青岛市非公有制经济市场活力和创造力""促进农村产业融合发展，构建青岛市现代农业产业体系""青岛市建设泛济青烟新旧动能转换综合试验区核心区"等提出行之有效的建议，为全市发展增添助力。

三、毫不动摇地坚持党对人民政协的领导

中国共产党的诞生是中国历史上开天辟地的大事，它"深刻改变了近代以后中华民族发展的方向和进程，深刻改变了中国人民和中华民族的前途和命运，深刻改变了世界发展的趋势和格局"。办好中国的事情，关键在党。青岛政协发展的历史和现实无不充分证明，坚持中国共产党对政协的充分领导是包括各民主党派、各团体、各民族、各阶层、各界人士在内的全体中国人民的共同选择，是成立政协时的初心所在，更是人民政协事业发展进步的根本保证，人民政协事业要沿着正确方向发展，就必须毫不动摇坚持中国共产党的领导。

坚持党对人民政协的领导，首先表现在政治方面。中国共产党领导的多党合作和政治协商制度是我国的一项基本政治制度，是从中国土壤中生长出来的新型政党制度。人民政协要积极发挥专门协商机构作用，坚决落实党中央的决策部署，主动将工作置于党委工作大局中谋划，将一切重要工作在党的领导下展开，一切重要活动围绕党和国家中心任务进行，一切重要安排在广泛征求意见基础上实施。

其次，加强党对人民政协的领导，表现在思想方面。"中国共产党为什么能，中国特色社会主义为什么好，归根到底是因为马克思主义行。"坚持党对政协的领导，就是要坚持马克思主义中国化，坚持习近平新时代中国特色社会主义思想引领、理论先行，以党的旗帜为旗帜、以党的方向为方向、以党的意志为意志。

最后，加强党对人民政协的领导，表现在组织方面。党要确保各民主党派、社会各界与党同心同步同向。突出团结和民主两大主题，坚持求同存异、团结协作、凝心聚力。加

强党同各党派团体和社会各界的联系与沟通,充分发挥民主党派、无党派人士和社会各阶层、界别在经济社会发展中的作用,不忘合作初心,继续携手前进。

参考文献

［1］习近平.在中央政协工作会议暨庆祝中国人民政治协商会议成立70周年大会上的讲话［N］.人民日报,2019-9-20.

［2］周恩来.关于人民政协的几个问题［EB/OL］.（1949-09-07）.http：//www.zxcy.gov.cn/index.php?m=content&c=index&a=show&catid=82&id=76.

［3］邓小平.新时期统一战线和人民政协的任务［EB/OL］.（1979-6-15）.http：//cpc.people.com.cn/GB/64107/65708/65722/4444612.html.

［4］习近平.在中央统战工作会议上的讲话［N］.人民日报,2015-5-18.

［5］习近平.中国共产党第十九次全国代表大会报告［N］.人民日报,2017-10-18.

［6］中共青岛市委组织部,中共青岛市委党史研究室.中共青岛地方简史［M］.青岛:青岛出版社,2011.

［7］青岛市人民政府.2011年青岛市国民经济和社会发展统计公报［R］.2012-4-27.

［8］又踏层峰望眼开奋进履职新时代——政协第十三届青岛市委员会2020年工作综述［N］.青岛日报,2020-1-10.

［9］青岛市政协.新时代新思路新作为——青岛市政协创新履职工作纪实［EB/OL］.（2018-3-2）.http：//www.cppcc.gov.cn/zxww/2018/03/02/ARTI1519951923826122.shtml.

［10］习近平.在庆祝中国共产党成立100周年大会上的讲话［N］.新华社,2021-7-1.

（作者单位:青岛农业大学）

试论文史资料在增进统战成员政治共识中的重要作用

冯昊 刘芳 姜慧丽

"统战"是统一战线的简称，指几个阶级或几个政党为了某种共同的政治目的结成的联盟。在中国，统一战线是中国共产党凝聚人心、汇聚力量的政治优势和战略方针，是夺取革命、建设、改革事业胜利的重要法宝。统一战线的成员包括全体社会主义劳动者、社会主义事业的建设者、拥护社会主义的爱国者、拥护祖国统一和致力于中华民族伟大复兴的爱国者。政治共识指一个国家大多数公民对立国的基本准则、处理政治问题的基本程序以及国内外有关重大的方针政策和路线的共同认识，政治共识是政治稳定的必备条件之一。因此，有着地域、身份、学识等多维度差异的统战成员作为我国政治生活的重要参与群体，应在更深层次上具有政治共识，这对我国的和平稳定发展具有重要的长远意义。

文史资料是人民政协工作中产生的一个专用概念，特指政协委员及其所联系的各方面人士对重要历史事件和历史人物的记述。文史资料工作根植于人民政协这个最具广泛性和代表性的统一战线组织，因此，文史资料与统战成员之间具有天然的联系。本文将对文史资料发挥的增进统战成员政治共识功能做具体分析。

一、文史资料能增进统战成员的政治共识

文史资料具有"三亲"性、丰富性和民主性等突出特征，这使它具有增进统战成员政治共识的作用。

（一）历史的选择

习近平总书记曾在主持中央政治局第七次集体学习时强调："历史是最好的教科书。"我们能从记载了历史的史料中了解过去的生活实际，吸取历史上的经验教训，感知历史发展的规律。文史资料是史料的一种，它具有的"三亲"性表现为它是历史当事人、见证人和知情人亲历、亲见、亲闻的第一手资料。因此，文史资料能在一定程度上还原历史上的真实情况。统战成员可以在阅读文史资料的过程中获知一些政治共识的历

224

史渊源，所以文史资料能起到加深统战成员对政治共识的理解和认识的作用，从而增进统战成员的政治共识。"坚持中国共产党的领导"是当前中国的一条重要政治共识。以加深统战成员对这条政治共识的理解和认识为例，来看文史资料如何通过自身的"三亲"性特征增进统战成员的政治共识。

文史资料能通过亲历、亲见、亲闻的第一手资料反映出中国共产党如何顺应历史发展的潮流，带领中国革命走向胜利。如《1941－1949，中共在大连的斗争》以中共胶东大连支部成员左友文自己的亲身经历向世人介绍了中共胶东大连支部如何带领党员打入日本水子陆军仓库，在其中建立起"苦力窝棚"以教育发动工人，最终带领他们参加东北解放战争并取得胜利的具体过程。

文史资料能通过亲历、亲见、亲闻的第一手资料反映出中国共产党如何坚持维护人民的利益。如《朱自清的人生背影》中提到，在国民经济恶性通货膨胀、人民生活水平急剧下降的社会现实下，国民党作为1947年时中国的执政党，仍无视国民的基本生活诉求，超发货币，坚持内战，迫害国内进步民主人士；而中国共产党在此时策动北京、上海、天津等万余名学生举行示威游行，为人民争取利益。

文史资料能通过亲历、亲见、亲闻的第一手资料反映出中国共产组织内部具有强大的向心力与团结力。如《见证青岛解放 人物传略》中记载了1947年被地主返乡团抓捕的共产党员谢文卿的事迹，他面对严刑拷问也没有透露土改复查和党的组织情况。又如《1941－1949，中共在大连的斗争》介绍了以身作则的支部书记左友文，即使在严冬也下海撒网捕鱼，贯彻艰苦奋斗、自力更生的党内要求。

因此，我们发现文史资料以具有"三亲"性的史料文字还原历史上的真实场景与事件经过，展示出"坚持中国共产党的领导"这条政治共识有中国共产党带领中国革命走向成功，坚持维护人民的利益，组织内部具有强大的向心力与团结力的历史渊源。因此统战成员在阅读文史资料的过程中能加深对"坚持中国共产党的领导"这条政治共识的理解和认识，从而进一步在思想上认可并在行动上践行这一共识。

（二）共同的选择

马克思主义哲学认为，矛盾存在于一切事物之中，矛盾的普遍性和特殊性相互联系：一方面，普遍性寓于特殊性之中，并通过特殊性表现出来；另一方面，特殊性离不开普遍性，世界上的事物无论怎样特殊，它总是和同类事物中的其他事物有共同之处。文史资料具有丰富性，它的内容覆盖了政治、经济、军事、外交、文化、社会等相当广泛的领域，所以文史资料能通过一个个具有特殊性的史实片段多角度地展示出具有普遍性的政治共识。统战成员可以在阅读文史资料的过程中从多个层面对同一条政治共识进行理解和认识，所以文史资料能起到增进统战成员政治共识的作用。

"坚持改革开放"是当前中国的一条重要政治共识，以增进统战成员对这条政治共识的理解和认识为例，来看文史资料的丰富性在此过程中发挥的作用。

文史资料能通过多内容层次、多人物视角的丰富史料反映出改革开放政策有力推动了中国社会的发展与进步。

文史资料展示出改革开放政策带动中国经济强劲发展。例如《对外开放为青岛发展提供了难得机遇》这份文史资料中记载国家级领导和专家也都同意青岛市委书记刘鹏将经济技术开发区选址在黄岛的想法。1984年，时任代理青岛市委第一书记刘鹏以文史资料的形式记录了改革开放政策影响下在黄岛建立起经济技术开发区的经过。那时建在黄岛的经济技术开发区如今已成为中国第9个国家级新区——青岛西海岸新区，其经济生产总值在2018年已超过3000亿元。又如《平度推行家庭联产承包责任制纪实》中提到，大包干生产责任制在平度县的全面普及，极大激发了农民生产的积极性，实现了农业增产、农民增收、农村发展。1978年至1983年担任中共山东省平度县委书记的赵蓝田通过这份文史资料展示了在改革开放政策下开展的平度市农村经济体制改革激发出农民极大的生产积极性，直接推动实现了农业增产、农民增收。除了这类领导者的视角，文史资料也能从普通人的经历反映出改革开放政策给人民生活带来的巨大变化。《渔民奔小康的脚步》这篇文史资料就是一个典型代表。它的作者刘作幸是青岛市崂山区沙子口街道流清河社区的普通居民，他在这篇文章中记述了改革开放政策实行之后自家开起农家宴，经济收入成倍增长的实际。除了直接拉动经济增长，改革开放政策也为我国政治体制的完善和发展起到了重要助推作用。文史资料也能反映出改革开放之后中国社会的政治层面变化。例如1983年的时任致公党青岛市工委主委郑守仪借助《致公党青岛市级组织成立经过》这份文史资料，介绍了致公党青岛市级组织成立的经过，以自己的切身经历说明改革开放后中国的政治协商制度也在进一步完善，民主政治环境不断向好。

改革开放政策在推动我国经济、政治层面向好发展的同时，还有力促进了文化层面的进步。担任中国民主建国会中央常委的冯士筰院士通过《难忘的海洋科研岁月》这篇文史资料，说明改革开放政策指导之下的"科教兴国""科教兴海"等方针在科技是第一生产力的当今世界，有力地带动了我国科学文化繁荣向前。

通过以上分析，我们看到文史资料以具有丰富性的内容，展示出"坚持改革开放"这条政治共识是因为改革开放政策有力推动了中国城乡经济的发展、民主政治的进步、科学文化的繁荣。因此统战成员能在阅读这些不同视角、不同维度的文史资料过程中，能够加深对"坚持改革开放"这条政治共识的理解和认识，进一步增进这一政治共识。

（三）民主的选择

如果说前面分析到的文史资料的"三亲"性和丰富性能在比较广泛的层面上深化统战成员对各种政治共识的理解与认同，那么民主性这一特征则使文史资料能够相对具体地增进统战成员的"民主"政治共识。文史资料具有的民主性具体表现在以下几个方面：第一，我国不同党派、不同阶层、不同界别以及不同民族的人对自己参与和经历过的历史进程具有平等的表述权、话语权；第二，撰写文史资料是政协委员行使民主权利的重要方式；第三，开展文史资料工作能体现对真实的历史情况进行充分论证的民主精神。因此文史资料能增进统战成员的"民主"（统治阶级中多数人享有管理国家的权力的政治制度）政治共识。例如，作为解放战争后期人民解放军公布的43名头等战犯之一的国民党中将杜聿明，后来也成为统一战线中的一位拥护祖国统一和致力于中华民族伟大复兴的爱国者，担任过全国政协文史资料专员、第四届全国政协委员。文史资料也赋予了他平等表述自身经历的民主权利。又如，曾任青岛市胶州市政协常委的郭培正写的《柏兰同改革开放一起走来》等文史资料使其亲历亲见亲闻的历史过程流传下来，成为当代史料的一部分。此外，《青岛文史资料第二十四辑》的第一部分是有关郝建秀工作法与郝建秀小组的内容，其中收录了牟秀美、仇美春、盛桂兰等几代郝建秀小组组长提供的文史资料。这些文史资料从见证郝建秀工作法的诞生、发扬"火车头"精神、发扬奉献精神等角度，通过切身经历多侧面、多维度地还原了郝建秀工作法诞生的环境、郝建秀小组的奋斗与奉献精神等，体现了对真实历史情况的充分论证。

从上述实例中，我们看到文史资料能使统战成员讲述历史过程，能使统战成员将亲历亲见亲闻的历史过程流传下来，并让统战成员在多说并存的文史资料中自主研讨历史原貌。因此文史资料能增进统战成员的"民主"政治共识。

二、更好地发挥文史资料增进政治共识的作用

通过前文的论述，我们确认文史资料具有增进统战成员政治共识的作用。那么采用哪些方法可以使文史资料的这一功能更好地发挥出来呢？

（一）用制度力保文史资料的真实性

作为史料的一种，文史资料的内容贵在真实。我们可以用制度强化对文史资料的审核和研究环节，力保文史资料的真实性，从根本上使文史资料增进统战成员政治共识的功能有得到发挥的根基。

第一，建立专业学习制度。一方面，学习专业史书，了解中国近现代史的基本情况后，文史资料工作人员能在这一起点上对收集到的文史资料内容真实性进行初步辨别；另一方面，学习已有的文史资料也可以丰富从业人员对历史细节的认知，辅助他们在更细致的层面上辨认征集到的文史资料内容是否真实。

第二，建立文史资料三审三校制度。文史资料的"一审一校"应由负责征集文史资料的工作人员完成，他们需要通过自己的学识等对文史资料的内容进行初步核实。"二审二校"过程应有历史学或文史学专家参与，进一步核实文史资料文稿内容的真实性。同时关注一些如"拉庙办学""昌维路"等带有时代特征的表述方式，对其内容和具体说法进行确认。"三审三校"的工作再交由出版机构完成，进行图书出版前的例行编校

工作。通过多次的专业文字审校和内容核实,努力还原真实的历史情况。

用制度努力保证文史资料的内容真实性,才能使文史资料真正还原历史,发挥为政治共识溯源的作用,更好地增进统战成员的政治共识。

(二)扩大文史资料的影响力

文史资料能增进统战成员的政治共识,但如果统战成员这个群体中接触文史资料的人很少,那文史资料的这种功能也很难发挥出来。因此,我们应采取措施扩大文史资料的影响力,使更多的统战成员了解文史资料。

建立政协文史馆并向社会公众免费开放是扩大文史资料影响力的有效途径之一。政协文史馆会对文史资料图书、手稿、口述过程等进行一定程度上的展示,因此它能在向社会公众免费开放的状态下,使广泛的统战成员获得接触文史资料的平等权利和机会,进而扩大文史资料的影响力。

要充分发挥新媒体平台的作用。搭上新媒体便车的文史资料能克服地理距离的限制,增进尽可能广泛地理区域内统战成员的政治共识。中国政协文史馆的微信公众号是利用新媒体在广阔范围内传播文史资料的一个成功典型,定期发布的李宗仁口述史料《台儿庄之战》等文史资料能使身在世界各地的统战成员从中了解许多政治共识的历史渊源,进而提高他们对这些共识的认同感。

(三)提高政协委员的文史资料工作参与度

政协委员不仅是统战成员的重要组成部分,还是文史资料工作的主体,因此要提高政协委员的文史资料工作参与度。

2007年,全国政协《关于加强文史资料工作的意见》第十七条指出,政协委员要把撰写文史资料作为应尽的义务,各级政协组织要为政协委员参与文史工作创造条件。首先,各级政协应向委员做好有关如何参与文史资料工作的培训,使委员能写、会写文史资料。其次,应有针对性地加强与能提供重要文史资料的政协委员间的联系。如陈松卿(原国民党少将)原本对文史资料工作有抵触情绪,青岛市政协工作人员对他进行了多次走访,帮他解决了供暖等许多实际问题。后来他提供了《青岛受降见闻》等有价值的文史资料稿件。再次,各级政协最好能提前2年及以上确定主题并在委员中开展征稿工作,使政协委员能有充分的时间回忆自身经历,联系相关人士,仔细撰写稿件,记录重要史实。如青岛市政协编纂的《青岛改革开放亲历记》和"见证青岛解放"系列丛书等比较成功的文史资料书籍,其规划、征稿等相关工作都是提前了2年左右就开始启动的。最后,各级政协采取适当提高文史资料的稿费,将撰写文史资料作为评定优秀政协委员的标准之一等措施也能对提高政协委员的文史资料工作参与度起到推动作用。

通过上述论证,我们可以发现,文史资料具有增进统战成员政治共识的作用。目前从增进统战成员政治共识这一角度开发利用文史资料的实践形式较少,因此在发挥文史资料这一作用的途径方面还可继续探索。

参考文献

［1］中国社会科学院语言研究所词典编辑室.现代汉语词典（第7版）［M］.北京：商务印书馆，2016.

［2］深入学习贯彻宪法巩固壮大新时代统一战线［EB/OL］.（2018-03-14）.http：//www. npc. gov. cn/zgrdw/npc/lfzt/rlyw/2018-03/14/content_2048676. htm.

［3］中华人民共和国宪法（2018年修正文本）［R］.2018-3-11.

［4］萧浩辉，陆魁宏，唐凯麟，等.决策科学辞典［M］.北京：人民出版社，1995.

［5］卞晋平，方兆麟，等.文史资料学概论［M］.北京：中国文史出版社，2013.

［6］习近平.以史为镜、以史明志，知史爱党、知史爱国［J］.求是，2021（12）.

［7］左建中.1941-1949，中共在大连的斗争［J］.纵横.2021（1）：21-25.

［8］金满楼.朱自清的人生背影［J］.同舟共进.2020（12）：22-24.

［9］青岛市政协文史资料委员会.见证青岛解放•人物传略［M］.青岛：青岛出版社，2019.

［10］刘鹏.对外开放为青岛发展提供了难得机遇［M］//全国政协文史和学习委员会.十四个沿海城市开放纪实•青岛卷［M］.北京：中国文史出版社，2015：21-31.

［11］2018年青岛西海岸新区国民经济和社会发展统计公报［R］.2019-04-03.

［12］赵蓝田.平度推行家庭联产承包责任制纪实［M］//青岛市政协文史资料委员会.青岛改革开放亲历记（第一卷）.青岛：青岛出版社，2018：186-190.

［13］郑守仪.致公党青岛市级组织成立经过［M］//青岛市政协文史资料委员会.青岛改革开放亲历记（第一卷）.青岛：青岛出版社，2018：48-51.

［14］冯士筰.难忘的海洋科研岁月［M］//青岛市政协文化文史和学习委员会.青岛文史资料第二十三辑.青岛：青岛出版社，2017：226.

［15］王邦佐，等.政治学辞典［M］.上海：上海辞书出版社，2009.

［16］青岛市政协文史资料委员会.青岛改革开放亲历记第三卷［M］.青岛：青岛出版社，2018：255-267.

［17］青岛市政协文化文史和学习委员会.青岛文史资料第二十四辑［M］.青岛：青岛出版社，2021.

（作者单位：青岛政协文史馆）

人民政协凝聚共识职能的价值探析与实践展望

陈文君

我国的社会结构伴随着改革开放的不断深化，产生了巨大变化。新的社会阶层涌现，不同阶层追求的利益呈现多元化态势，这对党的治国理政提出了新要求。2018年，习近平总书记对人民政协履职工作做出了新的重要论断，指出要"把加强思想政治引领、广泛凝聚共识作为中心环节，坚持团结和民主两大主题，提高政治协商、民主监督、参政议政水平，更好凝聚共识"，同时要"担负起把党中央决策部署和对人民政协工作的要求落实下去、把海内外中华儿女智慧和力量凝聚起来的政治责任"。充分履行凝聚共识的职能，是人民政协展现其价值，发挥自身作用的必然要求。凝聚共识，使党的主张顺利地落实下去，团结各方面力量，凝聚出强大合力，充分彰显我国社会主义制度的优越性。

一、人民政协凝聚共识职能的价值探析

所谓"共识"，其字面意义是指共同形成的一种理性的和一致的认识。因此，凝聚共识是指"共同体通过一定的程序和机制，消除或搁置分歧，聚同化异，达成共同认识"。凝聚共识职能可以在多个场域的不同层面发挥作用。于国家大政方针层面，以践行基本职能为工作方式，即通过政治协商、民主监督和参政议政，引导各党派团体及各族各界人士在接受中国共产党领导的基础之上，对党的主张提出科学、行之有效的意见或建议。于思想政治建设层面，以统一战线为工作主线，及时把握统一战线工作目标的思想动态，通过强化思想政治引领，推动各党派团体及各族各界人士在思想上实现统一，在行动中实现同步。于基层关系协调层面，以广泛联系各族各界群众为工作重心。政协委员通过深入基层与群众，及时回应群众的利益关切。与此同时，大力宣传党和国家的方针政策，积极协助党委及政府做好理顺情绪、协调关系、化解矛盾的工作。凝聚共识职能的重大意义与价值蕴含在人民政协履职尽责的不断实践中。

（一）凝聚共识厚植党的执政基础

坚持中国共产党领导，是中国特色社会主义制度最根本的特征，也是对人民政协履职尽责的根本要求。习近平总书记指出："人民政协要通过有效工作，努力成为坚持和加强党对各项工作领导的重要阵地。"凝聚共识工作的开展可划分为两个向度：向内，将党的主张与理论转化为普遍共识，并在群众中进行广泛传播，从而夯实在国家治理场域中党的领导的社会基础；向外，护侨益，凝侨心，集侨智，聚侨力，通过对海外华人华侨讲好中国故事、传播中国声音，增进海内外中华儿女对伟大祖国、中华民族、中华文化以及中国特色社会主义道路的充分认同，画出最大的同心圆。

在开展各项活动过程中，人民政协将党的方针政策，以大众化的方式和活泼生动的形式进行传播，对社会各族各界及党派代表进行教育与引导形成思想共识，增进各党派团体、各族各界人士对中国共产党、中国特色社会主义在政治、理论与情感上的认同，推进其在思想上的共同进步。人民政协通过塑造和谐的思想与舆论生态，维护了党中央的集中统一领导，厚植了社会思想政治根基，凝合了力量，凝结了智慧，凝聚了共识。

（二）凝聚共识汇聚多元政治力量

习近平总书记指出："做好人民政协工作，必须坚持大团结大联合。……人民政协要坚持在热爱中华人民共和国、拥护中国共产党的领导、拥护社会主义事业、共同致力于实现中华民族伟大复兴政治基础上，最大限度调动一切积极因素，团结一切可以团结的人，汇聚起共襄伟业的强大力量。"在利益分化逐渐凸显的时代背景下，统一战线的工作范围不断扩展，工作对象大已从社会精英逐步扩大到社会各阶层。伴随新代表人士的陆续涌现，利益诉求与思想观念呈现出多元化样态。人民政协具备丰富的参政资源，作为专门的协商机构，不仅为执政党发挥社会整合功能提供了平台，形成了对意识形态的整合机制，其独特而完善的组织形式也是公民进行有序政治参与的制度化根底。

以界别为基本单位参与政治协商，是人民政协的一大特征，界别既是特定的利益群体代表，也是我国公民表达群体诉求的重要渠道。"政协的每一个界别，一般都是具有相似身份和职业特征、联系和代表这特定群体的政协委员组成。从一定意义上来讲，人民政协界别是社会各阶层结构在政协组织中的反映。"自改革开放以来，全国人民政协的界别数量已增加至34个。从政协组织架构上看，人民政协在纵向上，从中央到地方分层级进行了有序的组织设置；在横向上，各层级内部组织完备。人民政协有序稳定的组织架构为凝聚共识职能的开展提供了组织保障，扩大了公民有序的政治参与。

（三）凝聚共识保障科学民主决策

《中共中央关于新时代加强和改进人民政协工作的意见》提出："要在坚持做好政治协商、民主监督、参政议政工作的同时，把凝聚共识作为政协重要职能。"凝聚共识职能的发挥寓于人民政协三大基本职能的履行过程。在扩大了公民的有序政治参与，实现充分利益表达的基础之上，凝聚共识保证了公共决策的科学性。首先，凝聚共识寓于政治协商，体现了广泛性、参与性。在政协中，社会各界的利益诉求得到了充分表达，人民的根本利益与各层面的具体利益得到兼顾。人民政协在重大决策和重要事项形成过程中发挥了独特作用。依照党中央的要求，各级党政机关严格贯彻协商于决策之前与决策实施之中。在平衡协调各方利益的同时还有效缓解了社会的矛盾与冲突，切中了社会问题的关键点，保证了决策公共利益的最大化。其次，凝聚共识寓于民主监督，体现了科学性、实践性。调查研究是人民政协工作的重要抓手，同时是开展民主监督与参政议政的重要方法。通过深入开展调查研究，及时掌握并反映了社会真实情况，协助党和政府查找不足、分析问题并提出对策，确保了各项重大举措的平稳落地，保证了决策开展落实的可行化。第三，凝聚共识寓于参政议政，体现了经常性、时效性。定期开展的专题协商、对口协商、界别协商等是人民政协常态化的协商方式与渠道。通过人民政协组织，不同社会阶层与群体的愿望及诉求能够及时被执政党与政府系统精准掌握。依法依规开展的参政议政所涉及的问题是群众关注的热点与难点问题，通过深入实际、深入基层、深入群众，保证了决策现实关切的即时化。

二、人民政协凝聚共识的实践展望

随着网络技术的发展与应用，融媒体时代已经到来，科技与大数据的发展为人民政协履职工作带来新的机遇。因此，除传统履职方式之外，人民政协在凝聚共识职能实践中应呈现新样貌，展现新活力。

（一）突出政治引领，把握凝聚共识方向

自人民政协成立至今，团结与民主始终是人民政协履行职能、开展工作的两大主题。作为政治组织，旗帜鲜明讲政治是其根本要求。为保证政协工作始终沿着正确的政治方向路线进行，始终坚持党的领导也是履行凝聚共识职能的根本前提。首先，各级政协党组应坚持在人民政协各项工作中发挥好领导核心作用，坚持做到"两个维护"，坚定政治立场，把握政治原则与方向，在道路、制度、理论等重大问题上与党中央保持高度一致，在工作中把握方向、管控大局、保障落实。其次，基层党组织与党员要充分发挥先锋模范作用，充分发挥党员委员在凝聚共识工作中的主观能动性，通过主动进行联谊、看望走访等形式的活动，加强同党外委员与代表人士的联系，从而增进团结，不断提升各党派团体与各族各界代表人士的政治共同体意识。再次，要充分发挥政协委员同社会的桥梁作用。我国各级政协委员队伍已达67万余人，政协委员通过联系自身所代表的各界群众，紧密团结到中国共产党周围，是实现凝聚共识的有力保证。

（二）丰富协商载体，拓宽凝聚共识渠道

首先，在传统工作机制优化上，努力构建多层次、多方位、多视角的协商工作格局。全体会议协商、常委会议协商与专题协商等作为传统常态化的协商形式与协商平台，应持续健全优化。在此基础之上，还应积极开展界别协商、提案办理协商、对口协商，动员

各界委员参与,进行多角度与多层次的议政建言,做到协商选题有高度、协商成果有深度、协商参与有广度。其次,积极探索构建主题联动机制。人民政协的界别特色为政协开展跨界别协商联动创造了条件。在参与主体界别相近及所关注问题相关性较高的前提下,人民政协可围绕重大课题开展主题联动调研协商活动。以青岛市政协为例,青岛市政协委员组织医药卫生界、教育界、技能人才界开展"牢记初心使命,在科教强国中贡献青春力量"主题活动,于多地市开展了对话座谈活动,畅通了界别间交流协商渠道。第三,在新时代网络科技背景下,应积极探索适合远程网络议政协商的新型信息化履职模式。以互联网为载体的新媒体,为公共领域参与政治生活提供了多层次的信息互动与多种类的信息聚合形式。个体的认知在网络中被不断同化,逐渐形成一种群体性的认知,并凝聚成为一个声音、一种力量。互联网与人民政协思想政治引领工作具有天然的契合性,因此,除了走访座谈、物料宣发、交流研讨等传统常态化宣传教育形式,还应灵活运用网络空间场域,积极掌握网络舆论宣传技能。在媒体融合环境中完善建言资政的网络平台建设,使"线下"与"线上"工作并行不悖,拓宽新型协商渠道,搭建适应新社会阶层人士的协商平台,充分调动委员积极性,加强线上交流互动,使议政协商的过程更为便捷、高效。

(三)巩固团结合作,激发凝聚共识动力

"人民政协作为中国人民的爱国统一战线组织,要适应我国经济社会发展状况和社会阶层结构的深刻变化,把加强大团结、大联合摆在更加突出位置,强化政协开展统战工作的职责要求,开展团结联谊工作,不忘老朋友,结交新朋友,多交挚友和诤友,为巩固党的执政地位做出新贡献。"面对世界百年未有之大变局,艰巨的任务被复杂严峻的形势裹挟而来。因此,不断地团结中国特色社会主义事业建设的同行者是新时代的必然要求。人民政协应通过积极主动地与各党派团体、社会组织和各族各界人士建立联系,广交、深交朋友,沟通情况,交流思想,宣传政策,增信释疑。

首先,通过界别联系巩固团结。发挥专委会的自身特色优势,建立人民政协与党外知识分子、新社会阶层人士、民营经济人士沟通与联络的常态化机制,及时掌握其思想动态,做好全面团结与思想政治引导工作。积极创造有利条件,支持各民主党派、无党派人士和工商联参加政协活动,切实保障党外人士的民主权利,尊重其利益诉求,并使其能够通过政治协商、参政议政渠道表达诉求。其次,通过界别活动巩固团结。通过积极开展内容丰富、形式多样的履职实践活动,增强界别活力。调研考察与协商是界别作用发挥的重要载体,调研考察过程促进各界别聚同化异,从而增进合力。界别协商活动增进了政协界别与群众联系,同时对增进了党委和政府与群众的沟通起到重要作用。通过完善专委会与党政部门的经常性联络机制,强化彼此沟通共享信息与资源,经常开展联合调研协商活动,构建多方参与的工作格局,于工作与活动实践中凝聚合力。与此同时,通过调研考察与协商等活动,及时回应与维护少数民族与宗教界代表人士的利益诉求,

维护其合法权益。继续强化与少数民族和宗教界委员的联系，吸引少数民族与宗教界代表积极参与凝聚共识工作，巩固民族团结与宗教稳定。再次，通过港澳台侨工作巩固团结。人民政协的港澳台侨事业自全国政协十三届一次全会起，取得了富有成效的新进展。在大湾区内外，各地人民政协广泛开展合作，紧扣国家战略，为促进粤港澳大湾区经与内地融合发展做出贡献。同时，在凝聚共识方面，不断强化对港澳青年、委员的思想政治引领，促使其为维护港澳的长期繁荣与稳定发展发挥积极作用。在对台工作中，通过助推深化两岸融合发展，厚植促进统一的社会基础，夯实两岸统一的民意基础，坚决与分裂势力做斗争。

"人心是最大的政治，共识是奋进的动力。"只有坚持把广泛凝聚共识作为人民政协履职工作的中心环节，不断创新履行凝聚共识职能的方式方法，才能更好地巩固中国共产党长期稳定的执政地位，不断彰显中国特色社会主义制度的比较优势，为实现中华民族的伟大复兴、实现"两个一百年"的奋斗目标汇聚磅礴的力量。

参考文献

［1］习近平.在中央政协工作会议暨庆祝中国人民政治协商会议成立70周年大会上的讲话［N］.人民日报，2019-9-20.

［2］宋俭，刘力维.关于新时代人民政协凝聚共识职能的若干理论思考［J］.江汉论坛，2021（7）：73-78.

［3］中共中央文献研究室.十八大以来重要文献选编（中）［M］.北京：中央文献出版社，2016：68.

［4］张平夫.人民政协概论［M］.北京：中央编译出版社，2008：301.

［5］肖存良.人民政协凝聚共识的政治逻辑及其路径研究［J］.江苏省社会主义学院学报，2021，22（2）：43-51.

［6］张峰.协商民主与人民政协理论研究［M］.北京：人民出版社，2018：82.

［7］习近平.在全国政协新年茶话会上的讲话［N］.人民日报，2018-12-30.

（作者单位：山东大学）

关于开创凝聚共识工作新局面的思考

任宝光

全国政协《关于加强和促进人民政协凝聚共识工作的意见》（以下简称《意见》）中指出："面向社会传播共识是人民政协凝聚共识工作的重要内容，需要切实加强。"《意见》强调："要拓展传播共识渠道。鼓励、支持委员在履职工作中和关键时刻亮明身份，利用自身专业知识和影响力，面向社会及时宣传解读党的方针政策，主动回应群众关切。协调主流媒体通过开设专栏、进行专访等方式传播委员声音。整合政协有关网站、新媒体、委员移动履职平台等资源，形成传播共识的工作合力。"要落实好这些要求，加强政协宣传思想工作十分重要。

政协宣传思想工作是党的宣传思想工作的重要组成部分，做好政协宣传思想工作、巩固共同思想政治基础，是人民政协内在、内生的职责和使命，也是发挥人民政协在国家治理体系中作用的必然要求。近年来，青岛市市南区政协深入落实中央和省委、市委、区委政协工作会议精神，认真贯彻全国宣传思想工作会议和全国政协宣传思想工作座谈会精神，立足新时代人民政协新方位新使命，与时俱进、守正创新地开展政协宣传思想工作，不断加强新媒体和特色平台阵地建设，以宣传思想工作提质增效助推凝聚共识工作不断开创新局面，先后两次获得全省政协宣传工作先进集体荣誉称号。

一、唱响主旋律，增强政协宣传思想工作的凝聚力

按照习近平总书记对新时代宣传思想工作的新要求，坚持把统一思想、凝聚力量作为政协宣传思想工作的中心环节。

一是党的创新理论"学得深"。认真落实委员学习制度，在市南政协网站和微信公众号开辟专门的理论学习版块，微信公众号每周更新3期，每期至少安排1至2篇理论文章，内容涵盖习近平新时代中国特色社会主义思想、党的创新理论、人民政协理论以及其他最新理论研究成果等，并加挂拓展阅读链接，内容丰富、查阅便捷，引导广大委员深学笃行习近平新时代中国特色社会主义思想。

二是大事时事要事"跟得上"。通过常委会学习、委员培训、界别组学习、区域组学习、习近平新时代中国特色社会主义思想学习座谈会等，带领委员及时学习贯彻上级决策部署，掌握时事形势，了解大政方针，把握中心工作，更好地统一思想、凝聚共识，切实增强委员履职尽责的针对性和实效性，有效促进政协工作提质增效。

三是意识形态工作"抓得紧"。通过加强对政协宣传工作阵地的建设管理，牢牢掌握意识形态工作主动权，加强思想政治引领，广泛凝聚共识，引导委员自觉规范履职言行，坚定不移听党话、跟党走。

二、发出好声音，增强政协宣传思想工作的感染力

一是宣传内容突出"准"字。抓住工作中的关键节点选题宣传，在反映政协工作全貌的基础上突出重点。2020年，青岛市市南区政协围绕文旅融合发展等党委和政府和委员关注的重点工作，创新形式，邀请同类问题的提案人与各承办部门负责同志现场开展提案办理协商，有效提高了协商质量和答复效率。宣传工作提前介入、全程参与，注意挖掘亮点价值并形成稿件，《人民政协报》予以刊载，较好提升了工作影响力。

二是宣传时效突出"快"字。全会期间，在做好综合性报道的同时，区政协网站和微信公众号每天实时推送、不间断更新，确保委员和社会各界第一时间掌握会议动态。2020年新冠肺炎疫情防控期间，委员们每天通过公众号及时了解疫情防控动态，掌握防疫物资需求，发挥各自资源优势捐款捐物、调运物资，为疫情防控工作做出了积极贡献。

三是宣传形式突出"新"字。充分发挥政协文史工作"存史、资政、团结、育人"的作用，不断拓展政协宣传思想工作新路径。为了庆祝建党100周年和纪念青岛建置130周年，市南区政协牵头编纂了《影像中山路》并向社会公开发布，多家媒体进行了广泛报道，有效扩大了青岛市历史文化城区保护发展工作的宣传覆盖面和影响力。先后举办了"艺术的四季"系列展览活动和庆祝中国共产党成立100周年书画笔会等文化活动，带领委员在文史艺术交流中凝聚共识、凝聚力量。在山东省政协主编的《山河齐鲁多娇——山东概览》工作中，承担区（县）编纂样板工作任务，目前《青岛市市南区概况》编写样板已在全省推广。委员们在联系各方搜集整理史料的过程中，进一步加深了对城市的了解，增强了对城市的热爱，强化了更好履职尽责、服务高质量发展的使命感、责任感，同时也扩大了对历史文化、名人古迹、文旅资源等方面的宣传，收到了良好效果。

四是宣传范围突出"广"字。不断拓展线上线下宣传渠道，每年通过《人民政协报》《青岛日报》等主流媒体，以及人民政协网、大众网、"学习强国"、"蓝睛"、"市南新闻"、市区两级政协网站、微信公众号等网络媒体，发布各类信息1000余条，全方位展现履职成果，提高政协工作的知晓度和美誉度，为更好开展工作争取更广泛的支持。

三、展现新形象，增强政协宣传思想工作的影响力

一方面，全面展现新时代人民政协风采。开设社情民意和委员风采专栏，邀请各行业委员在线议政建言，展现委员积极为国履职、为民尽责的良好风貌；开辟优秀提案和重点提案选登专栏，既方便委员之间互相交流学习，又方便职能部门和社会相关人士查阅了解，有助于扩大宣传，赢得多方理解支持，更好地推动后续工作进展。

另一方面，广泛推介区域整体工作。政协工作围绕中心服务大局，政协宣传思想工作也要助力区域整体形象展示，吸引社会各方资源推动区域经济社会发展。十三届五次会议期间，召开"聚力'十四五'开创高质量发展新局面"专题议政座谈会，区委主要领导同志到会与委员交流。我们将委员的意见建议、区委主要领导和部门负责人的点评、回应，结合新一年整体工作布局进行了综合报道，《中国经济时报》、中国经济新闻网等媒体做了较大篇幅的宣传，对更好地推介青岛市和市南区起到了良好作用。

在工作中，我们深切感受到，要做好政协宣传思想工作，要做好以下几点。

第一，必须坚持正确政治方向。积极发挥宣传思想工作立心铸魂的作用，把宣传党的主张和反映人民心声统一起来，自觉承担起举旗帜、强信心、聚民心、暖人心的使命任务，增进各族各界人士对中国共产党和中国特色社会主义的政治认同、思想认同、理论认同、情感认同，广泛汇聚携手奋进新征程、同心共筑中国梦的强大正能量。

第二，必须坚持服务中心大局，让广大委员和各界人士更好掌握党委和政府的部署要求、工作动态，提高建言资政、凝聚共识的针对性和有效性。

第三，必须坚持贴近基层、贴近群众。宣传思想工作是做人的工作，只有脚踏实地、将心比心，才能让群众听得进、记得住、有共鸣，用思想问题的解决来推动实际问题的解决。

第四，必须发挥政协优势、彰显政协特色。各界别、各特色平台都是开展宣传思想工作的坚强阵地。如市南区政协人文历史研究会、书画艺术名家联谊会、女书画家联谊会，既是发挥委员特长优势和带头作用的平台，也是宣传推介的平台，有利于更好地实现双向发力。

人心是最大的政治，共识是奋进的动力。下一步，我们将用更新理念和更高标准来做好政协宣传思想工作，更加广泛地凝聚共识、传播共识，更好服务全市全区"十四五"规划顺利实施，为将青岛建设为现代化国际大都市做出新的更大贡献。

（作者单位：青岛市市南区政协）

丰富凝聚共识理念，探索凝聚共识实现途径

陈　立

凝聚共识是人民政协与生俱来的特质。1949年人民政协成立之初，政协会徽就生动诠释了人民政协凝聚共识的初心使命。会徽上的一颗五角星表示中国共产党领导；齿轮和麦穗表示以工农联盟为基础；四面红旗和缎带表示各党派、各团体、各民族、各阶层的大团结大联合；中国地图和地球表示全国人民包括香港特别行政区同胞、澳门特别行政区同胞、台湾同胞和海外侨胞的团结。这就意味着凝聚共识职能是人民政协在诞生之时就承担的重大政治责任。

人民政协作为爱国统一战线组织，在坚持中国共产党领导地位的前提下，不仅要在内部加强各党派团体和各族各界代表人士的团结，还要面向社会广泛联系和动员群众，对经济社会发展中事关全局的重要问题和人民群众普遍关心的热点难点问题进行协商讨论，为改革发展稳定凝聚强大的力量。这个过程是求同存异、求同化异的过程，既是广泛听取各种不同声音、充分吸收有益意见建议的过程，也是让社会各方面了解和接受党的政治主张和路线方针政策的过程，将"不同"转化为"和"的过程，既体现了执政党对人民意愿和人民权利的尊重，密切了党群关系，推动和改进了党的领导方式和执政方式，又使党和政府的决策更加科学，达到了求同存异、和而不同，也就是凝聚共识的过程。

全国政协主席汪洋提出，人民政协要在建言资政和凝聚共识两方面双向发力。近年来，青岛市政协结合自身工作特点，不断丰富人民政协凝聚共识理念的内涵外延，探索发挥人民政协凝聚共识作用的方法。

一、丰富凝聚共识的工作理念

近年来，由于我国进入新的发展阶段，人民政协凝心聚力的内容和要求、目标和方式、环境等与过去有很大不同，尤其是处于大数据信息化时代，统战工做出现了新情况、新变化。立足于更好发挥专门协商机构的作用，青岛市政协在实践中提出要坚持

广开大门、广开言路、广交朋友、广纳群贤、广集众智，探索打造政协之网，建设智慧政协。广开言路，敞开政协大门吸纳社会建言；广交朋友，扩大政协工作半径和"朋友圈"；广纳群贤，增强政协聚集人才的向心力和凝聚力；广集众智，努力为青岛改革发展稳定贡献更多智慧。这既是对新时代青岛政协工作规律、责任担当的系统总结和深刻把握，也完全契合了党的十九大精神和习近平总书记对新时代人民政协新方位新使命的要求，特别是体现了政协作为专门协商机构凝聚共识的独特作用优势。

一是广开言路，面向社会各界建设"智慧政协"。政协不是封闭运转的，而是面向社会各界的开放型组织，把来自民间、社会各方面的声音通过政协这一平台及时反映集中起来，为党委和政府的科学决策提供依据。利用大数据的优势，注重对微提案、微建言、微献策、微监督的收集整理归类，形成委员日常履职信息库。定期对社会各界关心关注的热点问题进行量化分析，做出科学评估，并从中分析提炼出重点调研课题、重大协商意见和重要监督内容。构建全媒体、常态化宣传工作新格局，持续发出政协好声音，传递政协正能量，扩大政协影响力。

二是广开大门，面向广大群众建设"智慧政协"。不断扩大各界群众对政协工作的了解面和参与面，切实让政协走进群众，让群众走进政协。政协文史馆自5月8日正式对外开放以来已接待群众2000多人次，要举办各种展览让群众更多了解政协、了解历史，将其打造成党史学习交流阵地和爱国主义教育基地。运用网站、微信公众号、APP等信息化平台，向群众传递党政信息和政协之声，收集社情民意，反映群众呼声，增强政协工作的吸引力、亲和力、渗透力和感染力。在开展"送科技、送文化、送健康、送爱心、送服务"等活动中，畅通委员联系群众、服务群众的渠道。

三是广纳群贤，面向专家学者建设"智慧政协"。制定《政协青岛市委员会智库管理办法》，充分运用信息技术等多元化的方式，以市政协9个专委会为依托，以界别为主体，加强专业、高端智库建设，更好地整合吸引驻青高校、科研机构、社会组织以及各行各业的优秀人才资源，尤其是在专业领域有代表性的，把他们充分吸纳到政协调研视察、协商议政、建言献策等履职实践中来。运用线上互动和线下沟通有机结合的形式，建立与非公有制组织人士、党外知识分子、新的社会阶层人士、出国归国留学人员经常性的联系渠道，与他们交流合作，为其有序参与政协协商民主实践提供高效便捷的信息化服务。

四是坚持互动联动、广集众智，整合履职合力。健全和完善了住青全国、省政协委员，市政协委员，区（市）政协委员"四级委员"联动机制，市政协与区（市）政协"两级组织"联动机制，市政协各工作部门与市各民主党派、工商联之间的联动机制，积极开展联合视察、调研等协商议政活动。

二、不断探索实现凝聚共识方式方法

结合新时代政协工作的特点，通过政协制度的运行、民主程序和有效工作，不断强化机制、方式、渠道的创新变革和迭代升级，不断探讨打造立体多元、共享度高的凝聚共识平台，把越来越多的人团结在中国共产党的周围，把更多人的力量凝聚起来。

一是创新民主监督形式凝聚共识。探索集协商、监督、参与、合作于一体的民主监督新形式——"问询式监督"，促进凝聚共识职能作用发挥。从2019年开始，聚焦城市发展的重点难点痛点堵点的"科技引领城建设攻势""民营经济攻势"等7个攻势，成立了工作小分队（即分管领导+相关专业政协委员+专委会工作人员共5至7人），负责攻势的推进情况及问询会议。每一季度进行一次调研督促，并形成报告报市委市政府；年底组织问询会议，各攻势承办部门作为应询方汇报工作，政协组织代表围绕攻势作战方案的推进、存在问题现场展开问答，检验攻势成效。整个过程是把市委市政府的主张转化为社会各界的共识，在各界群众中传播共识的过程，为市委领导全市人民有效治理社会厚植政治基础、社会基础。如"民营经济"攻势涉及的牵头和责任部门就有57个，且政策落实多与企业发展密切相关。壮大民营经济攻势事关青岛民营经济和中小企业利益，与全市经济社会发展息息相关，需要党委、政府、企业、商协会及社会各界的密切关注、广泛参与和大力支持，更需要政府、企业和市场间的密切配合，才能取得预期实效。各攻势承办部门因政协的参与紧密连接在一起，督查的过程也是不断协商的过程，就重大的问题达成一致看法，就问题的解决达成一致的意见。各工作小分队建立起了相关委员联系各部门、群众的长效机制，及时分析各部门及群众存在的问题，协助党委和政府做好协调关系、理顺情绪、化解矛盾的工作，在提出意见的同时，将凝聚全市人民的共识共同致力于各攻势顺利开展。

二是搭建新平台凝聚共识。2020年10月份联合青岛日报社、市政务服务热线共同搭建"倾听与商量"协商平台，围绕全市中心工作、民生热点、社会焦点确定话题，邀请委员、专家、群众代表和相关职能部门负责人广泛开展调研后，在青岛日报社媒体演播大厅进行面对面现场协商讨论，并通过新闻客户端与网友互动交流，事后在青岛日报设专版再进行报道。对活动中市民反映的具体问题，转市政务服务热线办理，确保整个流程形成闭环；对典型问题现场督办，重要建议送市委市政府。此平台加强了职能部门、政协委员、群众之间的广泛联系，使各方的意见得到及时的沟通，并借助专家的力量，找到有效的解决途径，既传播协商的理念，营造浓厚协商文化氛围，又凝聚起爱青岛、共同建设青岛、让青岛更美好的共识。截至目前已播出6期，整理归纳的小微企业房租减免、安全通道管理、智能停车场建设等62件问题建议全部办结，视频浏览量达3270万，报纸刊发文章276篇，阅读量360万，把党委、政府决策部署有效地宣传落实下去，把群众诉求和真知灼见反映上来，推动人民政协凝聚共识作用的发挥。

三是扩大朋友圈凝聚共识。2020年牵头建立胶东五市政协联席会议制度，制定《胶东五市政协联席协商机制》，由五市政协轮流承办，承办了首次联席协商会议，形成两期五市联席协商专报报省政协、五市党委。这是凝聚胶东五市政协共识、放大胶东五市政协整体效能的一个重要平台，对于发挥政协联系广泛、智力密集的优势，整合汇聚胶东五市社会各界力量，聚焦共同关心的问题，加强胶东五市政协的团结联谊和工作交流，将形成强大合力，共同推动胶东经济圈一体化发展。

四是扩大文史资料征集方式凝聚共识。尝试与行业集团的合作，扩大文史资料征集的广度，在征集青岛政协文史资料24辑时，有一部分是纺织内容，有关1951年青岛纺织厂郝建秀以创新的精神创立了一套细纱工作法"郝建秀工作法"及郝建秀小组。考虑到纺织行业属于华通集团，市政协向华通集团发了协助征集的函件。华通集团高度重视，成立了专题小组，制定详细工作方案，多渠道与原纺织系统和原企业熟悉情况的老领导、郝建秀原工厂同事、郝建秀小组历任组长等10余人，以"三亲"的方式，对上述人员进行专题采访并形成稿件，或按照提供相关人员线索，协助市政协派出人员进行采访、整理拟稿的思路，不仅征集到第一手资料，留存下视频资料，还收集到被采访人捐赠的宝贵文献资料。从征集的过程看，依托行业单位深入征集专题史料，由单位协助组织受访者，即有从宏观层面历史背景把握者，也有见证者，还有亲历者，增加了史料的层次和角度，使史料更加立体、丰满、真实。更重要的是充分挖掘了纺织文化，加强了对纺织系统深入了解，达到了征集一篇史料团结一群人的目的，凝聚起了大家共同保护历代纺织工人宝贵的精神财富，维护好青岛市一张闪亮的名片的共识，也成功探索了从文史工作的角度发挥政协凝聚共识作用的方法，有很强的现实意义。

全国政协主席汪洋指出，引导社会凝聚共识同样是围绕中心服务大局，而且是更重要的围绕中心服务大局。青岛市政协在实践中上进一步发挥统一战线的组织功能，坚持大团结大联合，坚持一致性与多样性的统一，更好地凝聚人心共识，发挥了人民政协作为专门协商机构的独特优势作用。

（作者单位：青岛市政协）

人民政协专门协商凝聚共识的理论与实践研究

王夕源

党的十八大以来，习近平总书记提出并形成了关于加强和改进人民政协工作的重要思想，首次阐明了人民政协是具有中国特色的制度安排，强调了人民政协是社会主义协商民主的重要渠道和专门协商机构，对发展人民政协理论做出了原创性贡献。在2019年全国政协新年茶话会上，习近平总书记关于加强思想政治引领、广泛凝聚共识是人民政协履职工作中心环节的重要论述，是对人民政协理论的又一创新。这也为新时代人民政协作为专门协商机构，如何加强思想政治引领、广泛凝聚共识、推进人民政协理论与实践发展提出了新课题。

一、专门协商凝聚共识的理论创新

人民政协作为爱国统一战线组织，从成立之时起就是中国共产党与各党派团体和各族各界人士团结合作、协商议事的机构。其中，凝聚共识既是团结合作的前提，也是协商议事的目的。习近平总书记在建党百年"七一"讲话中指出，中国共产党在百年奋斗历程中，始终把统一战线摆在重要位置，不断巩固和发展最广泛的统一战线，团结一切可以团结的力量、调动一切可以调动的积极因素，最大限度地凝聚起共同奋斗的力量。同时强调在新的征程上，必须坚持大团结和大联合，坚持一致性和多样性统一，加强思想政治引领，广泛凝聚共识，努力寻求最大公约数、画出最大同心圆，汇聚起实现民族复兴的磅礴力量。

新时代面对改革开放利益格局调整的新形势，面对社会新旧矛盾交织的新变化，面对市场经济思想观念转变的新情况，人民政协要履行倾听群众诉求、反映各方利益、维护社会安定、促进经济增长的专门协商职能，其履职的中心工作就不是漫无目标地平衡异见、抑强扶弱，而是方向明确地凝聚共识、形成合力。

（一）专门协商凝聚共识有着政治鲜明的价值取向

人民政协围绕改革发展的重大问题和涉及群众利益的实际问题，在决策之前和决策实施之中进行专门协商，寻求科学发展和改善民生的"思想正确"并不难，难的是要达成各方利益得到普遍认定，实施方案得到普遍认可，协商结果得到普遍认同的"思想共识"。因此，所有专门协商议题的凝聚共识都应有政治鲜明的价值取向。

习近平总书记指出："人民政协工作要聚焦党和国家的中心任务，围绕团结和民主两大主题，把协商民主贯穿政治协商、民主监督、参政议政全过程，完善协商议政内容和形式，着力增进共识、促进团结。"由此可见，凝聚共识的价值取向就是要在中国共产党领导下，聚焦党和国家的中心任务，围绕团结和民主两大主题，用社会主义核心价值观来加强政治引领、凝聚社会共识。对此汪洋曾指出，专门协商机构要"专"出特色、"专"出质量、"专"出水平。这里的专出特色就是要"达成共识"，专出质量就是要"形成共鸣"，专出水平就是要"促成共赢"，体现凝聚共识的最大价值。

（二）专门协商凝聚共识具有自上而下的引领作用

习近平总书记指出："人民政协要通过有效工作，努力成为坚持和加强党对各项工作领导的重要阵地、用党的创新理论团结教育引导各族各界代表人士的重要平台、在共同思想政治基础上化解矛盾和凝聚共识的重要渠道。"因此，人民政协的专门协商要广泛凝聚共识，必须要有自上而下的思想政治引领。

人民政协在凝聚共识过程中，加强思想政治引领就是要坚守最大的同心圆，团结引导参加专门协商的各方重点增进发展共识、改革共识、法治共识和反腐共识，不断增强政治认同、思想认同、理论认同和文化认同，始终保持跟中国共产党同心同德、同心同向和同心同行。显然，广泛的社会认同与思想共识是促进团结、形成合力的前提。所以只有代表最广大人民群众利益的思想政治引领，人民政协的协商民主才能实现最广泛的思想和行动统一，才能汇聚最坚强的团结和发展力量，才能确保党和政府重要人事安排、重大方针政策、重要决策部署和重点民生改善得以贯彻落实。

（三）专门协商凝聚共识要走自下而上的群众路线

习近平总书记指出："社会主义协商民主是中国社会主义民主政治的特有形式和独特优势，是中国共产党的群众路线在政治领域的重要体现。"人民政协就政治和民生议题进行专门协商的过程，既是发扬民主、集思广益的过程，也是统一思想、凝聚共识的过程，还是走群众路线、体现人民当家作主的过程。因此，在专门协商时凝聚共识，既有思想引领、凝聚人心的功能，也有顺应民意、凝聚力量的职能。

人民政协作为协商民主的重要渠道和专门协商机构，其设计初衷就有广泛听取各党派团体和各界人士意见建议的职能，由此将涉及政治、经济、社会和民生的基层问题及群众意见，自下而上地反映到大政方针等决策依据的顶层设计上来，找到社会民意的最大公约数，凝聚推进改革发展的智慧和力量，达成群众意愿和决策意见的最大重合，形成推动改革与发展的最大动力，保障党和国家做出的科学决策得以贯彻落实，从而实现习近平总书记所言"人心是最大政治，共识是奋进动力"的科学论断。

二、专门协商凝聚共识的实践探索

回顾政协的历史和初衷，广泛凝聚共识就是人民政协协商民主最成功的实践探索和最重要的历史经验。正是中国共产党与各党派和人民团体在协商民主中形成的最大共识，才为建立新中国和起草通过《共同纲领》创造了政治前提。

在社会主义建设时期，邓小平同志先后进行了改革开放和建立社会主义市场经济体系的实践探索，但起初并未形成党内和社会共识，因而发展阻力重重。后来正是党中央确立的"解放思想、实事求是"、停止"姓资姓社"争论、允许经济改革"试错"和以"经济建设为中心"的思想转变和政治引领，并在邓小平"南方讲话"力推改革后，才逐步形成了日益广泛的党内与社会共识，从而创造了改革开放40多年经济持续高速发展，国民经济跃居世界第二经济体的发展奇迹。这无疑是新中国成立以来最重要、最成功的解放思想、实事求是，加强思想政治引领，广泛凝聚共识，带来经济腾飞的实践探索。

笔者初当青岛市政协委员的头五年，恰逢俞正声同志任青岛市委书记。那时，每年政协开幕式都有书记讲话的安排。虽然大会都印发了讲稿，但俞书记很少有念稿的习惯。他常会念完开场白后就把讲稿一放，向委员就"两会"政治议题、城市发展战略、经济重大项目和市民关心的热点问题即席讲话。对此，委员们都期盼俞书记的脱稿讲话，从中了解最真实的发展思路和格局。每次俞书记的脱稿讲话，都会成为当年"两会"的最大亮点和讨论热点。

1994年，青岛市委决策"卖掉"党政办公大楼，东迁推进"东部开发"。那时，受传统观念和保守思想的影响，多数委员对市委舍近求远"卖楼"的决策难以理解、意见很大，"两会"期间大家都等着当面质问书记呢。开幕式上俞书记解放思想、开放城市、引进外资、加快发展的脱稿讲话，开阔了委员的思路和视野，更新了委员的观念和认识，引导和鼓励委员拥护改革、支持改革、参与改革，体现了思想政治引领和广泛凝聚共识的作用。从此，更多有关城市发展的提案建议，也从"对着干"的抵触意见转为"一起干"的双赢建议。

在我国深化改革，保持国民经济持续稳定发展的关键时期，人民政协"凝聚改革共识和发展力量"的任务更加艰巨。因此，人民政协在做好履职中心工作的实践探索中，既要树立正确导向做到"两个维护"，又要坚定"四个自信"、增强"四个意识"。尤其要用好政协委员的社会影响力和话语权，讲好议政建言和凝聚共识的"政协故事"，以实际行动和成功案例来丰富政协履职的实践成果，推进政协理论更加成熟、政协制度更加定型。

笔者在担任省、市政协委员的24年间，共提交提案和信息建议700多件。其中，许多反映民意、来源共识的建议得到了党政领导批示或办案单位采纳，为分享改革成果和推进科学发展，发挥了政协委员议政建言和凝聚共识的作用。

2003年，青岛市突然刮起了违章停车的"拖车风"，转眼消失的停在路边的车，给车主带来了恐慌和找车麻烦。为此，笔者提案建议对违章停车"拖改贴"，当地报刊也在头版头条刊登了建议内容，赢得了广泛社会共识。受社会舆论和国家明确拖车停车不收费的规定影响，很快就刹住了"拖车风"，及时改进了交警执法形象和规范。

2006年前后，全国兴起了转变政府职能、设立服务热线的热潮。某市还因设立了257个"便民服务热线"登上了新闻榜。殊不知群众早有"热线越多越不便"的共识。为此，笔者提交了整合简化服务热线的提案，并得到了夏耕市长的批示。当年全市就整合开启了一条"全能"的市长热线。

此外，在20世纪90年代，笔者还先后提出了公交车不应成为"公仆"的禁区、幼儿园不应实行寒暑假、合理增设城市监控保障公共安全等建议，有些当年被采纳，有些如天网工程和公车改革等建议，历经10多年的凝聚共识和实践探索才得以实现。21世纪前10年，笔者提出的建立法官与律师近亲回避制、高官不当院士体现规则意识、强制公共餐饮灶间透明化、杜绝义务阶段教师有偿家教、建设"民工公寓"案等十几件反映社会共识的建议，多数也已实现了。其中，建设"民工公寓"案不仅当年被采纳，而且4年后的十八届三中全会做出了"把进城落户农民完全纳入城镇住房和社会保障体系"的决定，又将这一建议上升为国家政策，成为自下而上凝聚共识的议政案例。

三、专门协商凝聚共识的制度保障

新时代，要强化党对政协工作的全面领导，担负起把党和国家重大决策部署贯彻落实下去，把社会各界的智慧和力量凝聚起来的职能和责任，就应不断创新和拓展专门的议政平台，探索和营造和谐的协商氛围，建立和完善规范的制度保障。为此，人民政协各参加单位和政协委员，既要当好履行专门协商职能的参与者、推动者、实践者，又要把专门协商凝聚共识的制度设计好、规整好、实践好。

（一）强化专门协商凝聚共识的引领作用

加强思想政治引领，广泛凝聚共识是政协履职工作的中心环节。其中，加强思想政治引领是广泛凝聚共识的前提和保障。因此，要完成凝聚共识这个有方向、有大小的"政治矢量"，就必须加强党对政协工作的全面领导，并通过专门协商来实现凝聚共识的目标任务。一是要突出凝聚共识的政治行为。专门协商的凝聚共识首先要维护群众的合法权益，把不同群体的利益追求转化为协同的共赢行动，争取最大政治认同的协商成果。二是要强化凝聚共识的法规意识。在专门协商中凝聚共识，必须要在宪法规定和现行的政治体制内有序进行，保障共识的成果符合党和国家的大政方针。三是要体现凝聚共识的大局意识。专门协商要在广纳群言、广集众智中解决问题，求得共识，就是为了服务改革开放、经济建设和社会稳定的大局。四是要实现凝聚共识的发展合力。人民政协要充分发挥大团结、大联合的统战功能，在建言资政和凝聚共识上发力，协助党和政府汇聚改革与发展的强大合力。

（二）创新专门协商凝聚共识的工作方法

新时代人民政协要适应社会主要矛盾和办公科技的发展变化，不断创新专门协商凝聚共识的工作方法。一是要探索建立凝聚共识的政治引领保障机制。加强党对政协履职工作的领导，确保在协商议题选择、协商程序设置、协商成果认定等方面，全面体现思想政治引领、广泛凝聚共识的要求。二是要探索普及政协履职"互联网+"的新模式。尤其在防疫时期要发挥专门协商的网络平台功能，建立起及时反映社情民意、广泛凝聚共识的现代协商渠道和工作方法。三是要探索完善保障凝聚共识的协商运行机制。凝聚共识既要把党的主张转化为社会共识落实下去，又要把推进改革和发展的社会智慧和力量凝聚上来，用机制保障建言资政和凝聚共识的双向发力。四是要探索发挥凝聚共识在国家治理体系中的制度优势。人民政协在国家治理体系中有着专门协商的制度优势和主体功能，其中凝聚共识是把政协的制度优势转化为治理效能，提高和推进国家治理体系和治理能力现代化的制度保障。

（三）完善专门协商凝聚共识的制度体系

人民政协要根据制度设计赋予的责权利——"责"是共识责、"权"是话语权、"利"是人民利，把专门协商凝心聚力的"共识责"担当好，把专门协商议政建言的"话语权"使用好，把专门协商反映民意的"人民利"代表好，把专门协商凝聚共识的制度体系设计好。为此，人民政协要发挥特有的政治性、统战性、多样性、包容性、广泛性和参与性的专门协商制度优势，一方面将党的主张和国家政策传达下来，转化为广泛的社会共识；另一方面将社会期盼和大众意愿反映上去，转化为顶层的决策参考。既要尊重多数人的主流意愿，也要关照少数人的合理诉求，科学推进人民政协履职工作的规范化与制度化建设，建立健全专门协商所需要的协商计划、协商选题、协商程序、协商队伍、协商服务和意见报送、成果评鉴、监督落实、考核反馈等职业化协商制度，加强和改进思想政治引领的专门协商运行机制，确保实现专门协商在国家治理体系中凝聚共识的主体作用。

（四）体现专门协商凝聚共识的最大价值

人民政协的界别设置，既是一种组织形式，也是一种政治功能，更是一种民主渠道。其中，政协委员的主体构成和协商职能，不在于吸收各界专家来展现最高的学术水平，而在于吸纳各界人士来体现最大的政治包容，从而确保人民政协专门协商的广泛代表性。在社会主义民主政治建设中，当思想认识尚未统一时就需要协商。对此，习近平总书记指出："凝聚共识很重要，思想认识不统一时要找最大公约数。"因此，广泛凝聚共识就成了人民政协履行专门协商职能的中心环节。有事多商量、有事好商量、有事会商量，商量就是协商衡量，就是在不同的利益要求或意见诉求中，找出协调的共赢面，寻求平衡的共同点，从而实现凝聚共识、凝聚智慧、凝聚力量的协商初衷。因此，政协民主协商的政治特色、制度优势和理论价值不在于强求统一认识，而在于寻求最大共识。在专门协商的平台上，就协商议题听取最大民意，在协商过程采取最大包容，求协商成果争取最大共识，体现专门协商凝聚共识的最大价值。

（作者单位：青岛市政协理论研究会）

新形势下加强政协委员与人民群众联系探究

马池磊

习近平总书记在中央政协工作会议暨庆祝中国人民政治协商会议成立70周年大会上的讲话中明确指出："政协委员作为各党派团体和各族各界代表人士，由各方面郑重协商产生，代表各界群众参与国是、履行职责。""要发挥桥梁纽带作用，在界别群众中多做雪中送炭、扶贫济困的工作，多做春风化雨、解疑释惑的工作，多做理顺情绪、化解矛盾的工作。"人民政协在组织上具有最广泛的代表性，在政治上具有最大限度的包容性，反映群众呼声最为有利，密切联系群众最具优势。政协委员是人民政协开展工作的基础和主体，密切联系人民群众既是政协的优良传统，也是政协委员的重要责任和崇高使命。面对新形势、新任务、新要求，积极探索政协委员联系服务群众的新方法、新思路，对新时代加强和改进人民政协工作具有十分重要的现实意义。

一、加强政协委员与人民群众联系的重要意义

随着中国特色社会主义进入新时代，我国的社会主要矛盾已经转变为人民日益增长的美好生活需要和不平衡、不充分的发展之间的矛盾，如何将群众对美好生活的要求和期盼传递到党委和政府，实现决策的科学化和民主化？如何将党委和政府为百姓谋福利的政策传达给群众，化解潜在的社会矛盾？要解决这些问题，人民政协大有可为，关键之一就是加强政协委员与人民群众的联系。

（一）密切联系群众是践行为民宗旨的生动体现

习近平总书记指出，人民政协要把不断满足人民对美好生活的需要、促进民生改善作为重要着力点，倾听群众呼声，反映群众愿望，抓住民生领域实际问题做好工作，协助党和政府增进人民福祉。当前，经济社会不断蓬勃发展，社会结构和社会组织形式发生了重大变化，生产方式发生了深刻变革。在新的形势下，贫富差距、城乡差距、区域差距给构建和谐社会带来了新的挑战，也给人民政协工作带来新的课题。作为政协工作的主体，政协委员密切联系人民群众，拓展了人民政协履行职能的平台，体现了人民政协的

本质属性，践行了为民服务的宗旨。

（二）密切联系群众是委员履职尽责的内在要求

政协委员来自群众，服务群众，履行人民政协的职责，其在组织上和工作上的性质，决定了履职为民的基本特征。因此，始终坚持以人民为中心的根本立场，坚持走群众路线，密切联系群众，倾听群众呼声，体察群众情绪，反映群众愿望，维护群众利益，最大限度地把人民群众的智慧和力量凝聚到夺取全面建设社会主义现代化国家新胜利、实现第二个百年奋斗目标上来，是政协委员履职尽责的基本要求。

（三）密切联系人民群众是委员发挥作用的重要途径

政协委员开展走访座谈、视察调研、协商议政、民主监督等履职活动时，首要的就是深入群众，掌握最基层群众诉求，听取群众最真实想法，使社会各群体中分散的意见通过政协协商渠道得到系统综合的反映，才能为委员下一步建言资政、献计出力提供基础支撑，才能为推动解决人民群众最关心、最直接、最现实的利益问题找到有效的方法，才能更加有力地为推进国家治理体系和治理能力现代化做出政协贡献。

二、政协委员联系人民群众存在的问题

新时代、新使命、新征程对政协委员履职提出了新的更高要求，只有做到更加紧密地联系群众、依靠群众、服务群众，才能始终与人民群众心连心、同呼吸、共命运，才能推动政协工作更好改革创新发展。但是在实际工作中，存在委员联系人民群众意识不强、渠道不畅、效果不好等问题，部分委员缺乏主观能动性，群众路线坚持不够，联系群众能力不强，没有达到履职为民的预期效果。

（一）委员联系群众的意识不够强

部分委员履职为民意识淡薄，密切联系群众工作热情不高。有些委员不能很好地处理本职工作与履行职责之间的关系，缺少走进基层、深入群众、了解民意、倾听民声的主动性，发挥联系服务群众的作用不明显。

（二）委员联系群众的渠道不够畅通

政协委员联系群众的平台载体比较传统，对如何在信息化、网络化条件下做好群众工作研究不够，贴近基层、贴近群众、高效便捷的平台载体不够高效。

（三）委员联系群众的机制不够健全

对委员联系群众、服务群众的履职行为缺少制度化设计，对委员的履职服务管理还不够全面，委员深入基层为民办实事的跟踪机制不完善，提出意见建议不够贴近群众所思所想所盼，一定程度上影响了委员联系群众的工作效果。

三、加强政协委员与人民群众联系的探索与实践

在新形势下，加强政协委员与人民群众联系，必须坚持以人民为中心的发展思想，牢固树立履职为民理念，充分发挥委员联系群众主体优势，强化思想认识，增强履职能力，拓宽履职渠道，健全制度机制，使委员在联系群众中把握方向，在依靠群众中凝聚力量，在学习群众中增加智慧，在反映民意中聚集民心。

（一）强化思想认识，提高委员联系群众意识

人民政协来自人民，根基在人民，血脉在人民，力量源泉更在人民，政协工作实质上就是党的特殊群众工作。如果脱离人民群众，人民政协就失去了存在的基础。作为政协委员既是一种荣誉，也是一种责任。一是强化委员思想认识。加强委员教育培训，通过会议、讲座、培训、活动等方式，教育引导政协委员深刻领悟"江山就是人民，人民就是江山"，始终坚持"一切为了群众，一切依靠群众"的根本路线，把人民群众"拥护不拥护""赞成不赞成""高兴不高兴""答应不答应"，作为政协委员履职的出发点和落脚点。二是强化委员责任意识。习近平总书记指出，广大政协委员要坚持为国履职、为民尽责的情怀，把事业放在心上，把责任扛在肩上，认真履行委员职责。强化委员管理服务，帮助委员及时掌握政策、明确责任、知晓义务，引导广大委员深刻感悟习近平总书记深沉的人民情怀，树立高度的社会责任感，时刻谨记自己的责任与担当，认真践行履职为民的价值追求，用心用情联系和服务群众，为实现人民对美好生活的向往不懈努力。三是增强委员联系群众的主体意识。政协委员来自社会各个领域，与人民群众有着紧密联系，是密切联系群众、做好群众工作的主体。发挥好政协委员在政协工作中的主体作用、界别群众中的代表作用，始终保持同人民群众的血肉联系，同人民群众想在一起、干在一起、风雨同舟、同甘共苦，切实把最广大人民群众的利益维护好、实现好、发展好。

（二）加强自身建设，提升委员联系群众能力

联系群众能力是政协履职能力建设中的重要内容。增强联系群众能力，就是增强委员面向界别群众和社会公众做好阐释政策、解疑释惑、引导预期等工作的能力，用群众的语言与群众沟通联络的能力，站在群众立场上看待问题、解决群众疾苦的能力。近年来，青岛市政协大力开展内容丰富、形式多样的学习培训与履职实践活动，着力提高委员联系群众能力，不断提升委员为民服务水平，努力让人民群众的获得感成色更足、幸福感更可持续、安全感更有保障。一要反映好民意。积极组织委员参与协商、视察、调研等履职活动，充分利用专题调研、专题协商、社情民意、提案等方式，把群众的问题建议带上来。充分发挥委员作为党和政府联系人民群众的桥梁纽带作用，积极反映社会各阶层和不同利益群体的意见建议。二要汲取好民智。人民群众是历史的创造者，是决定党和国家前途的根本力量。大力动员引导委员深入基层一线，把基层群众实践探索出的经验和做法总结好、推介好，提出有理有据的建言、可行可用的对策，在服务好群众的同时，提升政协工作的"时"效性和"实"效性。三要解释好民惑。组织委员围绕"民生七

有"来立题、破题和解题,聚焦解决群众生产生活难点问题、社会普遍关注热点问题履职尽责,主动向群众宣传党的路线方针政策,引导群众在新形势下有序发表主张、表达诉求,始终与党委、政府同心同向同行。四要温暖好民心。坚持协商于民、服务于民、造福于民,组织委员积极为群众办实事办好事,助力解决群众身边的操心事、烦心事、揪心事。广泛组织开展献爱心、做公益活动,积极关心、爱护、帮助弱势群体和困难群众,让人民群众切身感受到政协委员队伍持续输送的温暖。

(三)创新平台载体,拓展委员联系群众渠道

政协委员来自不同行业、不同界别,组织构成上相对松散。大力推进政协委员履职平台建设,既能充分调动委员履职创造性,弥补基层政协工作力量薄弱的短板,又能激发委员联系服务群众的生机活力。一是创新搭建委员线上履职平台。充分运用大数据、互联网、物联网等现代信息技术手段,建立起线上沟通、线上履职渠道,丰富委员与群众的互动方式,拉近委员与群众的距离。例如,青岛市政协打造了"智慧政协"平台,通过"服务在线"栏目,建立委员与各界群众常态化的双向互动机制。设置法律、健康、教育、文艺等专家委员服务在线,及时解答广大群众线上提出的问题,帮助解决困难,使群众感到委员就在身边。二是探索实施委员基层履职工作站。市县政协大量工作直接面对基层、面对老百姓,同人民群众的联系更广泛、更密切,与基层协商有着天然的联系。因此积极参与市县政协工作是委员联系服务群众的最直接、最有效的渠道。现在不少委员年富力强,有些是党培养多年的党员领导干部,有参政议政的积极性,建设好、管理好、使用好这支队伍,将有力推动解决市县政协人员力量和基础工作"两个薄弱"问题。例如,青岛市即墨区政协以委员进社区开展"亮承诺·惠民众·展风采"活动为主要载体,在17个镇街设立18个政协委员联络室,并通过设置"政协委员接待日"方式,安排委员轮流到社区接待群众,听取群众诉求和意见,为老百姓送服务上门。三是积极搭建委员基层协商平台。开展好基层协商,推动解决人民群众的"急难愁盼"问题,是委员联系服务人民群众的重要内容。围绕落实习近平总书记"有事好商量,众人的事情由众人商量"的重要指示,积极推进基层协商平台建设,切实推进政协协商与基层协商相融合,为基层协商民主建设创造更好的条件。例如,青岛市政协创新搭建"倾听与商量"协商平台,邀请相关专业领域的委员与专家学者、相关政府职能部门负责同志、各界群众一起,聚焦群众关心关切的热点、难点问题及政协委员深入调研的社会关注度高的问题展开广泛倾听和协商,在倾听中交流思想、凝聚共识,在商量中汇聚力量、解决问题,成为委员联系群众、释放履职效能的重要平台。

(四)健全制度体系,增强委员联系群众实效

人们行为的规范性,一方面取决于外在的影响和压力;另一方面取决于内在智慧和德行的引导。外在的影响和压力越有效,内在的引导越有力和可靠,人民行为的规范性就越高。委员联系群众工作是一项系统工程,必须建立健全一套行之有效的制度,使委

员联系群众有章可循、有规可依。一是建立委员进基层制度。以委员工作单位、居住地为依托，建立委员联系区县、联系镇街、联系社区（村）、联系企业制度，规定委员定期进基层联系走访群众、收集社情民意、帮助解决基层问题等，参与社会保障、城市管理、垃圾分类处理和美丽乡村建设等基层工作，走村入户开展民主监督，形成政协委员主动关心群众、服务群众的长效机制。例如，青岛市政协建立"五进五送"活动机制，组织政协委员和机关干部进社区、进乡村、进企业、进学校、进军营，送科技、送文化、送健康、送爱心、送服务，实现了委员联系服务群众制度化长效化。二是建立委员联系界别群众制度。界别是人民政协履行职责的有效途径和重要载体，是协商民主的重要渠道。组织委员深入界别群众，了解界别群众情绪，倾听群众呼声，通过政协提案、社情民意等形式，反映界别群众的意愿和要求；引导界别群众正确认识和处理各种利益关系，理顺情绪，打牢团结奋斗的共同思想基础。例如，青岛市政协探索建立界别委员工作室，打造了"爱青岛·委员小分队"工作站，委员们以群众喜闻乐见、易于接受的方式，在收集社情民意中宣传党的政策，以亲见、亲闻、亲调研的体验感悟在建言资政中反映民声民情，推动政协工作向基层延伸，打通委员联系服务群众的"最后一公里"。三是健全委员联系群众考核制度。对政协委员联系服务界别群众工作进行规范，并将相应的要求纳入委员评价考核制度，对连续3年未开展联系服务界别群众工作的委员进行劝退，以严肃的监督落实机制激励委员更好履职为民。建立委员联系人民群众工作年度统计制度和委员履职档案，充分依托数字化履职平台对委员联系群众工作的情况进行统计。例如，青岛市政协创新开展了委员述职考评活动，建立了委员履职档案，以电子信息技术为主要手段，真实记录委员基本信息、履职过程、履职成果等情况，实现了对委员联系服务群众情况的实时跟踪，为委员年度履职考核、评奖评优提供重要依据。

参考文献

［1］习近平. 在中央政协工作会议暨庆祝中国人民政治协商会议成立70周年大会上的讲话［N］. 人民日报，2019-9-20.

［2］王荣平. 努力把政协制度优势转化为社会治理效能［J］. 中国政协，2020（23）：53.

［3］程竹汝，丁长艳. 强化政协委员责任担当制度建设［J］. 中国政协，2020（23）：41.

（作者单位：青岛市政协）

关于新时代人民政协凝聚共识职能的思考

战美伊

在中央政协工作会议上，习近平总书记强调人民政协要把加强思想政治引领、广泛凝聚共识作为中心环节，将建言资政和凝聚共识工作提到非常重要的位置。人民政协的主要职能从政治协商，依次增加了民主监督、参政议政，再到延伸和拓展凝聚共识这一重要职能，赋予人民政协职能新的理论意义，体现出中国特色社会主义进入新时代的鲜明实践要求。深入认识、扎实开展凝聚共识工作，对更好发挥政协"三个重要"独特作用、推动政协制度优势有效转化为国家治理效能具有十分重要的意义。

一、人民政协凝聚共识是什么

作为具有广泛代表性的爱国统一战线组织和专门协商机构，人民政协自成立之日起，凝聚共识的理念便深植于血脉之中。在中国共产党的坚强领导下，人民政协积极投身实践，团结一切可以团结的力量，做出了重要贡献。历史和实践表明，凝聚共识是人民政协事业发展进步历史经验的科学总结，也是人民政协这一制度安排日益成熟的重要标志。

做好凝聚共识工作，首先要明确其中的含义。在《现代汉语词典》（第7版），共识的释义是"共同的认识"；凝聚作为动词，具有聚集、积聚的意思。凝聚共识，即是通过有效方式、方法，最大限度地汇聚起社会不同阶层、不同利益的人所寻求的共同认识、价值、理念，使群体充满向心力、凝聚力、执行力。

凝聚共识既体现在政协履职全过程，又表现为履职成果，是一项综合性、系统性、长期性工作。如，通过有效工作和民主程序广泛协商，各党派团体、各族各界人士接受中国共产党的主张，同心同德、同向同行，是凝聚共识；中国共产党充分征求并听取大家提出的意见建议，也是凝聚共识。各级政协组织聚焦中心大局，引导广大政协委员为共同目标奋力履职，是凝聚共识；深入基层、深入群众，在履职实践中感受新成就，也是凝聚共识。协助党和政府做好协调关系、理顺情绪、化解矛盾的工作，是凝聚共识；宣讲政策、增信释疑、引导预期，也是凝聚共识。

由此可见，人民政协的凝聚共识工作不是强制约束、简单粗暴、立竿见影的，而是要靠润物无声的政治影响力。从本质上来讲，凝聚共识属于思想政治教育工作，是"潜绩""慢活"。同时，凝聚共识以承认、尊重、保护差异为前提，坚持求同存异、聚同化异，寻求的是内心的深刻认同，解决的是人心向背、力量对比问题，也是统一战线的大团结大联合。

二、为什么要把凝聚共识作为新时代人民政协重要职能

（一）更好凝聚共识是实现中华民族伟大复兴中国梦的需要

当今世界正经历百年未有之大变局，矛盾风险挑战之多前所未有，需要凝聚共识。全面建成社会主义现代化强国、实现中华民族伟大复兴的中国梦，是中华民族最大的共识。人民政协承担着"落实下去、凝聚起来"的政治责任，在凝聚各方面智慧和力量上，具有独特政治优势、团结优势、民主优势、智力优势、功能优势和界别优势。

（二）更好凝聚共识是加强大团结大联合的需要

百年来，中国共产党成功运用统一战线这一重要法宝，凝聚起无坚不摧的强大力量。人民政协的性质定位由一句话，发展到两句话、三句话，再到2018年修订政协章程的五句话，"统一战线组织"的定位始终没有改变，大团结大联合的主题始终没有改变。人民政协在求同存异中巩固已有共识、在聚同化异中推动形成新的共识，探索形成一致性和多样性相统一的政协路径。

（三）更好凝聚共识是发展全过程人民民主的需要

在中国社会主义制度下，有事好商量，众人的事情由众人商量，找到全社会意愿和要求的最大公约数，是人民民主的真谛。"众人的事情由众人商量"是协商民主最生动的表现形式，更是实现全过程人民民主的重要方式。人民政协作为社会主义协商民主重要渠道和专门协商机构，在协商中促进广泛团结、推进多党合作、实践人民民主，对"发展全过程人民民主"有着独特而重要的作用。

（四）更好凝聚共识是提升政协履职实效的需要

专门协商机构履职能力提升，是一项永无止境的课题。政协履职好不好，不仅要看协商活动的频次、意见建议的含金量，还要关注能否真正做好思想政治引领，在增进政治认同、凝聚共识方面形成多少成果；不仅要在政协内部凝聚共识，还要引导政协委员积极投身"四个第一线"，面向社会做好"春风化雨"的工作。凝聚共识作为政协重要职能和履职中心环节，与政治协商、民主监督、参政议政水平的提高互相作用、互为促进，与政协履职实际工作息息相关。

三、以青岛市政协履职实际为例，把牢进一步加强和促进凝聚共识工作的着力点

（一）切实担负起凝聚共识的政治责任

坚持"凝有方向、聚有目标"，把凝聚共识工作纳入政协党的建设，落实党的政治建设统领政协各项业务工作的制度机制。政协党组扛牢实现党对人民政协领导的重大政治责任，在凝聚共识工作中发挥好把方向、管大局、保落实的领导作用。机关党组明确凝聚共识在政协机关工作的关键点、突破点，着力提升以党的建设为统领、争创"五型"模范机关、争创全国文明单位的"一统双创"工作水平。各党支部把握好关切点、发力点，具体落实凝聚共识的任务，做好"引"与"领"的工作。政协委员作为界别群众的代表、政协工作的主体，在加强学习、实践养成上下功夫，发挥好桥梁纽带作用，在群众中凝聚共识。2018年6月、2021年9月，市政协党组先后在全国政协系统党的建设工作座谈会、党的建设工作经验交流会上做典型发言，对党建引领凝聚共识工作进行重点介绍。

（二）用党的创新理论最新成果凝心铸魂

强化思想政治引领，将习近平新时代中国特色社会主义思想作为统揽政协各项工作的总纲，持之以恒地用其武装头脑、指导实践、推动工作，为党领导人民有效治理国家打牢团结奋斗的共同思想政治基础。健全学习教育培训制度体系，综合运用"第一议题"跟进学、党组理论学习中心组专题学、习近平新时代中国特色社会主义思想学习座谈会重点学、委员培训集中学、"三述"深入学、"智慧政协"线上学、"凝心聚力读书会"全面学等形式强化思想理论武装。围绕加强思想政治引领确定学习内容，深化以中共党史为重点的"四史"学习教育，扎实开展"弘扬伟大建党精神，争取更大光荣"主题活动，以史为鉴、开创未来。把强化思想政治引领同经常性思想政治工作结合起来，健全政协党组成员与所联系的界别和专门委员会的党外委员、政协党员常委与党外委员谈心谈话制度，用好谈心谈话成果，不断增强政治共同体意识。

（三）将凝聚共识贯穿政协履职全过程

紧扣"国之大者"、民生关切，广集良策助力决策优化，广聚共识助推决策实施，注重在协商议政、视察考察调研、情况通报、界别活动和经常性工作中，教育引导广大委员忠实履职、发挥积极作用。深刻把握人民民主的真谛，加强"倾听与商量"协商平台建设，推进政协协商同其他协商形式联系配合，有效衔接更好转化为治理效能，为"发展全过程人民民主"做出政协贡献。落实重点关切问题情况通报会制度，完善协商成果的办理落实反馈机制，达到统一思想、知情明政、相互支持、共同推进的目的。探索界别委员工作室建设机制，将界别活动和协商议政工作、凝聚共识工作有机结合，搭建界别委员服务群众的新载体、双向发力的新平台。

（四）拓展面向社会做好传播共识的渠道

深化拓展"爱青岛，让青岛更美好"主题履职行动，积极参与"建言青岛美美与共"我为青岛发展建言献策工作，创新探索政协专委会小分队履职法，动员社会各界百川赴海、聚力同行，为加快建设现代化国际大都市凝聚共识和力量。开展"双岗双责双作为"，鼓励、支持委员在履职工作中和关键时刻亮明身份，利用专业优势和自身影响力，发出政协好声音、传播社会正能量。扎实开展"我为群众办实事"主题活动和"五进五送"活动，主动回应群众关切，以"专注发展、专心为民、专力履职"行动实践影响和团结身边群众。积极适应新形势、新任务、新要求，创新政协履职"互联网+"模式，系统整合市政协"网号端刊"和"智慧政协"平台等新媒体资源，加强与电视台、纸媒等传统主流媒体的合作搭台，积极宣传党的主张，形成全媒体传播共识工作合力。

（五）在团结引领中广泛汇聚强大正能量

以贯彻《中国共产党统一战线工作条例》为抓手，搭建好团结联谊平台，健全各党派参加政协工作的共同性事务情况交流机制，促进合作共事。邀请市委市政府有关部门负责同志在政协会议上通报情况，扩大旁听政协常委会会议群众代表的覆盖面，开辟群众有序走进政协、了解政协新途径。中共党员委员发挥好先锋模范作用，加强与党外委员和社会各界人士的联系，以丰富学识、人格魅力和良好作风，感染人、影响人、团结人。讲好中国故事、青岛篇章，深入推进"我是政协委员，我为红色胶东代言"和庆祝建党百年"十个一"活动，同各民主党派、工商联、人民团体和无党派人士走得更近、关系更亲，画好最大同心圆。

参考文献

［1］习近平.在中央政协工作会议暨庆祝中国人民政治协商会议成立70周年大会上的讲话［N］.人民日报，2019-9-20.

［2］切实加强人民政协凝聚共识工作［N］.人民日报，2021-03-02（9）.

［3］习近平.在庆祝中国人民政治协商会议成立65周年大会上的讲话［EB/OL］.（2014-09-22）.http：//www.cppcc.gov.cn/zxww/2014/09/22/ARTI1411347580249386.shtml.

（作者单位：青岛市政协）

关于提升基层政协民主监督水平的思考

孙明明

在现有的工作中，民主监督往往同履行政治协商、参政议政职能结合，融协商、监督、参与、合作于一体，寓于协商会议、视察、调研、提案、大会发言、反映社情民意信息等活动之中。这是集成运用民主监督形式的体现，在工作中也取得了一定成效，但在实际操作中，民主监督的属性往往容易被忽视。本文结合工作实际，通过现阶段人民政协基层民主监督的现状，探索现阶段基层民主监督的新形式，为今后加强改进政协基层民主监督，提高政协履职水平和实效提供参考。

一、为什么要强化基层民主监督

政协民主监督是体现广大人民群众意志的监督，有利于党和政府及时听到来自不同方面的意见，了解到其他渠道难以掌握的社情民意，全面掌握不同角度、不同层次的各界群众的诉求和意见。通过民主监督途径向有关部门充分反映各界群众的意见和要求，有利于更好地促进解决人民群众关心的问题。

政协不太受部门利益、局部利益的制约，加之政协委员大多是各社会阶层的代表，社会阅历和知识面较丰富，提出的意见和建议具有较强的针对性，往往切中时弊，能引起党委和政府的重视及采纳，对推动工作具有积极的建设性作用。

政协民主监督与党内监督、法律监督、行政监督等权力监督相比，监督内容广、成本低、效率高、形式活，更能体现协商民主的特点，更能发挥优势。民主监督虽不具有国家权力性质，但与新闻舆论监督、社会公众监督等非权力监督相比，是建立在共同政治基础上、广泛体现民意的政治形式，是高层次、有组织、政治性的民主监督，更具约束力和权威性。

二、基层民主监督的短板

不愿监督。监督从字面意思就是监管督促，作为单位不愿意被监管，作为委员不愿意去督促，归根结底是认识的问题。基层单位没有必须接受民主监督这方面的硬性要求，被监督者也存有民主监督多一层麻烦，多一事不如少一事的认识。没必要监督的错误思想，导致民主监督意识不强，认识不到位，存在不愿监督、不敢监督、不好监督的现象。

不会监督。有些委员们感到定位不明、渠道不畅和无处着力。难以区别政协民主监督与党内民主监督、人大法律监督、行政内部监督、司法监督；政协委员们获取的监督信息与监督所要的信息不对称；政协委员大都是单兵作战，很难形成合力，而且专业优势得不到发挥。

不真监督。很多委员表示，程序性的监督多，实质性的监督少；原则性的监督多，针对具体问题的监督少；事后的监督多，事前的监督少；听取情况汇报的多，问题通报的少；申诉工作困难的多，改进工作问题的少；被动参与的多，主动承办的少；监督违法违纪的多，监督工作失误的少；对"事"的监督多，对"人"的监督少。

三、探索现阶段基层民主监督的新形式

探索民主监督议题产生机制。要用不同于民主协商活动的组织形式，凸显民主监督特点和作用，可将重点监督议题与重点协商调研视察议题一同征集，列入年度重点民主协商计划，报党委批准实施，确保年度协商调研视察计划中有1至2个重点民主监督议题，增加民主监督的分量和质量。

探索专题会议监督。目前，政协每年召开的全体会议、常委会议、主席会议、专题协商会议等，其中往往带有民主监督的成分。但在会议过程中，无论是会议表现形式还是委员履职侧重点，更加凸显的是协商而不是协商式监督，单独开展民主监督的会议很少。应探索召开专题民主监督会议，明确议题提出、会议召开、意见反馈、成果运用等程序。会前，在委员中广泛进行问卷调查，组织部分委员开展实地调研，形成具有广泛群众基础的建议和批评性意见；会中，针对有关问题进行交流，分析原因，找出症结所在；会后，要把监督评议结果形成专题评议报告报送党委、政府督促解决。

探索联动联合监督。在纵向上，可探索省市县三级政协组织围绕各级党委共同关注的经济社会发展中的重要问题上下联动，专题监督。扩大联动的层级和范围，既能提升活动专业性，也将加大活动声势和影响，将更有力于推动政策落地和问题解决。在横向上，可探索联合监督的形式，加强政协民主监督同党内监督、人大监督、行政监督、司法监督、社会监督、舆论监督等监督形式的协调配合，加强与各民主党派的联合监督，不断拓宽政协民主监督有序扩大政治参与的有效路径，形成监督合力。

探索专项调研视察监督。专题调研和视察是人民政协的经常性工作，各级政协都非常重视，每年都会组织各方面的调研和视察，但组织具有民主监督性质的专项调研和视察活动较少。要根据工作需要，积极参与党政有关部门组织的专项调研、督查和听证活动，进行直接民主监督，增强民主监督的时效性和影响力。要进一步增加专项调研视察监督密度，变被动为主动，选择党政部门重视、人民群众关注、关乎经济社会发展大局的重点领域开展专项监督。要适时开展"回头看"视察监督，实现经常性民主监督。

（作者单位：青岛市黄岛区（西海岸新区）政协）

青岛市政协打造界别委员工作室的实践探索

孙　鑫

创建政协界别委员工作室是人民政协创新履职载体、延伸履职触角、拓展履职渠道的重要举措，是政协委员密切联系群众、倾听民声、反映民意的重要平台，也是政协组织的人民性本身的内在要求。青岛市政协先后成立了科技界别、医药卫生界别、体育界别、教育界别委员工作室，对进一步创新界别工作、扩大民意渠道、推进民主进程、实现和谐共建等起到了积极的促进作用。

从界别委员工作室实践中看，通过强化委员日常走动、定期联动、议事互动，打通委员履职的"枢纽"和联系服务群众"最后一公里"，将全委会闭会期间的界别工作"无声无色"转变为彰显界别特色的"有声有色"，打造了政协工作向基层延伸的战斗堡垒，是政协界别工作的重要理论创新和实践创新。

一、突出界别特色，做好融合文章，充分发挥界别委员工作室平台作用

人民政协是我国政治体制中唯一由界别组成的政治组织，人民政协的基础在界别、特色在界别。设置政协界别的基本目的是为了将各民主党派、各团体以及社会各界吸收到政协组织之中，通过政协这个组织平台充分反映和代表社会各方面的利益，实现社会各界的有序政治参与。习近平总书记在庆祝人民政协成立65周年大会上指出，要适应经济社会发展和统一战线内部结构变化，深入研究更好发挥政协界别作用的思路和办法，扩大团结面、增强包容性，拓展有序政治参与空间。

界别委员工作室的创立，承担了开展政协界别工作的重要职能，搭建了各界别、各层级、各方面的合作议事平台，取得了较好的实践效果。

一是发挥平台作用，打造委员履职的枢纽。各个界别委员工作室都建立了政协知识角、界别工作动态专栏，定期组织委员开展理论学习，推动"书香政协"在基层落地落实，把界别委员工作室建设成学习的平台。依托工作室组织开展界别调研、视察活动，撰写提交界别提案，组成督导调研全市15个攻势和重点项目政协小分队，积极投身"爱青

岛，让青岛更美好"主题履职活动，把界别委员工作室建设成履职的平台。在工作室配备了"智慧政协"远程协商设备，使政协委员和各界群众拥有了身边的"发言席"和随时可用的"麦克风"，实现了线上线下融合、场内场外的互动，把界别委员工作室建设成智慧的平台，以"智慧政协"平台促履职提质增效。《人民政协报》以"拥抱春天——青岛市政协推动民营经济发展远程协商会综述"为题对科技界别远程协商进行了整版专题报道。

二是做好融合文章，打造凝聚共识的堡垒。建立界别委员工作室联席会议议事制度，形成了区市政协、界别、党派、政协智库多层次、跨界别的参政议政和调研协商互动机制。党派团体界别之间，以组织为纽带，在参政议政中加强联系协作；专业性界别之间，以课题为纽带，选择共同关心的课题，开展联合调研，或邀请相关界别的专家参加本界别的课题调研；上下级政协的界别之间，选取共同关注的重大事项，联合开展调研，提出更加贴近实际的真知灼见。

三是打通"最后一公里"，打造服务群众的桥头堡。各界别以界别委员工作室为载体，发挥界别优势，组织委员深入农村、企业、社区开展"五进五送"活动，打造社情民意直通车，推动"双岗双责双作为"落地落实。疫情发生以来，各界别委员工作室及各级政协委员和所在单位先后捐款8千余万元，捐赠各类防控疫情物资合计人民币1.8亿余元，参与疫情防控工作53000余人次。针对青岛市政协帮扶村提出的帮助修建村内田间道路的需求，科技界委员在短短8个小时内，就募集帮扶资金18万余元，34名科技界委员全部参加了捐赠活动，修建的7千米长的道路被命名为"科技致富路"，得到村民的好评。"七一"建党百年华诞来临之际，又捐资20万元，联合青岛市气象局、青岛邮政公司捐建了青岛少儿气象科普基地。教育界别委员工作室围绕建党100周年，组织红色京剧进校园"五进五送"文艺演出活动，并现场捐助一批5万余元的乐器，以音乐之声向党献礼致敬。

二、坚持日常走动、定期联动、议事互动，为界别委员工作室建章立制

界别委员工作室发挥作用，需要虚功实做，通过建立制度化联系，开展经常性协商，实现活动组织的常态化和制度化。在这方面，青岛市界别委员工作室的"三联动"工作法做出了有益尝试，取得了较好的实践成果。

一是日常走动。建立界别委员工作室日常学习、交流、走访制度，立足日常发挥作用。根据界别特色，定期组织各具特色的界别学习座谈。例如，科技界先后邀请信息化专家讲解企业信息化建设、大数据使用、物联网应用等专业知识，邀请华为专家讲解通信、5G应用技术，邀请提案办专家讲解提案写作方法等。同时，加强界别委员之间的交流走动，通过举办座谈会、走访观摩等形式，轮流走进委员企业，让来自不同行业的委员充分交流，碰撞创新火花。

二是定期联动。建立界别委员工作室年度总结会、季度务虚会、月度碰头会、集体

调研、活动场所管理、经费管理等制度机制，做到全年有计划，季度有调研，月度有互动，日常有活动场所，随时有界别提案，确保界别活动虚功实做，扎实推进，切实发挥政治协商、民主监督、参政议政的实效性，让界别活动有场所、有经费，有组织、有纪律，有激情、有感情。在"七一"建党百年之际，教育、科技、医药卫生、体育四个界别委员工作室联合赴平度仁兆镇开展主题党日活动暨"五进五送"活动，捐助现金5万元及一批价值8000元的书籍和药品等。

三是议事互动。依托界别委员工作室议事平台，建立界别牵头、小组负责、委员主导、专家参与的界别议事流程。在界别重要提案调研伊始，结合当下发展热点、民生焦点问题，充分讨论界别提案、建议主题，将调研主题分为几个子课题，深入讨论每个子课题之间关系，分配调研方向，确定牵头人员，邀请相关领域的委员、专家反复研究。形成材料后，通过远程视频协商的形式人人提出意见建议，群策群力修改完善，努力做到建言建在需要时，献策献在关键处。例如，医药卫生界和农工党青岛市委、部分专家组成"战疫情保平安"专家智库并开展联合调研，瞄准"最后一米"，盯紧"最后一人"，先后向市委市政府提报了《关于提升公共卫生应急管理能力，筑牢人民健康安全防线的建议》和《关于补短板、堵漏洞、强基础，做好我市疫情防控常态化工作的主席会建议案》，得到市委市政府主要领导三次批示有关部门研究办理，有关建议得到逐条回应和采纳。

三、汇聚合力，协同推进，实现界别委员工作室规范化、制度化建设

通过建立政协党组全面领导、专委会联系推进、界别召集人牵头负责的工作机制，市政协党组召开会议专题研究界别委员工作室建设工作，各专门委员会负责所联系界别组活动工作室筹建的督促、指导、落实工作，并指派专人对工作室开展活动做好组织协调和服务保障。发挥界别召集人的牵头作用，选择有责任心、有实力的委员牵头，开会期间当好组长，休会期间当好召集人，切实发挥统筹谋划、组织协调、团结示范作用，提供活动场地，购置活动器材，完备活动设施，做好日常管理。加强对界别和委员参与活动室建设和参加活动的考核，通过智慧政协平台记录各界别和委员日常履职情况，纳入年度界别和委员个人考核，作为评先选优的依据。加强对界别委员工作室的资金保障，设立专门的建设和活动经费，对工作室建设给予经费支持。

（作者单位：青岛市政协）

优化人民政协界别工作机制，提高政治协商实效的路径研究

王凤华

人民政协的界别是参加人民政协的各个党派、人民团体、各民族和各界人士在人民政协组织中的具体划分形式，其作为人民政协凝聚各方共识的重要纽带和发挥整体作用的基础，体现了爱国统一战线组织与协商民主形式的有机统一，又体现了组织上的广泛代表性和政治上的最大包容性，是人民政协智力密集的优势，是各界群众实现有序政治参与、开展民主协商的重要渠道，优化界别工作机制对全面提升政协履职能力现代化水平具有深远意义。新形势下，中国社会阶层结构正经历深刻变革，对政协界别工作提出了新的要求，以党和国家工作重心为方向，深入研究如何发挥发挥政协界别作用，探索建立完善的界别工作机制，是国家治理体系和治理能力现代化的重要推动力。

一、加强界别制度建设，强化制约机制

（一）组织培训学习，强化界别意识

就政协组织而言，各委员在履行职能过程中参政议政的积极性较高，但部分界别意识淡薄，加之以界别为组织的活动较少，且基本以个人参与为主，同一界别委员缺乏交流平台，影响界别整体作用的发挥。因此，政协首先应组织培训学习，进一步增强委员的界别意识，不断深化对政协界别工作的认知，明确开展界别工作在政协履职过程中的重要地位，将发挥界别作用作为提升政协效能的重要环节。增强界别意识可以通过加大宣传，举办委员学习研讨班、专题讲座、座谈交流等方式进行组织培训学习，从思想上筑牢界别观念，让各委员充分意识到界别是人民政协产生、存在和发展的组织基础和重要基石。其次，把界别放在开展政治协商、民主监督、参政议政的工作过程中的主体地位，重视各界别的诉求，尊重各界别的建议，界别或委员在履职活动中所发表的意见建议，是界别群众集体民意，应如实地向党委和政府反映，以贯彻落实人民政协的协商民主精神——既尊重多数人共同意愿、又满足少数人合理要求。此外，各界别政协委员应当自觉强化界别代表意识，深刻认识到委员是汇集本界别群众意愿，由本界别协商推荐参与

政协组织的代表，拥有本界别群众赋予的权利，同时也要自觉履行反映群众诉求，代表本界别群众在政协的履职舞台上建言立论的义务。因此，委员的履职行为不再是个人政治参与和在个人的感受和思考的基础上建言献策，而是代表本界别群众行使民主权利，具有广泛深入的反映本界别群众利益的界别代表性。

（二）优化界别设置，加强界别组织建设

一方面，优化界别设置，实现界别全覆盖。随着时代的迅速发展和社会经济结构的变化调整，随着新的利益集团和社会阶层共同涌现和其政治参与意识日益提高，新形势要求界别设置也要与时俱进，做出对经济社会发展和人口结构、社会阶层变化的适应与调整，合理完善委员结构，增强政协的参与性和代表性、广泛性与包容性，以适应我国经济社会结构和统一战线内部结构的变化。应广泛吸引新的社会阶层和各界代表加入政协组织，保障各阶层、各职业群体在政协中都有自己的界别设置或界别归属，更好地发挥界别在履行职能中的作用。第一，界别设置应覆盖社会各阶层。界别创建应全面涵盖社会的新兴领域，为一些新兴群体和专门领域创建新的界别，如金融从业人员、法律界人士、中介机构从业人员等在经济和社会发展中发挥重要作用的新兴社会阶层。第二，划清界别界限，解决界别交叉、重叠的问题，规定统一政党区分或团体区分。第三，均衡社会各阶层在政协组织中的力量，提高政协组织的代表性，增强人民政协的包容性和参与度，确保各阶层群众有序参与到政治活动中。第四，关注不同群体的需求，特别是基层群众和社会弱势群体的需求。增加基层一线农民和生产一线工人的代表比例，关注诸如残疾人等社会弱势群体通过政协有序参与政治的需求，适当增加残疾人等弱势群体的委员名额。总而言之，政协界别设置应尽量实现全覆盖，真正能够涵盖各个阶层、各个利益群体。

另一方面，加强界别队伍建设。新形势下，界别作用的发挥与组织建设程度呈正相关，良好的组织建设是界别作用发挥的重要基础。目前政协党派界别工作比较活跃，比较充分地发挥了界别特点和优势，这主要归因于党派团体有相应的组织支持和依托。而其他界别由于缺乏完善的组织建设，委员参加政协活动的自由性强，处于相对松散的状态，政协组织与委员之间的联系存在着"断层"现象，致使其他界别开展工作的难度相对较大，严重影响了界别作用的发挥。委员与界别联系不紧密，凝聚力不强，难以形成界别的整体合力，发挥界别的整体效能。因此应着力提高各界别的组织化水平，增强同一界别委员之间的凝聚力，把松散的界别组织成有机整体，确保政协界别作用的充分发挥。第一，加强界别队伍建设，选派威信高、组织能力强、认真负责、热心政协工作的政协常委或委员担任相应界别的负责人，调动各界别内在积极性，提高界别凝聚力，改变政协委员各自为战的松散状态，通过建立界别活动组，使各个界别都有人管事、有章理事、有钱办事，为形成界别整体合力奠定组织基础。第二，优化政协委员选拔机制，引入竞争机制，尽可能扩大界别群众的参与权。同时，政协委员要定期向界别群众汇报其履职情况，进行委员和群众之间的双向互动，并以此作为是否继续推荐的重要依据。

（三）推进界别工作的制度化、规范化和程序化建设

目前来看，与政协整体工作的制度化、标准化和程序化建设相比，部门工作的"三个现代化"明显落后于新形势下履行职能的要求。除了党派界别和一些社会团体界别外，其他各界别都相对松散，既缺乏专门的组织机构，又缺乏规范统一的工作制度。因此，要规范界别工作的实施、保障界别作用的发挥，必须采取有效措施，构建发挥界别作用的长效机制。首先，结合政协日常工作，配套建立界别召集人制度、界别活动小组活动日制度等，配齐配强联络员。一方面，做实界别工作要抽调政协机关的精兵强将；另一方面，充实界别工作力量要从委员推荐单位选派联络员并由政协聘用，并将这一方法进行推广。其次，依托关系也是实际工作过程中的重中之重，将民主党派和人民团体作为政协各党派团体界别的重要组织依托，其他界别也可与相关社会团体和社会组织建立适当联系。建立依托关系是密切政协委员与本界别群众的联系，交流工作经验、提升工作能力的有力支撑，也是了解本界别群众的集体诉求，汇聚本界别群众的集体智慧，提出本界别最有话语权的意见的重要基础。

二、优化界别工作机制，提高工作效率

（一）夯实基础，健全界别协商机制

政协的政治协商不仅是各党派、各团体、各民族、各阶层的协商，也可以说是各界别的协商。在界别协商中，以界别为单位组织政协委员开展的各类协商建言、协调关系的履职活动是其主要的协商形式。组织和开展活动的困难性是各种形式的界别协商在实践工作中都面临的难题，现有界别机制无法满足发挥界别优势的需要，促进界别作用的有效发挥需要从完善界别协商活动方式和工作机制入手。第一，设置界别专门管理机构，严格管理界别工作的组织领导、活动内容、活动形式、保障服务等方面，落实和规范各个界别活动。第二，建立界别委员分工联系制度，加强政协主席、副主席工作交流与联系，指导和推动界别活动的正常开展。

（二）推动履职，完善界别委员履职激励和约束机制

激发政协委员履职热情，完善界别委员履职激励和约束机制，推动自主建言献策是发挥界别优势的基础。目前，委员履职参与度不高、缺乏委员评价标准、换届时委员推荐缺乏依据等问题亟待解决。一是完善履职综合考评制度。运用指标量化考核委员参与界别活动、界别提案、界别调研、界别会议、界别群众调查研究等完成情况，建立界别活动小组工作考核制度、界别委员履职情况登记和通报制度、评先表优激励制度、学习培训制度等，并以综合考评结果为依据评选市政协表彰政协工作先进单位、政协先进工作者和优秀政协委员，以此拓宽建言议政覆盖的广度和深度，激发各界别参政议政的热情。二是建立健全界别委员履职情况的反馈机制，将委员是否定期向本界别群众汇报履职情况作为能否被继续推荐担任委员的重要依据，进一步调动界别委员代表群众建言

献策的积极性和主动性。三是引入竞争遴选机制，征询界别群众的意见和建议，选拔具有一定政治素质、履职热情和责任意识的代表性人士，并在其中推荐委员候选人。

（三）创造环境，强化服务保障

政协组织要强化服务保障机制，做好协调服务工作。一是密切与各界别委员的联系，针对各委员的界别特点，建立相应的联系制度，倾听委员的意见和建议，通过情况通报、座谈会等形式，让各界别委员充分了解社会经济发展形势并及时传达政协工作动态，积极为委员履行职能提供更多的便利与支持。二是在工作条件方面给予资金支持，如人员、车辆、经费，保障政协领导或专委会在各界别开展培训学习、实地调研、走访视察等活动的正常进行。三是探索设立为界别开展活动提供服务的专门机构，以联络界别召集人为主要责任人，联络和开展各界别日常服务工作。

三、丰富界别履职形式，注入履职新活力

（一）集中界别民智，提高界别提案质量

政协各界别委员来自社会各个阶层，在开展调研、视察、提交提案和反映社情民意等活动的实际工作中，应充分发挥界别的特点和优势，引导委员将专业才能运用到各自擅长的领域并解决最具话语权的问题上，使政协议政建言既有专业深度，又有社会广度；既有科学性，又有代表性。第一，凝聚界别力量，荟萃界别智慧、激发协商潜力，通过大力开展政协协商活动，为委员建言献策和协商交流提供渠道，全面提升政协履职能力的现代化水平。第二，注重各界别群众普遍反映的问题，加强征集界别提案，广泛征询社情民意，集中反映群众意见，明确办理要求，保证办理质量。

（二）丰富界别活动，探索界别履职新方法

目前，政协开展的界别活动形式较为相似，主要集中在专题调研、委员视察、学习培训上，界别集体活动相对较少，界别之间缺乏交流合作的机会，既不能集中反映界别领域的共性问题，也不利于站在全局的角度考虑建议的合理性和可操作性，由此带来履职的封闭性。新形势下应着力解决界别活动的同质化问题，丰富界别活动形式，探索界别履职新方法。第一，要丰富界别活动的内容和范围，鼓励委员就本界别的其他相关问题提出调研报告，兼顾界别间的合作性。第二，开展界别提案工作，增强提案收集力度，收集汇总界别的共性要求，展现界别的建言水平。第三，开展界别分组讨论和联组讨论。每年全会期间将委员按界别分组，使各界委员围绕会议议题和共同关心的问题先在组内充分发表意见，然后通过组间讨论深入交换意见，最终形成界别的集体意见，进一步提高分组讨论和联组讨论的议政质量。第四，开展界别群众工作。善于运用界别的优势加强同人民群众的联系，通过界别渠道做好群众的宣传工作和教育引导工作，及时向社会各界传递党和政府的主张以及中央和地方的决策部署，实现上通下达。

四、搭建界别联系平台，发挥界别联动性

（一）构建沟通平台，畅通界别民意通道

保证界别民意通道畅通无阻，构建沟通的"缓冲器"与"稳压器"是政协工作的重要方向。第一，畅通民意渠道，尽量保证各界别群众能够通过政协界别这一独特的平台，充分表达自己的利益诉求，政协界别向党和政府积极、全面、真实地反映汇集的社会各界的意见建议。第二，建立界别联系群众机制，加强同本界别群众的联系，定期深入界别群众征询建议和调查研究，真正做到问政于民、问需于民、问计于民。第三，建立界别与政府相关职能部门对口联系制度，政府各部门制订工作计划、规划和拟出台重大措施等，事先向相关界别通报，听取界别意见，扩大公民有序政治参与，发挥政协参政议政的最大价值。

（二）构建交流平台，有机整合社会政治资源

界别组织能够互通各个领域，肩负着有机整合社会政治资源的责任。发挥界别功能应利用互通优势，向下延伸，使界别组织横向覆盖各个方面，汇聚有效资源，在强化界别作用的契机中使人民政协的作用得到总体的整合和提升。在具体实施中，首先要建立界别委员学习日、界别委员约谈会、界别协商交流会、界别委员议政会等平台，定期或不定期开展界别委员考察调研、界别联谊等活动，加强界别委员间的联系、交流和沟通。其次，进一步完善界别与所代表阶层成员的联系机制，在制度上保证每个政协委员能联系若干个所代表界别的成员。最后，发挥界别在政协履职工作中的整体作用，充分展示界别作为履职主体在政协工作中的形象和作用，使界别"横向独立性强、纵向专业性强、内部联系性强"的特点和优势得以体现，使界别在党委和政府科学民主决策中产生更强的政治影响力。

参考文献

［1］习近平.关于《中共中央关于坚持和完善中国特色社会主义制度推进国家治理体系和治理能力现代化若干重大问题的决定》的说明［J］.时事报告，2019，38（6）：1.

［2］乔传秀.强化人民政协界别特色优势［J］.中国政协理论研究，2013（1）：53-58.

［3］李俊，张英.人民政协推进国家治理现代化的重要作用［J］.理论视野，2020（8）：14-19.

［4］董树彬，董鹏林.政治吸纳视阈下人民政协界别变迁与优化［J］.中州学刊，2019（8）：1-8.

［5］朱静芝.充分发挥界别优势为实现"十四五"规划贡献智慧和力量［J］.前进论坛，2021（2）：16.

（作者单位：青岛大学）

民主党派内部监督的理论反思、问题检视与应对策略

——以民建青岛市委为例

陈洪连　王媛媛　王文波

　　民主党派内部监督，是指民主党派组织内部对其领导班子、各级组织及所有成员的自我约束和制衡，具体包括监督民主党派各级组织及成员的思想情况，履职及工作情况，会务工作开展情况以及是否有违法乱纪情况等。从中国共产党领导的多党合作和政治协商制度的发展和完善的需要出发，从民主党派与执政党共同进步、良性互动的角度出发，民主党派内部监督工作还处于起步和探索阶段，形成一整套制度和规范仍需要做一些理论和实践的探索。

一、加强民主党派内部监督的学理审视

（一）民主党派内部监督的优势

　　首先，民主党派内部监督具有政治组织优势。民主党派内部监督视角独特、透明度较高、政治意识较强，是一种高层次、正规化、有特色的监督方式。其次，民主党派内部监督具有人才智库优势。参政党成员具有高学历、高素质、高职级等特点，集中了一大批中高级知识分子，在落实包括提出议案、参政议政、民主监督等活动时具有明显的人才资源优势。最后，民主党派内部监督具有监督实践优势。各民主党派作为我国的参政党，在多年的民主监督实践中，逐渐积累了相当丰富的监督经验和监督策略，这为实施民主党派内部监督提供了便利条件。

（二）民主党派内部监督的意义和价值

　　一是推动实现国家治理现代化。加强民主党派内部监督，形成民主党派自我调节、自我纠正的制度体系，有利于促进民主党派内部治理制度化，符合我国国家治理体系现代化的内在要求。二是回应全面从严治党的要求。全面从严治党要求各民主党派提高政治意识、树立责任意识，这就必然需要以提高监督意识为保障。三是持续推进统一战线

工作的保障。强化民主党派内部监督，有利于规范民主党派成员的行为，纠正不良社会思想，是落实统一战线工作的重要保障。

二、民建青岛市委内部监督的工作经验总结

（一）内部监督规范有序

民建青岛市委把政治监督放在首位，推动各级领导干部自觉接受中国共产党的领导、坚持走中国特色社会主义道路不动摇；在意识形态上开展监督，引导广大会员学习领会、自觉拥护中国特色社会主义政治制度和政党制度；加强对各级领导干部贯彻执行民主集中制的监督；充分发挥会内监督在反腐败方面的警示预防作用，即按照会章规定，经常性地对会员进行会的纪律和优良传统的教育，坚持教育为先、预防为主，使"扯袖子、咬耳朵"成为常态。

（二）内部监督配置齐全

民建青岛市委自确立会内监督以来，紧跟民建中央对于会内监督的有关要求和监督办法，积极探索会内监督形式、制度和原则，初步形成了健全的会内监督规章制度。如拟定了《民建青岛市委会内监督办法（试行）》，规定了会内监督机构的组成、职责、制度等内容。民建青岛市委内部监督人员班子健全，建立了一套专兼职人员参与、上下联动的会内监督机构，监督委员会组成人员涵盖法律界、企业界、专家学者等社会人士，并积极吸纳更多的基层组织骨干会员担任委员，保证委员履职的专业性和代表性。

（三）内部监督覆盖广泛

民建青岛市委积极拓展会内监督覆盖范围，积极对领导班子成员贯彻民主集中制、执行工作制度以及会内决议和决定的情况进行全面监督，并积极探索把基层组织领导班子成员纳入监督范围，以及对会员个人遵守章程、履行职责情况的监督，逐渐实现对会员的全员性监督。民建青岛市委监督委积极履职尽责，认真做好涉及监督内容的来信来访接待和答复工作，及时回应信访诉求，成立以来累计处理重要信访问题20余件。为增强监督实效，民建青岛市委着手建立会内巡查机制，通过探索引入第三方人力、财会、法律等咨询评价机构，补充专业性工作力量，辅助提升监督委员会在会员发展、会员企业依法经营等方面的监督实效。

（四）与中国共产党协同推进会内监督工作

民建青岛市委监督委始终将政治监督放在首位，积极推动各级领导干部自觉接受中国共产党的领导、坚持走中国特色社会主义道路不动摇。在会内监督方面，努力做到"以党为师"，并结合自身实际，学习和借鉴中国共产党内部监督的有益经验和做法。具体而言，民建青岛市委遵循民建中央指导，着力加强对贯彻民主集中制的监督，要求有关成员参加领导班子成员述职评议会、"四风"对照检查会、谈心会，并对班子述职情况进行监督发言，对班子成员贯彻民主集中制、执行工作制度以及会内决议和决定的情况

进行全面监督。

三、加强民主党派内部监督的问题检视

（一）会内监督缺乏理论指导和经验借鉴

当前，在普遍强化内部监督的方向指引下，各民主党派、民主党派各级组织纷纷成立内部监督委员会。但是，总体来看，会内监督依旧存在行动较多、理论较少的问题。各民主党派会内监督小组的监督工作受中央监督委员会影响较多，自身监督思路和监督方向不甚明确，缺乏具备独立性、有价值的理论和内容创新。

（二）会内监督规定较为笼统

考察各民主党派有关会内监督的文件，并从各民主党派会内监督的发展历程和目前状态来看，在中央指导以外，各民主党派会内监督规定普遍存在模糊和笼统的现象，细致程度不够。以民建青岛市委为例，民建青岛市委会内监督办法和监督委员会工作规则虽然不断修订调整，但总体来看还较为模糊，缺少针对性、细节性的相关规定。从民建青岛市委有关会内监督的文件来看，大部分还是具有纲领性和总章性质的条目。

（三）会内监督体系化建设有待健全

首先是会内监督制度与其他制度还需要进一步融合。会内监督并不是孤立存在的，它在内需要与民主党派的人事制度、晋升制度相配合，在外需要与国家监察制度保持一致。其次，会内监督制度需要有保护机制、奖惩机制辅助实施，才能在做好监督工作的同时尽量避免恶意举报等行为。但是，无论在开展常规性巡查还是网络舆情监测的过程中，都没有形成较为完整性的保障性规定，距离实现会内监督的常态化运行还有一段路程。

四、改进民主党派内部监督的对策建议

（一）加强民主党派内部监督理论和实践的结合

在理论建设方面，民主党派内部监督的理论基础尚需进一步奠定和挖掘，需要在实践过程中不断摸索、启发和总结，进而上升到理论层次，形成较为完整的民主党派内部监督理论体系；在民主党派具体的内部监督实践中，也需要理论给予充分的支撑和支持，来更好地发挥民主党派的独特优势，指导各项工作的开展。只有两者有机结合，才能取得理论和实践的进步，才能取得两者合力的独特效果。

（二）健全民主党派内部监督制度体系

当前，虽然各民主党派的监督条例已经出台，但不同层级之间、各民主党派之间的差异性仍比较大，需要建立一套完备、约束力强、操作性强的监督制度体系，运用法律保障的合法性，促进其由制度向现实转变。要完善法制建设，逐步建立起配套成型的民

主党派内部监督法制体系。另外，还需要树立法治意识，建构合理的民主党派内部监督制度认同。在民主党派内部监督制度认同建设中，需要加强法治宣传，提高党派成员的法治意识和监督意识，为形成共同的价值认同培育土壤。

（三）科学规范内部监督机构设置与流程再造

一是要加强监督机构的建设。监督机构按照科学、合理、有效的原则进行设立，有利于督促民主党派成员按照规章制度办事，增强民主党派的凝聚力和向心力。以提高监督实效为目标，要着重加强民主党派领导班子建设，发挥领导干部在监督机构中的作用。二是要规范民主党派内部监督流程。要明确民主党派内部监督的职责和工作方式，推行党务公开，理顺监督工作机制和其他工作机制之间的关系。在流程塑造过程中，要依据民主党派内部监督的内容确定监督方针、路线和章程，实现政策执行、效果评估和考核问责等环节的有效衔接，形成有序运转的监督闭环，提高监督工作的实效性。

（四）借鉴中国共产党内部监督经验

民主党派开展内部监督，需要以中国共产党内部监督的成功经验为指导，形成自己的内部监督体系。首先，各民主党派要意识到内部监督的重要性，提高监督意识，营造内部监督氛围。其次，要以制度化的形式将本党派内部监督机制确定下来，及时出台完善的内部监督条例和章程，巩固内部监督的成果。最后，要与时俱进地更新内部监督方式和方法，创新监督载体，通过廉洁谈话、细化巡视制度等方式深入党派成员内部，并通过不断加强监督理论学习与研究，进一步完善民主党派内部监督工作。

（作者单位：青岛大学）

关于做好新时代界别工作的思考

任　川

　　界别是按党派、社会团体、行业、系统等对不同阶层、不同社会群体做出的一种区分方式，是构成人民政协的基本组织单元，是人民政协协商议政、开展活动的基本单位，是人民政协建立和发展的重要基础，是政协区别于其他政治组织的显著特征，也是政协的组织优势所在。在人民政协各个时期的重要关头，参加政协的各界别都发挥了重要作用，做出了重大贡献。进入新时代，开启全面建设社会主义现代化国家新征程，站在"两个一百年"奋斗目标历史交汇的关键节点上，人民政协事业也面临着外部环境和形势任务的深刻变化，对政协界别工作提出新的更高要求。党的十九大报告强调"要增强人民政协界别的代表性，加强委员队伍建设"，表明党中央对新时代人民政协界别工作提出了新要求新定位，为新时代做好人民政协界别工作指明了奋进方向。

　　从青岛市政协界别各方面履职情况看，界别工作取得了一些成绩，但如何在新时代进一步发挥好界别委员主体作用，推动界别工作在建言资政和凝聚共识"双向发力"上构建新格局、展现新作为，更好促进政协工作高质量发展，需要进一步研究探索。

一、强化组织引领，凝聚界别力量

（一）加强党建和理论学习，不断提高政治站位

　　《关于加强和改进新时代人民政协党的建设若干意见》从7个部分阐述了政协加强党的建设的总体要求、政治责任等。因此加强党建和理论学习是使命担当更是政治担当。要坚持党建工作全覆盖，不断强化党的领导，坚持将党建工作与界别委员队伍建设有机结合，以习近平新时代中国特色社会主义思想学习座谈会制度和习近平总书记关于加强和改进人民政协工作的重要思想研究基地为抓手，分批以界别召集人和政协常委为主举办习近平新时代中国特色社会主义思想学习座谈会，将集中学习、专题学习和自学有机结合，强化政治意识，有力保证界别沿着坚定正确的政治方向发力。

（二）完善制度机制

要把界别工作制度机制建设摆在重要位置，根据《关于进一步加强和改进界别工作的意见》，及时调整青岛市政协主席会议成员联系界别、专委会联系界别以及有关分工职责。落实全员入委制度，按照《市政协关于建立界别委员全员参加专委会制度的实施方案》，依据新一轮市党政机关机构改革和市政协机构改革调整情况，适当调整现有工作机制和分工，委员以界别为单位纳入专委会对口联系，界别工作机制进一步健全。通过《界别委员界别群众思想状况分析工作实施方案》，发动鼓励界别委员通过网络收集、日常联络等形式跟踪了解社会各界的思想状况，把界别委员、界别群众紧紧团结在党的周围。创新开展界别协商监督，依据《界别协商监督工作规则》《关于加强政协委员民主监督与舆论监督相结合的实施意见》，将民主监督、舆论监督和界别工作紧密结合，拓展了界别协商的深度和广度。

（三）强化组织管理

将界别工作纳入政协党组、主席会议和秘书长办公会重要日程，坚持定期研究、协调和指导。党组和主席会议定期听取界别工作情况汇报，秘书长会议定期研究界别工作，积极帮助解决界别活动中遇到的实际困难，协调界别与界别之间、界别与专委会之间的活动。比如，青岛市政协主席杨军召开了全市政协界别工作座谈会、副主席卞建平召开了界别委员主题履职行动推进会，以专项会议"顶格推动"界别工作。

（四）注重发挥界别召集人和联络员的作用

按照《市政协关于政协界别工作的考评办法》和《市政协委员履职工作规则》，督导召集人根据工作安排和本界别特点，制订本界别年度工作计划，组织界别委员开展学习、调研、视察、提案、反映社情民意信息等工作，组织年底界别委员述职考评活动。紧密联系界别召集人和界别联络员两个工作群，通过各界别召集人团结联系好本界别委员，以身作则、率先垂范，切实当好界别组"领头雁"，选好、配强界别联络员，保障各界别认真履行职能、开展工作。

（五）加强对界别活动的指导协调

根据政协履职需要，将全体委员划分为35个界别活动组，提升政协界别的专业性和组织性，根据调研和协商议政工作需要，组织相关界别委员开展专题调研，通过组织各界别委员参与市委市政府中心工作，比如15个攻势质询答辩会、大项目督察，医药卫生、农业、经济、科技、工商联等界别委员围绕提升公共卫生应急管理能力、促进中国—上合组织地方经贸合作示范区建设、青岛特色城乡融合发展、推进生活垃圾分类管理、推进"六稳六保"工作等开展调研视察议政活动，形成了一批"准、专、实"的专题议政报告，有力助推了党委和政府决策科学性、施政有效性。

二、突出特色专长，发挥界别基础性作用

（一）协商议政突出界别的声音

青岛市政协全体会议、专题议政性常委会议、双月协商座谈会，鼓励委员代表界别发声，介绍本界别的实际情况，反映界别群众的意愿和诉求。在大会发言、专题座谈中突出界别的重要地位，有计划地安排委员以界别身份发言，更有针对性地反映各界诉求，彰显政协界别特色，鼓励各界别结合自身特点探索创新协商方式。

（二）加强重视界别集体提案

根据《市政协关于加强和改进界别提案工作的意见》，加大界别集体提案比重，开展重点提案督办，着力提高提案质量和提案办理质量。2021年以来，各界别提案累计立案43件，通过各承办单位的认真办理，一批界别提案落实落地、"开花结果"，转变为决策参考和施政措施，充分发挥了界别咨政建言作用。

（三）加强界别社情民意工作

政协各界别委员分别对应不同利益群体，联系界别群众，可以收集到其他渠道不易收集的社情民意。因此要切实发挥界别桥梁纽带的优势作用，鼓励和引导政协相关界别与社会各方面特别是新阶层、新社会组织加强沟通联系，多从界别视角体察民情、了解民意。除了运用传统的走访调研、热线倾听外，还需要多角度收集社会各界群众的意见建议，挖掘更具界别特色的社情民意信息。

（四）以小分队机制推动界别委员履职提质增效

聚焦市委市政府全面建设开放、现代、活力、时尚的国际大都市各项重点任务，各界别召集人及骨干委员组建了34个工作小分队，在服务全市高质量发展、履行政协职责中担当作为，积极开展了各具特色的履职活动，各小分队队长多由相关界别召集人担任。小分队紧紧围绕15个攻势开展调研督促、区市重点项目监督核查，更加精准地提出对策建议，提升全流程跟踪服务水平。围绕强链、补链、延链、稳链，以"项目落地年"为抓手，主动对接服务13条产业链专班工作，精准开展调研视察、协商议政和民主监督工作，推动了青岛市政协工作由围绕中心、聚焦中心向走进中心、直接服务中心发展。

三、积极搭建平台载体，释放界别创新智慧

（一）创新界别活动载体

青岛市政协在全市政协界别委员中开展"爱青岛，让青岛更美好"主题履职行动，围绕七大行动对界别和委员履职提出了明确的要求，而后又下发了关于进一步深化主题行动的通知，要求在助力常态化疫情防控、助力"六稳""六保"、助力"十五个攻势"、助力打造对外开放新高地、扎实开展民声倾听主题活动和"双岗双责双作为""五进五送""五个一"行动基础上，围绕强化思想政治引领、助力"十四五"规划实施、助力

"项目落地年"、助力乡村振兴战略、扎实开展"我为群众办实事"履职行动。围绕更高水平立体、综合、全方位、内生地"搞活一座城"目标，落实好11个主题履职行动目标任务。各界别结合本领域实际和本界别特点，紧扣主题履职行动要求，突出界别的特色，做好组织筹划实施工作，取得了初步成效。比如妇联界别帮助对口扶贫城市当地开展妇女家政服务技能培训，培育农村致富女带头人队伍。工会界别筹划组织"惠工助企"直播团购会，集体为青岛本土企业产品打卡带货。农工党医药卫生方面专家委员就提升我市公共卫生应急管理能力、医疗器械产业发展、医疗养老展开系列调研，都体现了在"爱青岛，让青岛更美好"主题履职行动平台载体上。各界别发挥各自优势，释放创新创造智慧，精准履职、集中发力，成为全市经济社会发展的"助力器"。

（二）创新打造协同监督媒体平台

聚焦党政所需、发展所要、群众所盼、政协所能，联合青岛日报社、市政务服务热线，坚持"小切口、高关注、见实效"，搭建"倾听与商量"协商议政平台。围绕社会热点焦点问题开展协商议政，形成在市委统一领导下，市政协搭台主办，市政协各专门委员会、各界别、各区市政协协办，市直有关部门重视支持、积极配合的工作合力。聚焦中心任务和党政工作重点、群众生产生活难点、社会治理热点，精准选题、建言资政、民主监督。青岛市政协广泛组织政协委员参加"我爱青岛、我有不满、我要说话"民声倾听活动，利用市广播电视台"问政青岛"电视直播节目等媒体平台，加强政协民主监督同舆论监督等其他监督方式的融合，引导各界别委员真情倾听民意、真实反映民意、积极回应群众关切，及时反映群众呼声，助推民生问题解决落实，助力打造"三化三型"政务服务环境。同时，运用"智慧政协"平台，开发"微提案"系统，开设"政协微社区"等栏目，建立服务群众微信群，使界别委员全天候察民情听民意办实事解民忧。

（三）创新成立界别委员工作室

创建政协界别委员工作室是人民政协创新履职载体、延伸履职触角、拓展履职渠道的重要举措，是政协委员密切联系群众、倾听民声、反映民意的重要平台，也是政协组织的人民性的内在要求。青岛市政协先后成立了科技界别、医药卫生界别、体育界别、教育界别、妇联界别委员工作室，进一步突出界别特色，创新界别工作，扩大民意渠道，发挥平台作用，推进民主进程，做好融合文章，实现和谐共建。

（作者单位：青岛市政协）

关于政协社情民意信息工作的几点思考

——以青岛市政协为例

王 伟

社情民意信息是人民政协组织广大政协委员、各党派、工商联、人民团体和社会各界，将了解到的社会情况和群众关心的问题，通过政协专门渠道向党委、政府及有关部门反映，提出意见建议，帮助其进行科学决策的一项重要履职工作。

一、社情民意信息在广泛凝聚共识中的重要作用

新时代加强和改进人民政协工作，要提高政治协商、民主监督、参政议政水平，更好凝聚共识。前一阶段，全国政协印发了《关于加强和促进人民政协凝聚共识工作的意见》，专门强调"要在反映社情民意中凝聚共识"。反映社情民意信息工作是党和国家社会舆情汇集和分析机制的重要组成部分，是坚持群众路线和实事求是的具体体现，也是人民政协实现社会价值的关键载体。反映社情民意信息工作的每一步，都是实现政协履职成果转化和凝聚共识的实在行动，都有利于增进各族各界人士对中国共产党和中国特色社会主义的政治认同、思想认同、理论认同、情感认同。

在收集社情民意信息时凝聚共识。社情民意信息是各党派团体和社会各界人士表达诉求、建言献策的重要渠道，生动体现了中国共产党领导的多党合作和政治协商制度协商民主的价值诉求。一方面，来自广大政协委员、各民主党派和社会各界的社情民意信息具有相互监督和政治协商的性质，展现了对党和政府的工作的民主监督；另一方面，广大政协委员和社会各党派、各界代表位置超脱，能够将来自群众的真实可信的消息准确反映到党政决策部门，使党政部门的决策更加科学，也更加顺应民意。

在调研社情民意信息时凝聚共识。在深入基层调研的过程中，通过与老百姓的沟通交流，一方面，可以面对面了解群众诉求，掌握党委、政府决策部署在基层的落地实效以及出现的难点、堵点、痛点问题，把基层的实情和群众的民情在社情民意信息中反映出

来,将下情"上传";另一方面,针对一些现实矛盾,在与群众进行深入沟通时,可以通过耐心的倾听、周到的服务和饱满的热情为群众顺气儿,同时可以通过正确解读党和国家方针政策为群众平气儿,将上情"下达",为改革发展和社会稳定贡献力量。

在跟踪反馈社情民意信息时凝聚共识。一方面,做好社情民意信息的跟踪反馈,是对信息作者劳动成果的尊重,有利于保护和激发其撰写社情民意信息的积极性;另一方面,社情民意信息一旦被采纳,承办单位认真研究,将社情民意信息中的意见建议融入部门工作之中,可以帮助相关部门提高工作的针对性和前瞻性,尤其是一些专家学者提出的具有前瞻性的建议,即使因现实客观原因一时无法采用,也可以通过相互的沟通解释,取得理解、达成共识。

二、社情民意信息工作存在的问题

一是政协委员反映社情心意信息的积极性不高。部分委员发现问题、分析问题、解决问题的能力不足,不能有针对性地提出意见建议;部分委员缺乏履职的积极性和主动性,不能深入基层、联系群众,不愿代表界别群众反映呼声;对于有些委员来说,一旦所提的社情民意信息未被采纳便失去履职热情和信心。

二是社情民意信息的整体质量仍有待提高。对党政关注的重点问题、社会反映的热点、难点问题把握不准,有分量的信息不多。对反映的问题缺乏深层次思考,原因分析不到位,提出的建议针对性、前瞻性、可操作性不强。部分信息切口过小,比如某某路灯坏了、某某断头路亟需打通,或者是"站在区市看区市""站在今朝看今朝",提出的问题对全国、省、市层面参考价值不高。

三是部分信息报送单位的重视程度不够。普遍存在对社情民意信息工作认识不清、重视不够、领导不力问题,没有与政协的提案、调研、视察一样,作为重要的基础性工作来抓。不少单位信息工作满足于"吃老本",守成有余、创新不足。

四是信息员和信息工作人员的主客观困难。信息员发现问题、调查研究、及时反映信息的专业素养和工作作风、责任感和使命感有待进一步提升。部分信息工作人员身兼数职、精力有限,投入社情民意信息的精力不足。同时忽略对信息工作人员的表彰,导致其积极性受挫。

目前,社情民意信息工作中存在思想认识、体制机制、工作措施、平台载体和工作实效等方面的问题,亟需引起高度重视。近年来,青岛市政协深入学习贯彻习近平总书记关于加强和改进人民政协工作的重要思想,认真贯彻落实中央政协工作会议精神,注重发挥反映社情民意信息工作在建言资政和凝聚共识双向发力中的优势作用,精心打造高质量反映社情民意信息平台,为社情民意信息工作的更好开展提供了有益借鉴。

三、青岛市政协社情民意信息工作的经验做法

（一）向基层深入、向群众贴近，获取社情民意信息更广泛、更经常

一是注重信息来源拓展。结合政协委员在履职过程中了解掌握的民情民意信息、青岛智慧政协APP网络议政群组信息、12345政务服务热线受理市民关注问题、"倾听与商量"协商平台现场和网上反馈数据、社情民意信息提报系统数据和新闻媒体的舆情动态，更直接、更精准地把基层群众声音传递出来。二是全面激发基层活力。社情民意信息源自基层，潜力也在基层。发挥"开门就是群众、出门就是基层"的先天优势，在每个区市都安排了社情民意信息直报点，实现了全域覆盖。各区市政协和民主党派支委高度重视、认真负责做好社情民意收集报送工作，信息数量和质量稳步提升，多篇被全国政协、省政协采纳。三是充分发挥政协调研视察优势。每次开展协商会议、视察调研、"五进五送"等活动时，都组织委员、专家学者带着问题深入基层一线调研，有针对性地收集社情民意信息，点对点深挖群众"关键小事"，并将在工作过程中发现的需要反映的问题转化为社情民意信息。

（二）搭建新平台、用好大数据，分析社情民意信息更精准、更及时

一是发挥网络平台优势汇聚社情民意。青岛"智慧政协"平台通过移动互联网技术，打破了委员履职的时间、空间限制，实现了政协"24小时在线、永不关门"的全天候、全方位履职模式。尤其是在新冠肺炎疫情防控期间，委员们身在疫情防控和复工复产一线，即使在难以面对面沟通的前提下，依旧可以随时在青岛智慧政协APP的"网络议政群组"提出意见建议。在此期间收集了百余条社情民意信息，提报了科学编制疫情图表、关于优化新冠肺炎流行病调查内容和临床治疗的建议、关于立法赋予一线医生传染病警示权及隔离权的建议等社情民意信息专报，为市委市政府科学决策提供了参考。二是利用大数据手段分析社情民意。为了适应信息时代的高速发展，便捷信息反映主体与信息工作部门的交流互动，提升信息运转效率，青岛市政协社情民意信息系统在原有信息采集、编辑、审核、发布、反馈、查询、统计和通知公告的基础上，运用大数据精准分析，如加大了对社情民意信息分类、统计、分析等功能的设计，动态显示最近一年、一季度、一月、一周的热点高频词汇，自动分析近期社情民意信息中大家关注的、集中反映的主题，帮助信息员快速找准信息点；系统可以让委员和报送单位同步查看报送、采用情况和月度、季度、年度积分情况，更有利于激发报送主体的积极性和报送效率。

（三）发挥海洋优势、用好智库队伍，保证社情民意信息更专业、更前沿

一是"海洋+"。发挥青岛海洋科研院所多、海洋科研能力强的优势，将中国海洋大学、黄海水产研究所、中科院海洋所、自然资源部第一海洋研究所等海洋科技方面的专家学者纳入特邀信息员队伍，为蓝色海洋科技发展提出专业性更强、操作性更好的高质量社情民意信息，打出了青岛政协社情民意信息的响亮品牌。二是"智库+"。积极探索将青岛政协智库作为社情民意信息员队伍的中坚力量。一方面，智库专家围绕高水平对

外开放、高质量发展、国际化视野等问题，反映"前沿化"的研究成果和动态分析；另一方面，智库专家引荐更多的年轻专家学者，通过履职热情、能力、实绩等方面的考察，加入社情民意特邀信息员队伍。

（四）顶格协调推进，强化制度保障，反馈社情民意信息更顺畅、更高效

一是加强顶格推进。近年来，青岛市政协主席杨军高度重视反映社情民意信息工作，对我市反映社情民意信息工作做出明确批示，要求"结合学习贯彻习近平总书记关于加强和改进人民政协工作的重要思想和中央、省委、市委政协工作会议精神，紧扣党政中心工作和社会群众关切，准确把握信息工作要领，深入一线开发信息资源，充分发挥'智慧政协'和社情民意'直通车'优势，为'十四五'党政科学民主决策提供高质量信息"。二是加强制度保障。先后出台《关于加强和改进政协反映社情民意信息工作的实施意见》《青岛市政协反映社情民意信息工作考评办法》，明确提出开展界别反映社情民意信息工作，同时对社情民意信息的采用、考评、表彰进行规范，加大对社情民意信息反映情况考评和通报力度，对优秀社情民意信息、优秀社情民意信息报送单位和优秀社情民意信息员给予表彰，对报送数量和质量不尽如人意的单位予以通报。三是健全培训机制。加大对信息员队伍的培训指导力度，充分调动信息工作人员的积极性。如，2021年3月，青岛市政协副主席卞建平组织召开市政协反映社情民意信息工作座谈会，调度通报社情民意信息采用情况的同时，对信息员进行了业务指导。各区市政协和民主党派也通过举办培训班、座谈会、专题辅导等形式，努力提升业务水平。如2021年民建等几个党派也组织了社情民意信息专题培训会，邀请优秀信息员做了专题讲座。四是建立健全跟踪反馈机制。加强与党政部门的沟通联系，主动征询党政机关对政协做好社情民意工作的意见，推动政协社情民意信息进入党政决策，同时及时反馈信息的采用情况、处理意见、有关批示及落实情况，切实推动社情民意信息工作。

（作者单位：青岛市政协）

以"四专"为抓手，充分发挥人民政协专门协商机构的作用

孙 彤

健全社会主义协商民主制度，推进协商民主广泛多层制度化发展，是深化政治体制改革的重要内容，是中国特色社会主义民主政治推进的重要着力点和突破口。人民政协作为协商民主的重要渠道和专门机构，应当正确把握协商民主在新时代的新特点和新要求，更好地适应新时代协商民主的内容与形式的创新，更好地落实党的十九大提出的新任务和宏伟目标，这是人民政协在协商民主创新中的任务与责任。近年来，青岛市城阳区政协始终坚持党对政协工作的领导，不断完善民主协商工作机制，积极探索新的协商形式，拓宽民主协商渠道，形成党委统一领导、政府大力支持、政协搭建平台、各界群众广泛参与的政协协商民主新格局，实现政协协商与基层协商的有效衔接。

一、把准"专"的方向，强化党建引领

习近平总书记在十九大报告中指出："协商民主是实现党的领导的重要方式，是我国社会主义民主政治的特有形式和独特优势。"这就明确告诉我们，党的领导是社会主义协商民主健康有序发展的根本保证。我们始终把党的领导贯穿于协商议政工作的全过程、各环节，切实做到党政中心工作推进到哪里、政协履职就紧跟到哪里、政协作用就发挥到哪里。一是加强党的领导。党的领导是人民政协事业发展进步的根本保证。认真贯彻落实中央和省市区委政协工作会议精神，深刻认识和把握新时代人民政协的新使命，始终把工作置于区委坚强领导下，制定重大事项请示报告制度，及时向区委汇报重要工作、请示重要事项。制定加强政协党组自身建设的意见，切实发挥在政协工作中把方向、管大局、保落实的领导作用，把党的意志有效转化为政协组织决定，确保党的领导在政协落到实处。二是加强政治引领。注重做好经常性的政治引领工作，将学习教育嵌入协商议政活动之中，使广大委员通过履职实践，感受新成就、领会新思想，在潜

移默化中增进共识和认同。制定习近平新时代中国特色社会主义思想学习座谈会制度实施方案，构建起以党组理论学习中心组学习为引领的常态化学习机制，把党的创新理论和习近平总书记重要讲话精神作为各类会议培训的"第一议题"，统筹组织政协常委会议、主席会议、专委会、界别活动组和委员集中培训学习，筑牢团结奋斗的共同思想基础。三是加强党的建设。聚焦两个"全覆盖"，按照"一专委一党支部、一界别一党小组"的组织架构，在全市政协系统第一家依托专委会成立7个功能型党支部，依托界别活动组设立13个党小组。制定完善《功能型党支部工作规范（试用）》等10项制度，优化流程，规范工作。拓展"党建+X"路径，认真落实"五个一"组织生活套餐，突出"主题党日+"界别特色，推动党的建设与履行职能相融合、相促进，引导党员委员在政协平台亮身份、树形象、做表率，带动全体委员聚焦全区发展大局和民生改善高效履职。我区政协在全市政协工作经验交流会上，做了典型发言交流，并被《人民政协报》专题报道。

二、彰显"专"的特色，注重务实创新

协商形式的多样化就是要解决"怎样协商"的问题。因此，我们主动适应新时代社会主义协商民主的特点和要求，一边坚持过去行之有效的形式，一边不断探索协商新形式、新平台，使协商民主的视野更加宽阔、活动更加经常、方式更加灵活。一是搭建活动平台。按照实用规范、方便活动的原则，建立了1个区级党员委员活动室、7个功能型党支部活动室、8个街道委员活动室和13个界别组活动室，形成了"1+7"党员委员、"8+13"区域和界别委员履职活动阵地。依托各类活动室组织开展界别活动、协商座谈等50余次，持续推进政协协商向基层拓展延伸。二是搭建议政平台。建立完善季度协商座谈会等协商新平台，开发"委员来吧"手机客户端，让委员随时随地通过手机端进行学习研讨、查阅信息、了解政策，也可以提交提案、反映社情民意、协商交流，打造"全天候"网络议政平台，为委员提供更加便捷高效的履职载体。三是搭建宣传平台。在电视台设立《委员风采》栏目，宣传报道委员典型事迹。全委会期间举办委员风采展，并通过"委员来吧"、爱城阳等新媒体以及报刊等推介和宣传委员企业，展示委员风采，有效激发了委员履职积极性，营造了全社会关心、支持和参与政协协商议事的浓厚氛围。

三、完善"专"的机制，加强服务管理

习近平总书记在纪念人民政协成立70周年大会上指出："发挥人民政协专门协商机构作用，需要完善制度机制。"我们着眼打造"懂政协、会协商、善议政，守纪律、讲规矩、重品行"的委员队伍，持续建立健全服务管理机制，充分调动委员履职的积极性、主动性和创造性，不断提升委员协商议政能力和机关服务水平。一是强化学习教育。创建委员讲堂等学习平台，有计划、分专题地学习领会习近平新时代中国特色社会主义思想，以及中央和省市区委重要会议、文件精神。在全体委员中开展"大学习、大调研、大

改进""解放思想""做合格政协委员"大讨论活动,定期举办政协委员履职能力提升培训班,在学习讨论中解放思想、开阔视野、提升能力,不断提升委员协商议政水平。二是强化制度建设。制定完善《区政协全体会议工作规则》《区政协提案办理协商办法》《委员履职工作规则》《关于区政协委员奖惩、退出和暂停履职办法》《区政协委员履职考核办法》等10余项规章制度,加强对委员的服务、管理和考核,建立履职档案,对履职情况量化计分,定期通报考核结果,切实做到工作有制度,履职有档案,考核有标准,让委员队伍始终充满朝气和正气,推进协商民主有序规范运行。三是强化服务效能。认真践行"厚德服务、协商监督、聚力筑梦"工作理念,按照建设"三化一型"高素质干部队伍要求,全面加强政协机关干部教育、管理、监督、考核,修订完善机关绩效管理、规范化建设考核办法、重要事项落实督查等工作制度,持续深化机关作风建设,激励干部担当作为、狠抓落实,促进机关规范高效运转,为委员更好履职提供有力保障。

四、突出"专"的质量,做到"双向发力"

推动协商成果进入党委和政府决策,既要靠党委和政府重视,也要靠政协自身积极主动。我们坚持把建言资政和凝聚共识作为协商议政的主旨和方向,推动政协协商成果转化为助力全区高质量发展的实效。一是坚持精心选题。协商课题选择是否精准、科学得当关系到政协议政的建言成效。每年采取由党政出题、与部门商题、向委员征题相结合的方式,多方征集议题,不仅做到了紧扣党政中心工作"选好题",确保协商议政同频共振、步调一致,也做到了问"症"于民,围绕热点难点问题"找准题",彰显民本宗旨。同时,制订的《年度协商计划》经主席会议、常委会会议讨论通过后,报区委审定,提升了协商的准度和高度。二是坚持精准调研。深入调查研究是开展协商议政的前提和基础。制定《关于新形势下进一步加强委员队伍建设的意见》《关于进一步加强专委员工作的意见》等制度,明确要求委员建言献策前,必须围绕议题,深入基层、深入群众,听取民声、汲取民智。每次协商活动前,坚持由区政协领导带领专委会工作小分队,深入有关单位和基层调查研究,努力掌握第一手资料,找准经济社会发展中存在的问题症结,切实增强议政建言的层次和水平,形成高质量的协商成果。三是坚持成果转化。政协协商民主能否发挥作用,成果能否巩固,关键看落实情况。建立健全委员所提意见建议报送反馈机制,对政协的协商成果,形成了党政领导批示反馈机制,意见建议督查落实机制,推动协商成果转化。区政协协商成果报送区委、区政府后,区督查考核中心及时分解督办,定期将常委会议、协商座谈会、视察调研报告提出的意见建议和委员提案的办理落实情况向区政协常委会议通报。围绕抢占"五大高地"、新旧动能转换、教育高质量发展等组织开展协商议政70余次,党政主要领导对25件协商成果做出批示,有关部门积极采纳落实。四是坚持凝心聚力。始终把凝聚共识融入协商议政、履职服务等各项活动,为委员搭好"台"、助力委员唱好"戏"。以"五个联系""五进五送"为载体,加强与广大群众良性互动,织密政协与群众的联系网,在开展活动和走访慰问中,广泛宣传党和国家的路线方针政策，及时收集并反映群众的意见呼声，在活动中增进大团结大联合，凝聚最大正能量，画出最大同心圆。活动开展以来，累计走访社区、企业、学校、界别群众、困难家庭2500余次，开展捐资助学、扶贫帮困、医疗义诊等公益活动260余次，捐款捐物1300余万元，反映群众意愿诉求200余件，有力推动了政协履职向基层延伸。《委员是扎根基层的根须》在《人民政协报》的头版刊发，并被学习强国转载。

（作者单位：青岛市城阳区政协）

强化"三个参与"，推动人民政协专门协商机构作用的有效发挥

青岛市胶州市政协

2021年以来，青岛市胶州市政协积极贯彻落实青岛市政协"倾听与商量"工作要求，结合基层政协工作实际，不断探索发挥人民政协专门协商机构作用的方式和途径，在原有会议协商、提案协商、双月协商等基础上，强化了"三个参与"——即群众广泛参与、专家内行参与、党政部门参与，取得了良好工作成效，使人民政协专门协商机构的作用得到有效发挥。

一、强化群众广泛参与，提升协商参与的广度

习近平总书记指出，有事好商量，众人的事情由众人商量，是人民民主的真谛。这句话深刻揭示了，要发挥好人民政协专门协商机构作用，就必须让人民群众更广泛地参与到协商中来。我们始终坚持"众人商量"这一原则，通过搭建群众参与平台、完善群众参与机制、创新群众参与渠道等，坚持组织和引导各界群众广泛参与，在参与中凝聚共识、达成共识，从而为发挥专门协商机构作用奠定了坚实的群众基础。

一是搭建群众参与协商的平台。坚持把政协协商向镇街社区延伸，以镇街委员联络室为载体，按照"有场地、有人员"等五有要求，在12个镇街分别设立了基层政协活动中心。通过基层政协活动中心这个平台，直接组织基层群众广泛参与民主协商。如2021年围绕确定"胶州市树市花"和"胶州新八景"等，我们通过12个镇街政协活动中心组织各界群众开展协商座谈等活动30余次，参与群众1200多人；组织发放调查问卷2万多份，引导2万多名群众参与其中，并向胶州市委市政府报送了协商意见，最终建议的榉树、月季被确定为胶州市市树、市花。

二是完善广泛参与协商的制度。制定并完善了胶州政协基层协商实施意见，明确要求政协重大协商课题要尽可能多地组织相关委员和相关各界群众参与，并将其作为政协协商成效的评价标准，以此推动政协协商尽最大可能拓宽参与范围。如2021年为助推胶

州市企业"互为上下游、形成产业链"，市政协分14个行业召开了协商座谈会，先后组织了全市146名企业家参加了座谈，座谈会上企业家们交流信息、互通有无，67家企业达成了30多项合作意向；组织了7场企业对接交流活动，邀请200多家企业进行了现场协商交流，带动了企业"互为上下游、形成产业链"，胶州市委主要领导批示肯定了政协做法。

三是创新网络参与协商的渠道。搭建"胶州政协"网络平台，利用"互联网+"思维开辟了胶州政协微信公众号和"智慧政协"系统，组织和引导委员通过网络协商议政，开启了"网络议政+远程协商"新模式。例如，围绕推进社会治理、"合村并居"等工作，市政协组织100名委员和80名基层工作者进行线上研讨协商，广泛听取意见，得到省政协的肯定与表扬。围绕助力全市"家庭家教家风"建设（以下简称"三家"）邀请教育界委员、社会专家学者进行了7场线上协商讨论，累计参与300余人次，收集谚语警句130余条，各类意见建议270多条。

二、强化专家内行参与，提升协商议政的深度

全国政协主席汪洋说过，政协不是靠说了算，而是靠说得对。这句话形象地指出了，要发挥好人民政协专门协商机构作用，就必须提出一些高质量的意见建议。我们始终坚持"说得对"这个标准，注重发挥政协委员和社会各界专家的优势，确保所提建议高质量、有见地，从而切实抓住发挥专门协商机构的关键。

一是注重发挥委员中的内行优势。政协委员来自社会各界，都是各行各业的杰出代表，有着智力密集、联系广泛的天然优势，能够做到建言高质量，献策有见地。因此在各类协商活动中，我们注重邀请不同界别的委员参与其中，确保了所提建议"参到点子上、议到关键处"。如2021年胶州市政协在助力小区规范停车，解决城区停车难、停车乱工作中，邀请了6名从事物业、律师和社区工作的委员参与工作专班，历时6个月，从前期调研摸底到完成《关于小区规范停车秩序试点意见》，再到推动4个试点小区开展规范停车秩序工作，委员们提出了许多建设性的意见建议，得到了采纳落实。胶州市委主要领导批示"市政协所提建议，具有较强的借鉴推广意义，请市政府组织研究，各镇街结合各自实际推广"。

二是注重发挥社会上的专家优势。政协作为专门协商机构，要确保协商建议高质量、有见地，在协商中不仅要让政协内部的委员参与，更要让社会上的专家参与其中，听取并采纳他们的意见建议。例如，2021年为助力我市商协会发挥作用，市政协开展了专题调研，调研组从我市相关商会、协会吸收了16名专家学者参与，他们从商协会内生动力不足、政府扶持政策落实不到位、政会协调沟通渠道不畅等7个方面，深刻剖析了当前我市商协会存在的问题和不足，并针对问题提出了21条高质量、可操作的意见建议，得到了胶州市委主要领导的批示肯定。

三、强化党政部门参与，提升基层政协协商的力度

人民政协是专门协商机构，明确了政协不是协商主体，而是重要平台，要保障协商建议能落地、见成效，这就需要党政部门的参与。我们深刻认识"主体"和"平台"的关系，例如在2021年助力"三家"建设工作中，注重邀请党政部门共同参与，主动争取领导层面、部门单位和基层镇村三个层级支持，努力做到"工作一盘棋"，保障了"三家"倡议能落地、见实效。

一是争取上级层面支持。及时向胶州市委市政府主要领导汇报推动全市"三家"建设的意图和打算，取得他们的重视和支持。4月16日，召开全市"三家"建设专题协商暨启动会议，会后印发了倡议书，并成立专门工作小分队，及时走访各镇街和部门单位，倡议开展创建活动。利用举办上合博览会等契机，及时向全国政协副主席梁振英、省政协副主席于国安、青岛市政协主席杨军等报送胶州政协助力"三家"建设工作的动态和成果，得到了充分肯定，推动了工作开展。

二是争取部门单位支持。召开助力全市"三家"建设专题协商会议，邀请教育、宣传、文化等8个部门单位的负责同志进行协商，会后各部门单位响应政协倡议，积极开展系列主题活动，凝聚起齐心推动的强大合力。例如，教育部门通过全市100多所中小学校发放倡议书12万份，覆盖了全市12万户学生家庭。各中小学校也先后开展"帮助父母做家务"、"立家规、晒家风"、主题班会、校园演讲等形式多样的"三家"实践活动。市妇联开展了"颂党恩、传家风"主题活动，"家和万事兴"主题宣讲活动；市文化部门开展了送"家庭家教家风进村居、进企业"主题活动；政法部门开展了"传承红色基因，弘扬优良家风"主题活动，等等。

三是争取基层镇村支持。成立"三家"建设协调小分队，定期走访镇街村居，协调落实政协倡议。胶莱、铺集、李哥庄等都开展了形式多样的"三家"活动。胶莱街道发起了"优良家风培育、典型选树创建、传统文化弘扬"等攻坚行动，建立健全了"好家风"评议会制度、家风学堂培训等制度，广泛开展了寻找"最美家庭"、创建"五好家庭"、推荐文明家庭等活动，目前已推树各类特色家庭1000余户，也进一步推动了政协思想宣传深入农村、落到基层。目前全市上下已形成共建温馨家庭、共创文明新风、共享美好生活的浓厚氛围。

在基层社会治理中发挥政协专门协商作用的思考与实践

青岛市李沧区政协

习近平总书记强调："在中国社会主义制度下，有事好商量、众人的事情由众人商量，找到全社会意愿和要求的最大公约数，是人民民主的真谛。"进入新发展阶段，提升基层社会治理现代化水平，需要发挥人民政协专门协商机构作用，推动政协协商向基层延伸，在创新工作方法、总结工作经验中进一步完善制度机制，更好地把人民政协的制度优势转化为基层社会治理的效能。

一、要搭建人民政协参与基层社会治理的协商平台

（一）推动政协协商与基层协商有效衔接的必要性

习近平总书记强调，"基层是社会和谐稳定的基础""涉及人民群众利益的大量决策和工作，主要发生在基层。要按照协商于民、协商为民的要求，大力发展基层协商民主，重点在基层群众中开展协商"。中共中央制定《关于加强社会主义协商民主建设的意见》，要求在乡镇、街道、行政村和社区中稳步推进基层协商，更好解决人民群众的实际困难和问题，及时化解矛盾纠纷，促进社会和谐稳定。然而，随着基层协商民主的发展，其在实践探索过程中面临着诸多现实困境。比如，基层协商民主制度规范与常态化机制的双重缺失、基层协商民主成果落实与原有体制衔接的内在张力、基层协商民主主体参与能力与价值认同亟待提升等问题，需要进一步推进基层协商民主的实践创新，打造共建共治共享的社会治理新格局。

相对基层协商，人民政协作为统一战线的组织、多党合作和政治协商的机构、人民民主的重要实现形式，经过70多年的不断探索和发展，已经成为社会主义协商民主的重要渠道和专门协商机构，政协协商工作已经相对制度化、规范化、程序化，并且拥有丰富的协商经验、健全的协商机制、灵活的协商方式和专业的协商队伍，可以在基层社会治理中打造"离百姓很近、与群众很亲"的协商平台，实现对基层协商的补充完善和有效衔接。尤其是作为人民政协组织体系重要组成部分的市县政协，具有开门就是基层、

出门就是群众的优势和特点，更应牢记人民政协为人民的初心使命，聚焦解决基层群众的忧心事、烦心事、闹心事，调动委员资源力量下沉一线，创新搭建基层协商议事平台，开展常态化的联系服务群众和民主协商活动，协助党和政府把矛盾解决在萌芽状态、化解在基层。

（二）李沧区政协着力打造"有事来商量"基层协商议事平台

按照青岛市政协搭建"倾听与商量"平台的工作要求，李沧区政协依托街道社区"两室"建设，开展"有事来商量"活动，把协商平台搭建到百姓家门口，为推进政协协商向基层延伸创造条件。

一方面，在街道成立"委员之家"。按照人员、经费、制度、办公场所"四落实"的工作要求，在街道设立融合委员学习、服务群众、社情民意收集、协商议事等多功能于一体的"委员之家"，由街道政协委员联络室主任担任"家长"。结合街道所需和委员特长，将全区188名政协委员划分为11个"委员之家"活动组，开展委员活动日、群众接待日、民生恳谈会等系列"有事来商量"活动，以此加强政协委员与基层群众的联系，摸清基层的真实民情，为日常的调研视察、协商议政打下精准建言的基础，同时将委员队伍智力密集、资源丰富、联系广泛的优势融入街道治理工作中，助推民生改善，厚植民意基础。

另一方面，在社区建立"委员工作室"。社会治理的重点在基层，难点在社区。发挥人民政协在基层社会治理中的重要作用，必须要把协商民主的重心下沉，将政协履职的触角延伸到最基层，组织委员在工作相对薄弱的社区多做雪中送炭、扶贫救济的工作，多做理顺情绪、化解矛盾的工作。面对李沧区城市更新快、村改居社区多的现状，李沧区政协在全区116个社区中的60个老旧小区、城中村改造社区中成立"委员工作室"，定期组织街道活动组委员和界别活动组委员开展送文化、送卫生、送法律、送服务进社区的"三送一服务"活动，为开展基层协商议事打好基础。委员们与社区群众一起坐板凳、拉家常，在听民意、解民忧中开展爱心帮扶、慈善救助等主题活动，66名委员的先进事迹在区级以上媒体得到宣传报道。

二、要完善人民政协参与基层社会治理的协商规则

习近平总书记指出，社会主义协商民主，应该是实实在在的，而不是做样子的。为了保证协商效果，就应该遵循协商规则，开展有序协商。应该按照"不建机构建机制"的工作思路，在协商议题选定、协商活动组织、协商成果转化等方面建立程序机制，推动问题在协商中解决、矛盾在协商中化解、人心在协商中凝聚。近年来，李沧区政协先后开展"有事来商量"活动20多场次，推动解决了"老旧楼院污水堵塞""开放小区停车难"等一批民生难题。委员们在深入一线、贴近群众中，与社会各方协商互动，助力打通问题解决的"最后一公里"，探索形成了一套相对成熟的做法，为市县政协在基层社会治

理中发挥协商作用提供了借鉴。

一是要精选协商议题、吸引多方共同参与。协商议题事关协商活动的成效。越到基层，商量的事情越具体，越与群众利益息息相关。协商议题不能高大上，要突出基层治理的难点、群众关注的焦点和身边的具体问题，立足群众需要解决的小事、难事、急事，体现及时性和实效性。应按照"切口小、关联广、与群众切身利益密切相关"的选题思路，通过党政交题、群众出题、委员荐题等方式，把群众关心的要事、民生改善的实事、社会治理的难事筛选出来，既做到衔接党委和政府的工作，又能够反映群众的关切和期盼。与此同时，应该确定好参与协商的人员范围，最大可能地代表和反映各方的利益诉求，以便在问题解决中找到"最大公约数"。按照"政协推动、基层主导"的模式，邀请政协委员、职能部门、街道社区干部、群众代表等"4+N"方组成协商队伍，形成商量合力，以提升协商成果最后的可接受度。以李沧区政协围绕青岛地铁1号线兴国路站上的开发问题开展商量活动为例，期间邀请市政协、市地铁办、区城市建设局等6个市区部门和政协委员、党员干部、社区群众等三方代表共同参与协商，为助推矛盾化解凝聚了最强向心力。

二是要深入调查研究、摸清吃透问题实情。调查研究是政协履行职能的基本功和"压舱石"。只有深入开展调查研究，才能充分发挥政协的人才智力优势，才能在协商议事中说得对、说得准，才能让参与协商的各方信服、达成意见上的统一。协商前，以政协委员为主体，邀请参与协商的人员一起深入问题现场实地，与群众面对面、心贴心地"零距离"沟通交流，了解真实情况、听取意见建议，掌握一手资料。对于典型问题可以结合日常履职活动，形成调研报告，提高调研质量。换届以来，李沧区政协确立了"不调研不发言、调研不透不发言，不调研不协商、调研不透不协商"的"四不"协商原则，聚焦社区治理、道路畅通、未成年人保护等群众反映集中的问题，成立课题调研小组，以小分队的形式开展体验式、自主式调研活动，形成专题调研报告16篇。区委、区政府主要领导就委员建言的"靶向性"和资政的"含金量"给予高度评价。

三是要广泛凝聚思想共识、积极推动问题矛盾解决。在前期充分调研的基础上，应该平等、有序、真诚地开展协商议事活动。一方面，要在商量现场营造畅所欲言、各抒己见、理论有度、合法依章的良好协商氛围，引导群众代表提出问题诉求，发挥政协委员建言资政作用，支持职能部门回应大家期待，在共同寻找破题突破口的过程中商出共识、商出团结、商出感情。另一方面，要坚持建言资政和凝聚共识双向发力，通过协商议事活动，把党和政府的方针政策传导下去，引导基层群众增进对党和政府决策部署的理解和认同，为政策实施创造良好的社会环境。比如，2020年5月份，李沧区石沟社区30余名居民在青岛地铁1号线施工现场阻挠地铁施工，引起市委、区委的高度重视。随后，李沧区政协邀请职能部门、群众代表、政协委员走进地铁站施工现场，了解地铁建设方面的政策，听取社区群众的利益诉求，在相互尊重理解的基础上，按照以人民为中心的发展思想，现场商量、现场议事，拿出问题解决方案，取得良好社会反响。《人民政协报》首次在头版专题报道县区市政协履职情况。区委、区政府主要领导分别做出肯定性批示，给予高度评价。

三、要提升人民政协参与基层社会治理的协商质效

协商就要真协商，就要推动协商成果落地。对于一些基层反映的比较普遍、集中的突出问题，应该提高协商议事的格局，从更高层面开展协商活动，促进相关问题解决，使党和政府的决策工作更加顺乎民心、合乎民意。为巩固提高协商成果，李沧区政协在"有事来商量"的基础上，进一步建立"四项"工作机制，加大协商力度，推动难点、堵点问题的解决，让人民群众真切感受到协商带来的新变化和新成效。

一是要建立协商议题顶格推进机制。涉及全局性、代表性问题，应该按照党委领导、政府支持、政协组织、各方参与的协商原则，纳入政协调研视察协商计划，通过召开政协议政性常委会、专题协商会、对口协商会、季度座谈会等方式，邀请党政领导、部门负责同志以及专家学者参加，共商问题解决的方案。协商活动结束，应建立协商议事成果整理 报送、采纳、落实、反馈机制，推动协商议事成果转化为党委和政府决策、民生实事项目、改进社会治理等方面内容。换届以来，李沧区政协汇总重点建议形成《协商专报》47期，报送区委、区政府主要领导批示56次。以督办单形式转送承办部门办理230余项，一大批意见建议纳入区委、区政府督查事项和区办实事。

二是要建立重点提案办理协商机制。提案工作是政协履行职能的重要形式。对于群众关注度高、办理难度大、事关长远的具体问题，可以通过政协提案的方式帮助党和政府及时了解各方面意见，推动相关工作得到落实。在提案办理过程中，应该创新和完善提案办理协商机制，通过承办部门初次面复、包案领导调度、现场观摩协商、办理"回头看"等多个环节，促进提案办理协商广泛、多层、有序开展。比如，李沧区政协围绕0至3岁普惠托育机构建设、小区物业管理等重点提案，打破提案承办单位与提案人"一对一"面复的传统模式，开展提案办理"协商式"面复活动，邀请承办部门与人大代表、政协委员、行业专家、业界代表等面对面座谈交流，探索趟出推动问题解决的新路子。各方协商形成的共识转化为政府部门具体措施，正在积极推进。

三是要建立持续跟踪视察监督机制。习近平总书记要求，人民政协要以促进解决好发展不平衡不充分的问题为工作重点，紧紧围绕大局，瞄准抓重点、补短板、强弱项的重要问题，深入协商集中议政，强化监督助推落实。对于幼有所育、学有所教、劳有所得、病有所医、老有所养、住有所居、弱有所扶等民生保障类问题，应该持续发挥人民政协的民主监督作用，坚持聚焦聚集、久久为功，以"小切口"做好"大文章"。比如，我们把学前教育、食品安全、中医药发展、河道整治等工作列为本届政协的监督性议题，每个议题每年选取不同切口，全方位、全过程开展监督活动，形成视察监督报告、专报9篇，33条意见建议被政府部门采纳和落实。

四是建立社情民意线上"随报"机制。反映社情民意信息是人民政协重要的经常

性、基础性工作，也是委员联系群众、服务群众的重要方式。在基层协商议事活动中，人民政协应经常性地收集群众反映的苗头性问题和建设性意见，通过反映社情民意信息的方式，及时准确地传递给党政部门。特别要注意适用互联网的发展，搭建24小时线上履职"云平台"，保证社情民意信息随时整理、随时提报。结合青岛市开展的"我爱青岛·我有不满·我要说话"民声倾听主题活动，李沧区政协在政协委员云平台设立倾听专栏，发动各界政协委员把听到的、看到的、想到的群众诉求和愿望反映上来，收集信息910余件，报送上级政协220余件，48件信息被全国政协和省政协采用，为各级党委和政府科学决策提供了有益参考。

参考文献

［1］胡贵仁. 新时代推进基层协商民主的现实困境和规范可能［J］. 中国政协理论研究，2020（1）：36-38.

［2］郑志辉. 推进政协协商与基层协商有效衔接要把握的几个问题来源［EB/OL］.（2020-08-12）. http：//yn. yunnan. cn/system/2020/08/12/030877099. shtml.

［3］崔玉英. 把协商民主的重心下沉［EB/OL］.（2019-03-10）. http：//www. rmzxb. com. cn/c/2019-03-10/2306558. shtml.

［4］黄莉新. "有事好商量"激发基层治理新效能［EB/OL］.（2020-10-21）. http：//www. rmzxb. com. cn/c/2020-10-21/2693864. shtm.

大数据——民主党派协商能力提升的有效路径

陈 平 刘 芹

2015年2月，中共中央印发的《关于加强社会主义协商民主建设的意见》提出，要"支持民主党派加强协商能力建设"。协商民主具有多种形式，其中，民主党派协商能力的提升以其在协商民主中的开创性、典范性和引领性地位，是中国共产党提高执政能力的重要途径。坚持长期共存、互相监督、肝胆相照、荣辱与共，加强中国共产党同民主党派的政治协商，巩固和发展和谐政党关系，是提升民主党派协商能力的基本要义。

一、大数据：新时代民主党派协商能力提升的应有之义

（一）大数据的时代背景

大数据作为基于高度发达的信息技术立足海量数据进行提取、整合、分析的重要技术手段，容量大、速度快、多样性、价值性是其鲜明特点。我们正处在信息爆炸式增长的大数据时代，一个与现实社会并存的网络虚拟社会已经形成，而任何一国民主的发展都是以一定的科技进步为基础的，在协商民主中，大数据技术能在协商的各个环节得以普遍应用，帮助制定更为科学化、民主化的决策，提升中国协商民主的效能。党的十八大以来，协商民主得到了广泛的发展，互联网技术尤其是大数据技术将在协商民主实践与建设中发挥越来越多的作用，也推动着社会主义协商民主的发展与创新。

（二）新时代民主党派协商能力的提升作用发挥的内在要求

习近平总书记在中共中央政治局第二次集体学习时强调："善于获取数据、分析数据、运用数据，是领导干部做好工作的基本功。各级领导干部要加强学习，懂得大数据，用好大数据，增强利用数据推进各项工作的本领，不断提高对大数据发展规律的把握能力，使大数据在各项工作中发挥更大作用。"当前，各级政府、各类型智库和咨询机构都极为重视大数据的运用，我们党的领导干部和民主党派成员也需要根据社会发展的需

求以及顺应信息化深度发展的时代要求，通过利用大数据不断提升协商能力。大数据时代的来临，为民主党派参与协商提供了更加丰富的信息资源和交流渠道，能够促进民主党派在发展协商民主中的重要作用，同时探索网络议政、远程协商等新形式，提高协商实效。

二、大数据：新时代民主党派协商能力提升的技术路线

（一）空间区隔化的破除

传统的政党之间开展政治议题的协商，需要有实体的场所，会议协商是民主党派协商能力的提升最重要的形式。在大数据时代，协商民主不需要现实的公共论坛，也不受时间的限定，只要有一个公共议题，就能够通过互联网开展协商活动。任何民主党派对政治议题感兴趣，都可通过互联网的各种终端，比如电脑、手机，随时随地搜索查看相关信息，了解议题进程，参与交流讨论。例如，各级各类政务微博、公众微信号的开通，为民主党派提供了及时有效的信息，人大代表、政协委员通过个人博客、电子邮件等广泛收集征求意见，这些实践极大地丰富了民主党派人士的实践形态，突破了协商民主的空间界限。大数据超时空性的数据汇集，为民主党参政议政提供了整合数据。

（二）时间区隔化的破除

传统民主党派协商和参政议政往往是一种被动式的治理模式，几乎很少有对问题发展趋势的预判和事前控制，容易出现"马后炮"和"事后诸葛亮"式的低效文案和发言。这种事后处置方式的协商方式不仅容易使民主党派人士陷入被动、疲于应付的状态，协商效果也不尽人意。

大数据的运用能够摆脱传统经验主义的决策理论，数字化技术能够快速、高效地对数据进行统计、整合、分析，从而深度挖掘数据的内在联系，呈现协商主体的内在共性依据和个性表现，依据数据变化准确把握事态的发展动向，针对不同主体多样性、广泛性的需求，及时调用现状数据信息，制定个性化的应对方案，使得民主党派协商更加具有科学性。同时，大数据的运用也增强了民主党派参与协商的时效性，能够实现数据内容的实时收集、高效处理、快速传送，能够破除时效性问题，及时预判，帮助民主党派有效预防各种风险灾难，开展预防性治理；可以提高自身科学决策、公共事务服务、社会监管以及应急管理能力；促进治理平台创新，形成数据库、资源包，有利于升民主党派参政议政的宏观预测力。

（三）信息区隔化的破除

大数据对信息区隔化的破除主要体现在推动知情明政方面的突出作用。知情明政主要是指协商主体在协商前充分了解和熟悉所要协商的政务情况和国情信息，这是协商主体进行有效协商的基本前提。一方面，从共产党角度来看，各级党委、统战部门以及与协商相关的其他部门，可以通过网络平台对自身工作情况进行及时公开，对涉及协商

的相关信息及时向民主党派传输，消除民主党派与执政党之间的"信息鸿沟"，从而进一步实现民主党派对党政部门对所提出的议题的解决绩效。而从民主党派方面来看，大数据的发展能够适应民主党派人员分布面广、联系较为松散等特点，可以使得随时随地通过信息网络来掌握相关协商信息，而且这些信息比传统数据更加精确化、形象化和直观化。伴随着更为完善系统的大数据平台的建立，各方面协商人员对于各种协商信息的掌握将会更加精准，进而使知情明政这个环节更加便捷。

三、大数据推动新时代民主党派协商能力的提升的限度

（一）民主党派的"大数据意识"不足

民主党派人员的"大数据意识"不足主要体现在两个方面。第一，在思想意识方面，一些协商人员缺少主动接受大数据的积极心态。有的人由于对传统方式的依赖，对大数据具有抵触情绪和消极心理，实际情况是，民主党派人士还是习惯用成百上千份问卷数据、印象式访谈和不全面的实地考察作为支撑材料，这种思想意识在一定程度上阻碍了民主党派协商能力的提升。第二，在行为能力方面，一些协商人员运用大数据进行协商的能力还需深入提升。当前我国民主党派人员在这方面的能力还存在参差不齐的现象，较为年轻的协商人员大多能够运用大数据进行简单的处理，而一些稍微年长的人员在大数据运用方面则需要培训。

（二）相关制度建设不完善

对于民主党派协商能力的提升发展来说，要充分发挥大数据的推动作用，离不开相关法律制度的规范作用。但在大数据背景下，民主党派协商能力的提升还缺少必要的法律和制度支撑。第一，在法律方面，大数据背景下民主党派协商能力的提升在公开、共享等方面均缺乏明确的法律规范指导。这种法律规范的真空，很容易导致大数据的无序发展。第二，在制度方面，当前民主党派之内各个相关部门还缺乏专门的大数据机构，不少部门还缺乏专门的对应机构和专业的技术人员，这就导致大数据背景下民主党派协商能力的提升进程受到严重阻碍。

（三）平台搭建不完善

大数据平台是大数据发展的基本载体和重要依托。对于中国民主党派协商能力的提升来说，要充分发挥大数据优势来推动其发展，尤其需要整合各个不同层级、不同部门和领域的大数据平台，在此基础上形成一个系统完善的民主党派大数据平台。但是，当前相关大数据平台建设还比较滞后，主要体现在大数据平台的整合程度和完善程度比较低。第一，在整合程度方面，目前还没有建立起纵横两个层面的统一的大数据平台。其中在纵向上，各个不同层级的民主党派以及相关部门之间还没有建立起自上而下统一完善的大数据平台，这就在一定程度上影响了上下之间相关方针政策的传输和协商任务的分配；在横向上，不同民主党派部门之间在平台对接方面也依然没有完成，这也

影响到各种协商数据和资源的有效共享。当前民主党派各个不同的大数据部门之间尚未建立起规范的联系机制，导致各个不同的平台各自为战的现象比较多。

四、大数据推动新时代民主党派协商能力的提升作用发挥的路径选择

（一）理念创新：大数据意识提升

对于民主党派协商能力的提升来说，要充分发挥大数据的突出优势，首先是不断提升所有相关人员运用大数据协商的意识和能力。第一，要深入强化民主党派人员主动运用大数据的思想意识。第二，要不断提升相关人员运用大数据的各项能力。对于民主党派成员来说，要对大数据的本质、特点以及运用等各项知识进行深入学习，逐渐培养搜集数据、传输数据和处理数据的能力等基本能力，在此基础上进一步强化自身运用大数据发现问题、分析问题和研究对策等一系列综合能力，最终能够将大数据作为一种有效的协商工具来进行熟练运用。民主党派的大数据能力最重要的体现是对于大数据的辨析和分析。

（二）法律约束：保证规范

规范化是民主党派运用大数据更好地提升协商效能的重要保证。第一，在法律方面，应当通过完善一系列相关法律法规，来进一步推动和规范协商大数据的公开和共享。具体来说，针对大数据公开，应当自上而下地专门制定一套具有约束力的法律规范，对协商过程的整个数据公开流程进行统一详细的规定，对于相关部门的责任和义务进行明确规定。另一方面，大数据状态庞杂，运用者很容易在故意或不知情的情况下造成大量的知识侵权和隐私侵犯，因此特别要注意对滥用大数据的预防。

（三）平台搭建：科学高效

智库是大数据被用于政治社会的一个重要平台。民主党派只有建成类型丰富、运转顺畅的智库，才能充分发挥运用大数据的优势，避免零敲碎打的参政议政局面，从而持续稳定地不断推出可用于协商且具有民主党派特色的高质量成果。目前，民主党派中央和省级机关着力推动建设类型丰富的研究中心，形成了民主党派协商运转大数据的平台支撑。另外，要着力促进民主党派之间协商平台的构建，更好地向党政机构提供有用、有益、有效的意见和建议。不过，在运用大数据参政议政方面，不同民主党派成员之间容易出现类同的情形，所以要推进民主党派之间相互协商科学高效平台的构建。

（作者单位：民建青岛市委）

浅谈如何更好地发挥专门协商机构的作用

青岛市平度市政协

习近平总书记指出："要发挥好人民政协专门协商机构作用，把协商民主贯穿履行职能全过程，坚持发扬民主和增进团结相互贯通、建言资政和凝聚共识双向发力，积极围绕贯彻落实党和国家重要决策部署情况开展民主监督。"这一重要论述，鲜明指出了新时代人民政协的职能定位和作用承载。本文结合青岛市平度市政协工作实践，就创新协商工作机制进行了一些思考，提出了更好发挥人民政协专门协商机构作用的路径，以起抛砖引玉的作用。

一、对发挥人民政协专门协商机构作用这一课题的认识

（一）发挥好专门协商机构的重要作用，要注重"专"出特色

人民政协作为社会主义协商民主专门协商机构，是中国共产党领导各党派团体和各族各界人士在政治制度上的伟大创造。发挥好人民政协包容性强、联系广泛、智力密集的独特优势，广开言路，集思广益，是专门协商机构的特色所在。要进一步明确专门协商机构的职能，发挥好政协组织及其协商平台、机制程序的作用，让政协组织成为专门协商的机构，让政协委员人人成为"会协商"的专家人才，让政协工作者成为服务协商平台的专职队伍。

（二）发挥好专门协商机构的重要作用，要注重"专"出质量

提高协商质量，必须紧扣党委和政府中心任务确定协商议题，完善协商于决策之前和决策实施之中的落实机制；提高协商质量，必须制定协商工作规则，让协商务实有效、有章可循、渠道畅通，把协商互动列为各类协商会议和活动的必要环节；提高协商质量，必须大力培育协商文化，营造既畅所欲言、各抒己见，又理性有度、合法依章的良好协商氛围。

（三）发挥好专门协商机构的重要作用，要注重"专"出水平

提高协商水平，必须深刻理解习近平总书记提出"懂政协、会协商、善议政"的深刻含义，"会提意见、提好意见"。政协是"人才荟萃、智力密集"的人才库，政协协商要见水平，必须苦练调查研究、发现问题的基本功，练好"会协商、善议政"、解决问题的内功，做到有的放矢、言之有物。政协协商要把握好"火候"，既不能超越底线、偏离方向，也不能不愠不火"不解渴"，态度端正、意见明确、道理清楚、办法管用才是高水平的协商。

二、影响协商工作成效的原因分析

近年来，基层政协在健全协商工作机制、更好发挥专门协商机构作用方面进行了一系列探索，但在工作中仍然存在着一些不足之处。

（一）协商选题有待优化

协商议题产生机制还未完善，协商议题的广度和深度与党政所需、群众所盼还未衔接到位，年初重点协商计划往往考虑党委和政府的年度中心和重点工作任务，一定程度上关注大民生的热点、难点议题占比偏弱，与协商于民、协商为民的要求还有一定差距。

（二）协商机制有待完善

尽管各级各地出台了一些政策规定，但现有具体可操作性的规定较少，制度缺乏系统性、完整性，特别是在议题的提出程序、协商活动的组织程序、成果转化和反馈程序等，还有一定的随意性，弹性较大。

（三）协商能力有待提升

一是调查研究不够深入。由于委员履职能力不足、履职平台缺乏等原因，存在协商意见建议提不到点子上、议不到关键处的现象。二是协商氛围不浓。委员在协商活动中的主体作用发挥不明显，一定程度上存在"怕麻烦"不愿协商，"怕不懂"不会协商，"怕没用"懒得协商等观点。

三、更好发挥专门协商机构作用的有效途径探索

2021年以来，青岛市平度市政协围绕更好发挥专门协商机构作用，不断创新思路、主动作为，以打造"我有好提案"主题履职活动为抓手，从搭建平台、健全机制、丰富形式、注重实效等方面综合施策，积极构建全方位、多层次、立体化协商议政新格局，持续推动政协工作提质增效。

（一）搭建协商平台，拓宽协商渠道

积极探索创新有特色、可操作、见实效的协商平台，让更多好声音发出来，将更强正能量聚集起来。一是完善会议协商平台。健全以全体会议为龙头，以议政性常委会和专题提案协商会为重点，界别协商、提案办理协商为常态的多种协商模式，将提案融入各

种协商模式中，构建起相互配合、相互补充、相互促进的多层次协商新格局。二是搭建网络协商平台。建立"我有好提案"工作群、运用微信公众号、提案网络管理平台，定期发布市委、市政府重点工作信息，加强委员培训，让委员更好地知情明政。综合运用"会场+现场""线上+线下"等灵活形式，组织委员互动协商，提升参政议政积极性。三是建立基层协商平台。按照"六有"标准完善镇（街道）政协委员联络室建设，确保协商活动有阵地。成立5个专门委员会功能型党支部，发挥党员委员先锋模范作用，带动非党员委员履职。发挥专门委员会功能型党支部、镇（街道）政协委员联络室、界别（组）活动室的作用，通过给定课题、定期督查等方式，鼓励各党支部（联络室、界别组）定期组织委员开展提案撰写办理、视察调研、民主监督等，将协商议政融入全过程。

（二）健全协商机制，提高协商水平

不断创新工作理念，强化制度建设，采取多种务实举措推进协商能力建设。一是健全协商制度。细化委员履职考核办法，完善经常性协商工作规则，为政协组织更好地履行职能、为政协委员规范履行职责提供了制度保障。将"我有好提案"主题履职活动纳入委员履职考核体系中，落实提案办前、办中、办后"三见面"协商制度，建立政协组织搭台、多元主体广泛参与的工作推进机制，协同推动工作开展。二是建立选题机制。把选准题目作为提升协商质量的前提，通过邀请市委市政府点题、向委员征题、与部门商题等方式，拟选出重点协商课题。紧贴平度市委"1133"工作体系要求，围绕"双招双引"、园区建设、城乡品质提升等全市中心工作和群众反映强烈问题，筛选出30个重点选题，深入协商议政，推动工作落实。三是创新协商机制。通过采取扁平化管理模式，成立由各位副主席带队，各委室主任、机关干部和部分政协委员参与的5个提案督办协商小分队，将297件提案分解到各小分队，明确每一件提案的牵头副主席、责任委室和完成时限，做到分工明确、压茬推进。2021年以来，已组织开展专题督办协商活动32次。

（三）丰富协商形式，提升协商实效

注重协商形式与协商内容向匹配，灵活运用多种形式，营造有事好商量、众人的事由众人商量的氛围。一是实行"面对面"协商。注重加强同市委、市政府相关部门的密切合作交流，定期组织召开"倾听与商量"协商座谈会，聚焦"党政所需、发展所要、群众所盼、政协所能"的热点难点问题，邀请职能部门负责人、政协委员、利益相关方代表参与，通过"点对点"沟通、"面对面"协商、"背靠背"评议，组织各方协商讨论，把问题议透、把原因找准、把措施定实，提出切实可行的意见建议。二是注重现场协商。对涉及全市经济社会发展的重要提案，或者群众关注度比较高的提案，各提案督办协商小分队将其作为每月的重点提案进行督办。组织提案人、部分政协委员和提案承办单位负责同志深入一线视察调研，通过实地考察和座谈交流，共同商讨落实提案工作举措，提升提案办理质效。截至目前，已围绕交通拥堵治理、农村养老等热点难点问题，开展了21次专题协商现场督办活动、13次现场视察调研。三是突出重点协商。聚焦我市全面突破发展中的重点难点工作，开展专题协商，助推相关问题解决。例如，为推动睫毛产业转型升级，本市政协主席牵头，组织市财政局、工信局、税务局等单位负责人和睫毛产业项目代表，针对假睫毛产业单兵作战等发展瓶颈，先后召开"美妆（睫毛）产业突破发展""校企携手助推数字经济发展"等多次专题协商会，协商讨论解决方案。

（四）注重成果转化，营造良好氛围

协商工作重在落实，贵在成效。一是跳出提案办提案。在提案协商办理过程中，通过一件提案延伸到一项全局性工作，及时提出科学合理的建议，达到办好一件提案、解决一个问题、推动一项工作的目的。例如，经过多次协商督办，美妆（睫毛）产业发展相关工作已取得明显进展。平度市政府出台了《平度市支持睫毛产业发展若干政策》，在金融、电商、物流等方面给予重点扶持。平度市城市开发集团已与新河化工基地商定，建设占地100亩的睫毛原材料化纤生产项目。二是建立协商成果报送机制。对协商办理过程中形成的意见建议，灵活采取协商议政专报、反映社情民意信息等形式，及时报送市委、市政府，推动有关意见建议进入决策程序。2021年以来，已向市委市政府报送调研报告6篇、社情民意信息7篇，其中《关于推动热泵产业集聚发展，培育延展我市新能源产业链的建议》等4篇调研报告，得到市委、市政府主要领导批示并纳入决策落实。三是建立协商成果反馈机制。要求各承办单位将办理协商成果情况及时向市政协办公室进行反馈，市政协将各承办单位的办理情况择优在报刊、电视、网络等媒体上刊登，大力宣传典型事例，增强协商工作的透明度和社会监督力，进一步激发委员履职热情，扩大政协工作影响力，营造全面突破的浓厚氛围。

创新提案工作机制，推动协商提质增效

——以青岛市平度市政协开展"我有好提案"主题活动为例

青岛市平度市政协

提案工作在履行政治协商、民主监督和参政议政职能中具有重要作用，是一项具有全局意义的工作。面对提案工作存在的质量不高、制度不完善、委员积极性不高等问题，青岛市平度市政协深入学习贯彻习近平总书记关于加强和改进人民政协工作的重要思想，充分发挥专门协商机构作用，创新提案协商工作机制，以打造"我有好提案"主题履职活动为抓手，从搭建平台、健全机制、丰富形式、注重实效四方面同向发力，有效推动提案协商工作提质增效。

一、充分认识提案协商工作的重要性

提案是人民政协的一项全局性工作，也是委员履职尽责、议政建言，关注民生事业发展最直接而有效的实现方式之一。提案作用的发挥取决于提案自身质量和办理质量，在"提""办"过程中通过不断地商量和对话，谋求共识、举措上的最大公约数，从而推动经济社会发展。

（一）做好提案协商工作，有利于搭建党和政府同人民群众密切联系的桥梁

政协委员在撰写提案的过程中，深入基层，可以接触到更广泛的群众，一方面可以向群众宣传解读党委和政府的工作部署，为群众解疑释惑、理顺情绪，赢得群众对党委和政府工作的理解和支持，将党委和政府的重大决策部署转化为群众的自觉行动。另一方面，可以听取群众意见建议，广泛收集社情民意，及时通过提案的方式，将群众的意见反映给党委和政府。

（二）做好提案协商工作，有利于促进政府决策的民主化和科学化

提案从某种程度上来说，是代表社会不同阶层和团体发现民生问题、反映利益诉求的一种表达方式。政协委员联系面广、代表性强，所提交的提案大都紧扣经济社会发

展、全面深化改革的重要问题和事关群众切身利益的实际问题。做好提案协商工作可以弥补政府工作的不足，为政府决策提供参考，成为政府决策的重要信息来源和社情民意的集中体现，从而不断增强决策的透明度和公众参与度，提高决策实施的民主化和科学化。

（三）做好提案协商工作，有利于促进政协工作持续创新发展

全国政协主席汪洋指出，"把提高提案工作质量作为提高政协整体工作质量的重要组成部分"，提案工作的成效和作用发挥将直接影响到外界对政协工作的评价。做好提案协商工作，可以充分发挥专门协商机构的作用，各专门委员会在开展工作时，将提案与委员学习、视察调研、协商议政、参观考察等有机结合起来，从中汲取"原料"，进行"精加工"，有助于推动政协工作进一步细化、优化。

（四）做好提案协商工作，有利于充分调动政协委员参议政的积极性

政协委员是人民政协的主体，提案大多数是政协委员经过大量调查研究和深思熟虑之后提出来的，凝聚了提案者的心血和智慧。当委员切身感觉到所提建议意见在办理中得到重视和解决，了解到所提建议对经济社会发展、民生改善发挥了积极作用时，无疑是对广大政协委员最大的鼓励，对委员参政议政能力的肯定，能够进一步激发委员撰写提案的热情，调动委员参政议政的积极性，提出更加言之有物、言当其时的高质量提案。

二、影响提案协商工作质量的原因分析

基层政协在推进提案工作的制度化、规范化、程序化过程中虽然取得了很好的成效，但部分工作仍存在着不足。

（一）提案的质量有待进一步提高

撰写着眼大局不够，精品提案数量不多，个别提案存在"选题不好、分析不透、论证不清、建议不准"等问题。提案选题过于大众化，问题和建议缺乏深度，内容空泛，难以获得参政议政实效。有的提案内容滞后，是政府已经做过或解决过的，有的委员不了解部门工作进展，再提提案意义已经不大；有的提案论文气太重，内容过长，面面俱到，缺乏可行性，难以办理；有的提案一案多事，没有做到一事一议，内容杂糅，难以确定主办、协办单位，不便于政府部门办理。

（二）提案办理制度有待进一步完善

提案办理协商的过程可以看作协调关系、沟通情况、减少分歧、化解矛盾的过程。当前，虽然对提案办理工作提出了要求和规定，但仍没有形成健全的协商机制，从而影响办理效果。例如，有些提案办理存在"重答复、轻落实"、评价提案办理情况时存在"被满意"和"回娘家"的问题，造成答复未果，制约了提案办理质量，影响提案工作的

开展。在交办委员提案环节中，有的提案内容涉及多个部门，需要联合起来办理，但在具体交办过程中，出现交办不准确或是部门之间互相推诿扯皮、主办会办单位职责不清的问题，没有就提案办理问题进行很好的协商沟通，致使答复模棱两可，落实不到位，影响提案办理落实效果。

（三）政协委员的积极性有待进一步提高

提案工作的开展离不开政协委员，但是从实际情况来看，部分政协委员议政建言的积极性不高。一些政协委员是来自各领域的专家，繁重的本职工作让这部分委员没有足够的时间和精力参加政协活动，提交提案。有的委员提交的提案，由于办理单位重视性不够或办理效果不好，问题得不到解决，导致提案办理结果不满意，极大地降低了委员撰写提案的积极性。

三、发挥提案协商作用的有效途径探索

2021年以来，青岛市平度市政协在实践探索的基础上，创新思路、主动作为，从搭建平台、健全机制、丰富形式、注重实效等方面综合施策，强化提高提案工作质量的责任担当，促进提案工作的高质量开展，积极构建全方位、多层次、立体化协商议政新格局。

（一）搭建平台，拓宽协商渠道

青岛市平度市政协积极探索创新有特色、可操作、见实效的协商平台，让更多好声音发出来，更强正能量聚集起来。一是完善会议协商平台。健全以全体会议为龙头，以议政性常委会和专题提案协商会为重点，界别协商、提案办理协商为常态的多种协商模式，构建起相互配合、相互补充、相互促进的多层次协商新格局，将提案融入各种协商模式中，丰富提案协商载体平台，拓宽提案协商民主渠道。二是搭建网络协商平台。通过建立"我有好提案"工作群、微信公众号、提案网络管理平台，定期发布市委、市政府重点工作信息、提案撰写知识、优秀提案示例等，加强对委员的培训，让委员更好地知情明政。综合运用"会场+现场""线上+线下"等灵活形式，提升委员撰写提案、协商议政的积极性。三是建立基层协商平台。按照"六有"标准（有场所、有制度、有计划、有管理、有活动、有档案），完善镇（街道）政协委员联络室建设，确保协商活动有阵地。成立5个专门委员会功能型党支部，将130多名党员委员编入各个支部，发挥党员委员先锋模范作用，带动非党员委员履职。发挥专门委员会功能型党支部、镇（街道）政协委员联络室、界别（组）活动室的作用，通过给定课题、定期督查等方式，鼓励各党支部（联络室、界别组）发挥专业特长，定期组织本支部（联络室、界别组）委员开展提案撰写与办理、视察调研、民主监督等，将协商议政融入全过程，为委员打开"融入基层、融入群众、融入人心"的履职之门。

（二）健全机制，提升协商水平

不断创新工作理念，强化制度建设，采取多种务实举措推进提案协商能力建设。一

是健全协商制度。细化委员履职考核工作办法，完善经常性协商工作规则，为政协组织更好地履行职能、为政协委员规范履行职责提供了制度保障。将"我有好提案"主题履职活动纳入委员履职考核体系中，并作为年底评选先进界别（组）、优秀委员的重要考核依据。落实提案办前、办中、办后"三见面"协商制度，建立政协组织搭台、多元主体广泛参与的工作推进机制，协同推动工作开展。二是建立选题机制。把选准题目作为提升提案质量的前提，通过邀请平度市委市政府点题、市政协出题、委员选题等方式，拟选出重点提案课题。紧贴市委1133工作体系要求，围绕"双招双引"、园区建设、城乡品质提升、信用平度等全市中心工作和群众反映强烈的热点、难点问题，筛选出80个重点选题，引导组织委员早选题、早调研、早提交，撰写出高质量的提案。市政协十届五次会议上共收到提案291件，相比以往，委员们提交的提案数量多、质量高，既有涉及我市经济社会发展全局性、前瞻性的重大课题，也有聚焦民生实事、关键小事、推进难事的热点问题，提出的建议具体明确，针对性、可行性较强，精品提案显著增多。三是创新协商机制。通过采取扁平化管理模式，成立由青岛市平度市政协副主席带队，各委室主任、机关干部和部分政协委员参与的5个提案督办协商工作小分队，将291件提案分解到各小分队，明确每一件提案的牵头副主席、责任委室和完成时限，做到分工明确、压茬推进。制定《关于加强提案督办工作的意见》，印发给每一名委员，便于委员参与协商督办，激发委员履职热情。

（三）丰富形式，营造协商氛围

注重协商形式与协商内容向匹配，灵活运用多种形式，形成有事好商量、众人的事由众人商量的秩序和氛围。一是实行"面对面"协商。提案交办后，青岛市平度市政协加强同市委、市政府相关部门的密切合作交流，经常性探讨解决提案交办和办理中遇到的问题。定期组织召开提案办理协商座谈会，邀请提案承办单位、提案人及相关职能部门负责人参与，使"提""办"双方面对面准确了解撰写提案的背景和初衷，在"点对点"沟通、"面对面"协商、"背靠背"评议中凝聚共识，并就提案办理过程中存在的问题和困难，双方协商讨论，提出切实可行的意见建议。二是注重现场协商。对涉及全市经济社会发展的重要提案，或者关注度比较高的提案，各提案督办协商工作小分队将其作为每月的重点提案进行督办。组织提案人、部分政协委员和提案承办单位有关负责同志深入基层、深入一线、深入项目现场进行调研，通过实地考察和座谈交流，详细了解相关提案进展情况，共同商讨落实提案工作举措，推动提案办理的效率和质量。截至目前，已围绕交通拥堵治理、G308平度段道路提升改造、农村养老等群众关注的热点和难点问题，开展了21次专题协商现场督办活动、13次现场视察调研。三是突出重点协商。聚焦我市全面突破发展中的重点难点工作，开展专题协商，助推相关问题解决。例如，为推动睫毛产业转型升级，青岛市平度市政协主席牵头，组织市财政局、工信局、税务局等单位负责人和睫毛产业项目代表，针对假睫毛产业单兵作战、规模小不成体系、税收少等发展瓶颈,先后召开"美妆(睫毛)产业突破发展""校企携手助推数字经济发展"等多次专题协商会,协商讨论解决方案。园区建设是平度全域提升、突破发展的重要抓手,为助力平度市园区高质量发展,平度市政协主席多次到平度相关园区召开协商座谈会,讨论交流园区发展存在的问题,集思广益,汇聚起园区发展的强大合力。

(四)注重实效,推动成果转化

提案协商工作重在落实,贵在成效,解决好成果转化落实"最后一公里"问题,既是提案协商的落脚点,也是衡量政协履职实效的重要体现。一是跳出提案办提案。在提案协商办理过程中,通过一件提案延伸到一项全局性工作,及时提出科学合理的建议,达到办好一件提案、解决一个问题、推动一项工作的目的。经过多次协商督办,美妆(睫毛)产业发展相关工作已取得明显进展。平度市工信局牵头起草了《平度市支持睫毛产业发展若干政策》,将在金融、电商、物流、人才、品牌等方面给予重点扶持。平度市城市开发集团已与新河化工基地商定,在化工基地建设占地100亩的睫毛原材料化纤生产项目。二是建立提案协商成果报送机制。对提案协商办理过程中形成的意见建议,灵活采取协商议政专报、提案、反映社情民意信息等形式,及时报送市委、市政府,推动有关意见建议进入决策程序。2021年以来,已向市委市政府报送4篇调研报告,其中《关于推动热泵产业集聚发展,培育延展我市新能源产业链的建议》《推动旅游大环路赋能升级,打造胶东半岛最美休闲体育大道》2篇调研报告,得到市委、市政府主要领导批示并纳入决策,相关单位正在针对报告提出的问题和建议,加快推进落实;形成《打造胶东半岛乡村振兴一体化发展样板》《关于建设文化创意产业园助力打造国际时尚城的建议》等3篇社情民意信息报送青岛市政协。三是建立协商成果反馈机制。要求各承办单位将采纳和办理协商成果情况及时向青岛市平度市政协办公室进行反馈,市政协及时将各承办单位的办理情况进行整理,择优宣传,及时宣传典型事例,向社会公开展示提案督办全过程,增强提案工作的透明度和社会监督力,进一步激发委员履职热情,扩大了政协提案影响力,营造了全面突破的浓厚氛围。

"互联网+"背景下人民政协协商民主探析

路婷霁

习近平总书记在十九大报告中指出:"有事好商量,众人的事情由众人商量,是人民民主的真谛。"习总书记提出将"协商民主"作为中国人民有序政治参与的重要途径。协商民主是新时代人民参与社会治理与社会管理的重要方式,将在我国基层治理体系和治理能力现代化中发挥不可替代的作用。随着改革的全面深化,社会也不断向多元化发展。随着经济信息化的迅速发展,使主要传统产业和互联网深入融合,从而通过不断探索新方法实现跨越式发展。

"互联网+"时代是受互联网技术产生的影响,将原有社会结构中的个人和行为创造和转化,构成了一个由传统和网络社会紧密结合的共生性社会形态。其"跨界融合,万物相连"的特质,体现在以下六大特点上:跨界融入、技术创新驱动、重塑社会结构、尊重个人、开放生态、连接一切。政协协商民主倡导的平等、自由、包容、共赢等民主理念,符合互联网公平、公正、自由互动、合作、共享的内在特征。打造"互联网+政协协商民主"的常态化机制,最先要做的是想思路,坚持创新观念,打破套路,适应"互联网+"时代的政治协商、民主监督、参政议政的新要求。

一、"互联网+"背景下政协协商民主的特点

(一)互联网的平等性和自由性为人民政协的履职扩大了群众基础

在网络协商民主中,没有精英和草根的区分,知识和观点平等地交流。这种网络交流方式去除了参加者的身份、年纪、社会地位、文化程度等限制性因素,给所有社会公众"平等的主体地位、平等的政治权利和平等的参政机会"。无论职业、年龄段、阶级和地区,所有网民都可以根据自己所关心的问题,自由、公平、深刻地讨论,而不受政治权威的支配。互联网的虚拟性遮蔽了参加者的个人资料信息,因此可以更公平、民主地看待他人参与的看法。同样,一些参加者可以防止因"直言不讳"而遭到"报复"。网络参与提高了民众对协商民主的参与度与积极性,反映了社会主义民主的广泛性,有助于推

动社会主义和谐社会的构建和协商民主的进程。

作为社会主义民主的主要渠道，人民政协的主体是政协委员，而协商民主的主体则是公众。为了增强人民政协的重要作用，委员应当增进政府同公民之间的密切联系。网络的快速发展为政协委员们增进同社会公众的联络，从而缩短工作距离创造了崭新的渠道，使政协委员的工作绩效更具有针对性和代表性，并增进民主协商工作的社会基础。

（二）互联网的互动性和普及性为人民政协的履职开拓新平台

传统意义上的会议协商、界别协商、专题协商、提案协商等需要在政协组织平台上和一定的时限内与场所开展咨询，需要很大的时间和人员成本，往往会产生频率少、频次低、参与度低的问题。但是，由于网络的广泛应用，这种面对面沟通的局限早已被突破。公众不但能够利用互联网的搜索功能轻松地获得大量资讯，还能够利用网络平台积极地参与政府部门决策全过程，这不但减少了公众参加民主协商活动的资金与时间成本，而且减少了政府部门的物质成本。网上协商民主也冲破了时间与空间的束缚，减少了民主协商的期限，也大大提高了民主协商的工作效能。以微博政治协商为例，政府部门可随时随地在平台上公布政策法规与决定等信息，而公众也可随时随地使用手机与电脑反馈公开的信息内容，并加入公共政策的决策中。

互联网让各民主党派、工商联、政协委员可以随时在网络平台上"见面"、探讨话题、征询建议，也为政协委员和各民主党派之间开展高频度、广领域的协商，创造了更多的机会。

（三）互联网的开放式和透明性为人民政协履职提高了实际效果

人民政协履行职能的主要来源，是党委和政府的需要，是人民群众关心的热点和重点问题，是社会亟待解决的问题。按照最初的传统方式，公众对早期项目批准、中期研究、咨询和监督以及随后对情况和问题处理的反馈知之甚少。在电视和网络上，人们只可以看见政协领导人所参加的社会活动，基本上没有渠道了解人民政协所举办的各种社会活动。因此，人民群众对政协的工作自然不重视、不支持，政协的政绩效应就会很低。

只有把政策放在阳光下，在人民的监督下，政策才能制定好、实施好、效果好。在互联网的支持下，政治协商民主公共空间的透明度大大增加，政府能够监督并参与公共协商和公共政策的整个过程，从而减少公民获取信息的成本与效率，同时减少了政协活动各环节的广告成本，极大地提高了实时性。各民主党派、工商联、委员以及社会公众都可充分利用网络平台，在全国政协平台上开展政治协商。整个政治协商过程都可以记录下来，在这种反动力的推动下，党委、政府主管部门可以关注群众提出的对策和建议，更好地做好工作，让委员、群众满意。委员甚至可以质疑和批评政策制定的前提、程序和理论基础。

二、促进互联网思维传播与政协协商民主理念的深入融合

（一）树立"网络民主"的理念

1995年，美国学者马克·斯劳卡首次提出"网络民主"的概念，他认为"网络民主"可以理解为"以网络为媒介的民主，或者是在民主中渗入网络的成分"。可以利用网络信息技术来实现"电子民主""数字民主"等新渠道、新形式。

国家互联网络信息中心（CNNIC）发布第47次《中国互联网络发展状况统计报告》（以下简称"报告"），报告数据表明，截至2020年12月，中国网民总量已高达9.89亿，中国互联网普及率已达到70.4%。我国网络平台已成为广大网友的共同社交生存的空间环境，呈现出思想多元化和可变性大的突出特征，广大网友政治参与意识提高，对权益诉求表达更加强烈。人民政协要自始至终坚持团结和民主的工作主题，积极倡导言论自由、理解与宽容、公平交流的民主协商氛围，以更为公正、公开、尊重的态度去做好社会各界的网络舆情工作，广泛有效获取和表达群众的利益诉求，积极主动地与群众交流，形成良性的"网络民主"氛围。

（二）树立"网络监督"的理念

互联网促进网民民主监督意识的不断增强，在第一时间给网友们带来了表达意见、了解社会最新动向的自由与平等。网络监管提倡合作、协调、互助的社会治理理念。协商民主即协调协商，协调需要协商，协商才能协调。处理好政协协商民主，需要树立协调观念，强化大局意识和大局观念，形成全社会最大公约数，追求社会全面整体进步。网络监督是"互联网+"时代进行社会监督的一种新形式，因其自身的优越性，充分调动了群众对人民政协民主监督的积极性。目前互联网监管环境已初步形成，运行良好。为此，需要各类政协机构和政协委员积极适应互联网民主监督的新理念，广泛凝聚社会各方面力量参加政协民主监督工作，以提高对互联网舆情的建设性。同时，我们还将积极聆听人民群众对政协工作的意见和建议，借助"互联网+"的"东风"，让政协的民主监督工作变得更加有效、多样。

（三）树立"客观理性"的理念

人民政协的"互联网+"协商民主，对人民民主具有重要影响意义。但是，网络平台对于协商民主所可能产生的冲击和阻碍，我们也应当形成更加客观、理性的观点。首先，全国仍然有大量的人不能通过互联网提问、参与和讨论。网络协商民主不能忽视对这些人的关注和服务，不能剥夺他们表达诉求的权利和机会。否则，网络协商民主将变成少部分人的民主，从而与"民主"和"协商"的本质要求相向而行。

三、规范引导互联网背景下的协商民主

（一）加强互联网视域下协商民主的制度化管理

习近平总书记表示，在网络管理问题上，政府和有关部门应当提高其熟悉并掌握网络法律法规的能力，提高网络舆情的引导能力和管控信息发展的能力，健全相应政策，加强网络安全保护。人民政协协商民主提供了多个对话场所，从提案、专题研究、专题咨询到反映社情民意，进行协商民主的信息交流，促进协商工作制度化。互联网作为一个互动的信息交流平台和沟通渠道，需要健全法律法规和参与机制，加强互联网视域下协商民主的制度化管理，以确保协商流程和结果的合法性和公平性。一方面，建立"官—民"互动式社会参与机制。另一方面，协商民主的网络行为应纳入法制化规范化管理。在互联网协商民主参与机制的设计中，要确立定期的协商制度，把互联网协商民主作为一项正常的社会运行机制，从专题的选择建立规范的制度规则，经过具体讨论逐步形成社会共识，以达到互联网协商民主中公众参与的规范性和程序化。

（二）培育公众政治参与的能力

理性是政治协商的重要理念，即"人们之间就公共问题进行面对面理性地讨论和交流"。培养公众政治参与能力，提高公众理性。在网络民主协商过程中，公众因为没有信息辨别的能力和政治参与能力，会产生某些非理性言行。所以，首先要培养网民对于多元复杂信息的辨别判断能力，才能使得网络协商民主良性运转。只有掌握了信息收集、分类、处理和分析的能力，群众才能不受错误信息的威胁。再者，要培养网民的政治参与能力。协商民主的良性运行需要参加者具有较高的政治参与能力，明确自身的社会政治权利与诉求，对其他网民的政治看法做出合理的价值评判。最后，培养网民的公共理性。网民应当基于实际情况做出自身的价值评判，并尊重别人的意见和看法。在意见沟通中，他们应该"能够理性地说服其他网民接受自己的观点或者自己改变偏好接纳别人的意见，能够对网络协商中的争议话题做出独立、理性的判断"。从而帮助社会公民形成相应的责任机制，让公民群众成为社会政治生活主体并参加国家政治日常生活，从而提高对于社会与国家的认同感，进一步规避网络技术的社会局限性。

（三）增强政协委员的责任和担当意识

认真落实习近平总书记对政协委员的"十八字"（懂政协、会协商、善议政，守纪律、讲规矩、重品行）总要求，这是评判新时代政协委员的基本准则。互联网传播的无中心化的结构模式以及自由开放的传播特性，不但扩展了公众政治表达的自由空间，同时也容易形成社会责任心不足、盲从等问题，造成公民上网行为失范。政协委员是人民政协协商民主实践的主体，其个人价值观可以引导和改变政协的政治参与行为。所以，培育政协委员的社会责任心与理性思考能力，从而重塑网络行为，是互联网协商民主有序发展的保证。其一，提高了政协委员的网络道德责任感和社会使命感。其二，增强了

政协委员的理性思维能力。积极指导政协委员围绕社会的公共利益客观地分析大量网络信息，从而展开理性思考，确保民主协商是平等公民理性讨论的重要结果。

参考文献

［1］习近平．决胜全面建成小康社会夺取新时代中国特色社会主义伟大胜利［M］．北京：人民出版社，2017：38.

［2］杨新欣．"互联网+政协协商民主"常态化机制的实现路径［J］．中共济南市委党校学报，2016（6）：59-61.

［3］赵春丽．网络政治参与：协商民主的新形式［J］．中共天津市委党校学报，2007（4）：88-92.

［4］林志娟．新时代政协委员履职能力建设的实践途径［J］．政协天地，2021（Z1）：62.

［5］伍俊斌．网络协商民主的困境与战略分析［J］．黑龙江社会科学，2018（4）：117-125，168.

［6］陈杰．数字经济新模式实现蓬勃发展［N］．中国科技财富，2021，（2）：75-77.

［7］敏锐抓住信息化发展的历史机遇自主创新推进网络强国建设［N］．人民日报，2018-04-2.

［8］岳树梅．互联网视域下的人民政协协商民主创新思考［N］．光明日报，2018-12-8.

［9］孙存良．当代中国民主协商研究：协商民主理论的视角［D］．北京：中国人民大学博士学位论文，2008.

［10］张爱军，张媛．网络协商民主的实践优势、困境及其化解［J］．江淮论坛，2019（4）：63-69，193.

［11］张等文，杨才溢．网络协商民主发展的障碍因素与良性运行思路［J］．东北师大学报（哲学社会科学版），2017（04）：170-175.

［12］宝山区政协．党建引领推动基层政协工作提质增效［N］．联合时报，2020-04-21（7）.

（作者单位：青岛理工大学）

加强和改进人民政协协商民主工作研究

王 全

作为协商民主重要渠道和专门协商机构的人民政协，是在中国这块土壤上"内生性演化"的结果，具有深厚的历史渊源、独特的时代价值和鲜明的制度优势。但在实践层面上，人民政协存在诸如制度机制不完善、参与主体作用发挥不足、协商民主意识不强等问题，成为制约发展社会主义协商民主的挑战，必须清醒认识存在的问题及其成因，进而有针对性地加以改进。

一、协商民主："中国式民主"的直接体现

"中国式民主"即人民民主，其主要形式有选举民主与协商民主两种，正如习近平总书记所指出，"人民通过选举、投票行使权利和人民内部各方面在重大决策之前进行充分协商，尽可能就共同性问题取得一致意见，是中国社会主义民主的两种重要形式"。回顾中国共产党领导中国人民进行革命、建设和改革的百年实践历程，协商民主的实践探索源自革命时期的统一战线，形成于1949年协商建国，改革开放以来形成比较成熟的协商制度。目前，以人民政协为实践载体"逐步从宏观层面扩展到基层社会，从政治层面逐步发展到社会层面，成为执政党与参政党及各界合作共治、政府与公民协同共治、公民与公民协商共治的政治形式，也成为我国公民在中国共产党的领导下，不断扩大有序政治参与，实现当家作主的重要途径"。

（一）加强和改进人民政协协商民主是实现伟大"中国梦"的现实需要

实现伟大"中国梦"，需要全国各族人民的共同参与和不懈奋斗，需要最大化地联系并引导社会各阶层群众，有序有效地参与到社会建设的方方面面。人民政协协商民主充分发挥自身联系社会各界人士的优势，有力地促进了社会各阶层的有序政治参与，是中国共产党践行群众路线的重要体现，有利于确保民众在公共决策等环节实现当家作主的地位，提升社会主义民主品质。随着改革开放的深入和市场经济的发展，利益格局多元化、组织形态多样化、阶层结构复杂化特征更加明显，"协商民主能够适应市场经济发展、社会多

元化变化和利益格局分化的现实需要，吸纳更为广泛的公民参与和利益表达"。通过协商沟通化解矛盾、促进和谐，比以往任何时候都显得迫切和重要。通过发展协商民主，加强沟通协调，加强协商合作，拓宽社会利益表达渠道，既能使社会上个别分散的意见要求得到有组织、有秩序的表达，又能使一些社会矛盾在现有的体制框架内得到妥善化解，实现利益关系的协调平衡，从而达到实现中国伟大复兴之梦的目的。

（二）加强和改进人民政协协商民主是发展"全过程人民民主"的实践要求

"中国式民主"即人民民主与西方民主具有明显区别，西方民主以选举、投票等形式为主要标志。就实现民主的方式而言，形式是多样的，不能拘泥于单一刻板的模式，"中国式民主"将选举与协商有机融合，最具代表性的是每年召开的"两会"，成为选举民主与协商民主共同推进的典范。习近平总书记在庆祝中国共产党成立100周年大会上强调要发展"全过程人民民主"，"全过程人民民主"能够最广泛、最真实地反映和维护人民的根本利益，并且将民主贯穿于国家治理全过程。"全过程人民民主"不仅要保证人民依法行使民主选举，也要保证人民依法实行民主协商。显然，人民政协协商民主有助于听民声、汇民意、集民智，是推进党政决策科学化民主化的重要环节。经过协商过程所形成的决策，一方面凝聚和体现了社会公共意志和公共利益，使决策更具科学性和正当性，另一方面由于决策的形成是靠协商而非强制，所以它能够获得广大群众的认同和支持，得到参与者的普遍遵守。从这个意义上来说，人民政协协商民主有助于弥补党委、政府囿于具体事务而形成的思维模式缺陷，为发展"全过程人民民主"提供有效保证。

（三）加强和改进人民政协协商民主是践行协政为民的必然趋势

人民政协有利于推进决策科学化，有效降低决策失误和决策腐败风险。从本质上来讲，公共决策权力的运行是各方利益相互博弈的过程，而决策的科学化、民主化是社会主义民主政治建设的重要任务也是全面提高中国共产党执政能力的一个重要措施。人民政协的协商民主是社会主义民主的重要组成部分。强化人民政协协政为民理念，充分发挥政协各界的人才优势，积极推进协商民主，是政协组织的基本职责。协商民主体现于政协工作的各个方面、各个环节，人民政协履行政治协商、参政议政、民主监督职能的过程就是实现协商民主的过程。"人民政协在协商中促进广泛团结、推进多党合作、实践人民民主，既秉承历史传统，又反映时代特征，充分体现了我国社会主义民主有事多商量、遇事多商量、做事多商量的特点和优势。"协商民主为政协履职赋予了新的理念，使政协工作的目标性和方向性更加明确；为政协履职拓展了有效的空间，使政协的平台作用更加凸显；同时也为公众参与政协提供制度化、组织化的途径，从而提高政治参与质量，增加政治参与效果。

二、协商民主视角下人民政协的内在困境及成因

"尽管我们在民主实践中有自己的创造，有自己的经验，但是长期以来我们对自己

的经验缺乏研究和总结。"虽然人民政协协商民主工作是协商主体运用平等对话、磋商、讨论等方式推动决策的科学化，进而最大化增进公共利益。但实际工作中，人民政协协商民主还面临公民协商民主意识不强、主体作用发挥不足、制度机制不完善等挑战。

（一）公民协商民主意识不强

改革开放以来，我国通过法律保障公民政治参与权，公民有序参与政治生活，但是公民政治参与意识与时代发展不同步，特别是协商民主意识不强。一方面，由于受外部条件制约因素和政协履行协商功能制度不太完善，如对人民政协协商民主的宣传不到位，广大人民群众对人民政协协商民主不甚了解，少数党政职能部门的观念尚未完全转变，重视力度不够，常常把政协政治协商当作装装门面、走走形式、交交任务看待。基于这样的思想认识，很容易造成人们对政协协商民主产生可有可无的思想，在一定程度上影响着政协委员参与协商的积极性。另一方面，表现在人民政协主动找党委、政府协商的意识不强。部分地区甚至存在决策之后再通知协商的情况，导致协商往往流于形式。只有在决策之前进行充分协商，才能最大限度地吸纳民意，真正发扬民主。若在实际操作中，不用心设计科学规范的程序，不仅不能发挥协商民主的积极作用，而且有损于党和政府的信誉形象。

（二）协商主体作用发挥不足

人民政协民主协商主体作用发挥不足突出表现在以下几个方面。其一，人民政协界别设置不完善。界别是人民政协产生、存在和发展的基础，"'优化界别设置'，是加强和改进政协工作、发挥委员主体作用的一个重要切入点"。人民政协界别工作直接影响到协商民主作用的发挥，界别设置合理与否关系到协商主体的构成。现阶段，人民政协协商主体由34个界别构成。但现实中存在"政协界别的代表性不足""界别委员的构成不尽合理"等问题。随着社会结构深刻变化，新社会阶层出现，但界别设置未能完全关照到，不能够很好地表达其利益诉求。此外，界别委员的构成也不尽合理，在各行业、各领域即担任领导职位又担任界别委员的居多数。在委员中，较少有从事基层一线工作的普通劳动者，例如农业界别的委员中缺少真正的农民，教育界别少见身为中小学教师的委员，工会界别中真正出身于生产一线的工人也是寥寥无几。其二，协商主体地位不对等。在政治协商中，作为政治协商主体的政协委员提出的政协意见直接影响政治协商的价值高低。虽然目前整体上政协委员参政议政的能力有明显提升，但是还缺乏足够的独立理性精神，有的政协委员缺乏提出不同意见的勇气，有的政协委员提交的提案质量还有待提高。从政协委员的结构上看，大多数委员都是社会各界精英，但多年来政协所开展的协商活动，普遍习惯于要求有一定地位的知名人士委员参与的多，处于职务层次比较低甚至是根本没有职务的群众及社会人士委员参与的少。长此以往，不可避免地产生了在这一层次上进行的协商，只能是更多地体现出一定的民主，很难直接听到基层民众的利益诉求和真实声音。这种委员参与协商活动的不平衡性，导致政协协商民主不够全面和效果不佳。

（三）协商制度机制不够完善

党的十八大以来，推动人民政协协商民主制度化发展成为研究热点，制度化的核心内涵是"化制度"。"制度创新、体系建设和协商民主制度的定位问题是中国协商民主制度化的三个议题。"制度的长期性、稳定性、约束性等特点，有利于人民政协协商民主工作的推进，但是当前人民政协协商民主制度化发展仍面临问题。

首先是协商议题安排不合理。一方面受惯性思维影响，不少地方政协仍然去重复党委或政府部门的工作，未能充分就协商议题广泛征求意见和建议，政协委员参与协商议政只是被动应对，事前开展短暂的调查研究，匆匆上阵，资政建言质量大打折扣。另一方面是协商工作的形式不合理，虽然政治协商形式丰富多彩，包含会议形式（如政协全体会议、常务委员会会议、主席会议、常务委员专题座谈会）、主题形式（如表1），但"形式不用制度规定、程序把控，存在的意义也就会受到质疑"。突出表现为会议议程程式化和会议形式行政化。其次是协商议程没有创新，不具有吸引力。一般是党委或政府通报情况，政协委员依次书面发言，政协主席最后讲话。整个会议没有互动和交流，更谈不上观点的碰撞、意见的交锋、争鸣式的辩论。当前还存在以下问题：协商前，没能事先提前沟通，没能明确协商主题、内容；协商过程中往往缺少充分的对话、讨论和交流；有时仅限于政协范围内的会议进行协商；有时在实践中没做好协商意见办理和协商结果反馈；"一些地方是否实施协商民主，主要取决于党政领导的个人民主意识，而不是制度必需。"以至于"镇党委书记一换，原有的关于渔业恳谈的结果就束之高阁。市委书记一换，推动民主协商制度的动力就减小。"诸类现象的出现都是协商质量保障机制不完善、不健全的结果。

表1 人民政协政治协商形式（主题形式）

政治协商单位	政治协商形式（主题形式）
中国共产党	1. 专题议政　2. 通报情况或协商　3. 建议案
人大常委会	1. 人大立法协商　2. 建议案
政府	1. 政府部门立法协商　2. 专题议政　3. 通报政府工作或协商　4. 建议案
民主党派/人民团体	参与上述政治协商过程

资料来源：肖存良.平衡与优化：人民政协与政治体系研究［M］.上海：上海人民出版社，2017：74.

三、加强和改进人民政协协商民主工作的路径选择

中国特色社会主义民主包括以人民代表大会制度为载体的选举民主和以人民政协制度为载体的协商民主两种形式，中国坚持和发展人民政协协商民主历史证明了法国政

治思想家托克维尔指出的"本土的民主常常是最好的民主形式",也见证了"历史终结论"的终结。新阶段,应继续坚持、加强和改进人民政协协商民主工作。

(一)要提高人民政协协商民主的地位

首先要加强立法,从法律层面保障人民政协协商民主在建设社会主义协商民主中的权威性。"没有法治保障的协商民主,最终可能成为随意的、没有任何约束力的所谓'咨询民主'。"虽然人民政协在政治上享有很高的地位,但在法律制度和法律依据上存在着不足,至今没有较为完善的实体法律支撑,有些规定过于原则笼统,这都是导致很多政治协商的制度性文件落实不到位的主要原因。要充分发挥人民政协协商民主重要渠道作用就必须加强立法工作,逐步完善相关法规体系,使得人民政协的协商民主有法可依,相关制度文件有据可循,提升协商的效果,推动协商成果的落实。其次要取得同级党委的高度重视和政府的大力支持。每次开展协商民主活动前,政协必须把确定的协商日期、课题、内容、拟邀请人员和工作方案主动向同级党委请示汇报,并保持与政府的协调沟通。同时,加强与上一级政协的联系汇报,通过上一级政协协调同级党委出台相应的文件,围绕一个时期的工作重点确定协商民主的课题和内容,并以任务形式下达给党委和政协,或者牵头与政协联合开展协商民主活动。对党委和政协的协商民主工作情况,上级党委和政协要进行专门的督促和检查。这样,政协的协商民主工作就有了来自上级组织的重视和支持,自觉形成一级抓一级、层层抓落实的良好工作局面,不断改变人们对政协协商民主可有可无的思想。

(二)要扩大人民政协协商民主的对象和范围

"协商民主是一种现代民主形式,其中不同的政治行为主体能够通过平等对话和讨论形成共识,做出符合公共利益的合法决策。"首先要牢牢把握好团结和民主两大主题,发挥民主党派在政协中的作用,重视经济社会发展中出现的新阶层、新群体,最大限度地吸纳社会各个阶层、各个群体的人士。其次,要科学合理设置政协界别,合理确定委员的结构比例,最大限度地扩大团结面、增强包容性,确保充分表达各界群众的意见和建议。再次,要拓宽广大居民群众有序参与协商的主渠道作用,多途径收集社情民意信息,保证公民享有知情权、参与权、表达权和监督权,使政协真正成为社会政治生活中各界别、各阶层、各利益群体反映诉求、实现夙愿的重要活动场所,增强协商的平等性和公平性。

(三)要建立人民政协协商民主的工作机制

人民政协要协调、配合同级党委按照,把政治协商纳入决策程序的要求,制定支持政协履行政治协商的相关制度,建立健全议事规则和工作规程,明确好协商民主作为党委和政府决策的一个重要环节,形成系统完整的协商民主制度体系,使人民政协协商民主始终做到"三前"(党委决策之前、人大通过之前、政府实施之前),成为大家共同遵守的基本原则。此外,人民政协应配合本级党委、政府抓好督查队伍建设,发挥出党委、政府和政协三方联合跟踪督办的作用，紧紧围绕党政领导特别是主要领导对协商后形成的重要意见和建议案做出的批示落实情况进行督办；对一些协商成果在实施过程中出现的新情况、新问题，要及时进行协商，并提出新的解决办法和措施；对重要协商意见的整改落实情况，还可以组织委员进行跟踪督促视察；做好办理落实情况反馈，科学设定党委、政府及其有关部门对协商意见建议办理的反馈时限和要求，并形成制度，不折不扣地贯彻执行，不断推进人民政协协商成果的转化。

参考文献

［1］习近平.在庆祝中国人民政治协商会议成立65周年大会上的讲话［N］.人民日报，2014-09-22.

［2］王浦劬.中国的协商治理与人权实现［J］.北京大学学报（哲学社会科学），2012，49（06）：16-27.

［3］陈家刚.协商民主：制度设计及实践探索［J］.国家行政学院学报，2017（1）：60-65，127.

［4］习近平.在中央政协工作会议暨庆祝中国人民政治协商会议成立70周年大会上的讲话［N］.人民日报，2019-9-20.

［5］李君如.协商民主在中国［M］.北京：人民出版社，2014：139.

［6］叶小文.人民政协制度的系统集成和守正创新［J］.中国政协理论研究，2019（4）：44-45.

［7］周青山，俞玲.人民政协界别设置及其作用发挥研究（一）——人民政协界别设置的历史特点及当前存在的主要问题［J］.湖北省社会主义学院学报，2016（6）：24-28.

［8］谈火生，于晓虹.中国协商民主的制度化：议题与挑战［J］.华中师范大学学报（人文社会科学版），2017，56（06）：30-39.

［9］韩冬梅，杨国军.人民政协与协商民主［M］.北京：中央文献出版社，2015：320.

［10］陶富源，胡梅叶.协商民主及其在中国的发展健全［J］.马克思主义研究，2015（7）：144-151.

［11］何包钢.协商民主：理论、方法和实践［M］.北京：中国社会科学出版社，2008：163.

［12］俞可平.法治与善治［J］.西南政法大学学报，2016，18（1）：6-8.

［13］陈家刚.社会主义协商民主制度建设的重点与路径［J］.党政研究，2017（4）：15-21.

（作者单位：青岛农业大学）

浅析发挥人民政协专门协商机构作用的时代价值

连　刚

人民政协是中国人民爱国统一战线的组织，是中国共产党领导的多党合作和政治协商的重要机构，是中国政治生活中发扬社会主义民主的一种重要形式，是社会主义协商民主的重要渠道和专门机构。习近平总书记指出："人民政协是具有中国特色的制度安排，是社会主义协商民主的重要渠道和专门协商机构。"深入学习贯彻这一重要思想，探索人民政协作为专门协商机构的独特优势，探索如何发挥人民政协作为专门协商机构的作用，对于推进人民政协协商民主乃至社会主义协商民主建设、开创新时代人民政协工作新局面具有十分重要的意义。

一、发挥人民政协专门协商机构作用的时代意义

从国家政治制度体系看，人民政协是实行多党合作和政治协商制度的重要形式和专门机构。在我国，人民代表大会制度作为政权组织形式是国家的根本政治制度，中国共产党领导的多党合作和政治协商制度作为政党制度是国家的基本政治制度。可以说，人民政协作为实行多党合作和政治协商制度的重要政治形式和组织形式，是国家基本政治制度在机构设置和政治运作上的专门安排，在我国政治体制架构中具有专门性、独特性、不可或缺性和不可替代性。人民政协是我国唯一在制度安排上保证民主党派和无党派人士等占大多数，并且各民主党派可以本党派名义在其中活动的政治组织。

从党治国理政方式看，人民政协制度是国家治理体系的重要组成部分，新时代人民政协的一项重要使命就是通过民主协商和有序参与，把发扬民主、科学决策的过程与汇聚共识、凝聚力量的过程有机结合起来，把政协制度优势转化为国家治理效能。人民政协在国家治理体系中的作用主要体现为，通过政治协商制度的有效运作，把党的主张转化为社会各界的政治共识；通过强化思想政治引领，引导各族各界人士在习近平新时代中国特色社会主义旗帜下携手前进；通过搭建各党派团体和各界群众表达意愿的平台，保障协商成果既体现民意，又能及时有效纳入决策链条，提高科学决策、民主决策效

能；通过弘扬协商治理所蕴含的包容、理性、共识等现代治理理念，协助党和政府做好协调关系、化解矛盾、理顺情绪的工作。

从人民民主制度安排看，人民政协作为专门协商机构，以实践协商民主为本质特征，以宪法、政协章程和相关政策为依据，以中国共产党领导的多党合作和政治协商制度为保障，集协商、监督、参与、合作于一体，通过专设的组织体系、专门的协商平台和专有的机制程序，组织人民内部各方面开展有序政治参与广泛政治协商，实行民主决策、民主管理、民主监督，有效保障人民在日常政治生活中享有广泛的知情权、参与权、表达权、监督权，集中体现了人民政协的民主性质、协商特征和专门属性，生动诠释了党"一切为了群众、一切依靠群众，从群众中来、到群众中去"的根本工作路线，充分彰显了"有事好商量、众人的事情由众人商量，找到全社会意愿和要求的最大公约数"这一人民民主的真谛。

二、发挥人民政协专门协商机构的时代优势

协商方向要"明"。人民政协以宪法、政协章程和相关政策为依据，以中国共产党领导的多党合作和政治协商制度为保障，集协商、监督、参与、合作于一体，是社会主义协商民主的重要渠道和专门协商机构。人民政协不是协商主体，而是为参加政协的各民主党派、人民团体、各族各界代表人士与决策和执行机构搭建的协商平台；决策和执行机构不是"和"政协协商，而是"在"政协协商；人民政协对协商民主制度建设、协商规则制定等负有特殊的责任，而不是被动等待决策和执行机构来制定规则制度；人民政协要主动适应新时代新要求，通过提供专门服务，实现与各协商渠道的有效衔接，共同推动我国协商民主建设的发展。明确这一定位后，各级政协组织就要心无旁骛想协商，聚精会神谋协商，理直气壮搞协商，把协商工作干得有声有色，既不负党委所托，也不负人民所盼。

协商议题要"准"。在政协，政治协商聚焦的是大事，针对国家大政方针和地方的重要举措以及经济建设、政治建设、文化建设、社会建设、生态文明建设中的重要问题，在决策之前和决策实施之中进行的专题协商。民主监督紧盯的是难事，针对国家宪法、法律和法规的实施，重大方针政策、重大改革举措、重要决策部署的贯彻执行情况，涉及人民群众切身利益的实际问题解决落实情况，国家机关及其工作人员的工作等，开展特定专题的会议、视察、专项、提案等监督。参政议政关注的是实事，针对政治、经济、文化和社会生活中的重要问题以及人民群众普遍关心的问题，通过选定特定专题以调研报告、提案、建议案或其他形式，向党委和政府提出意见和建议。

协商方式要"活"。人民政协是由界别组成的，正是因为人民政协这一特殊的政治制度安排，使得人民政协集聚了可以与之协商的各界代表人士。从现实看，政协委员基本上都是各行业的高级知识分子、高级管理人员，都是某一方面的专业人士，这也就决定了在人民政协与政协委员协商靠的是真知灼见，讲求的是"质量"而不是"数量"。

协商成果要"实"。政协的各项履职活动要从注重"做了什么""做了多少"向"做出了什么效果"转变。要想协商议政履职成果得到党和政府及有关部门的重视，专项调研报告、视察报告、对口协商、提案等必须结合实际。要坚持求真务实、实事求是的原则，既要在"求真"上下功夫，更要在"务实"上做文章。因此，调查研究既要深度调查，又要潜心研究，更要在精准上狠下功夫，自觉把精准要求贯彻到建言献策的全方位、全过程。要"真刀真枪"地搞调研，对社会问题要开展广泛调查，对社会矛盾要进行深入精准的分析研究。特别要注重所提建议的针对性，要找准症结、把握关键，提出符合实际、有利于改进工作、切实可行的建议意见。

三、发挥人民政协专门协商机构作用的时代重点

要凸显知情明政的引领作用。当前，人民政协把加强思想政治引领、广泛凝聚共识作为履职的中心环节，抓住知情明政这一首要环节，并将其与政协履职的中心环节有效对接，使这一过程既是情况了解、政策认知的过程，更是思想引导、政治引领的过程。人民政协已有比较健全的知情明政制度，要注重继承与发展相结合，如党委召开的有关重要会议安排政协领导同志参加，政府召开的有关会议邀请政协有关领导同志列席，有关部门召开的重要会议邀请政协有关方面负责同志参加，政协有关协商会议和视察活动前可请有关部门通报情况、交换意见；在政协的各种协商活动中，均有党委、政府或有关部门的负责同志参加，并及时予以回应和互动；在协商成果办理过程中，有关方面或部门还与建议者进行沟通和交流。这些就为人民政协通过知情明政加强思想政治引领、广泛凝聚共识提供了更多机会和更大可能。这就要求政协在协商前，通过党委和政府有关情况通报情况介绍，使参加政协的各党派团体和各族各界人士增进对中央大政方针和地方政策举措的理解和支持；在协商中，通过思想引导、政治引领和不同意见的互动交流，求同存异、求同化异；在协商后，通过鼓励和支持政协委员运用协商中形成的共识，深入基层、深入社会，主动发声、正面发声，宣传党和国家大政方针，宣讲政协协商为民事迹，引导群众正确认识改革发展中遇到的困难和问题，协助党委、政府做好解疑释惑、宣传政策、理顺情绪、化解矛盾的工作。

要凸显协商议政的平台作用。人民政协作为专门协商机构，主责主业就是协商议政。要发挥协商议政的平台作用，首要的是政治协商聚焦大事，聚焦党和国家中心任务、党委和政府中心工作，坚持议大事、抓大事，自觉服从服务于新时代改革发展稳定这个大局；关键是议政议到点子上，着眼经济社会发展重大问题，深度调研、重点攻关、集中议政，努力提出针对性、前瞻性、可操作性强的对策建议，帮助党和政府增强决策科学性和施策有效性；重要的是搭好便捷高效的专题协商、对口协商、界别协商、提案办理协商、网络议政、远程协商等各种平台，努力创造有事好商量、协商找政协的政治协商环境，大力营造既畅所欲言、各抒己见，又理性有度、依法依章的良好协商氛围。人民政协作为专门协商机构，其协商的专业化能力和水平是其他协商渠道无法比拟的，应逐步

拓展协商内容，丰富协商形式，加强协商能力建设，尤其要做好与政党协商、基层协商的衔接，尽可能吸引和集聚更多其他形式的协商在政协平台上开展。

要凸显建言资政的渠道作用。人民政协是协商民主的重要渠道，在政治协商、民主监督、参政议政过程中形成的重要成果，无论是协商后形成的调研报告、社情民意信息、大会发言专报、提案，还是政协会议形成的监督意见报告、视察监督报告、专项监督报告，都有比较通畅的报送渠道。人民政协要发挥好建言资政的渠道作用，就必须建言建在需要时，紧紧围绕党和国家正在推进的中心工作，围绕全面贯彻新发展理念、加快构建新发展格局、推动高水平对外开放、做好碳达峰碳中和工作、防范化解重点领域风险、保障改善民生等重点任务建言资政；就必须资政资到点子上，尽可能运用各种协商形式，建真言、谋良策、出实招，为党和政府决策提供有益参考；就必须发挥政协联系面广、包容性大、专业性强的优势，畅通各种利益诉求和专业意见进入决策程序的通道，既尊重多数人的意愿，又照顾少数人的合理要求，增强党委、政府决策的科学性和施策的有效性；就必须下足调查研究的功夫，深入实际、深入基层，由表及里、去伪存真，客观反映情况、务实提出建议，不断提高政协渠道建言资政的质量和水平。

要凸显党治国理政的阵地作用。人民政协是国家治理体系的重要组成部分，是中国共产党领导的多党合作和政治协商的重要机构和重要阵地。人民政协作为中国特色的制度安排实现党的领导，不同于国家政权机关通过法定程序使党的主张成为国家意志，而是通过政协制度的有效运行和民主程序，把党的主张转化为社会各界的共识，其作用和影响不是靠权力和强制约束力，而是靠话语权、建议权和政治影响力。人民政协要发挥党治国理政的阵地作用，就要把习近平新时代中国特色社会主义思想作为统揽各项工作的总纲，把坚持和发展中国特色社会主义作为巩固共同思想政治基础的主轴，引导各民主党派、无党派人士、各人民团体和各族各界人士牢固树立"四个意识"，坚定"四个自信"，做到"两个维护"；就要广泛凝聚共识、汇聚力量，着力健全同党外知识分子、非公有制经济人士、新的社会阶层人士的沟通联系机制，把更多的人团结在党的周围；还要面向社会广泛联系和动员各界群众，参与国家政治生活和社会治理，汇聚起实现中华民族伟大复兴的磅礴力量。

（作者单位：青岛市委党校）

提案办理协商在协商民主中的探索和实践

王　淼

党的十八大、十九大提出要健全社会主义协商民主制度,充分发挥人民政协作为社会主义协商民主重要渠道作用。中共中央在《关于新时代加强和改进人民政协工作的意见》中提出要"更加灵活更为经常开展专题协商、对口协商、提案办理协商",充分凸显了提案办理协商在社会主义协商民主中的重要地位。注重发挥提案办理协商在推进协商民主中的重要渠道和平台作用,有助于健全社会主义协商民主制度,促进人民政协协商民主的高质量发展。

一、提案办理协商内涵有助于拓宽协商民主外延

协商民主的要素包括主体、内容、目的等方面,提案以其自身独特的优势决定了在深入推进协商民主广泛多层制度化发展中具有重要的渠道和平台作用。

(一)提案办理协商主体广泛,能够扩大人民群众有序政治参与

提案办理协商主体,包括提案人、提案承办单位、政协组织以及根据协商主题及提案人的意见建议邀请的相关专家学者以及群众代表、新闻媒体记者等。提案办理协商作为人民政协协商民主的重要形式,具有不可替代性、广泛的民主性、直接的参与性,一方面可以把政协委员、政协各参加单位和各界群众的意见建议变成治国理政的方略和良策,拓宽决策的民主参与渠道;另一方面,党政部门及其工作人员通过提案办理协商,可以吸收和采纳提案人关于重要问题的意见建议,有利于自觉接受群众监督,不断改进工作作风,始终做到为民、务实、清廉。

(二)提案办理协商内容丰富,能够助推人民依法管理社会各项事务

提案办理协商聚焦党和国家中心任务,就国家大政方针和地方重要举措、人民群众普遍关心的热点难点问题进行协商,内容涉及政治、经济、文化、社会和生态建设的方方面面。政协委员和政协各参加单位在提案办理协商中,通过多种形式参与提案办理,

从不同方面、在更深层次上反映各界群众的意愿和要求，不仅自己能够自觉融入决策的实施中去，而且能够影响和带动各界别的群众拥护和支持决策的实施。因此，提案办理协商能够推进党和政府提高科学执政、民主执政、依法执政水平，进一步推动国家治理体系和治理能力现代化，更好地发挥汇聚力量、建言献策、服务大局的作用。

（三）提案办理协商目的明确，能够助推加强思想政治引领、广泛凝聚共识

当前社会发展利益格局多元化、组织形式多样化、阶层结构复杂化，这在客观上要求人民政协必须根据新特点，广泛联系和动员各界群众，协助党和政府做好协调关系、理顺情绪、化解矛盾的工作。提案办理协商是发挥党委、政府联系群众桥梁纽带作用的重要载体。一方面，政协委员和各民主党派、各人民团体、各界别通过提案办理协商，关注民生、了解民情、反映民意，自觉做党的政策宣传员、思想政治引领者、界别群众贴心人，增强讲好中国共产党治国理政故事、讲好政协履职故事的责任感、使命感；另一方面，党和政府通过提案办理协商，倾听群众意见、回应群众呼声、吸收群众智慧，并通过增信释疑，使社会上各种意见要求得到有秩序的表达和充分的讨论协商，不断巩固共同思想政治基础，切实加强思想政治引领，广泛凝聚共识。

二、提案办理协商过程有助于丰富协商民主实践

提案办理协商过程是党委和政府联系群众、发扬民主、协商共识、改进工作的过程，它包含了协商民主所需的一切要素和特征，提案办理协商过程实质上也是实现协商民主的实践过程或实践方式。

（一）强化提案立案和交办协商

按照立案标准审查提案，对于需要修改完善和并案处理的提案，及时与提案人沟通协商，对于不予立案而转为意见和建议的，及时同提案人做好解释工作。探索双向互动的协商交办机制，通过政协全会期间召开预交办协商会、通过金宏平台预交办等方式，请各承办单位熟悉提案内容，提出办理意向，经充分协商后，确定主办单位和会办单位，正式交办提案。

（二）强化提案办理过程协商

做好办理前协商，承办单位在提案办理前主动联系提案人，听取提案人提交提案意图，交流工作进展，让提案人知情明政；做好办理中协商，坚持"有事好商量，众人的事由众人商量"，广泛凝聚提案人、承办部门以及社会各界共识，汇聚合力解决问题；做好办理后协商，开展跟踪问效"回头看"，实现协商机制常态化，持续关注、持久推进和解决党政工作重点问题和社会关注热点问题，切实转化为办实事的具体举措。

（三）强化重点提案遴选和督办协商

重新修订《政协青岛市委员会重点提案遴选与协商督办办法》，经过提案人自荐、

承办部门推荐等环节，紧扣市委、市政府工作中心，聚焦统筹推进疫情防控和经济社会发展，围绕我市"十四五"规划和2035年远景目标，协商遴选重点提案。通过实地调研协商和会议座谈协商，深入企业和项目现场，座谈交流意见建议，推进提办双方凝聚共识，解决问题。通过后期问效协商，就督办过程中委员和专家提出的意见建议定期跟进办理进度，增强办理的权威性和约束力。

三、提案办理协商结果有助于提升协商民主成效

紧扣统筹疫情防控和经济社会发展的中心和大局，强化提案办理全过程协商，凝聚提、办、督多方关注民生、解决问题的共识和合力，为打赢疫情防控阻击战、促进经济社会发展展现了政协作为，贡献了智慧力量。

（一）注重高层协商，助力民生实事落实落细

充分发挥市委、市政府、市政协领导督办重点提案的示范引领效应，将事关人民群众切身利益的提案和意见建议及时纳入高层督办协商范围，经过批示协商、督办协商转化成"为民办实事"的具体举措，使高层协商发挥出最大效益。例如市政协领导督办关于发展海上旅游业的重点提案，市文化旅游局成立由局长担任组长的督办小组，部署提案办理、督办协调、服务保障工作，与提案人前期沟通，多次调研，扩大范围征求相关提案人意见建议，督办过程直奔主题，调研海上旅游航线开辟和码头建设情况，直面我市海洋旅游低、小、散、乱等问题并座谈交流意见对策，提高了办理实效。

（二）注重多层协商，助力"六保""六稳"

充分发挥疫情特殊时期政协专门协商机构的积极作用，提案委员会在提案征集和办理中持续关注中小微企业和个体工商户经营情况，通过入户调查得知很多租赁民营企业和个人房产的中小微企业和个体工商户没有享受到房租减免政策等情况后，向全社会联合发起"我爱青岛·阳光护苗"倡议行动，共同呼吁民营企业和个人房东在力所能及的范围内减免部分房租，与小微企业和个体工商户同舟共济、共渡难关。律师委员自发联合提供法律咨询和援助，青岛政协搭建网络协商平台，发布商户减租需求、协商租金减免信息、宣传政府优惠政策，营造了"有事好商量、众人的事众人商量"的浓厚氛围。截至2020年12月底，200余名房东为9000余户个体工商户及小微企业减免租金等各种费用近2亿元，通过提案办理和广泛多层协商产生了良好的社会效益。

（三）注重联席协商，助力胶东文旅一体化协同发展

充分发挥提案在围绕中心、服务大局中的积极作用，聚焦"推进胶东五市文旅一体化发展"的提案办理，青岛市政协提案委员会主动发起，胶东五市政协提案委员会、提案人和承办单位组成调研组，先后赴青岛、日照、潍坊、烟台和威海进行为期8天的跨区域联合督办。调研组一行行程近2000千米，考察了包括红色旅游项目在内的27个文旅项目，涉及公共文化服务合作、非物质文化遗产和红色场馆资源共享、文旅配套项目协同

发展等内容。五市政协从更高起点、更大格局就文旅一体化发展进行了联席协商、联席研讨,进一步凝聚了胶东五市政协提案工作的强大合力。调研期间,新闻媒体共采访了18位各界代表,全媒体直播并发布10篇新闻稿件,直播点击量突破14万余次,扩大了胶东五市文旅项目和相关产业资源的宣传力和影响力,将提案办理有效转化为服务胶东五市旅游产业发展的现实成果。

（作者单位:青岛市政协）

简论专门协商机构在国家治理体系中的作用

乔大鹏

习近平总书记指出，"人民政协是国家治理体系的重要组成部分"，强调要"发挥好人民政协专门协商机构作用"。青岛市政协紧紧围绕"专"的使命和职责，着力助推高质量发展和国家治理体系和治理能力现代化，创新"专注发展、专心为民、专力履职"政协理念，创建"小分队"工作机制，坚持建言资政和凝聚共识双向一体设计、双向发力、三专并进。本文以此为例，进一步探索和阐释人民政协作为专门协商机构的新方位和新使命，以及作为国家治理体系重要组成部分发挥的不可或缺的作用。

一、发挥政协专门协商机构作用，必须始终坚持中国共产党的领导这一政治根本

关于专门政治协商机构的政治属性。专门协商机构这一性质定位深刻揭示了人民政协在协商中实现党的领导、促进广泛团结、推进多党合作、实践人民民主这一贯穿始终的核心要义。我国国家治理体系是一整套系统的制度设计，其中，党是最高政治领导力量，处于总揽全局、协调各方的领导核心地位。专门协商机构的性质定位表明，人民政协既不是领导机关，也不是权力机关和行政机关，与党、人大、政府通过行使领导和管理权力进行治理不同，主要是通过民主协商和有序参与，把发扬民主、科学决策的过程与汇聚共识、凝聚力量的过程有机结合起来，使党的政治主张和路线方针政策成为各党派团体和各族各界人士的政治共识和自觉行动。人民政协作为中国共产党同各民主党派进行多党合作和政治协商的专门机构，通过专门的制度安排，彰显了共产党领导、多党派合作，共产党执政、多党派参政这一新型政党制度的特点和优势。可见，人民政协在国家治理体系中承担着独特的政治功能，发挥着不可替代的组织作用，突出体现多主体协商、互动和共治的现代治理理念和治理现代化的特征。

关于"围绕中心服务大局"的基本遵循。党和国家事业大局具有全局性、战略性。人民政协只有在大局下思考、在大局下行动，才能明确主攻方向、把握着力重点、彰显意

义价值。"十五个攻势"是青岛市委认真贯彻落实习近平总书记对青岛工作重要指示精神的具体实践。青岛市政协专委会工作小分队是在深入贯彻落实习近平总书记"搞活一座城"重要指示要求、助推"十五个攻势"中探索形成的"围绕中心、服务大局"的履职工作机制。以政协专门委员会为依托,组建34个工作小分队,当好"局内人",围绕市委中心工作攻山头、炸碉堡,解难题、促落实,锚定"八条工作线",更加精准地开展协商议政、民主监督和视察调研,聚焦青岛建设开放、现代、活力、时尚的国际大都市目标,为打造"一带一路"国际合作新平台和长江以北地区国家纵深开放新的重要战略支点,融入国家开放发展大局,加快改革开放和高质量发展建言资政、凝聚共识,为推进城市治理体系和治理能力现代化献计出力。政协作为国家治理体系重要组成部分,要积极适应推进国家治理体系和治理能力现代化的要求,以改革精神推进理论创新、制度创新和工作创新,努力在推进国家治理体系和治理能力现代化中发挥专门协商机构更大作用。要聚焦党和国家中心任务,自觉投身新时代中国特色社会主义的伟大实践。要聚焦新时代社会主义主要矛盾的变化,围绕务实解决发展不平衡、不充分问题,拓展协商内容、丰富协商形式、增强协商实效。要聚焦全面深化改革的重大任务,针对打好三大攻坚战、深化供给侧改革、促进区域协调发展、实施乡村振兴战略、生态文明建设以及民生领域重大问题等深入开展调查研究,精准提供政策建议,贡献政协智慧和力量。

关于"双向发力"的新要求。人民政协制度的设计初衷,就是要在建言资政和凝聚共识两方面发力,加强政协协商民主专业化的建设是实现人民政协双向发力、动员凝聚社会各界力量参与我国民主政治建设的必然要求。建言资政为凝聚共识提供了充分保证,多样性的认知建议向上传递;凝聚共识为建言资政提供了最大动力,一致性的共识形成向下传导。凝聚共识是建言资政的结果与导向,建言资政是凝聚共识的方式与途径。在建言资政的基础上凝聚更大共识,在凝聚共识的导向下建言资政,传递党心民意的同频共振、上下贯通。全国、山东省政协和市政协相继出台了关于加强和促进人民政协凝聚共识工作的有关文件和实施意见,为政协更好推动双向发力提供了遵循。面对新时代、新方位、新任务,推进建言资政和凝聚共识双向发力是要通过双向发力,切实承担起把党中央决策部署和对人民政协工作要求落实下去、把海内外中华儿女实现中华民族伟大复兴中国梦的智慧和力量凝聚起来的政治责任。

政协具有地位超脱、智力密集、人才荟萃等独特优势,既能从相对客观的角度为发展提建议、献智慧,又能站在大局的立场为发展凝共识、聚能量,对经济社会发展具有重要促进作用。既要把政协履职的切入点、着力点和落脚点,放到党政所需、发展所要、人民所盼、政协所能上,做到党委和政府工作推进到哪里,政协履职就跟进到哪里,专门协商机构的作用就发挥到哪里,又要专注于为发展汇聚智慧力量,紧紧围绕坚持和发展中国特色社会主义这个主轴,把学习贯彻习近平新时代中国特色社会主义思想作为主线,加强思想政治引领,广泛凝聚共识,夯实团结奋斗的共同思想政治基础，多做思想引导、协调关系、凝心聚力的工作，坚持平等协商，坦诚相见，畅所欲言，融协商、监督、参与、合作于一体，助力优化决策、统一思想、凝聚共识，使"有事多商量，遇事多商量，做事多商量"成为基本的工作方式和常态化的治理模式，推动国家治理能力和水平在浓厚的协商民主氛围中走向现代化，以凝聚共识与建言资政"双向发力"，力求"双效成果"。

二、践行"三专"理念，准确把握"专"的定位

人民政协作为人民民主的重要实现形式，以协商民主的形式和专门协商机构的制度安排，彰显了人民政协在国家治理体系中的独特地位作用。人民政协要紧紧围绕坚持和发展中国特色社会主义这个主轴，把学习贯彻习近平新时代中国特色社会主义思想作为主线，努力成为坚持和加强党对各项工作领导的重要阵地、用党的创新理论团结教育引导各族各界代表人士的重要平台、在共同思想政治基础上化解矛盾和凝聚共识的重要渠道，准确把握"专"的性质定位，增强"专"的履职效果。

一是树立"专"的理念。"专注发展、专心为民、专力履职"理念，是青岛市政协在认真学习习近平总书记关于加强和改进人民政协工作的重要思想过程中探索提炼形成，在落实习近平新时代中国特色社会主义思想过程中不断深化完善。"专注发展"就是始终带着对经济社会高质量发展的责任感、使命感，认真贯彻落实新发展理念，通过科学谋划和实施协商计划，聚焦党政所需、发展所要、人民所盼、政协所能，为青岛奋力趟出高质量发展的新路子凝聚共识、汇聚力量；"专心为民"就是始终坚持以人民为中心的发展思想，把满足人民群众日益增长的对美好生活的需要作为工作的出发点和落脚点，努力协助党委和政府破解民生难题，补齐民生短板，增进民生福祉，让改革发展成果更多、更公平地惠及广大人民；"专力履职"就是始终着眼新时代人民政协组织和委员的新使命，科学把握人民政协自身发展的规律和特点，创新履职方法，丰富履职形式，拓展履职渠道，提高协商能力和本领，以改革思维、创新理念、务实举措不断增强履职水平。

二是提高"专"的能力。习近平总书记强调，人民政协要着力提高"四个能力"，即政治把握能力、调查研究能力、联系群众能力、合作共事能力，致力传递政协之声、构建政协之网、打造政协之家、贡献政协之力，推动政协事业在新的起点上实现有传承、有创新、有实干、有作为，在服务发展大局中更好地体现政协担当、发挥政协优势。要发挥政协专门协商机构作用和专门委员会、政协委员主体作用，持续在"专"上下功夫，发挥专业能力、专业素养、专业精神，承接专项任务、专班推进落实、提交专题报告、开展专门监督等，体现政协作为专门协商机构的工作特点。要狠抓落实、助推落实，坚持上、下半场都参与，两篇文章都做好，实现协商优化决策、推进决策落实、落实效果监督的全过程履职，做到建言建在需要时、议政议到点子上、监督监在关键处。

三是增强"专"的效果。助推国家治理体系和治理能力现代化，必须聚焦政协"协商"这一主责主业，增强协商效果，提高履职质量。要牢牢把握习近平总书记关于坚持

人民政协性质定位的要求，着眼新时代人民政协组织和委员的新使命，推动从单纯注重"做了什么""做了多少"向更加注重"做出了什么效果"的转变。要科学把握人民政协自身发展的规律和特点，创新履职方法，丰富履职形式，拓展履职渠道，在提高履职质量上更进一步。要积极适应全面深化改革的要求，国家治理体系和治理能力现代化的需要以及互联网、大数据、人工智能等现代信息技术的发展，更好地发挥领域深度性、行业专业性和阶层代表性优势，提高建言议政的精准度和实效性。

四是夯实"专"的基础。坚持履职为民导向。坚持以人民为中心的发展思想和为人民服务的党的宗旨，始终把人民群众对美好生活的向往和反映强烈的热点、难点、堵点、痛点问题作为协商的重中之重，运用好"倾听与商量"协商议政平台，解决好群众"急难愁盼"问题，切实做到人民政协为人民。要坚持一线导向。人民政协处于凝心聚力第一线、决策咨询第一线、协商民主第一线、国家治理第一线，要突出政协国家治理体系重要组成部分的角色，落实"四个一线"要求，务实推进"一线履职工作法"，真正实现担当体现在"一线"、作用发挥在"一线"、形象展现在"一线"。要坚持基层导向。基层社会是社会治理的关键支撑，是国家治理的重要基石。政协参与助力基层治理，关键环节在于推动政协协商与基层协商有效衔接，更加重视政协基层组织、基础工作、基本制度三项基础性内容。要积极借鉴莱西基层组织建设经验，重视基层、打牢基础，以党建为统领，进一步加强基层政协建设，突出党对政协工作的领导，体现政治性。进一步明确地方政协的职能定位和主要任务，在基层政协组织建设上加大投入，在发挥委员和界别作用的基础工作上创新机制，在建立健全地方政协基本制度上用心用力，增强专业性、创新性、互动性、共享性，推动基层政协工作提质增效。

三、践行"三专"理念，更好发挥"专"的优势

人民政协作为社会主义协商民主的重要渠道和专门协商机构，加强人民政协协商民主专业化建设是必然要求，要集中力量履行协商专职专责，心无旁骛地推动协商民主建设，瞄准国家治理课题，以"专"的协商制度、平台、程序、队伍为依托，发挥"专"的职能，"专"出特色、"专"出质量、"专"出水平，促进人民政协制度效能转化为治理效能。

一是健全"专"的协商制度。专业化的协商制度是充分发挥专门协商机构作用的重要保障。人民政协作为专门协商机构，是一个从中央、省到市县的四级制度体系，共有一个组织名称，共有一部政协章程，需要从中央出台一个相对规范、具体可操作性强的文件制度来保障，推动政协履行协商职能的制度化、规范化、程序化，这也是当前我们做好政协工作的一个重要课题。比如，在青岛政协"小分队"履职过程中，注重制度建构和流程再造，推动系统性、整体性、协同性，落实市委中心任务。建立常态化监督落实机制，做到直通责任区市、部门与"四不两直"相结合，现场观摩与座谈调研相结合，定期核查与随机抽查相结合，日常监督与年终公开质询相结合，持续跟踪问效。构建协同监

督机制，拓宽信息互通共享渠道，加强政协民主监督与党内监督、人大监督、政务监督、新闻舆论监督、社会公众监督之间的协作，形成监督合力。建立完善小分队工作情况直报市委工作流程，按月或按季形成调研报告，提交党组主席会研究后报市委主要领导，抓好工作落实情况的跟踪反馈。年底对有关攻势进展情况进行公开质询，推动政协质询式监督制度化，促进履职内容务实、程序规范、形式新颖、结果给力。持续深化协商制度建设是当前国家治理的形势需要和任务要求。比如，需要进一步探索如何就国家和地方的重要问题在决策之前和决策执行过程中进行协商，怎样围绕中心参政议政，协商式民主监督怎么开展，如何将其贯穿、渗透、融入政治协商、民主监督、参政议政的过程中，将协商制度纳入法制化轨道，构建一系列专业化、规范化和制度化的运作流程，建立提质增效的专业化保障机制，构建程序合理、环节完整的专业化程序体系，等等。

二是搭建"专"的协商平台。专门协商平台是发挥专门协商机构作用的重要载体。推进协商民主广泛、多层、制度化发展，要不断优化工作环境，搭建融协商、监督、参与、合作于一体的专业化平台，提高建言资政和凝聚共识双向发力的水平。这其中，平台思维、平台意识需要不断强化。特别是随着时代和互联网发展的客观要求，运用现代信息技术手段，借助互联网平台积极开展远程协商、移动履职，延伸政协履职空间和平台，开启"互联网+协商"已成为大势所趋。青岛市政协创新打造"智慧政协"平台，打造"政协24小时在线、永不关门的全天候、全方位履职模式"，采取远程视频和手机连线的方式进行协商议政，突破了履职时空限制，延伸了政协的履职空间和平台，实现协商内容与形式的高度融合，通过线上线下结合开辟网络协商议政的新阵地，实现在建言成果、凝聚共识上一体设计、一体落实。

三是打造"专"的协商队伍。要提高人民政协民主专业化水平，就必须坚持用专业的人干专业的事。首先要聚焦主责主业形成"专班队伍"。比如聚焦"十五个攻势"，市委与市政协协商形成专项工作任务，强化上下、左右、内部全方位的协商合作和协同联动的推进落实机制，成立由政协委员、民主党派和工商联人士、专家学者、机关干部等组成的专业化队伍，运用好"四级委员""两级政协组织"以及政协机关与政协参加单位联动机制，"开放""协同""联动""跨界""大合唱"成为"主旋律"和关键词。政协系统的组织架构上，党组牵头抓总，党组暨主席会议定期研判，主席亲自挂帅，副主席分头带队，秘书长及时调度，分管副秘书长、各专委会主任直接参与，做到重要工作亲自部署、重大事项亲自推动、重点环节亲自协调、关键问题亲自解决，落实情况亲自督查，形成"自上而下""一竿子插到底"的顶格协调、整体推进工作机制和队伍。其次，要突出委员主体作用和专委会"专业优势"。按照习近平总书记提出的"懂政协、会协商、善议政"的要求引导政协委员提升专业化素质和能力。"懂政协"是前提，是专业意识，"会协商"是对委员专业能力和本领的要求，"善议政"则是方式方法。不仅要在本职工作上"专"，还要在"懂政协、会协商、善议政"上"专"，才能建言建在点子上，提出推动经济社会发展的真知灼见，从而提升政协履职的品质和建言的质量。青岛市政协各专委会根据委员专长和本人意愿编入工作小分队，并根据需要邀请部分不担任政协委员的专家学者参与，形成齐抓共管、群策群力的良好局面和迅速响应、全面推进的强劲势头。截至2021年8月底，共有352名委员参加各支小分队工作60轮次。另外，注重推进专门协商机构的履职能力建设，加强委员教育管理和专业化队伍建设，增强旗帜性委员的界别代表性，建立具有专业水平富有政协特色的智库和参政议政人才库，实现全方位的专业化协商队伍建设。

（作者单位：青岛市政协）

加强宗教工作基层基础建设研究

范存滨

一、加强宗教工作基层基础建设的重要意义

基层宗教工作量大面广，任务繁重，是宗教工作的重中之重。加强宗教工作基层基础建设，对做好宗教工作意义重大。

（一）这是加强党对宗教工作集中统一领导的现实需要

党的领导贯穿于统战工作全过程，体现在统战工作各领域，当然也包括宗教工作。党对宗教工作的集中统一领导，是做好宗教工作的根本保证。同时，党领导的基础在基层，贯彻党的宗教工作基本方针在基层。宗教工作基层基础不扎实，很容易造成党的宗教政策方针在落实过程中形成"梗阻"，削弱党对宗教工作的领导。因此，做好宗教工作基层基础工作，对于强化党的宗教工作的集中统一领导具有现实重要意义。

（二）这是坚持宗教中国化方向的现实需要

坚持宗教中国化方向的首要，也是新时代宗教工作的鲜明主题。为此，夯实宗教工作基层基础，提升宗教工作人员能力，加强宗教教职人员政治引领，提升政治认同和中华文化素养势在必行。

（三）这是提高宗教工作法治化水平的现实需要

近年来，宗教工作逐渐成为管理困难、关系复杂、问题突出的社会治理领域。针对宗教工作存在的突出问题，从中央到地方相继出台了一些政策法规，这不仅有利于宗教的健康发展，更有利于宗教工作的法治化和规范化。尤其需要注意的是，如何使这些法规制度更好地落实到位、发挥作用，也需要宗教工作扎实的基层基础。

（四）这是确保社会团结和谐稳定的现实需要

宗教工作向来敏感，涉及群众广，出现问题容易引发连锁反应。在当今互联网和自媒体发达的时代，更容易在网上迅速发酵，造成不可控制的不良影响，甚至引发群体性

事件，影响社会安全稳定。做好宗教基层基础工作，尤其是做好团结宗教界人士和信教群众的工作，更能够及早发现和了解问题苗头，消除不安全、不稳定的隐患，为当地社会经济发展营造良好的内部环境。

二、加强宗教工作基层基础建设基本情况

近年来，宗教基层工作积极贯彻落实党的宗教工作基本方针和各项政策法规，坚持守正创新，坚持依法治教，不断夯实宗教工作基层基础。

（一）夯实宗教工作主体责任

始终牢固树立"宗教工作无小事"意识，将宗教工作纳入重要议事日程；纳入经济社会发展综合考核体系及领导班子评价考核体系，压实各级党委（党组）宗教工作主体责任。严格落实三级宗教工作网络和两级责任制，明确各级职责和岗位责任，实行分级负责、属地管理和责任追究制度，层层传道压力，逐级夯实责任。

（二）扎实做好宗教领域重点工作

在佛道教工作中，以去商业化为重点，加强对乱建寺庙、滥塑造像等违法行为的监管力度，坚决制止"宗教搭台、经济唱戏"现象，坚决杜绝投资、承包、经营佛教活动场所现象。在伊斯兰教工作中，以防止"三化"为重点，加强对流动穆斯林的宗教服务和管理，严密防范伊斯兰极端思想的渗透和非法传教活动的发生。在基督教工作中，以打击治理非法宗教活动场所和抵御境外宗教渗透为重点，加大拉网式排查力度。

（三）积极引导宗教与社会主义社会相适应

坚决贯彻工作"导"的态度，引导宗教界人士认真学习习近平总书记关于宗教工作的重要论述，学习贯彻党和国家的宗教政策法规。加强宗教人才培养，按照政治上靠得住、宗教上有造诣、品德上能服众、关键时能起作用的标准，加强宗教界代表人士的培养力度。

（四）加强宗教工作规范化建设

将习近平总书记关于宗教工作重要论述和党中央关于宗教工作有关文件、国家有关法律法规纳入各级党委（党组）理论学习中心组学习内容，在干部培训班等主体班次开设宗教方面的课程，提升抓宗教工作的能力水平。将宗教工作纳入"网格化"管理，明确网格员的职责任务，把管理、治理工作真正落实到镇（街道），落实到村（社区），落实到具体人员，进一步强化基层对宗教工作的监督及治理力度。采取"撤、并、改"等措施，进一步规范基督教聚会点；规范"以堂带点"内容，坚决落实"四带一挂"（带责任、带教务、带管理、带安全和悬挂标识牌）具体要求。

三、宗教工作基层基础建设存在的主要问题

（一）在思想认识方面

个别干部对宗教工作属地管理原则认识不清，认为宗教工作是宗教部门的事，镇、街道经济任务重，忙不过来，没有时间和精力管理宗教事务，存在不愿意管、不会管、管不好的现象；有的村、社区干部把宗教和迷信混为一谈，管理方法简单，对信教群众的合法权益保护不够。

（二）在宗教场所建设方面

宗教活动场所各项制度建设需要进一步规范，在内部管理制、安全消防、疫情防控等制度建设方面还存在短板。

（三）在宗教队伍建设方面

虽然已经建立了区（县）、镇（街）、村（社区）三级宗教工作责任网络，但是仍存在分管领导和宗教工作人员变动快的问题，有的宗教干部刚熟悉宗教工作就面临岗位调整的情况，在客观上影响了宗教工作的连续性。

四、加强宗教工作基层基础建设的对策

一是提高对基层宗教工作重要性的认识。各级党委要充分认识宗教工作无小事，充分认识到加强基层宗教工作的重要意义。要关心基层宗教工作部门和队伍的建设，在机构设置、人员编制、干部培养、经费保障等方面加大支持力度。要将基层宗教工作纳入领导班子评价考核体系，把贯彻执行宗教工作方针政策、妥善处置涉及宗教各类问题作为考核党政领导班子和分管干部的重要内容。要加强对基层宗教工作的督促检查，建立健全重大事项和重大问题督办、检查、反馈、问责等机制，促进重大问题的处理和重大事项的落实。加强对基层党政干部的培训，提高他们的宗教理论政策水平和处理宗教问题的能力。

二是建立健全基层宗教工作体制机制。宗教工作领导小组发挥作用，完善宗教工作联席会议等协调机制，健全区域性协调机制，并根据工作需要探索建立新的工作机制和平台。充分发挥基层党政组织和社会团体的作用，将宗教工作纳入社会管理综合治理工作系统。进一步建立完善区、镇（街道）、村（社区）三级宗教工作网络和乡镇（街道）、村（社区）两级宗教工作责任制，明确属地管理和责任追究制度，探索建立基层宗教工作网格化管理。

三是切实加强基层宗教工作力量。要加强宗教工作力量，确保区级宗教工作机构具有行政执法主体资格，能够有效履行职责。要将宗教工作纳入社会治理体系，建立"网格化"管理制度，进一步延伸触角，创新建立区（县）、镇（街道）、村（社区）、经济合作社（物业小区）宗教工作网络体系，逐级压实责任。同时，要加强宗教队伍培养锻炼，确保宗教工作队伍的稳定性。

（作者单位：青岛市黄岛区（西海岸新区）政协）

关于人民政协在解决社会发展重点难点问题中发挥履职作用的思考

——以青岛市政协持续推进浒苔治理工作为例

滕建泽

2018年3月8日，习近平总书记在参加十三届全国人大会议山东代表团审议时强调，要加快建设绿色可持续的海洋生态环境。青岛市政协牢记总书记嘱托，注重发挥人民政协联系广泛、人才汇聚、渠道畅通的优势，建真言、献良策、谋实事，积极在担当作为、议政创新上求突破、下功夫，努力实现参政参到点子上、议政议到关键处。2018年以来，青岛市政协把推进浒苔治理纳入助力"海洋攻势"的重点课题，在市政协主席杨军的带领下，就加强浒苔源头治理、全流域治理、末端治理及处置持续调研发力，分别向全国政协、省政协和市委市政府提出了系列意见建议，引起了国务院领导、全国政协领导、自然资源部和山东、江苏有关省市的高度重视，推动浒苔治理于2020年取得了显著成效。青岛市政协提出的浒苔治理的系列建议是科学的、务实的、有效的，持续推进浒苔治理的方向也是正确的，全国政协、自然资源部领导均给予充分肯定，也得到了2020年浒苔治理取得显著成效的实践检验。

一、背景与动因

2007年以来，浒苔绿潮灾害连续在黄海海域大规模暴发，给沿海省市尤其是我市带来严重经济和生态损失。但由于浒苔治理涉及两省七市（江苏南通、盐城、连云港和山东日照、青岛、烟台、威海），青岛作为浒苔流向的末端城市，只能做到治标而不能治本，浒苔灾害每年仍然如期而至，且呈逐年增大趋势。各级党委和政府高度重视，着力推进浒苔治理，有效保障了2008年奥帆赛和2018年上合组织青岛峰会等重大活动的举办，但也为此投入了大量人力物力，耗费了党委和政府太多的精力。党政所需、群众所盼,就是政协履职用力所在。市政协充分发挥人才汇聚、联系广泛的优势,持续组织调研视察,提出了系列意见建议,积极推动浒苔治理实现标本兼治。

二、主要措施

（一）深入涉海科研院所和单位,积极研究溯源治本的办法,围绕加强浒苔源头治理建诤言

为找准问题症结、探索治本的办法,2018年,市政协组成调研小分队,充分发挥政协委员涉海人才汇聚的优势,深入科研院所和单位进行调研,虚心听取政协委员、专家学者意见。调研中了解到,自然资源部北海局历年来卫星监测图片显示和船舶跟踪监测证实,浒苔源于苏北浅滩;中科院海洋研究所、中国海洋大学、自然资源部第一海洋研究所、黄海水产研究所等科研单位的研究也确认浒苔起源于苏北浅滩海域。为此,市政协研究撰写了《关于加强浒苔源头治理,保护黄海生态环境的建议》报全国政协,杨军在全国政协十三届三次常委会专题讨论会上做了发言。全国政协以信息专报形式报中共中央政治局常委、国务院副总理韩正。韩正同志做出重要批示,所提意见建议纳入自然资源部工作重点,打响了浒苔治理的攻坚战。

（二）广泛听取政协委员和专家学者意见,着力探索策略治标的方法,围绕加强浒苔末端处置献良策

在向全国政协、省政协提出建议的同时,市政协也积极向市委、市政府提出浒苔末端治理和资源化利用的建议。2019年4月,市政协组织委员围绕"加强浒苔治理,保护近海生态环境"视察,认真倾听委员和专家学者意见建议,向市委、市政府呈报了《加强浒苔治理刻不容缓,保护海洋环境责无旁贷》的视察报告,市委书记王清宪批示"请凡利、培吉同志研究政协所提建议,做好浒苔治理工作"。同时,协调青岛电视台就推进浒苔治理和资源化利用拍摄了一期委员论坛。《浒苔防控刻不容缓,变害为宝能否付诸实践?》在青岛电视台播出,收到良好的社会反响。2020年,面对浒苔灾害减轻的形势,市政协没有放松警惕,坚持密切跟踪、及时发现浒苔治理中的薄弱环节,先后三次就加强浒苔治理和处置提出建议。市委、市政府主要领导做出批示,有效推动了浒苔末端处置和资源化利用工作的扎实开展。2021年,面对浒苔灾害严重反弹的形势,市政协及时开展协商建言。6月27日,杨军带队对浒苔治理情况进行现场调研,向市委、市政府呈报了意见建议;7月12日,在市政协常委会专题议政会议上,有关专家学者就加强浒苔早期治理和末端处置提出意见建议,市政府和有关部门领导到会听取了委员意见,给予充分肯定。

（三）坚持持续发力、久久为功的理念,多渠道、多方式开展协商,积极推进标本兼治,围绕加强浒苔全流域治理提出系列建议

市政协对浒苔治理始终坚持不放松、不懈怠,杨军多次带队调研、视察、座谈,多渠道、多方式广泛听取各方面意见。2019年以来,市政协组成浒苔治理攻坚调研小分队,

深入涉海单位和浒苔处置一线持续开展调研。调研中了解到，浒苔有边漂浮边生长的特性，生长旺季一天增长率超过20%，从源头漂移到山东近海近1个月时间，其生物量增加幅度保守测算也有230多倍。省际建立起有效合作机制，特别是加强早期防控、实施全流域治理、完善联防联控工作机制显得尤为重要。为此，市政协陆续向全国政协、省政协呈报了《关于刻不容缓，将治理黄海海域及岸线浒苔灾害列入国家污染防治攻坚战的提案》《关于将黄海海域浒苔源头治理纳入中央生态环境保护督察规划的建议》《关于建立省际合作机制，加强黄海海域浒灾治理的提案》等，得到自然资源部和山东省有关部门的高度重视。

三、取得的成效

（一）源头治理和早期防控取得突破性成果

自然资源部采纳青岛市政协关于加强浒苔源头治理等方面的建议，及时组织召开工作协调会，对浒苔治理工作进行部署。2019年11月至2020年7月，自然资源部联合江苏省在苏北辐射沙洲紫菜养殖区开展浒苔绿潮灾害早期防控试验及评估，同步开展海洋生态环境监测，2020年5月10日，实现了紫菜养殖设施海上"清零"。对浒苔发生的源头实施了有效控制，取得了浒苔治理的根本成效。据统计，2020年青岛市共清理浒苔13.34万吨，比上年减少71.4%，其中海上打捞9.8万吨，比上年减少59.2%，陆上清理3.54万吨，比上年减少84.3%，浒苔上岸率创14年来最低。

（二）全流域治理取得明显成效

2019年6月、2020年6月，自然资源部分别组织在青岛召开年度黄海跨区域浒苔绿潮灾害联防联控工作协调会，对联防联控工作进行部署。得益于自然资源部和山东、江苏两省防控力度的加大，2020年浒苔全流域治理成效显著，浒苔灾害总体规模较2019年明显减少。2020年6月15日，浒苔发生达到峰值，在黄海海域最大分布面积约1.82万平方千米，覆盖面积约192平方千米，比2019年减少2/3。

（三）末端治理和处置收到了显著效果

市委、市政府将打赢浒苔治理攻坚战作为落实习近平总书记建设"绿色可持续的海洋生态环境"重要指示精神的政治任务，作为建设国际大都市的基本保障，始终坚持超前谋划部署、全力开展海上打捞、及时组织陆上清理、积极开展资源化利用，着力做好浒苔处置。经过几年的探索，青岛市在浒苔的资源化利用和无害化处置方面成效明显。2020年，实现了海上打捞浒苔100%资源化利用；陆域清理的浒苔，全部运送至应急处置场地进行无害化处置。

（四）经验做法得到全国政协领导的批示推广

全国政协领导、自然资源部领导对青岛市政协持续推进浒苔治理的做法给予充分肯定。2020年9月，根据全国政协人资环委要求，市政协起草了《持续发力，久久为功，持续推进浒苔治理取得显著成效》呈报全国政协，全国政协李斌副主席兼秘书长批示政协报报道。10月9日，《人民政协报》头版头条以"一片净滩连碧海"为题进行了报道。11月6日，全国政协办公厅以"青岛市政协助推浒苔治理取得显著成效"为题专题编发了简报；10月15日，全国政协人资环委以"青岛市政协持续推进浒苔治理取得显著成效"为题专题编发了简报。9月下旬，杨军会见了自然资源部副部长、国家海洋局局长王宏，王宏对我市政协推进浒苔治理的做法给予充分肯定。会后，起草了《让碧海蓝湾造福人民——国家部委和沿海省市与政协系统联动推进浒苔治理的案例》。10月30日，王宏在全国政协"协调推进海洋资源保护与开发"双周协商座谈会发言时采用了其中的部分内容；11月，在全国暨地方政协人口资源环境委员会工作座谈会上，以"治理浒苔积极作为，守护碧海汇聚智慧"为题做了交流发言。

四、几点启示

（一）善于抓主要矛盾，做到懂政协、会协商、善议政

习近平总书记关于"懂政协、会协商、善议政"的重要要求，为人民政协不断推进履职能力建设指明了方向。这就要求我们，要善于抓主要矛盾，抓重点、抓要害，做到会选题、会谋划、会拓展，建言献策要在充分调研、摸清情况的基础上，用事实和数据说话，尤其是在重大问题、重要决策的协商中提出的意见建议，必须在深入调查上用心、研究论证上用心、出谋划策上用心、转化落实上用心。要持续建言、积极推进，要有咬住青山不放松的韧劲和责任担当。

（二）围绕中心、服务大局，体现政协作为、贡献政协力量

人民政协的性质决定了它与党委和政府的职能不同，它不在推动经济社会发展的第一线，但时时刻刻都要围绕党委和政府的中心工作，做推动经济社会发展的"助推器"。只有聚焦党委和政府的中心工作，主动融入党委和政府工作全局，始终做到与党委和政府同频共振，才能对党委和政府的决策起到促进作用，体现政协作为、贡献政协力量。

（三）坚持以人民为中心的发展思想，积极回应人民群众期盼、关注人民群众诉求

习近平总书记指出，人民政协要充分发挥作为协商民主重要渠道作用，围绕经济社会发展重大问题和涉及群众切身利益的实际问题广泛协商，为实现"两个一百年"奋斗目标做出新的更大的贡献。为此，要聚焦团结民主两大主题和政协职能，广泛倾听和真实反映群众呼声，关注民生难题、群众期盼，切实做到心为民所想、利为民所谋，以实际行动践行以人民为中心的发展思想。

（四）着力发挥委员主体作用，广泛凝聚起服务经济社会发展的共识和力量

政协委员是政协工作的主体，一名委员就是一面旗帜、一个界别就是一方心声，要切实发挥政协委员的主体作用，积极搭建委员活动平台，增强政协的凝聚力、吸引力，

最大限度地发挥政协委员参政议政的积极性，最大限度地聚集委员智慧，让委员咨政建言既有深度、更有力度。比如，市政协在推进浒苔治理的过程中，积极组织委员开展视察、调研和专题讨论会，广泛听取委员意见、汇聚众人智慧，科学建言、精准议政。

（五）高度重视专家智库建设，参政参到点子上、议政议在关键处

政协工作涉及面广、专业化程度高，只有用专业的人，才能干好专业的事。为此，要发挥政协自身的组织优势，做好高层次人才的吸纳工作，为高标准履行政协职能备好"智力库""参谋部"。要健全人才吸纳机制，加强与党政部门、高校、科研院所、民间智库、民主党派的联系，整合聚集各类智力要素，将各专业、各领域的领军人才吸纳进来。根据其专业特长，分门别类组成若干专题咨询小组，为政协履职提供智力支持和咨询服务。比如，在推进浒苔治理过程中，市政协充分发挥青岛涉海科研人才聚集的优势，虚心听取专家意见，提高了建言献策的科学性和有效性。

（六）做好新时代人民政协工作，要着力提高机关干部的工作积极性

政协机关担负着服务委员履职、汇集委员意见的责任，委员的意见建议需要机关干部收集提炼形成协商议政意见，报党政领导和部门决策参考。机关干部的责任心和能力素质直接关乎着履职工作的成效，干部素质高、能力强，工作成效就好；干部素质低、能力弱，工作就会处处落在后面。为此，要坚持正确的选人用人导向，注重优秀干部的培养使用，营造良好的干事创业氛围，着力提高机关干部的工作积极性。

（作者单位：青岛市政协）